교회법의 이해

-개신교의 평신도 입장에서-

오 호 택

머리말

개인적으로 교수가 되겠다고 생각한 것은 대학원 석사과정에 입학하면서다. 교수가 되기까지는 그 이후로도 많은 우여곡절이 있었지만, 그렇게 마음먹고서 꼭 10년 만에 교수가 되었다. 교수가 될 수 있을지 확신이 안 들던 그 시절에, 혹시 교수가 되면 주 전공은 아니더라도 교회법을 연구해 보고 싶었다. 그러나 교수가 된 지 15년이 지난 지금까지도 교회법 연구를 본격적으로 하지는 못했고, 틈틈이 자료를 수집하거나 성경을 뒤적이면서 생각나는 문제를 정리해 보는 정도였다. 그러나 이런 식이라면 정년까지도 완성하기 힘들겠다는 생각이 들었고, '빨리 숙제를 끝내고 쉬고 싶은 심정'으로 우선 지금까지의 작업을 모아서 일단 책을 내기로 하였다. 특히 2009년을 연구년으로 지내게 되어 강의에서 해방되어 정리할 시간을 가질 수 있었다.

그러나 실제로 작업을 시작해 보니 많은 영역이 공백으로 되어 있으며 연구할 분야가 많다는 사실을 깨달았다. 앞으로 얼마나 더 시간을 할애할 수 있을지는 모르겠지만 지속적인 관심을 가지고 연구해 나갈 것을 스스로에게 약속한다. 특히 본격적인 작업을 시작한 지 얼마 안 되었기 때문에 아직 정확하게 판단하기 어려운 문제도 많아서 그저 술이부작(述而不作)하는 마음으로 정리하는 데 만족하였다. 그럼에도 불구하고 주님의 말씀을 훼손하는 언급이 있을까 두렵다. 특히 필자는 신학에 조예가 깊지 않은 평신도이므로 신학적 오해가 있을 수 있지만, 이 책은 기본적으로 법학에서 접근한 것이므로 이 점 양해를 구한다. 다만 성경말씀이 우리 생활에 진정한 지침이 되기 위해서는 국가의 법률처럼 끊임없이 토론되고 재해석되어야 한다는 신념에는 변함이 없다. 『감춰진 일들은 주 우리 하나님께 속하나 나타난 일들은 영원히 우리와 우리의 자손에게 속하나니, 이는 우리로 이 율법의

모든 말씀을 행하게 하심이라.』(신명기 29:29, KJV)

이 책은 법학을 전공하는 사람들을 대상으로 쓴 것은 아니다. 목회자와 신학을 공부하는 예비 목회자, 교회의 살림을 맡고 있는 직분자, 평신도 등 교회에 관심을 가지고 있는 일반인(법학에 있어서 비전공자라는 의미에서)이 쉽게 접근해서 교회법의 대강을 알 수 있게 하는 것을 염두에 두고 기술하였다. 특히 평신도들이 교회생활을 하면서 부딪히거나 의문을 가질 만한 법적 문제들을 나름대로 정리하고 의견을 제시하는 데 주안점을 두었다. 그리고 교회법 하면 가톨릭의 교회법을 떠올리지만 이 책은 개신교의 입장에서 정리한 것이라는 점을 밝혀둔다. 또한 본문에서 확인할 수 있겠지만 교회(생활)와 관련된 국가법의 설명에 많은 비중을 두었으며, 교회법 본래의 의미인 교회 내부관계의 설명은 개략적인 수준에 그쳤다. 그것은 필자의 연구가 짧은 측면도 있지만 실제로 개신교의 교회법이 통일되어 있지 않으며, 법학의 측면에서 보면 법적 성격이 약한 것이 이유가 될 것이다. 어쨌든 전체적으로 법학입문 정도(또는 오히려 더 쉬운)의 법학적 지식을 설명하는 수준이 되었다. 그럼에도 불구하고 이 책을 통독하는 것이 부담스러운 경우 '관심 있는 분야를 찾아보는' 책으로 활용하기 바란다.

이 책은 서론 이외에 다음과 같은 3가지 부분으로 구성하였다. 첫째, 법학일반에 대하여 알 수 있게 하기 위하여 성경에 나타난 법과 우리의 국가법을 비교·설명하였다. 목차는 국가법을 중심으로 하되 인용된 성경구절로 병행 제목을 달았다. 둘째, 실제 교회관계에서 부딪힐 수 있는 (국가)법들을 설명하였다. 셋째, 자율적인 영역으로 주어져 있는 교회 내부의 법규들을 정리하였다. 평신도에게 가장 관심이 있는 분야는 마지막 교회 내부의 법적 문제들이겠지만, 이를 제대로 이해하기 위해서는 교회 외부의 법적 문제와 또 그 앞에 기술한 국가법과의 비교가 도움이 될 것이다.

한편 개신교에서는 일반적으로 개역성경을 쓰고 있지만, 번역된

지 너무 오래 되었고 현대어에 맞지 않는 부분이 많아서(개역개정판은 좀 낫지만) 다른 번역본을 많이 사용하였다. 이 책에 많이 인용된 성경은 『한글 킹 제임스 성경[1], 말씀보존학회, 1996('KJV'으로 표시)』과 『성경전서, 표준새번역 개정판, 2004('새번역'으로 표시)』에서 법적 내용을 비교적 정확하게 전달하도록 번역된 곳을 인용하였다.[2] 개역성경을 인용하거나 영어성경에서 필자가 직접 번역한 곳도 몇 군데 있다.

아무쪼록 이 책이 (개신교의) 교회법에 대하여 많은 관심을 유발하고 결과적으로 많은 사람들이 이 분야를 발전시키는 데 작은 초석이 되기를 희망한다. 또 이 책을 쓰는 데 조언을 아끼지 않으신, 대학원에서 법학을 공부하시고 계신 이성범 목사님, 학생들에게 늘 좋은 강의를 해주시는 박종용 박사님께 감사드린다. 그리고 늘 출판을 맡아주시는 동방문화사 조형근 사장님과 직원들에게도 다시 한 번 감사드린다. 이 책을 읽는 모든 사람들에게 하나님이 주신 기쁨이 늘 넘치기를 바란다.

2010. 3.

저 자.

---

1) 영국왕 제임스 1세는 1604년 햄프턴 궁전회의에서 한 청교도가 성경을 새롭게 번역하자는 제안을 하자 이에 동의하여 44명의 학자들을 소집하여 33개월 동안 성경을 번역하여 1611년 출판하였는데, 이를 흠정역(King James Version, KJV)이라 한다. 티모시 존스(배응준 옮김), 하루만에 꿰뚫는 기독교 역사, 규장, 2007, 182면. 우리말로 번역되어 있는 성경 중에서 성경 원래의 뜻을 비교적 잘 살린 것으로 보인다.

2) 성경번역의 역사, 즉 성경 각 판본에 대하여 간략히 소개한 책으로는, 하마지마 빈(안중환 옮김), 성서번역 둘러보기, 한남대출판부, 2009.; 나채운, 여러말성경비교, 기독교문사, 2009, 13-51면 참조.

목 차

제2장 성경에 비추어 본 국가법

제3장 교회 외부의 법적문제

제4장 교회 내부의 법적 문제

제1장 서론

제1장 서론

1. 들어가는 말

혹시 '안경 쓴 사람의 빰을 때리면 살인미수' 라는 말을 들어본 적이 있는가? 필자가 중학교 다닐 때 들은 애기인데, 다른 사람들도 이 애기를 많이 들어보았다고 한다. 나중에 법학을 전공하면서 이 말이 터무니없는 말이라는 것을 알게 되었다. 정확히 표현하면 "살인미수가 된 어떤 사건의 피해자가 안경을 쓰고 있었다." 가 될 것이다. '법은 귀에 걸면 귀걸이, 코에 걸면 코걸이' 라는 말도 마찬가지로 법에 대해서 잘 몰라서 하는 이야기다. 법은 제대로 알지 못하면 많은 오해를 불러일으킨다.

그런데 인간은 법을 떠나서 살 수가 없다. 법은 사회가 성립되고 유지되기 위한 기본적 약속이기 때문에, 사회의 구성원으로서 살아가기 위해서는 법의 적용을 안 받을 수 없는 것이다. 특히 사회적 약자 내지는 보통 사람일수록 법에 의하여 보호를 받는 입장에 서게 된다. 우리말에 '법 없이도 살 수 있는 사람' 이란 말이 있으나, 이를 법학의 관점에서 보면 그런 사람이야말로 '법 없으면 못 살 사람' 인 것이다.

그런데 교회에서는 아주 묘한 관계가 적용된다. 즉 법은 국가의 강제력에 의하여 실현되는 규범인데, 교회에서는 이 국가의 법이 전적으로 적용되는 것이 아니다. 교회 내에서는 신앙, 즉 국가법적으로 표현하면 자율성 내지 내부적 강제에 의하여 유지되는 부분이 상당 부분 존재한다. 그렇다고 국가의 법이 전혀 적용되지 않는 것은 아니다. 대외관계에서는 당연히 국가법이 적용되며, 대내 관계에서도 자율적으로 해결되지 않는 경우 국가의 공권력에 의하여 분쟁이 해결되고 질서가 유지된다.

또한 교회와 국가는 서로를 다른 시각으로 바라보고 있다. 예컨대 교회에서는 직장문제를 사적(私的)인 문제라고 하고 교회내의 문제를 공적(公的)인 문제로 보는 데 비해서, 직장에서는 교회관계를 사적인, 신앙의 문제로 파악하고 직장을 공적인 관계로 보는 것이 일반적이다.

그렇다면 어느 측면이 중요하고 우선하는가 하는 문제가 발생한다. 결론부터 말하자면 교회영역과 국가영역은 상호 유기적인 관계를 가지지만, 기본적으로는 서로 독립적인 관계라고 할 수 있다. 다만 이때의 교회영역은 다른 국가법(세속법)의 적용을 받지 않는, 즉 자율적으로 이루어지도록 허용된 영역에 한정된다. 물론 교회의 입장에서는 가급적 세상의 법정에 가지 않는 것이 바람직하다고 하겠다. 그러나 분쟁이 서로 만족하는 수준에서 해소되지 않는 상태에서 모든 문제를 자체 내에서 해결하려고 하는 것은 오히려 갈등을 증폭시키는 어리석은 결과를 가져올 것이다.

『그래서 신도가 신도와 맞서 소송을 할 뿐만 아니라, 그것도 믿지 않는 사람들 앞에 한다는 말입니까? 여러분이 서로 소송을 제기하는 것부터가 벌써 여러분의 실패를 뜻합니다. 왜 차라리 불의를 당해 주지 못합니까? 왜 차라리 속아주지 못합니까?』 (고린도전서 6:6-7, 새번역)

위 성경구절처럼 참아줄 수 있는 한도 내의 문제라면 다행이나 그렇지 못한 경우, 또는 교회와 외부와의 갈등의 경우 결국 국가법에 의할 수밖에 없다.

그런데 이러한 두 영역간의 관계, 즉 교회를 중심으로 이루어지는 국가법의 내용, 그리고 교회의 자율적 영역에서 이루어지는 질서에 대하여 해명되어야 할 부분이 많다. 이 부분에 필자의 연구가 부족한 측면도 있지만, 적어도 개신교 쪽에서는 아직까지는 연구가 부족한 것으로 보인다. 단순히 학문적 연구가 부족하다는 의미가 아니다. 그 근본적인 원인은 교회 내부의 관계가 법에 의하여 처리되지 않는 측면이 강하다는 데 있다. 교회 내부의 문제가 교회법의 자율적 영역을 벗어나 국가법의 적용을 받는 부분은 어쩔 수 없다고 해도, 교회법에 의하여 자율적으로 처리되어야 하는 부분도 사실은 교회 '법'에 의하여 처리되는 것이 아니다. 교회내의 영향력 있는 소수의 사람들(담임목사 또는 다른 영향력 있는 직분자)에 의하여 관행적으로 결정되고 일반 신도들은 이에 대하여 이의를 제기하지 않음으로써 (교회)법적 분쟁이 되기 전에 그냥 묻혀버리는 사례가 많다고 생각된다.

여기서 구체적 사례를 들기는 곤란하지만 후임목사의 선정이나 재산관리의 이견으로 인한 교회의 분열, 교회운영에 있어서의 파벌로 인한 갈등들이 교회법에 의하여 해결되지 못하는 경우 사회적 비난으로 비화하는 것을 많이 보아 왔다. 우리나라의 수많은 교단과 교파들의 존재가 사실은 신앙적 차이 때문이 아니라 물질적인 이해관계에 따른 주도권 싸움이라고 인식되고 있는 것이 안타까운 현실이다. 설사 그것이 사실이 아니라고 해도 이를 전적으로 부인하기는 어려우며, 정작 문제는 외부인들이 그렇게 생각한다는 점이다. 결국 이러한 교회내의 갈등이 기독교의 선교에 막대한 지장을 초래하는 것이라고 생각된다. 그런 의미에서도 이견이나 분쟁의 해결을 위한 사전 약속이 필요한데, 그러한 '교회 구성원 간의 사전 약속'을 교회법이라고 할 수 있다.

이 책에서는 이러한 문제들을 차근차근 생각해 보고, 문제를 제기하고, 실현가능한 대안을 제시해 보기로 한다. 다만 위에서도 말했듯이 교회를 중심으로 한 법률관계는 (외부적으로 나타난 영역에 국한

해서) 국가법이 우선적으로 적용되고, 국가법이 자율로 맡긴 영역, 즉 임의법이 적용되는 영역에서만 교회 내부의 규율이 적용된다는 점을 간과해서는 안 될 것이다. 즉 국가법이 적용되는 영역에서는 개인의 의견이 중요하지 않으며 법률과 판례에서의 결론을 인정할 수밖에 없는 것이다. 법률과 판례에 대한 비판도 가능하지만 그것은 하나의 방향제시일 뿐 현실에서 그렇게 된다는 의미는 아니다.

2. 교회법의 개념과 역사

(1) 교회법과 교회관계법

교회법이란 교회 안에서 적용되는 법을 말한다.[3] 따라서 엄밀히 말해서는 '법'이라고 할 수 없다. 왜냐하면 우리가 법의 가장 큰 특징을 국가권력에 의해서 강행되는 규범을 의미한다고 이해하기 때문이다. 그러나 신앙이라는 강제력은 국가의 강제력보다 강한 경우가 많이 있다. 왜냐하면 법은 법을 지키는 사람(수규자)이 법을 지키고자 할 때 규범력을 가지게 되는 것인데, 신앙이야말로 아주 강력한 규범력을 담보해 주기 때문이다. 그럼에도 불구하고 교회법은 국가법과의 관계에서 국가법이 자율로 남겨놓은 영역에서만 기능할 수 있는 것이다. 왜냐하면 국가법의 강행질서와 충돌될 때 교회법은 그 기능을 상실하게 되기 때문이다. 물론 내심의 영역, 즉 신앙의 영역에 있어서는 국가법의 내용과 다른 결론이 날 수 있다. 하지만 (국가)법은 외부로 나타날 때 강제되는 것이며 내심의 영역에 머물러 있는 동안에는 (국가)법의 영역 밖인 것이다. 외부로 나타날 때 다른 사람이나 다른 이익(법익이라 한다)과 충돌될 가능성이 있고, 그 충

---

3) 교회법에 대하여 가톨릭에서는 모든 교회의 법이나 종교법을 의미하는 것이 아니라 좁은 의미로 가톨릭만의 카논법(ius canonicum)만을 의미한다고 한다. 박준영, 한국가톨릭대사전, 한국교회사연구소, 1989, 152-153면 참조.

돌상황을 정리해주는 것이 법의 역할이기 때문이다. 따라서 교회법이라고 할 때는 교회 내부의 규율에만 적용되는, 그리고 국가법에 의해 강행되지 않는 부분에 대해서만 적용되는 것으로 정의해야 할 것이다.

이에 반해서 교회관계법은 교회와 관련된 법규들을 의미하는 것으로 정의하기로 한다. 따라서 교회의 설립과 운영, 교회내부의 문제, 교회 상호간의 문제, 교회와 교단과의 관계, 교인과 교회와의 관계 등 교회와 관련되어 일어날 수 있는 모든 국가법적 문제를 망라하는 개념으로 쓰기로 한다. 즉 국가법에 의해서 직접 규율되는 영역과 국가법에 의해서 자율적으로 위임된 영역에 적용되는 모든 법적 문제를 포함하는 개념으로 사용된다고 할 수 있다.

우리나라는 독일이나 미국만큼 교회법이 독자적 학문영역으로 체계화되어 있지 못하며[4], 교회가 국가와는 별개로 독자적인 법영역을 구축하고 있지도 못한 것으로 판단된다. 따라서 교회관계법을 고찰하기 위해서는 어쩔 수 없이 현재의 우리나라 실정법을 염두에 두고 설명해 나가는 수밖에 없다. 이 책에서는 우선 성경에 나타난 법적인 문제들을 살펴본 후 교회관계에서 일어날 수 있는 법적인 문제들을 판례를 중심으로 살펴보기로 한다. 그리고 자료가 허락하는 대로 각 교회(교단)의 내규를 검토해 보기로 한다.

다만 한 가지 짚고 넘어갈 것은 교회법을 설명하기 위하여 법학만 필요한 것이 아니다. 어쩔 수 없이 신학적 바탕이 필요하다. 그런데 필자는 신학을 전공한 것이 아니어서 그러한 측면에서 오류가 있을 수 있다는 점을 미리 밝혀 둔다. 특히 신학에 있어서도 여러 가지

4) 가톨릭에서는 상당한 정도로 체계화가 이루어져 있으나, 개신교단에서는 교단별로 차이가 많으며 학문적으로 많은 연구가 되어 있다고 보기 어렵다. 그것은 또한 현실적으로 교회법이 별로 쓰이지 않고 있다는 반증이다. 국가법을 보면 현실적으로 빈번하게 쓰이는 법률분야가 많이 연구되는 분야이다.

입장의 차이가 있는데, 결과적으로 그 중 특정 입장에 설 수밖에 없고 그러다 보면 불필요한 신학논쟁에 휩싸일 수도 있다고 생각한다. 그러나 신학적 논쟁을 할 의도는 전혀 없으며 법적인 측면을 설명하는 한도 내에서만, 또는 개인적인 체험에서 나오는 한도 내에서만 특정 입장에서 설명할 것이므로 독자들의 이해를 구한다. 또한 잘못된 부분이 있으면 언제라도 어떤 방법으로라도 지적해 주기를 바란다. 특히 책 뒷면의 이메일 주소를 통하면 쉽게 의견을 주고받을 수 있으리라고 생각한다.

(2) 교회법의 역사와 분류

교회법은 우선 가톨릭과 개신교의 교회법으로 나눌 수 있다. 물론 이 책에서는 개신교의 입장에서 교회법을 설명하는 것이지만, 그것은 종교개혁 이후에 즉 가톨릭과 개신교가 분리된 이후의 구분일 뿐이다.

기독교가 현재처럼 세계화가 된 것은, 잘 알려진 대로 로마의 박해를 거쳐 로마에 의하여 공인되고 국가의 종교로 채택된 것을 계기로 한다. 다신교였던 로마의 전통종교는 그 출발부터 시민종교였고 국가와 종교는 언제나 가까웠다. 사제는 공무원이었고 시간이 지나면서 정치지도자와 사제권이 더욱 긴밀히 연결되었다. 그러다가 4-5세기에 들어서 기독교와 국가의 밀착으로 다른 전통종교는 점점 시민종교의 자리에서 밀려나고 기독교가 그 자리를 대신하게 되었다.[5)]기독교의 시민 종교적 기능은 6세기 유스티니아누스 황제 시대에 완성되지만, 그 이전에 테오도시우스 시대에 공법적 차원에서는 이미 기독교는 보편종교가 된다.[6)]

5) 남성현, 5세기 로마제국의 테오도시우스법전 종교법 연구, 엠-애드, 2007, 13면 참조.

교회법을 교회생활에서의, 또는 교회 안에서의 법이라고 정의할 때, 기독교가 성립되던 당시는 로마시대였으므로 이때의 국가법이란 로마의 법을 말하는 것이다. 물론 부분적으로는 상당한 영역에서 자치권이 인정되었지만 어디까지나 로마법을 위반하지 않는 범위에서 인정되었다. 그리고 기독교가 로마의 공인을 거쳐 국교가 되고 또 세계화가 되는 과정에서 교회법은 국가법의 일부로서 자리 잡게 되었다.

313년 밀라노칙령에서[7] "하늘에 계신 신이라는 존재는 너그럽고 인자한 존재일 수 있으므로 기독교도를 포함한 모든 사람에게 자신이 선택한 종교를 따를 수 있는 자유" 가 인정되었다.[8] 표면적으로는 '종교의 자유' 가 인정된 것이지만, 실질적으로는 박해받던 '기독교' 가 공인된 것이다. 그 이후 콘스탄티우스 2세, 발렌스, 테오도시우스 황제들은 한걸음 더 나아가 교회에 간섭하기 시작했다. 당시의 정치적 신학은, 기독교제국의 황제는 진리의 적을 복종시키고, 진정한 믿음의 법률을 선포하고, 모든 이를 구원해 주려고 신경써야 한다고 하였다.[9] 341년 콘스탄스 황제는 법으로 다음과 같이 선포했다. "미신을 금지한다. 제물을 바치는 미친 짓을 폐지한다." [10] 이후로도 353년부터 357년까지 신전들을 문 닫고, 다신교 예배의식을 완전히 금지하는 법률이 여러 번 공포되었다.[11] 그러다가 테오도시우스 1세는 다신교를 불법으로 규정했다. 결국 공식적으로

6) 남성현, 주(5)의 책, 15면.

7) 기독교로 개종한 콘스탄티누스 1세(서로마)와 리키니우스(동로마) 황제가 반포하였다.

8) 알랭 코르뱅 외(주명철 옮김), 역사속의 기독교, 도서출판 길, 2008, 54, 67면 참조.

9) 자세한 것은 알랭 코르뱅 외, 주(8)의 책, 68면 이하 참조.

10) 알랭 코르뱅 외, 주(8)의 책, 69면.

11) 같은 곳.

로마는 기독교국가가 되었다(391년).[12)]

5세기에 성립된 테오도시우스 법전의 제16권은 11개 장, 201개의 칙법으로 편집되어 있는데, 그것은 '교회법'이라고 불러도 될 만큼 교회와 관련된 문제를 다루었다.[13)] 서로마 멸망 이후 유럽을 지배하게 된 교회와 국가권력의 밀착으로 이러한 현상은 계속되었다. 이후 콘스탄티누스 황제 때에 감독법정(교회법정), 성직자의 면세특권, 교회의 상속권 인정 등 교회와 국가권력의 밀착을 보여주는 특징들이 나타나게 되었다. 그는 교회를 정치에 이용하였고, 국가교회를 향한 기초를 놓았다.[14)]

한편 교황들은 4세기부터 교회법을 만들기 시작했는데, 법해석을 할 때 로마법의 영향을 많이 받았다. 그 후 중세에 들어오면서 교황법령집이 반포된다.[15)] 특히 로마 교황이 동로마제국의 영향에서 벗어나 실질적으로 서유럽 기독교를 지배하게 된 레오 9세(1002-1054) 때부터 교회법은 국가법에 우위를 보이기 시작한다.[16)]

그러다가 결국 교회법과 국가법을 실질적으로 구분할 수 있게 된 것은, 종교개혁 이후에 시민혁명을 통한 근대국가 성립 이후(유럽의 경우 18C) 교회와 국가권력이 완전히 결별하고 종교의 자유가 헌법적으로 보장되면서부터라고 할 수 있다. 그런데 이때부터는 종교개혁에 의하여 가톨릭에서 개신교가 분리되었으므로 그 이후에는 가톨릭의 교회법과 개신교의 교회법을 구분해서 이해해야 한다. 가톨릭

---

12) 콘스탄티누스 황제가 최초로 개종한 황제이므로 이때부터 로마를 기독교국가라고 하기도 한다.

13) 자세한 것은 남성현, 주(5)의 책, 42-58면 참조.

14) 남성현, 주(5)의 책, 112면 이하 참조.

15) 알랭 코르뱅 외, 주(8)의 책, 79면.; 이때부터 교회법은 '카논(κανών)'이라고 하여 국가법과 구분되기 시작했다. 황규학, 교회법이란 무엇인가?, 에클레시안, 2007, 36면.

16) 알랭 코르뱅 외, 주(8)의 책, 184면 이하.

은 조직의 통일성과 더불어 교회법도 통일되어 있으나, 개신교는 그 역사와 조직의 성격상 교회법이 통일되어 있지 않았다. 더구나 동방교회(정교회)까지 고려하면 매우 복잡한 교회법의 계통이 있다. 가톨릭의 교회법이 헌법이나 법률의 형식을 띤 법전인 데[17] 비해서 개신교의 교회법은 규례에 불과하다. 즉 성경에 기초한 윤리적 원칙, 신앙생활에 필요한 기본적 지식과 교리, 교회운영을 위한 정치와 성도들에 대한 권징 등이 복합적으로 그 내용을 이루고 있어서 순수한 법전이라고 하기보다는 신앙의 지침서나 규례서로서의 성격이 짙다.[18]

개신교의 교회법의 역사는 칼빈에게로 거슬러 올라간다. 칼빈은 가톨릭의 잘못된 교회법에 반대하여 고린도전서 14:40의 『모든 일을 품위 있게 하고 또 질서 있게 하라.』는 말씀에 근거하여 교회법을 만들되 기독교인의 양심을 구속하지 않는 교회법을 만들어야 한다고 주장했다. 그 이후 각국에서 다양한 형태로 개신교의 교회법이 만들어졌으며, 우리나라의 경우 웨스트민스터 신앙고백과 미국 장로교헌법 등을 참고로 1905년 장로교에서 신앙고백과 장로교규례가 만들어졌다. 그 이후 각 교단별로 교회법이 만들어졌다.[19]

---

17) 가톨릭의 교회법은 교황청 자체규정에 따른 민법·형법·행정법이 모두 포함되어 있으며, 7권 1752조로 구성되어 있다. 한국 가톨릭의 경우 '한국 천주교 사목지침서'(1995.4.16)로 5편 256조로 구성되어 있다. 황규학, 주(15)의 책, 37면.

18) 황규학, 주(15)의 책, 36-37면.

19) 개신교 교회법의 역사에 대해서는 황규학, 주(15)의 책, 50-88면 참조.; 각 교단의 교회법에 대해서는 이 책, 제4장 교회 내부의 법적 문제 참조.

3. 교회법과 국가법

(1) 교회법과 국가법의 관점

『 "…그러므로 선생님의 의견을 우리에게 말씀해 주소서. 카이사에게 세금을 내는 것이 옳으니이까, 옳지 아니하나이까?" 하니 예수께서 그들의 사악함을 아시고 말씀하시기를 "너희 위선자들아, 어찌하여 나를 시험하느냐? 세금 내는 동전을 내게 보이라." 고 하시니, 그들이 데나리온 한 닢을 주께 가져오더라. 주께서 그들에게 말씀하시기를 "이 형상과 새겨진 글이 누구의 것이냐?" 고 하시니 그들이 "카이사의 것이니이다." 라고 주께 말씀드리자 주께서 그들에게 말씀하시기를 "그러면 카이사의 것은 카이사에게, 하나님의 것은 하나님께 바치라." 고 하시더라.』 (마태복음 22:17-21, KJV).

예수의 관심은 영적인 세계에 있었지 세속적인 유대왕국의 건설에 있지 않았다. 따라서 교회와 국가의 충돌은 염두에 두고 있지 않았던 것으로 보인다. 국가적인 법규범을 더 초월하는 신앙적인 화해와 용서를 가르쳤던 것이다.

『또 '눈은 눈으로, 이는 이로' 라고 말한 것을 너희가 들었으나 나는 너희에게 말하노니, 악한 자에게 저항하지 말라. 누구든지 네 오른 뺨을 때리거든 다른 쪽도 돌려 대라. 또 만일 누가 너를 법에 고소하여 너의 웃옷을 빼앗으려 하거든 외투까지도 갖게 하라.』 (마태복음 5:38-40, KJV)

따라서 이러한 토대 위에서 교회법과 국가법을 이해하여야 할 것이다. 즉 국가법은 국가를 유지하기 위한 최소한의 질서를 규율하는 것이다. 국가법은 그 영역 밖의 질서에 대해서는 아무 간섭도 하지 않고 있는데, 그 영역에 교회법이 존재한다. 위 성경구절에서 웃옷을 빼앗으려 할 때 빼앗기지 않으려고 하는 것은 그 사람의 최소한의 권리이고, 법은 옷을 빼앗기지 않도록 지켜주거나 이미 빼앗겼다면 도로 돌려받게 해준다. 여기까지가 국가법의 영역이다. 그런데 그 옷을 가진 사람이 옷을 양보(권리의 포기)하려고 한다면 국가법은 아무 장애가 안 된다. 이것이 예수가 가르치고자 한 사랑이며, 교회법의 근본이라고 생각한다.

국가법에는 강행법과 임의법의 구분이 있다. 강행법에 속하는 공법(형법이나 소송법 등)은 교회법에 우선한다. 이에 반해 민법이나 상법 등에서 대부분을 차지하는 임의법의 영역에서는 당사자의 합의를 존중하고 법의 내용은 보충적으로만 적용된다. 이러한 임의법의 영역에서 교회법이 폭넓게 존재하게 된다. 실제로 국가법과 교회법이 상충하는 경우가 많지는 않다. 그러나 교회 내에서의 불합리한 규정이나 절차로 인해서 교회 내부적으로 분쟁이나 갈등이 해결되지 않을 때 국가법에 호소하고 국가의 재판절차에 의존하는 경우가 생긴다. 이 경우 국가법이 우선적으로 적용될 수밖에 없다.[20] "교회가 자기에게 맡겨진 직접적 임무를 넘어 세속적-정치적인 영역에 들어선 경우에는 교회에 대하여도 일반적 법률이 적용된다. 그러한 한에서는 교회의 지위는 원칙적으로 정치과정에 영향을 미치고자 하는 기타의 모든 집단의 지위와 동일하다. 즉 교회는 그 이상의 자유를 요구할 수는 없고 동일한 조건하에 놓이며, 또한 동일한 권리를 갖는다." [21]

『각 사람은 위에 있는 권세자들에게 복종하라. 하나님께로부터 나오지 않은 권세는 없나니, 모든 권세는 하나님께서 정하신 것이라.』 (로마서 13:1, KJV)

---

20) 양인평 외, 가이사의 법과 한국교회, 새물결플러스, 2009, 8-9, 21-22면.; 교회내의 갈등은 성경말씀에 따라 상호 납득하여 해결되는 경우, 교회법(총회헌법이나 규약 등)에 따라 해결되는 경우, 법원에 의하여 해결되는 경우, 그리고 갈등이 해결되지 못하는 경우 등의 단계로 나누어 볼 수 있다. 김영훈, 교회법과 국가법, 다사랑, 2006, 131-134면 참조.

21) K.Hesse(계희열 옮김), 통일독일헌법원론, 박영사, 2001, 295면.

위 성경구절을 보더라도 결국 성경은 국가법을 인정하고 이를 최소한의 인간세상의 질서유지를 위해서 필요한 것으로 긍정하고 있다고 이해된다.

다만 성경에서도 신약과 구약, 또는 시대적인 차이가 있다. 위 인용구 앞 구절의 "눈은 눈으로, 이는 이로" 라는 생각[22]은 국가가 개인 간의 또는 국가 간의 분쟁에 대한 조정능력(또는 조정의지)이 없을 때의 이야기이다. 따라서 분쟁은 개인의 능력에 의하여 해결될 수밖에 없었던 것이다. 이는 국가체계가 확립되기 전의 상태로, 이러한 상황 아래에서는 어떤 문제가 있을까? 개인적으로 능력이 있으면 자신의 권리를 지킬 수 있으나 능력이 없으면 자신의 권리를 지키지 못한다는 것이 문제점이다. 그렇기 때문에 국가조직이 생겨나고 법을 만들어 강제함으로써 '각자의 몫을 각자에게 돌려줄 수 있게' 되는 것이다.

국가와 교회의 관계는 아래에서 다시 구체적으로 살펴보자.

(2) 국가와 교회

교회와 교회법은 우리 (헌)법체계상 주로 헌법 제20조의 종교의 자유의 규율범위에 속한다. 헌법은 단순히 『모든 국민은 종교의 자유를 가진다.』(헌법 § 20①) 『국교는 인정되지 아니하며, 종교와 정치는 분리된다.』(헌법 §20②)라고만 규정하고 있다. 다른 기본권이나 규율영역에 비하여 국가법의 규율이 비교적 적은 분야라고 할 수 있다.

종교의 자유는 신앙의 자유와 신앙실행의 자유로 나뉜다. 신앙실행의 자유는 종교행사(예식), 종교적 결사, 종교집회, 선교(포교)활동, 종교교육 등을 포함한다. 신앙의 자유는 외부적 규제가 거의 불

22) 신명기 19:21. 이를 탈리오 법칙(lex talionis)이라 하는데 무한정 복수를 하던 당시의 사회에서 복수의 한계를 지우는 것으로, 당시의 사회적 분위기를 고려하면 매우 선진적인 사상의 반영이라 아니할 수 없다.

가능하다. 그러나 외부로 나타나는 신앙실행의 자유는 다른 사람의 기본권(또는 권리)과 충돌가능성이 있고, 따라서 여러 가지 제한이 따른다. 그럼에도 불구하고 다른 영역에 비해서 비교적 국가의 간섭이 적은 분야가 종교적 영역이다. 국가는 기본적으로 교회영역을 사생활로 보아 자율적인 영역으로 규정한다. 따라서 교회 내부에서 이루어지는 모든 활동이 최소한의 법질서에 어긋나지 않는 한 국가가 간섭하지 않는 것이 원칙이다.

🕮 『종교의 자유에는 자기가 신봉하는 종교를 선전하고 새로운 신자를 규합하기 위한 선교의 자유가 포함되고 선교의 자유에는 다른 종교를 비판하거나 다른 종교의 신자에 대하여 개종을 권고하는 자유도 포함되는바, 종교적 선전, 타 종교에 대한 비판 등은 동시에 표현의 자유의 보호대상이 되는 것이다. 그 경우 종교의 자유에 관한 헌법 제20조 제1항은 표현의 자유에 관한 헌법 제21조 제1항에 대하여 특별규정의 성격을 갖는다 할 것이므로 종교적 목적을 위한 언론·출판의 경우에는 그 밖의 일반적인 언론·출판에 비하여 보다 고도의 보장을 받게 된다.』(대판 1996.9.6, 96다19246등)

🕮 『종교의 자유는 인간의 정신세계에 기초를 둔 것으로서 인간의 내적 자유인 신앙의 자유를 의미하는 한도 내에서는 밖으로 표현되지 아니한 양심의 자유에 있어서와 같이 제한할 수 없는 것이지만, 그것이 종교적 행위로 표출되는 경우에 있어서는 대외적 행위의 자유이기 때문에 질서유지를 위하여 당연히 제한을 받아야 하며 공공복리를 위하여서는 법률로써 이를 제한할 수 있다.』(대판 1997.6.27, 97도508)

국가가 교회와 그 구성원의 자율에 맡기지 않고 개입하게 되는 것은 강행법의 적용대상 영역이다. 예컨대 병역과 납세 등의 국가의 의무를 회피할 때, 선량한 풍속을 해칠 때, 사회적으로 인정하기 어려운 방법에 의한 치료행위나 이로 인해서 사람의 생명에 위해를 가하게 되는 경우 등이다. 또한 구성원들 사이의 문제라도 형법상 인정하기 어려운 경우, 예컨대 살인이나 폭행, 사기죄, 타인의 명예를 훼손하는 경우 등에는 국가가 불가피하게 개입하게 된다. 이 책 제3

장과 제4장에서 이와 관련된 자세한 것을 설명한다.

물론 교회의 입장에서 국가(법)를 인정하는 것은 국가와 대립하지 않고 하나님의 질서를 세우기 위함일 것이다. 또는 국가법 질서도 하나님의 질서 안에 포함되는 것으로 이해할 수 있을 것이다.

『주를 위하여 인간의 모든 법령에 복종하되 권세 있는 왕에게나 혹은 악을 행하는 자들을 벌하고 선을 행하는 자들을 칭찬하라고 그가 보낸 관리들에게 하라. 이는 하나님의 뜻이 그러함이니, 너희가 선을 행함으로 어리석은 사람들의 무지를 잠잠케 하려는 것이니라.』 (베드로전서 2:13-15, KJV)

(3) 국가와 사회와의 관계

국가(또는 국가권력, 국가조직)가 전 국토를 장악하게 되는 근대국가 초기(유럽의 경우 18C)에만 해도 국가와 사회는 다른 영역으로 생각되었고 서로 간섭하지 않는 것을 원칙으로 하였다. 국가는 치안과 국방 등 최소한의 역할만을 하고 나머지는 개인들의 자율에 맡겨졌다. 특히 경제문제는 이러한 자율적인 영역, 즉 사회적 영역의 문제이므로 사생활이라고 생각되었다. 이러한 관념에 기초하여 자유시장경제체제, 즉 자본주의가 발생하였고 이에 의하여 산업혁명이 시작되었다. 우리나라의 경우도 조선시대 후기까지도 국가권력이 지금처럼 모든 국가영역을 장악하고 있지 못했으며, 사소한 범죄나 경제문제 등은 동네의 노인들(특히 양반들)을 중심으로 자율적으로 처리되었다. 국가권력은 납세나 국방 등 최소한의 영역만 장악하고 있었다. 따라서 국가와 사회가 이원화되어 있었다고 할 수 있다.

이때 교회는 사회영역에 속하는 것으로 보았다. 물론 근대가 시작되기 전, 즉 중세에는 교회와 국가는 분리되지 않았다. 따라서 유럽의 경우 로마 가톨릭과 정치세력과의 결합으로 십자군전쟁[23]이 수행되기까지 했던 것이다. 그러나 시민혁명을 거쳐 근대국가가 형성되면서 분위기가 바뀌게 된다. 대표적인 시민혁명이라 할 수 있는 미국의 독립전쟁은, 거슬러 올라가면 결국 영국으로부터 종교의 자유를 찾아 신대륙으로 건너간 청교도들에 기원을 두는 것이다. 즉 종교의 자유의 주장에는 국가의 간섭배제가 전제되어 있던 것이다. 이러한 분위기의 미국과 유럽의 근대적 사회제도를 받아들인 우리나라도 예외일 수 없기 때문에 교회는 국가의 간섭을 최소한으로 받는 영역이 되었다. 물론 현실적으로는 선교초기에 본국의 위세를 뒤에 업은 선교사들과 서양문물에 먼저 접했던 지식층의 분위기가 영향을 주었다고 생각된다. 여기에 근대헌법상의 종교의 자유가 결합되어 교회를 비롯한 종교단체에 대한 간섭은 최소한으로 국한되었고, 이러한 상황은 현대에까지 이어져 내려오고 있다.

4. 국가법체계 내에서의 교회의 성격

(1) 교회의 개념

교회의 정의는 성경적(또는 신학적)으로는 예배당이나 건물을 의미하는 것이 아니라 "하나님으로부터 부름을 받은 성도의 무리"라고 할 수 있다.[24] 교단 헌법에서는 이를 좀 더 풀어서 "하나님이 만민 중에서 자기 백성을 택하여 그들로 무한하신 은혜와 지혜를 나타내신다. 이 무리가 하나님의 집(디모데전서 3:15)이요, 그리스도의 몸(에베소서 1:23)이며, 성령의 전(고린도전서 3:16)이다. 이 무리는 과거, 현재, 미래에 있는 성도들인데 이를 가리켜 거룩한 공회 곧 교

---

23) 11세기 말에서 13세기에 이르는 기간 동안 로마교황이 성지(聖地) 회복과 이교도 정복을 목표로 십자군(the crusades)을 조직하여 수행한 전쟁(1096-1270)이다.

24) 『'모임' 또는 '부름받은 사람들'; (모임을 갖는 건물이 아니라) 예수를 경배하기 위하여 모인 신자들의 실체(body)』 NLT Study Bible, 2008, 2382면.

회라 한다." (예수교 장로회 헌법 Ⅱ§ 7)고 정의하기도 한다.

한편 법적 정의로서 교회란 "예수교의 신도들이 교리의 연구, 예배 기타 선교 상의 공동목적을 달성하기 위하여 각기 자유의사로 구성한 단체"라고 한다(대판 1957.12.13, 4289민상182).

(2) 교회의 법적 성격

교회는 법적으로 비법인 사단으로 취급된다. 일반적으로 법률행위를 할 수 있는 주체는 사람(人)인데, 여기에는 자연인과 법인이 있다. 자연인은 보통 사람들을 의미하는 데 비하여, 법인이란 법적으로 인정된 일정한 단체에 대하여 법인으로써의 설립등기를 마친 경우 자연인과 동일하게 권리능력이 인정되는 것을 말한다(민법 § 31 이하). 법인 중에서 일정한 사람들이 공동목적의 사업을 위하여 결합한 단체를 사단법인이라고 한다. 또 일정한 목적을 위하여 출연된 재산의 집합관계를 재단법인이라고 한다. 이러한 사단법인과 재단법인은 비영리법인이다. 즉 『학술, 종교, 자선, 기예, 사교 기타 영리 아닌 사업을 목적으로 하는 사단 또는 재단은 주무관청의 허가를 얻어 이를 법인으로 할 수 있다.』(민법 § 32) 한편 영리를 목적으로 하는 사단도 있는데 상법상의 회사가 여기에 해당된다.[25)]

그런데 사단법인(사단)으로 실체를 갖추고 있으나 설립등기를 하지 않아서 법인격이 주어지지 않은 단체를 '법인 아닌 사단' 또는 '비법인 사단' 이라고 한다. 설립등기의 까다로운 요건과 등기 후 주무관청의 감독을 피하기 위하여 많은 교회들이 법인설립등기를 하지 않고 있다. 교회가 법인설립등기가 되어 있지 않은 경우 이러한

25) 『본법에서 회사라 함은 상행위 기타 영리를 목적으로 하여 설립한 사단을 이른다.』(상법 §169)

비법인 사단에 해당된다. 비록 교회는 법인격이 없는(권리능력이 없는) 사단이지만 법인격을 전제로 한 권리능력을 제외하고, 법인에게 인정되는 통상의 권리능력이 인정된다. 교회를 비롯하여 비법인 사단으로 인정되는 것들은 교회와 유사한 사찰 등의 종교단체와 종중, 공동주택의 입주자대표회의나 부녀회 등이 있다.

이러한 단체들이 제한된 범위나마 권리능력이 인정되기 위해서는 사단으로서의 실체를 갖추고 있어야 한다. 즉 일정한 목적과 그 인적요소로서 사원(社員), 최고 의사기관으로서의 사원총회, 그리고 대표자가 필요하다. 교회가 비법인 사단으로서 인정받기 위해서도 명칭에 상관없이 사원과 사원총회, 그리고 대표자가 있어서 비법인 사단으로서의 실체를 갖추고 있어야 한다.[26] 그리고 일부 구성원이 바뀌더라도 단체의 동일성이 변경되지 않을 정도의 교회 명칭이 있어야 함은 물론, 중요한 사항은 정관이나 규칙으로 규정되어 있어야 한다.[27]

민법은 비법인 사단에 대하여 재산의 소유형태와 관리에 관한 규정만 하고 있으므로(민법 § 275-§ 277), 그 밖의 법률관계에 대해서는 법인격을 전제하는 규정을 제외하고 사단법인에 관한 규정들이 준용된다.

---

26) 📖 『개인사찰을 매수한 후 사찰의 건물과 부지인 부동산에 대한 등기명의를 자신들 또는 사찰 명의로 하여 두고 부동산에 대한 소유권을 실질적으로 행사하면서 사찰을 운영하다가 다른 사람에게 위 부동산에 관한 지분소유권이전등기를 경료하여 주었고, 명목상 위 사찰을 대한불교조계종 소속 사찰로 등록하였을 뿐 위 사찰의 건물 등 재산을 위 조계종에 귀속시킨 바 없고, 주지임명에 대한 품신권이 설립자에게 유보되어 있으며, 위 사찰의 기구나 재산의 운영에 관한 규약이나 조직이 없고, 신도들도 위 사찰의 운영에 관여하지 아니하였다면, 위 사찰은 단순한 불교목적시설일 뿐 권리능력 없는 재단이나 사단으로서 당사자능력을 가진다고 볼 수 없다.』 (대판 1994.6.28, 93다56152)

27) 양인평 외, 주(20)의 책, 36면 참조.

📖 『법인 아닌 사단에 대하여는 사단법인에 관한 민법규정 가운데서 법인격을 전제로 하는 것을 제외하고는 이를 유추적용하여야 할 것인바, 사단법인에 있어서는 사원이 없게 된다고 하더라도 이는 해산사유가 될 뿐 막바로 권리능력이 소멸하는 것이 아니므로 법인 아닌 사단에 있어서도 구성원이 없게 되었다 하여 막바로 그 사단이 소멸하여 소송상의 당사자능력을 상실하였다고 할 수는 없고 청산사무가 완료되어야 비로소 그 당사자능력이 소멸하는 것이다.』 (대판 1992.10.9, 92다23087)

📖 『기독교의 개 교회는 대표기관과 구성원의 공동의사결정기구를 갖추고 재산을 관리하는 등 교회의 일상 업무를 처리하는 측면에서 보면 법인 아닌 사단의 형태를 갖추고 있지만 이는 본질적으로 같은 신앙을 기초로 한 교인들의 모임인 신앙공동체이다.』 (대판 1995.3.34, 94다47193)

개별 교회의 상부기구, 예컨대 교단총회는 개별 교회와는 별개의 비법인 사단에 해당되며, 개별 교회와 교단과의 관계는 종교단체 내부관계에 불과하다(대판 1964.4.28, 63다722). 개별 교회가 교단에 가입하여 그 지휘 · 감독을 받는다고 하더라도 그것 때문에 개개의 교회가 비법인 사단의 성질을 잃는 것도 아니고 교회가 교단으로부터 이탈하더라도 여전히 비법인 사단으로서의 성격은 인정된다(대판 1960.7.7, 4292민상467). 한편 천주교회는 조직의 특성상 개 교회를 비법인 사단으로 보기는 어렵다(대판 1966.9.20, 63다30).

교회가 비법인 사단으로 인정되면 법률행위를 할 수 있게 된다. 다시 말해서 교회명의로 각종 법적 효력을 가지는 행위를 할 수 있게 되는데, 교회이름으로 등기를 할 수 있게 되고, 소송을 할 수 있게 된다. 즉 교회는 민사소송에서 당사자능력이 있으며(대판 1991.11.26, 91다30675), 담임목사(당회장)는 교회의 소송을 수행할 자격이 있다(대판 1985.11.26, 85다카659).

『법인이 아닌 사단이나 재단은 대표자 또는 관리인이 있는 경우에는 그 사단이나 재단의 이름으로 당사자가 될 수 있다.』 (민사소송법 § 52)

『① 종중, 문중, 그 밖에 대표자나 관리인이 있는 법인 아닌 사단이나 재단에 속하는 부동산의 등기에 관하여는 그 사단이나 재단을 등기권리자 또는 등기의무자로 한다. ② 제1항의 등기는 그 사단이나 재단의 명의로 그 대표자나 관리인이 신청한다.』 (부동산등기법 § 30)

🕮 『**교회가 다수의 교인들에 의하여 조직되고, 일정한 종교활동을 하고 있으며 그 대표자가 정하여져 있다면 민사소송법 소정의 비법인 사단으로서 당사자능력이 있다.**』 (**대판** 1991.11.26, 91**다**30675)

교회가 행한 법률행위는 그 효력이 교회 전체에 미친다. 다만 교회의 법률행위가 유효하기 위해서는 교회 구성원 전원이 함께 행하거나(총회의결), 교회로부터 위임받은 대표자가 행하여야 한다.28) 한편 교회의 대표자(담임목사, 당회장)가 직무에 관하여 불법행위를 한 경우 교회가 손해배상의 책임이 있다. 즉 그 행위가 직무범위 내라면 교회가 그 피해자에게 배상책임이 있다. 아래 판례를 보자.

🕮 『**재단법인 기독교 대한개혁장로회 총회의 대표기관 또는 그의 기관의 구성원인 목사 또는 전도사 등이 위 법인의 목적사업인 전도사업의 장소에서 교리에 전혀 없는 황당무계한 설교를 하여 신도들로부터 많은 금품을 편취했고 사전에 책임금액을 점수제로 할당하여 성적 미달자에게는 신앙심이 부족하다는 이유로 '초달'이라는 명목으로 구타하여 금품을 갈취하는 등의 불법행위는 모두가 위 법인설립의 기본목적으로 하는 종교적 활동에 빙자 내지는 가장하여 이루어진 것이므로 이들의 행위는 위 법인의 기관으로서 그 조직적 의사의 발현이었다고 볼 일면이 부정될 수는 없다.**』 (**대판** 1976.7.13, 75**누**254)

구체적인 대내외 법률관계에 대해서는 제3장과 제4장에서 설명하기로 한다. 여기서는 우선 국가법의 대강을 성경기사와 성경구절을

---

28) 『**교회의 대표자는 교회소속 전체교인들의 총회결의에 의한 특별수권 없이도 (교단의) 헌법 등의 규정에 따라 교회의 당회장으로서 교회를 대표하여 교회의 소유 부동산에 관한 소송을 제기 수행할 수 있다.**』 (**대판** 1985. 11.26, 85**다카**659)

통하여 살펴보기로 한다. 법학에 대하여 생소하게 생각하는 독자들에게 법학입문의 수준에서 국가법에 대한 이해를 돕기 위하여 필자가 새로이 구성한 것이다. 국가법에 대한 자세한 설명은 '법학입문' 이나 '법학개론' 책들을 참고하기 바란다.

『이스라엘 집안에 속한 사람이나 또는 그들과 함께 사는 외국 사람이, 어떤 피든지 피를 먹으면, 나 주는 그 피를 먹은 사람을 그대로 두지 않겠다. 나는 그를 백성에게서 끊어 버리고야 말겠다. 생물의 생명이 바로 그 피 속에 있기 때문이다. 피는 너희 자신의 죄를 속하는 제물로 삼아 제단에 바치라고 너희에게 준 것이다. 피가 바로 생명을 지니고 있기 때문에 죄를 속하는 것이다.』 (레위기 17:10-11, 새번역)

피를 먹는 것은 개인적 식습관에 따라 다를 뿐 그것 자체를 금지하지 않는 것이 세속법이다. 사슴피를 먹거나 선지국을 먹든지 하는 것은 취향의 차이일 뿐 그것을 먹는 것을 금지하거나 처벌하지는 않는다. 우리나라에서 논란이 되고 있는 개고기의 경우 축산물가공처리법상 식용으로 취급하고 있지는 않지만[29] 개고기를 팔거나 먹는다고 하여 처벌하지는 않고 묵인하는 것이 국가법이다.[30] 그러나 성경에 따르면 피는 생명을 상징하기 때문에 먹으면 안 된다고 한다. 이에 따라 신앙이 있는 사람은 피를 먹는 것을 피하겠지만 신앙이 없는 경우 아무 상관이 없는 것이다. 그런데 신앙이 있는 사람도 동시에 국가의 국민이기도 하다. 따라서 그 두 가지 규범의 통제를 동

29) 축산물 가공처리법 §2에 따르면 식용가축은 소·말·양(염소 등 산양 포함)·돼지(사육하는 멧돼지 포함)·닭·오리, 기타 식용을 목적으로 하는 동물로서 대통령령이 정하는 동물을 말하는데, 대통령령 §2는 여기에 사슴·토끼·칠면조·거위·메추리·꿩·당나귀를 추가하고 있어서, 우리 법제상 개고기는 식용육이 아니다.

30) 개고기의 경우 88올림픽 당시 외국의 항의를 받고 단속한 적이 있지만, 그것은 애완견과 식용 개고기를 오해한 외국의 일부 동물보호론자들의 항의 때문이었다.

시에 받는 것이다. 이 경우 두 규범은 허용과 불허용의 극단적인 차이가 있게 된다. 경우에 따라서는 개인적으로 갈등을 느낄 수 있다. 우선 그 차이를 알고 둘 중 하나를 선택하거나 조화를 이루는 방법을 모색해야 할 것이다.

본 장에서는 성경의 구절을 중심으로 성경 속의 법규범과 국가법(세속법)과의 비슷한 점과 다른 점을 설명한다. 본격적인 교회법과 교회관계법을 설명하기 전에 국가법을 잘 모르는 일반인이 세상의 법을 이해하는 데 도움을 주기 위한 것이다. 또 부분적으로는 성경의 내용과 국가법과의 차이를 우리는 어떻게 이해하고 이를 받아들일 것인가를 설명하게 된다. 물론 이러한 관점에서의 설명은 경우에 따라서는 많은 오해와 반론을 야기할 것으로 예상된다. 그러나 이곳을 통하여 어떤 논쟁을 할 의도는 없다. 다만 평신도의 입장에서 교회와 국가 사이의 규범상의 차이를 어떻게 조화시키며 살아갈 것인가에 대한 고민을 담아 보는 데 족할 것이다. 따라서 독자 입장에서는 단순한 국가법의 설명 이상의 개인적 의견이 첨가된 부분에 대해서 동의하지 않으면 그냥 무시하고 다음으로 넘어가면 될 것이다.

한 가지 주의할 점은 성경을 통하여 재구성하여 본 성경 속의 법규범을 이해하는 데는 시대적 차이를 고려하여야 한다는 것이다. 모세의 시대로부터 예수와 사도들이 활동하던 시기에는 약 1,500년의 간극이 있으며[31], 국가형태의 측면에서도 많은 차이가 있다. 따라서 인용된 구절의 시기를 고려하여(예컨대 구약시대 · 신약시대, 구약시대 중에서도 왕이 있기 전과 후 등) 이해하여야 할 것이다.

---

31) 창세기·출애굽기·레위기·민수기·신명기 등 모세5경이 집필된 시기는 B.C. 1446-1406년이라고 추정되고 있다. 톰슨Ⅱ주석성경, 기독지혜사, 1988, 창세기 서론 부분.; 반면에 비판적인 학자들은 모세오경의 집필시기는 B.C. 7C를 넘지 않으며 여러 복합적 저술의 결과라고 한다. NLT Study Bible, 2008, 11면 이하.

제2장 성경에 비추어 본 국가법

Ⅰ. 법의 일반적 내용

1. 법의 기원; "아브라함과 맺은 언약"

『너희는 그의 언약, 곧 그가 천 대에 걸쳐 명하신 말씀을 항상 기억할지니, 이는 아브라함과 맺으신 언약이요, 이삭에게 하신 맹세이며, 그 동일한 것을 야곱에게는 한 법으로, 이스라엘에게는 영원한 언약으로 확정하시고…』 (역대기상 16:15-17, KJV)

『여러분은 자유를 주는 율법을 따라 앞으로 심판을 받을 각오로 말도 그렇게 하고 행동도 그렇게 하십시오. 심판은 자비를 베풀지 않는 사람에게는 무자비합니다. 그러나 자비는 심판을 이깁니다.』 (야고보서 2:12-13, 새번역)

『그러나 자유의 온전한 법을 주시하고 그 안에 계속 머물러 있는 자는 듣고 잊어버리는 자가 아니라 오히려 실행하는 자니, 이 사람은 그의 행실로 복을 받으리라.』 (야고보서 1:25, KJV)

루소가 말했듯이 인간은 자유를 가지고 태어났다. 하나님이 인간을 창조했을 때 세상의 모든 만물을 지배하도록 했다. 그러나 그 자유는 모든 것을 마음대로 할 수 있는 절대적 방종을 의미하는 것은 아니었다. 에덴동산에 살면서 모든 실과를 따 먹을 수 있게 하였지만 선악을 알게 하는 나무의 열매만은 따먹지 못하도록 하였다. 물론 인간에게는 선악과를 따먹을 수 있는 자유가 주어졌지만 거기에는 응분의 대가가 기다리고 있었던 것이다. 인간의 수가 늘어나면서 인간에게 주어진 자유는 다른 인간의 자유에 의해서 제한될 수밖에 없게 되었다. 그 '인간의 자유에 대한 제한'이 결국 하나님 편에서 보면 하나님의 말씀과 율법이며, 세상의 편에서 보면 (국가)법이라는 이름으로 존재하는 것이다. 율법(또는 가르침)은 히브리말로 토라(Torah)라고 하며,[32] 모세오경을 의미한다. 물론 성경에서 율법의 목적은 영원한 생명이다.

『너희는 주 너희 하나님께서 너희에게 명령하신 모든 길로 행하라. 그리하면 너희가 살 것이며…』 (신명기 5:33, KJV)

『그러므로 너희는 나의 규례들과 나의 명령들을 지키라. 어떤 사람이 이것을 행하면 그는 그것들로 살리라. 나는 주니라.』 (레위기 18:5, KJV)

예수님도 『네가 생명으로 들어가기를 원한다면 계명들을 지키라.』 (마태복음 19:17, KJV)고 했다.

그러나 율법을 완전하게 지킬 수 없기 때문에(로마서 7:9-10 참조), 성령의 도움으로 율법을 행할 수 있게 하며(에스겔 36:26-27 참조), 예수를 믿음으로써 생명에 이르게 하는 것이다.

『이는 그리스도 예수 안에 있는 생명의 성령의 법이 죄와 사망의 법에서 나를 해방시켰기 때문이라.』 (로마서 8:2, KJV)

자유를 제한하는 이유는 하나님의 뜻과 섭리, 그리고 스스로 영광을 받으려는 창조의 목적을 들 수 있겠다. 국가법 차원에서 말하자면 자유는 다른 사람의 자유에 의하여 제한되는데, 이는 결국 공공의 이익을 뜻한다. 공동체의 존속과 공동체 구성원 전체의 이익과 충돌하는 경우 개인의 자유는 합리적인 범위로 제한되지 않을 수 없

32) 토라(Torah)를 보통 율법(law)으로 번역한다. 이것은 70인역의 그리스어 'nomos'에서 유래한다. 그러나 그 정확한 의미는 법이라기보다 가르침(teaching), 교훈(instruction), 교리(doctrine)라고 할 수 있다. 왜냐하면 'law'는 외부적 강제력이 주된 특징이지만 모세의 율법은 그 이상의 교훈이나 가르침을 포함하기 때문이다. NLT Study Bible, 2008, 203면 참조.

는 것이다. 앞으로 설명해 나갈 그 제한의 내용은 개인이 추구하는 모든 이익을 말한다. 재산과 가족, 사회적 지위 · 명예, 일신의 안전과 방해받지 않는 것 등 인간이 사회생활을 하면서 추구하는 모든 이익을 의미한다. 이를 법익(法益)이라고 한다.

2. 법의 개념

(1) 법과 규범; "율법과 죄인"

『알 것은 이것이니, 율법은 의로운 사람을 위하여 제정된 것이 아니라, 불법자들과, 순종하지 않는 자들과, 경건치 않은 자들과, 죄인들과, 거룩하지 않은 자들과, 속된 자들과, 아비를 죽이는 자들과, 어미를 죽이는 자들과, 살인자들과, 음행하는 자들과, 남자로 자신을 더럽히는 자들과, 유괴하는 자들과, 거짓말하는 자들과 거짓되이 맹세하는 자들과 그 밖에 건전한 교리에 역행하는 것들을 위함이니』 (디모데전서 1:9-10, KJV)

법은 자연법칙과는 구분된다. 자연법칙은 당연히 그렇게 되는 것이며 예외가 인정될 수 없는 것이다. "해가 동쪽에서 뜬다." 든가 "사람은 반드시 죽는다." 라는 것들은 예외가 인정될 수 없다. 물은 섭씨 100도에서 끓는가? 반드시 그렇지는 않다. 정확히 100도가 아니다. 그러나 이런 것은 자연법칙의 예외가 아니라 인간들이 개념정의한 것이 자연과학의 발달에 따라 더 정확해지고 다시 정의되는 과정에서 나타나는 차이일 뿐이다. 이러한 자연법칙과는 달리 법은 규범(規範)인데 규범은 그렇게 되어야 한다는 당위(當爲)의 표현일 뿐 반드시 그렇게 되는 것은 아니다. 위 성경구절처럼 법이 있다는 것은 그 법을 지키지 않는 사람들이 있다는 의미이다. 따라서 법은 어떻게 행동할지의 기준이 되며(행위규범), 나중에 재판에서의 기준이 된다(재판규범).

『주의 말씀을 내 마음에 간직하였으니, 이는 내가 주께 범죄치 아니하려 함이니이다.』 (시편 119:11, KJV)

자연법칙과 구분되는 이러한 규범에는 법규범을 비롯해서 도덕·관습·종교 등이 있다. 그 중에서 법은 국가권력에 의해서 강행된다는 점이 가장 큰 특색이다. 즉 법을 어기는 사람에 대해서는 국가가 나서서 법이 원하는 이상(理想)에 맞추어 원상복귀를 시키거나 그에 상응하는 제재를 가하게 된다. 형벌이나 민사집행, 행정법상의 강제조치 등이 이러한 법적 제재에 해당한다. 이것은 다른 규범들과 구분되는 특징이다. 즉 도덕이나 관습 등의 경우 국가권력 같은 외부적인 강제력이 없고 구성원 스스로 이를 지키게 하는 것이 특징이다. 물론 국가조직이 완비되고 국가권력이 전 국토를 장악하기 전에는 다른 규범들도 일종의 외부적 강제력이 있었다. 예컨대 시골에서 관습에 어긋나는 짓을 하면 그 동네에서 쫓겨나는 것을 들어 볼 수 있겠다.

성경에서 말하는 율법도 법규범의 특징을 가진다. 선과 악 사이에서 선택할 수 있는 가능성을 주고, 하나님의 명령대로 선택하고 행동하지 않는 경우 하나님의 징벌이 임한다. 율법이 세상의 법과 다른 점은 국가권력에 의한 강제력이 아니라 하나님의 징벌, 즉 신앙에 의한 강제나 종교공동체의 강제에 의한 징벌이라는 점이다. 종교공동체에 의한 징벌은 결국 세상의 법에서 국가권력에 의한 강제력의 동원과 별로 다를 것이 없다. 그러한 종교공동체에서 국가권력이 분화되어 나오는 것으로 이해할 수 있다. 구약시대 이스라엘의 경우 사무엘까지는 종교공동체가 국가권력을 포함하고 있었으나 사울왕과 다윗왕으로 이어지면서 국가권력이 종교공동체에서 분화되기 시작하며, 이후에는 국가권력(왕권)이 종교권력을 압도하게 된다.

『주인의 뜻을 알고도, 준비하지도 않고, 그 뜻대로 행하지도 않은 종은 많이 맞을 것이다. 그러나 알지 못하고 매 맞을 일을 한 종은 적게 맞을 것이다.』 (누가복음 12:47-48, KJV)

위에서 말한 대로 법은 행위의 준칙이므로 외부로 나타난 행위만 규율한다. 그러나 성경은 마음속으로 생각한 것도 규율한다.

예컨대 십계명은 『너는 네 아비와 네 어미를 공경하라.…네 이웃의 소유 중 아무 것도 탐내지 말라.』 (출애굽기 20:12-17, KJV)고 하고 있는 등 성경에는 많은 사례가 있다. 그러나 국가법은 생각만으로는 어떤 제재도 받지 않는다. 다만 내면의 생각이 외부로 표현되어 어떤 위험을 야기하면 외부적 행위와 연계되어 법적 규율의 대상이 된다. 예컨대 단순히 누구를 죽이고 싶다고 생각한 경우에는 어떤 법적 제재도 없다. 그러나 그러한 생각이 외부로 표현되어 살인의 준비를 하게 되면 살인의 예비음모죄로 처벌되고(형법 § 255), 일단 살인을 시도했으나(실행의 착수) 실제로 살인을 하지는 못한 경우 살인미수죄로 처벌된다(형법 § 254).

반면에 아무 생각 없이 이루어진 행위는 처벌되지 않는다. 예컨대 수면 중의 잠꼬대나 몽유병 같은 상황에서 어떤 물건을 깨뜨렸다고 해도 처벌할 수는 없다. 다만 그러한 상황을 예상하며 스스로 그런 상황을 야기한 경우는 처벌될 수 있다. 예컨대 음주나 마약 복용 등으로 정상적이지 않은 정신을 야기하여 범죄를 한 경우 처벌되는 것이다.

어떤 결과발생을 알면서 그 행위를 한 것을 고의(故意)라 하고, 그 결과발생을 알았어야 하는데 알지 못한 경우 과실(過失)이 있다고 한다. 즉 살인이라는 행위를 알면서 실행한 경우 살인의 고의가 있었던 것이고, 죽일 생각은 없었는데 실수로 죽인 경우 과실치사의 책임을 진다.

『내가 주님의 영을 피해서 어디로 가며, 주님의 얼굴을 피해서 어디로 도망치겠습니까? 내가 하늘로 올라가더라도 주님께서는 거기에 계시고, 스올에다 자리를 펴더라도 주님은 거기에도 계십니다. 내가 저 동녘 너머로 날아가거나, 바다 끝 서쪽으로 가서 거기에 머무를지라도, 거기에서도 주님의 손이 나를 인도하여 주시고, 주님의 오른손이 나를 힘 있게 붙들어 주십니다.』 (시편 139:7-10, 새번역)

법이 행위의 준칙으로 기능하는 이상 우리의 생활 속에서 극히 일부를 제외하고는 모든 상황이 법의 지배를 받는다. 우리의 대부분의 생활관계가 법적 의미를 지니는 법률관계라고 할 수 있다. 위 성경 구절처럼 피해갈 수 없는 것이 법이다. 예컨대 사람 사이에 서로 사랑하는지 여부는 법의 규율대상일까? 이혼할 때 부모 중에서 자녀에 대한 친권자를 정하거나, 위자료 산정 기준이 될 수도 있고, 또 상속할 때 부모에 대한 부양 및 간병행위의 정도 등이 기준이 될 수 있어서, '사랑' 도 법의 테두리 내에서 평가될 수 있는 것이다.

(2) 법의 무지와 법률용어; "모르고 행한 죄"

『이스라엘 온 회중이 실수로 함께 책임을 져야 할 잘못을 저지르면, 그것은 비록 깨닫지 못하였을지라도 죄가 된다.…』 (레위기 4:13, 새번역)

『만일 일반 백성 중 어떤 사람이 무지하여 마땅히 해서는 안 되는 일에 관한 주의 명령들 가운데 어떤 것을 거역함으로써 범죄하여 죄가 되거나…』 (레위기 4:27, KJV)

『또 어떤 사람이 주의 명령들에 의해 행하는 것이 금지된 이런 것들 중에 어떤 것을 범하여 죄를 지으면 비록 몰랐을지라도 죄가 되나니 그는 자기 죄악을 담당할지니라.』 (레위기 5:17, KJV)

『전에는 내가 하나님을 모독하는 자요, 박해하는 자요, 중상하는 자였으나

오히려 자비를 입은 것은 내가 믿지 아니하였을 때 모르고 행하였음이라.』 (디모데전서 1:13, KJV)

법은 공동체의 존속을 위하여 필요한 최소한도의 내용을 강제하는 것이다. 따라서 주관적으로 그 행위자가 그것이 범죄가 되는 것을 몰랐다고 하더라도 위반행위를 그냥 허용할 수는 없다. 물론 알았는지 몰랐는지 입증하기도 어렵다. 따라서 성경의 법이나 국가법은 공히 모르고 한 행위도 범죄로 인정하고 그에 대한 책임을 지도록 하고 있다. 물론 범죄인지 몰랐다는 사정을 고려하여 실제 처벌할 때는 조금 약하게 처벌할 수는 있다. 왜냐하면 비난가능성이 낮기 때문이다. 자신의 어떤 행위가 죄가 되는지 몰랐다는 것은, 어떤 행위의 결과를 인식하지 못한 것을 의미하는 과실(過失)과는 다르다. 예컨대 남의 집 마당에 있는 감나무에서 감을 따 먹어도 되는 줄 알고 따먹은 것이 법을 모른 것의 예이고, 일부러 딴 것이 아니라 짐을 옮기다 걸려서 감이 떨어진 경우는 과실(過失)의 예이다.

『제자들이 나아와 주께 말씀드리기를 "어찌하여 그들에게 비유로 말씀하시나이까?" 라고 하니 주께서 그들에게 대답하여 말씀하시기를 "이는 천국의 신비들이 너희에게는 알도록 허락되었으나 그들에게는 허락되지 아니하였기 때문이니라.』 (마태복음 13:10-11, KJV)

『이 세상에는 수많은 종류의 말이 있습니다. 그러나 뜻이 없는 말은 하나도 없습니다. 내가 그 말의 뜻을 알지 못하면, 나는 그 말을 하는 사람에게 딴 세상 사람이 되고, 그도 나에게 딴 세상 사람이 될 것입니다.』 (고린도전서 14:10-11, 새번역)

한편 일반인들이 "법학은 매우 어렵다." 는 인상을 가지게 되는 것은 법률용어가 일상용어가 아닌 경우가 많기 때문이다. 특히 한자어로 구성된 용어가 많다. 여기에는 두 가지 이유가 있는데 그 한 가지는 한글로 법률용어를 만들면 용어가 길어지고 장황하게 되는 경우가 많아서 한자를 사용하여 전문가들이 쉽게 이해하고 사용할 수 있도록 한 것이다.

『길을 가다가 자기와 상관없는 다툼에 간섭하는 자는 개의 귀를 잡는 자와 같으니라.』 (잠언 26:17, KJV)

예컨대 위 성경구절에서의 '다툼에 간섭하는 자' 처럼 '선의(善意)의 제3자' 라고 하면 일반적으로는 '착한(나쁜 마음을 가지지 않은) 사람 중에서 사건과 관련이 없는 사람' 을 의미한다. 그러나 법적 의미로는 '어떤 사정을 몰랐지만, 당사자가 아닌 사건에 이해관계가 있는 사람' 을 의미한다. '선의' 는 '어떤 사정을 모르고서' 인 것처럼 법률용어를 풀어쓰다보면 매우 길어지는 것이 보통이다. 그래서 함축적인 용어가 필요하고 한자투의 전문용어가 많이 쓰이는 것이다. 그러나 그렇다고 해도 쉽게 풀어쓸 수 있는 용어도 불필요하게 전문적인 용어를 쓰는 사례도 많다. 예컨대 '도랑' 을 '구거(溝渠)' 라고 하고 '사위' 를 '서랑(壻郎)' 이라고 하는 것 등이다.

또 한 가지 근원적 이유로, 서양법이 우리나라에 들어오는 구한말 또는 일제 강점기에 이를 담당한 법률가들은 신분상 양반이 아닌 중인이었고, 신분상의 콤플렉스에 대한 반발로 의도적으로 어려운 용어를 고전에서 끌어다 번역했다는 얘기도 있다. 일본의 사정도 같다.

어쨌든 법은 입법자와 수급자 즉 공동체의 모든 구성원이 잘 알고 있어야 법으로서의 의미가 있다. 따라서 최대한 쉽게 의사소통이 될 수 있도록 쉽고 아름다운 말로 구성해야 할 것이다. 마찬가지 의미에서 외국어를 기피하고 한글전용을 주장하는 것도 불필요한 아집인 경우가 많다. 의사소통이 우선이고 한글을 지키는 것은 그 다음이다.

예컨대 이미 일반화된 '사이버'라는 말을 사용한 '사이버 명예훼손죄'를 '가상공간 명예훼손죄'라고 표현하는 것이 오히려 불필요한 오해를 불러일으킬 수 있는 것이다. 고대로 거슬러 올라가면 도무지 '순수한 한글'이 있을 수 없다. 역사적으로 언어도 분화되고 변화되어 온 것이기 때문이다. 예컨대 월(月)을 '달 월'이라고 새길 때 달은 한글이고 월은 한자음이라고 생각하는 것은 오해이다. 달은 월의 고대 발음일 뿐이다. 법률용어를 순화하려는 노력이 대법원과 법제처를 중심으로 많이 진행되고 있다. 법률전문가의 독점적 지위를 지키기 위해서 의도적으로 어려운 용어를 써 왔다면 빨리 개선되어 쉬운 현대어로 고쳐 써야 할 것이다.

(3) 법과 도덕 그리고 종교; "부모를 저주하는 사람"

『아버지나 어머니를 저주하는 사람은 반드시 사형에 처해야 한다. 그가 아버지와 어머니를 저주하였으니 그는 자기 죄 값으로 죽는 것이다.』
(레위기 20:9, 새번역)

『너희는 백발 앞에서 일어서고 노인의 얼굴을 존귀히 여기며 네 하나님을 두려워하라. 나는 주니라.』(레위기 19:32, KJV)

『자기 형제를 미워하는 자는 누구나 살인자요, 살인자는 누구나 영원한 생명이 그의 안에 거하지 않음을 너희가 아느니라.』(요한1서 3:15, KJV)

앞서 '법과 규범'에서 설명한 대로, 법이란 국가권력에 의해서 강제되는 것이며 국가(사회)를 유지하기 위한 최소한의 범위만을 규율하는 것이다. 이에 반해서 도덕은 강제력이 미약한 특성을 가지며, 내면세계를 주로 규율한다. 법이 외부로 나타난 행위만 규율하는 반면에 도덕은 내면의 생각을 주요 관심사로 한다. 즉 형제를 미워하거나 부모를 저주한다고 해서, 그것이 구체적 행동으로 표출되고 그 행동이 위법한 것이 되지 않는 한 법적 제재가 가해지지는 않는다. 그러나 도덕적으로는 비난의 대상이 된다. 따라서 그런 도덕적 비난에 대하여 스스로 수치심을 느껴서 자제하지 않으면 도덕은 규범으로서 효과를 발휘하기 어렵다.

『너희는 옛 사람들에게서 "너는 간음하지 말지니라." 고 한 말씀을 들었으나 내가 너희에게 말하노니, 음욕을 품고 여자를 바라보는 자는 누구나 그의 마음에 그녀와 더불어 이미 간음하였느니라.』 (마태복음 5:27-28, KJV)

예수님의 위 말씀을 보면 그런 점이 단적으로 드러난다. 실제로 현실에서 실천하기 매우 어려운 얘기이기도 하지만, 마음속으로 생각만 한 것을 법으로 처벌할 수는 없다. 그러나 그러한 음욕은 결국 많은 범죄와 연결되기 쉽다. 세상의 수많은 범죄는 결국 돈과 이성(異性) 때문에 발생하는 것이다. 따라서 예수님이 마음에서부터 범죄의 싹을 잘라내라는 가르침을 준 것은 정확한 지적이었다고 생각된다. 성경은 『돈을 사랑하는 것이 모든 악의 뿌리입니다.』 (디모데전서 6:10, 새번역)라고 덧붙이고 있다.

법과 도덕의 차이와 마찬가지 이유로 종교는 법과 구별된다. 다만 종교는 그 신앙의 유무에 따라 규범의 역할을 하고 못하고의 차이가 있을 뿐이다. 물론 도덕과 종교의 내용은 다르다. 다음 성경구절을 보자.

『첫 번째 안식일 후 두 번째 안식일에 주께서 옥수수밭을 지나가시는데 제자들이 옥수수를 따서 손으로 비벼 먹더라. 바리새인 몇 사람이 그들에게 말하기를 "어찌하여 너희는 안식일에 해서는 아니 될 일을 하느냐?" 고 하니…』 (누가복음 6:1-2, KJV)

이 내용은 도덕과는 별 상관이 없다. 유대인들이 지키던 안식일에 관한 내용일 뿐이다. 야웨를 인정하는 유대교 신자에게만 해당되는, 행위의 기준이 될 뿐이다. 물론 법이 규율하는 내용과도 거리가 멀다.

그러나 한편 우리의 의식(意識)이 어느 한 가지 규범에 의해서만 형성되어 있지 않기 때문에 분명히 구분하기 어려운 경우도 많다. 예컨대 동성애 문제를 생각해 보자.

『이로 인하여 하나님께서 그들을 수치스러운 욕정에 내버려 두셨으니, 심지어 여자들까지도 순리대로 쓰는 것에서 순리를 거역하는 것으로 바꾸었음이라. 마찬가지로 남자들도 여자들을 순리대로 쓰는 것에서 벗어나 서로 음욕이 불 일듯 하니, 남자들이 남자들과 더불어 부끄러운 일을 행하여 그들의 그릇됨에 상당한 보응을 자기 자신들에게 받았느니라.』 (로마서 1:26-27, KJV)

『남자가 같은 남자와 동침하여 여자에게 하듯 그 남자에게 하면 그 두 사람은 망측한 짓을 한 것이므로 반드시 사형에 처해야 한다. 그들은 자기 죄값으로 죽는 것이다.…남자가 짐승과 교접하면 그는 반드시 사형에 처해야 한다. 그리고 너희는 그 짐승도 죽여야 한다.』 (레위기 20:13-15, 새번역)

동성애에 대하여 현재 우리 국가법에서 제재하는 규정은 없다. 외국의 사례에서는 이를 금지하는 경우도 있고, 반면에 동성 사이의 결혼을 합법화한 곳도 있다.33) 외국에서는 동성결혼을 합법화하는 방향으로 나가고 있으나 우리나라에서는 아직은 시기상조라는 의식

33) 1989년 덴마크가 동성결혼을 합법화한 이래 노르웨이·스웨덴·네덜란드 등이 이를 합법화하였고 세계적으로 논란이 계속되고 있다. 이러한 동성결혼을 통하여 상속권의 인정과 가족수당·연금·건강보험 등 사회보장 혜택을 주고 있다.

이 강한데, 이는 도덕적인 기준이 아직 이를 허용하는 정도에 이르지 않았기 때문이다. 물론 성경에서는 동성애나 수간(獸姦)이 하나님의 창조섭리를 거스르는 것으로 허용되지 않고 있다.

(4) 법과 관습; "장로들의 전통"

『그 때에 예루살렘에서 서기관들과 바리새인들이 예수께 와서 말씀드리기를 "어찌하여 당신의 제자들은 장로들의 전통을 어기나이까? 그들은 음식을 먹을 때에 손을 씻지 아니하나이다." 라고 하니, 주께서 그들에게 대답하여 말씀하시기를 "너희는 또 어찌하여 너희 전통으로 하나님의 계명을 어기느냐? 하나님께서 명령하여 말씀하시기를 '네 아버지와 어머니를 공경하라. 또 아버지나 어머니를 저주하는 자는 죽이라.' 고 하셨느니라. 그러나 너희가 말하기를 '나로 인하여 유익을 받게 될 것은 무엇이나 예물이라고 자기 아버지나 어머니에게 말하는 사람은 누구든지 자기 아버지와 어머니를 공경하지 않아도 무방하다.' 하니, 그렇게 해서 너희는 너희 전통으로 하나님의 계명을(☞ 다른 사본에는 '법을') 폐기시키고 있는 것이라.』 (마태복음 15:1-6, KJV)

관습도 규범의 역할을 한다. 특히 법이 명확히 규정하고 있지 않은 사항에 대해서 법을 보충하는 역할을 한다. 그러려면 공동체 내에 구성원들 사이에 오랜 동안 반복된 관습(개인적 행위의 반복은 습관이라고 한다.)이 존재할 뿐만 아니라 구성원들이 그것을 지켜야 한다는 의식이 있어야 한다. 한걸음 더 나아가 그 관습의 내용이 법에 어긋나지 않고 법이 인정하면 그 관습은 관습법이라는 법이 된다. 국가법에서는 대개 판례에서 인정되어 관습법이 성립한다. 예컨대 논농사를 짓는 이웃과 사이가 안 좋아도 모내기철에 자기 논을 통해 물을 댈 수 있게 해 주는 것, 법에 규정이 없지만 새끼줄을 둘러 쳐 놓아 자신의 땅임을 밝히는 것(명인방법), 1년 이내 수확이 가능한 농작물의 경우 남의 땅에 파종했어도 수확해 갈 수 있다는 것

등이 관습법으로 판례에서 인정되는 것들이다.

위 성경구절을 보면 예수님도 관습이 하나님의 계명을 위배할 수는 없다는 점을 분명히 밝히고 있다. 국가법에서 관습법은 강행법이 없는 경우에 보충적으로 인정되는데, 성경에서 하나님의 계명은 강행되지 않는 것(국가법에서의 '임의법')이 없으므로 관습으로 계명을 폐기할 수 없다고 한 것이 타당하다.

(5) 권리와 의무; "선한 사마리아인"

『나를 사랑하고 나의 계명들을 지키는 자들에게는 수천 대까지 자비를 베푸느니라.』 (출애굽기 20:6, KJV)

『이제 너희가 정말로 나의 말을 듣고, 내가 세워 준 언약을 지키면, 너희는 모든 민족 가운데서 나의 보물이 될 것이다. 온 세상이 다 나의 것이다. 그러므로 너희는 내가 선택한 백성이 되고, 너희의 나라는 나를 섬기는 제사장 나라가 되고, 너희는 거룩한 민족이 될 것이다.』 (출애굽기 19:5-6, 새번역)

국가법은 권리와 의무로 구성되어 있다. 권리는 의무를 동반하며, 의무는 권리를 동반한다. 예컨대 A가 B에게 집을 판다고 가정하자. A는 집값을 받을 권리가 있으며, 집을 넘겨줄 의무가 있다. B의 경우에는 집값을 건네 줄 의무가 있으며, 집을 넘겨받을 권리가 있다. 부모가 자식에게 갖는 친권의 경우에는 권리보다는 의무가 강조되고 있는데, 이런 예외적인 경우가 아니면 국가법에서의 권리와 의무는 서로 맞물려 있다. 권리는 법에 의하여 강제로 어떤 이익(법익이라 한다)을 실현시켜 주는 힘을 의미하며, 의무는 그 반대이다.

성경에서는 이러한 권리와 의무가 꼭 맞물려 있는 것은 아니다. 대부분의 율법은 의무만 강조되어 있다. 물론 넓게 보면 위 성경구절들처럼 창조하고 복 주시는 하나님의 보호가 약속으로 나타난다.

그 언약의 내용은 하나님과 이스라엘의 권리와 의무를 나타낸다. 즉 하나님은 이스라엘을 지켜주고 제사장 나라가 되게(온 세상의 으뜸이 되게) 하는 반면에 이스라엘은 하나님께 복종하고 그 율법을 지켜야 한다. 다른 성경구절을 하나 더 보자.

『이제 땅이 너 때문에 저주를 받을 것이다. 너는, 죽는 날까지 수고를 하여야만 땅에서 나는 것을 먹을 수 있을 것이다.』 (창세기 3:17, 새번역)

아담과 하와가 범죄 하기 전에는 땅의 소산을 아무 대가 없이 먹을 수 있었으나 범죄 이후에는 노동을 해야 그 열매를 먹을 수 있게 되었다. 권리와 의무를 구성하게 된 것이다. 성경에는 수많은 명령과 금지가 규정되어 있어서 의무위주로 구성되어 있다. 하지만 의무는 곧 권리를 수반하게 되므로 넓게 보면 권리와 의무로 구성되어 있다고 할 수 있다. 유대인들에 따르면 율법의 계명은 613가지라고 한다.[34)]

『예수께서 대답하여 말씀하시기를 "어떤 사람이 예루살렘에서 여리코로 내려가다가 강도들을 만났는데, 그들이 그의 옷을 벗기고 상처를 입히고 반쯤 죽은 채로 버려두고 갔더라. 그 때 어떤 제사장이 우연히 그 길을 가다가 그를 보았으나 다른 편으로 지나갔으며 또 마찬가지로 한 레위인도 그 곳에 있다가 다가가서 그를 보고 다른 편으로 지나가더라. 그러나 여행하던 어떤 사마리아인이 그에게 와서 그를 보고 가엾게 여겨 그가 그 사람에게 가서 기름과 포도주를 부어 상처를 싸매주고 자기 짐승에 태워 여관으로 데려가서 그를 돌보아 주더라. 그 다음 날 그가 떠나면서 두 데나리온을 꺼내어 여관 주인에게 주면서 말하기를 '이 사람을 돌보아 주라. 비용이 얼마가 더 든다 해도 내가 돌아오는 길에 갚으리라.' 고 하더라. 너는 이 세 사람 중에서 누가 강도들을 만난 사람의 이웃이었다고 생각하느냐?" 고 하시니 그가 말씀드리기를 "그에게 자비를 베푼 사람이니이다." 라고 하더라. 그 때 예수께

34) 남병식, 바이블문화코드, 생명의말씀사, 2006, 74면

서 그에게 말씀하시기를 "가서 너도 그와 같이 하라." 고 하시더라.』(누가복음 10:30-37, KJV)

이 말씀은 국가법에서도 많이 인용되는 유명한 이야기다. 이른바 '선한 사마리아인 조항(the Good Samaritan Clause)' 이라고 한다. 예컨대 물에 빠진 사람을 구경하면서 구할 노력을 전혀 하지 않은 경우 법적 책임을 물을 수 있는가의 문제이다. 특히 수영을 잘하는 사람이 죽는 것을 구경만 하고 있었다면 어떻게 될까? 국가법에서는 일단 법적 의무가 주어져 있는 경우에만 책임을 묻고 있다. 그런데 이러한 경우 법적 의무를 규정하고 있는 나라도 있고 아닌 나라도 있다. 그래서 성경(또는 도덕)과 국가법의 경계에 놓인 문제라고 할 수 있다. 우리나라의 경우 아무 규정이 없으므로 단순한 구경꾼이라면 도덕적 비난이 가능할지언정 법적 책임은 없다. 외국의 사례로는 벌금을 규정하거나(핀란드 · 터키), 구류를 규정한 나라(체코 · 이디오피아), 1년 이하의 징역을 규정한 나라(일본 · 독일 · 그리스 · 헝가리), 5년 이하의 징역을 규정한 나라(프랑스) 등이 있다.[35]

3. 법의 이념

(1) 정의; "공의의 하나님"

『참으로 주님께서는 공의의 하나님이시다.』(이사야 30:18, 새번역)

『하나님 주님의 보좌는 영원무궁하며, 공의의 막대기는 곧 주님의 왕권입니다. 주님께서는 정의를 사랑하시고 불법을 미워하셨습니다.』(히브리서 1:8-9, 새번역)

35) 프랑스 형법 § 63② 『위험에 처해 있는 사람을 구조해 주어도 자기가 위험에 빠지지 않음에도 불구하고 자의로 구조하지 않은 자는 3개월 이상 5년 이하의 징역 또는 360프랑 이상 15,000프랑 이하의 벌금에 처한다.』

법이 추구하는 목표를 법의 이념이라 한다. 국가법에서는 정의와 법적 안정성, 그리고 합목적성을 드는 것이 보통이다. 성경에서도 정의(또는 공의)가 율법의 이념이라고 할 수 있다. 정의란 각자에게 정당한 몫을 돌려주는 것, 즉 정당하게 취급하는 것을 의미한다.[36] 따라서 정의란 말은 평등이란 말과 거의 같은 의미로 쓰인다. 즉 법적용에 있어서의 평등이 곧 정의라고 할 수 있다. 다음 성경구절을 보자.

『…사울은 신접한 자들과 마법하는 자들을 그 땅에서 내어 쫓더라.…그러자 사울이 그의 신하들에게 말하기를 "신접한 여자를 내게 찾아오라. 그러면 내가 그녀에게 가서 물으리라." 하니 그의 신하가 그에게 말하기를 "보소서, 엔돌에 신접한 여자가 있나이다." 하니 사울이…그 여자에게 이르니라.…그 여인이 사울에게 말하기를…어찌하여 네가 내 생명에 올무를 놓아 나를 죽이려 하느냐?』 (사무엘상 28:3-9, KJV)

사울 왕은 신접한 자들을 내어 쫓았으면서 자신이 답답한 처지에 놓이자 스스로 신접한 자를 찾아 나선다. 그러면 자신은 그 법을 어겨도 된다는 말인가? 성경속의 일화지만 이미 왕이 있는 상태였으므로 국가법의 성격도 가지는 시대였다. 결국 사울은 법을 어기는 행위를 한 것이다. 성경은 왕도 율법과 규례를 따라야 한다고 강조하고 있다. 아무리 목적이 좋은 법이라 하더라도 법은 결국 어떤 행위를 제한하는 것인데 공평하게 적용되지 않으면 사람들이 그 법을 지키지 않게 될 것이다.

『왕위에 오른 사람은 레위사람 제사장 앞에 보관되어 있는 이 율법 책을 두루마리에 옮겨 적어…이 율법의 모든 말씀과 규례를 성심껏 어김없이 지켜야 합니다.』 (신명기 17:18-9, 새번역)

36) 오호택, 법학입문, 제8판, 동방문화사, 2009, 33면 이하 참조.

법이 정의에 맞지 않으면서(타당성이 없으면서) 강행되는 것을 악법(惡法)이라고 한다. 반면에 타당성은 있으나 실제로 시행되지 못하는 것을 사문화(死文化)된 법이라고 한다.

『불의한 법을 공포하고, 양민을 괴롭히는 법령을 제정하는 자들아, 너희에게 재앙이 닥친다!』(이사야 10:1, 새번역)

(2) 법적 안정성; "악인에 대한 징벌"

『악한 일에 대한 징벌이 속히 집행되지 않으므로 사람들의 아들들의 마음이 그들 안에서 악을 행하기로 완전히 정해졌도다. 죄인이 일백 번 악을 행하고 그의 날들이 길지라도, 하나님을 두려워하는 자들, 곧 그 분 앞에서 두려워하는 자들이 잘 될 것임을 내가 분명히 아노라. 그러나 악인은 잘되지 못할 것이며 그의 날들도 길지 못하여 그림자와 같으리니, 이는 그가 하나님 앞에서 두려워하지 않음이라.』(전도서 8:11-13, KJV)

정의가 법의 내용적 측면의 이념이라면 법적 안정성은 형식적 측면의 이념이다. 즉 아무리 정의에 맞는다 해도 위 성경구절처럼 속히 집행되지 않으면 사람들이 그 법을 존중하기 어렵다. 또 너무 자주 바뀌면 법을 지키기 보다는 바뀔 때를 기다리게 된다. 또한 형법상의 낙태죄[37)]처럼 실제로 잘 시행되지 않으면 그 법규정이나 법규범 전체를 무시하게 된다.

따라서 법은 명확해야 하고, 내용대로 잘 시행되어야 하며, 함부로 바뀌어서는 안 되며, 국민의 의식에 합치해야 한다. 그래야 국민이 법을 믿고 따르게 되는데, 이것을 법적 안정성이라고 한다. 정의와 법적 안정성은 어떤 의미에서는 서로 충돌하기도 한다. 예컨대 절도범은 범법자이므로 빵 하나 훔쳤다고 수십 년 동안 형사가 추적한다

---

37) 형법 §269에 따르면 낙태를 한 부녀자는 1년 이하의 징역이나 200만 원 이하의 벌금에 처하도록 되어 있다.

면 장발장 같은 비극이 탄생할 수 있는 것이다. 정의에는 맞지만 법적 안정성은 깨지게 된다. 그래서 일정한 기간이 지나면 더 이상 처벌하지 않는 공소시효(公訴時效)제도가 필요한 것이다.[38]

또 하나의 법의 이념으로 합목적성이 있다. 이는 해당되는 법(규정)의 목적을 말한다. 예컨대 형법은 범죄를 예방하고 범법자를 처벌함으로써 국민의 생명과 신체 · 재산 등을 보호함을 그 목적으로 한다. 모든 법규범에는 각각의 합목적성이 있다.

4. 법의 종류

(1) 성문법과 불문법; "언약의 책"

『언약의 책을 가지고 와서 백성이 듣고 있는 데서 읽으니 그들이 말하기를 "주께서 말씀하신 모든 것을 우리가 행하고 복종하리라." 하더라.』 (출애굽기 24:7, KJV)

모세오경은 처음에는 구전되다가 신명기 이후에 기록되기 시작했다고 한다.[39]

『너는 이 말씀들을 네 집 문설주들과 대문들 위에다 기록할지니라.』 (신명기 11:20, KJV)

---

38) 절도죄의 경우 6년 이하의 징역에 해당하므로(형법 §329) 공소시효는 5년이다(형사소송법 §249).

39) 윌리엄 슈니더윈드(박정연 옮김), 성경은 어떻게 책이 되었을까?, 에코리브르, 2006, 141면 이하 참조. 이 책에 따르면 성경은 기원전 8세기 후반, 예언자 이사야와 유다 왕 히스기야의 시기에 이르러 모양새를 갖추기 시작했다고 한다. 즉 이 시기에 앗시리아가 발흥하고 북왕국(이스라엘)이 멸망하면서 농경사회였던 남왕국(유다)이 도시화되면서 성경의 많은 부분이 기록되기 시작했다고 한다. 같은 책, 113면 이하.

『모세가 이스라엘 장로들과 더불어 백성에게 명령하여…너희가 요단을 건넌 후…큰 돌들을 세우고 그것들을 석회로 바를지니라. 네가 요단을 건너면 이 율법의 모든 말씀을 그 돌들 위에 기록하라.』 (신명기 27:1-3, KJV)

『만일 네가 이 책에 기록된 이 율법의 모든 말씀을 행하여 지키지 아니하고…』 (신명기 28:58, KJV)

이렇게 기록됨으로써 하나님의 말씀을 직접 전해주던 모세가 죽은 후에도 사람들은 하나님의 말씀, 즉 율법의 내용을 알고 이를 지킬 수 있게 된 것이다. 이렇게 법은 기록이 되어야 법의 내용이 명확해지고 법을 지켜야 하는 사람들(수규자)이 법의 내용을 확실히 알 수 있게 된다. 이렇게 기록된 법을 성문법(成文法), 그렇지 않은 것을 불문법(不文法)이라 한다. 국가법에서의 정의에 따르면, 성문법이란 법을 제정할 권한이 있는 기관이 정해진 절차에 따라 법을 제정하여 문서화해서 공포한 것을 의미한다. 이렇게 정의하지 않으면 불문법인 판례법이나 관습법이 문자화되어 있는 것과 구분되지 않기 때문이다. 우리나라는 성문법이 불문법에 우선한다. 즉 관습법이나 판례 같은 불문법은 어떤 사안에 대하여 성문법이 없는 경우에만 적용된다. 무엇으로 법의 내용을 확인할 수 있는가? 이 질문에 "법전을 보면 알 수 있다."는 대답은 성문법의 경우에 해당한다. 이러한 법의 존재형식 또는 법의 인식근거를 법원(法源)이라고 한다. 『민사에 관하여 법률에 규정이 없으면 관습법에 의하고 관습법이 없으면 조리에 의한다.』 (민법 § 1) 여기서 조리(條理)란 건전한 상식으로 판단할 수 있는 이치 · 도리, 또는 법의 원리를 말한다.

『지금 있는 것 이미 있던 것이고, 앞으로 있을 것도 이미 있는 것이다. 하나님은 하신 일을 되풀이하신다.』 (전도서 3:15, 새번역)

재판의 결과, 즉 판례가 일정한 한도에서 법의 역할을 하는 것을 판례법이라 한다. 영국이나 미국의 경우 판례법이 주요한 법원이다.[40] 그러나 법의 특징을 일반성과 추상성이라고 할 때, 판례는 그 사건에만 효력이 미칠 뿐 일반적인 효과가 없는 것이어서 엄격히 말하면 법이 아니라고 할 수 있다. 한편 심급제에 의하여 결국 대법원에 가서 대부분의 사건이 마무리되는 사정을 고려하면 어떤 문제에 대한 대법원의 견해는 사실상 일반적 기준이 되므로 법적인 역할을 한다고 할 수 있다.

(2) 상위법 하위법 그리고 임의법; "어느 계명이 큰가"

『나는…너의 하나님이라. 너는 내 앞에 다른 신들을 있게 하지 말지니라.』 (출애굽기 20:1–2, KJV)

『선생님, 율법 중에서 어느 계명이 크니이까?』 (마태복음 22:36, KJV)

국가법의 경우 모든 법규범이 동일한 효력이 있는 것이 아니다. 헌법 ⇒ 법률 ⇒ 명령(대통령령이나 부령 등) ⇒ 자치법규(조례나 규칙)의 순으로 효력이 있다. 위의 것을 상위법, 아래의 것을 하위법이라고 한다. 당연히 상위법이 하위법에 우선하므로 하위법이 상위법에 위배되면 무효가 된다. 예컨대 헌법재판소의 위헌법률심판에 의한 통제가 이러한 기능을 한다.[41]

실제 적용될 때는 하위법이 먼저 적용되고(내용이 더 구체적이므로), 하위법이 없을 경우 상위법이 적용된다. 상위법은 하위법의 근

---

40) 영국의 경우 그래서 상원(上院)이 최고법원이다.

41) 학문적으로 더 포괄적인 용어로는 규범통제라고 한다. 오호택, 헌법재판이야기, 살림출판사, 2006 참조. 좀 더 전문적인 내용을 확인하려면 오호택, 헌법소송법, 제5판, 동방문화사, 2008 참조.

거를 확인하거나 위임 범위를 확인하는 데 필요하다. 성문법 우선의 원칙에 따라 성문법이 불문법에 우선하지만, 상위법 우선의 원칙과 함께 적용될 때는 상위법이 우선한다. 헌법재판소는 신행정수도건설특별법에 대한 헌법소원심판(헌재 2004.10.21, 2004헌마554 · 566)에서 불문법인 헌법관습법이 성문법인 법률에 우선한다는 점을 확인하였다.

현대 교회법의 경우 성경이 다른 모든 것에 우선해야 할 것이다. 교회에서 정한 세부적인 규정들은 성경에 명시되어 있거나, 해석상 도출되는 성경의 원칙에 위배되지 않아야 한다. 그러면 성경에서는 법이 어떻게 구분될까? 율법은 모두 하나님의 말씀을 기록한 것으로 국가법의 법 제정과는 다르다. 성경에 하나님 말씀이라는 기록만 있으면 모든 것에 우선한다. 다만 내용적으로는 성경에 나타난 교회법 사이에서도 상위법과 하위법의 구분이 존재한다. 예컨대 십계명 중 오직 여호와만 섬기라는 제1계명은 이를 구체화한 각종 제사법을 규정한 레위기 1장 내지 7장 규정들의 상위법이다. 레위기의 개별 규정들은 제1계명을 구체화한 하위법이라고 할 수 있다. 성경의 법(하나님의 말씀)보다 더 하위법으로 교단의 헌법과 규정 등을 들 수 있으며, 또 그 하위에는 개별 교회의 규정과 관습을 들어볼 수 있다.

교회법도 국가법과 마찬가지로 하위의 규범은 상위의 규범에 위반되는 내용을 가지고 있을 수 없으며 그런 경우 무효라고 할 수 있다. 예컨대 대한예수교장로회 총회 헌법 제5장 제6조 성례 제1조는 『신앙이 독실하고 학습인으로 6개월간 근실히 교회에 출석하면 세례 문답할 자격이 있다.』 고 규정하고 있다. 그러나 성경에는 어디에도 침례(세례)를 줄 때 이런 자격, 특히 기간의 제한을 두고 있지 않다. 따라서 이를 강제적인 규정으로 적용하는 것은 상위법인 성경에 위배되어 무효이다. 그러나 이 경우에 6개월이 안 되어 세례를 받고 싶은 사람을 이 규정을 근거로 세례를 주지 않는 경우에 성경에 위배된다는 의미일 뿐, 본인이 이를 인정하고 6개월이 지나서 세례를 받는 데 아무런 이의를 제기하지 않는다면 아무 문제가 될 것이 없다. 즉 이 규정을 강행되는 것이 아니라 당사자가 받아들이는 한도 내에서 지침의 역할만 한다고 하면 별 문제가 없다.

이렇게 당사자의 합의로 지키지 않아도 되는 규정을 국가법에서는 임의법(任意法)이라고 한다. 예컨대 돈을 꾼 채무자가 돈을 갚는 데 들어가는 비용(은행 이체수수료, 수표발행 수수료, 현금으로 갚을 때의 교통비 등)은 채권자와 채무자 중 누가 부담하는가? 민법은 『변제비용은 다른 의사표시가 없으면 채무자의 부담으로 한다.』(민법 § 473)라고 하여, 원칙적으로 돈을 꾼 사람(채무자)이 부담하는 것으로 했지만 당사자가 합의해서 채권자가 부담해도 무방하다. 반면에 『물권은 법률 또는 관습법에 의하는 외에는 임의로 창설하지 못한다.』(민법 § 185)는 규정은 강행규정이어서 당사자가 합의해도 임의의 어떤 물권(의 종류)을 만들 수 없다.

그러면 성경 속의 규정에도 임의법이 존재하는가? 일단 존재한다고 볼 수 있다.

> 『만일 어떤 사람이 정혼하지 않은 처녀를 꾀어서 동침하였으면 그는 반드시 그녀에게 지참금을 주어 아내를 삼을지니라. 만일 그녀의 아비가 그녀를 그 사람에게 주기를 아주 거절하면 그 사람은 처녀들의 지참금에 해당하는 돈을 지불해야 할지니라.』 (출애굽기 22:16-17, KJV)

이 경우 처녀 측의 의사에 따라 결혼을 하거나 배상금을 받게 되는 것이고 결혼은 강행되는 것이 아니므로 결혼해야 한다는 규정은 임의법이라고 할 수 있다. 다만 하나님의 말씀은 모두 존중되어야 하고 말씀을 지키지 않을 경우 하나님의 징계가 임한다고 한다면 모두 강행법이라고 할 수 있겠다.

(3) 일반법 특별법 그리고 신법; "아하수에로의 칙령"

『아하수에로왕의 이름으로 기록되었고 왕의 반지로 인쳐졌더라. 그 편지들이 전달자들에 의하여 왕의 모든 지방들에 보내져, 아달 월인 십이월 십삼일 하루에 모든 유대인 젊은이와 늙은이와 어린 아이들과 여자들을 멸하고 죽이고 진멸시키며, 그들로부터 탈취물을 전리품으로 취하도록 하였더라.…그 칙서에서 왕이 각 성읍에 거하는 유대인들에게 허락하기를, 그들이 모여서 그들의 생명을 보호하기 위해 자기들의 아내와 자식들을 공격하려는 백성과 지방의 모든 세력을 멸하고 죽이고 진멸시키며, 그들로부터 탈취물을 전리품으로 취하게 하였으니…』 (에스더 3:12-13, 8:11, KJV)

법률은 다양하게 만들어지고 바뀌고 또 없어지는데, 서로 다른 내용이 있을 수 있으므로 구체적 사건에서 어떤 법을 적용할 것인가가 문제된다. 특히 같은 대상에 대한 법률이 시차를 두고 다시 만들어질 때는 당연히 새로운 법이 적용되고 이전의 법은 효력을 잃게 된다. 이를 신법우선의 원칙이라고 한다. 국가법에서는 당연한 원칙이지만 성경에서도 그런지는 의문이다.[42] 성경의 특성상 하나님의 뜻에 더 근접한 내용이라면 먼저 만들어진(계시된) 것이라도 우선적으로 효력을 가질 수밖에 없다. 따라서 시간적 선후에 따라서가 아니라 하나님 뜻을 더 잘 반영한 것이 우선적 효력을 가진다고 할 수 있다. 그러나 성경도 결국은 새로운 해석과 새로운 법에 의해서 대체될 수밖에 없는 것이라고 생각된다. 예수님도 『너는 네 마음을 다하고, 혼을 다하고, 생각을 다하여 주 너의 하나님을 사랑하라. 이것이 첫째며 큰 계명이니라. 둘째는 이와 같으니, 네 이웃을 네 자신과 같이 사랑하라. 모든 율법

---

42) 우리나라의 경우 조선시대에는 신법우선의 원칙이 아니었다. 즉 조선 초부터 시작된 법전편찬은 성종 때 경국대전의 완성으로 일단락되었다(1485년 시행). 그 내용은 조종지법(祖宗之法)이라 하여 향후 이를 개정한다는 관념은 없었다. 속대전·대전통편·대전회통 등 그 이후의 법전들은 다만 구체적 내용을 보충할 뿐이었다.

과 선지서들이 이 두 계명에 달려 있느니라.』(마태복음 22:37-40, KJV)라고 하여 십계명을 비롯한 모든 율법을 요약해 주셨는데 시기적으로는 훨씬 뒤의 언급이다.

그런데 문제는 신법이 우선 적용되는 것은 당연하지만, 그것은 규율대상이 같은 경우에 한한다. 규율대상이 다르면 나중에 만들어진 법이라도 우선 적용될 수 없는 것이다. 규율대상에 따른 구분으로 일반적으로 적용되는 것을 일반법, 그 대상 중에서 특별한 대상에 적용되는 것을 특별법이라 한다. 특별법이 일반법에 우선하여 적용된다. 다음 성경 구절을 보자.

『만일 어떤 사람이 그 이웃에게 상처를 내면 그가 행한 대로 그에게 행할지니』(레위기 24:19, KJV)

『자기 아비나 어미를 친 자는 반드시 죽일지니라.』(출애굽기 21:15, KJV)

이 경우 상해죄 또는 폭행치상죄에 해당된다. 그런데 그 대상이 일반인인 경우 가해행위와 동일하게 되갚음을 당했고, 그 대상이 부모인 경우 죽음을 당했다. 즉 부모도 일반인에 포함되지만 가해자와의 특별한 관계임을 인정하여 특별한 취급을 한 것이다. 국가법도 같다. 상해죄는 최고 7년 이하의 징역이지만, 존속(부모나 조부모 등)에 대한 상해죄는 최고 10년 이하의 징역으로 더 엄하게 처벌하고 있다(형법 § 257).

같은 재산관계를 다루는 민법과 상법이지만, 행위의 유형에 따라 일반인의 재산관계는 민법이 규율하고, 상인(거래를 직업적 · 반복적으로 하는 사람)의 재산관계는 상법이 규율한다. 이 경우 상법이 민법에 우선한다. 위에서 설명한 성문법주의에서도 특별법 우선의 원칙과 결합하면 결론이 달라진다. 예컨대 『상사에 관하여 본법에 규정이 없으면 상관습법에 의하고 상관습법이 없으면 민법의 규정에 의한다.』(상법 § 1) 고하여 불문법인 상관습법이 성문법인 민법에 우선하는 것은 특별법우선의 원칙 때문이다.

성경에 보면 구약에 많은 율법이 나오고 이를 수정하거나 재해석한 내용이 신약에 많이 나온다. 구약에 나타난 법과 신약에 나타난 법 사이에는 신법우선의 원칙에 따라 신약의 법이 우선하는 것이다.

5. 법의 효력범위

(1) 공간적 인적 효력범위; "로마사람 바울"

『"너희는, 타국인은 물론 너희 나라의 사람에게도 한 가지 법을 적용할지니라. 나는 주 너희 하나님이라." 하시니라.』(레위기 24:23, KJV)

『"이 한 율례가 회중 가운데 있는 너희와 너희와 함께 기거하는 타국인에게도 있으며 너희 대대로 영원한 율례니 너희와 마찬가지로 타국인도 주 앞에 그렇게 될 지니라. 한 가지 법과 한 가지 방식이 너희와, 너희와 함께 기거하는 타국인에게 있을지니라." 하시니라.』(민수기 15:15-16, KJV)

법이 적용되는 공간적 효력범위에 대하여 국가(공동체) 안에 있는 모든 사람이 적용을 받는 속지주의(屬地主義)와 국가(공동체) 구성원은 어느 곳에 있든지 그 법을 따라야 하는 속인주의(屬人主義)가 있다. 위 성경구절에서 보듯이 성경은 속지주의가 원칙이다. 즉 이스라엘 사람은 물론 함께 사는 외국인도 법을 따라야 한다. "로마에 가면 로마법을 따르라(When in Rome, do as the Romans do)." 는 법언(법의 속담)은 속지주의를 말하고 있다. 우리 국가법도 속지주의가 원칙이다.

『(☞ 바울이 마케도니아의 빌립보에서 옥에 갇혔을 때) 바울이 그 부하들에게 말하기를 "그들이 로마사람인 우리를 죄도 정하지 않은 채 공개적으로 매질을 하고 감옥에 집어넣었다가 이제는 비밀리에 내보낸단 말인가?』 (사도행전 16:37, KJV)

우리나라는 속지주의가 원칙이나, 다만 예외가 인정되어 우리나라 사람이 외국에서 범죄를 하면 우리나라 형법에도 저촉된다. 다만 그 외국과의 관계가 있으므로 우리 형법을 적용하기 위해서는 범죄인인도협약 등에 따른 별도의 절차가 필요하다. 그 외국도 속지주의인 경우 자기나라에서 범죄한 것에 대하여 자기나라가 처벌하는 것이 원칙인 경우가 많고, 특히 우리나라와 처벌규정이 다른 경우가 많아서 복잡한 문제를 야기한다. 또 사법(私法)의 경우에도 어느 나라 법을 적용해야 할지 혼란스러운 경우가 많은데 이를 규정하고 있는 법이 국제사법(國際私法)이다. 한편 외국인이 외국에서 범죄를 한 경우에 우리나라 형법이 적용되는 경우도 있는데, 예컨대 우리나라 위조지폐를 외국에서 외국인이 만들어 사용하는 경우가 해당된다.

(2) 시간적 효력; "믿음이 오기 전엔 율법"

『믿음이 오기 전에 우리는 율법 아래서 감시를 받았으며, 나중에 믿음이 계시될 때까지 갇혀 있었느니라. 그리하여 율법이 우리를 그리스도에게로 인도하는 선생이 되었으니…믿음이 온 후로 우리는 더 이상 선생 아래 있지 아니하도다.』 (갈라디아서 3:23-25, KJV)

법은 제정되어 폐지될 때까지 효력을 가진다. 실정법의 경우 입법기관이 정해진 절차에 따라 법을 만들어 공포(公布)해야 효력을 발생한다. 공포 즉시 효력을 발생할 수도 있으나, 대개 법의 내용을 알리는 기간을 두는 데 이를 주지기간 또는 시행유예 기간이라고 한다.

언제 효력을 발생하는지는 대개 부칙에 규정되어 있으며, 특별한 규정이 없으면 공포 후 20일이 지나면 효력을 발생한다(헌법 § 53⑦).

법은 언젠가는 효력을 상실하는데 이를 법의 폐지라고 한다. 명시적으로 어떤 법을 폐지하는 것을 규정하는 경우가 있는데 이를 명시적 폐지라 한다. 반면에 같은 대상을 규율하는 신법이 만들어지면 구법(舊法) 즉 이전의 법이 폐지되는데 이를 묵시적 폐지라고 한다.

성경의 경우 새로운 율법을 제시하여 이전의 율법을 폐지하는 사례는 별로 없다. 다만 구약의 내용을 신약에서 다른 의미를 부여하거나 새로운 규율에 따르는 경우는 많다.

6. 법의 해석과 적용; "사울과 사무엘의 해석"

사울이 아말렉인들의 왕 아각을 사로잡았으나 살려 주었고, 양과 소들 중에서 가장 좋은 것은 멸하지 않고 천하고 쓸모없는 것들은 완전히 멸한 사실에 대해서(사무엘상 15:7-9)

『사울이 사무엘에게 말하기를 "정녕 내가 주의 음성에 복종하여 주께서 나를 보내신 길로 갔으며 아말렉 왕 아각을 끌어 왔고 아말렉인들을 완전히 멸하였나이다. 그러나 백성이 완전히 멸했어야만 했던 탈취물 중에서 주 당신의 하나님께 길갈에서 제사를 드리기 위하여 가장 좋은 것으로 양들과 소들을 취하였나이다." 하더라.』 (사무엘상 15:20-21, KJV)

이러한 사울의 의견에 대하여 사무엘은 『복종하는 것이 희생제물보다 낫고, 경청하는 것이 숫양의 기름보다 낫나이다.』 (사무엘상 15:22, KJV)라고 하여 다른 견해를 제시한다.

이렇게 법은 보는 관점에 따라 다르게 해석할 수 있다. 법의 해석이란 추상적인 법의 문구를 구체적 사례에 적용할 수 있도록 그 의미를 풀어놓는 것을 말한다. 물론 법률의 해석은 다양한 주체와 다양한 기준에 의하여 해석될 수 있는 것이기는 하지만 자의적인 해석은 지지를 받지 못할 것이다.

『먼저 이것을 알지니 성경의 어떤 예언도 사사로운 해석에서 나온 것이 아니니…』 (베드로후서 1:20, KJV)

법의 해석에는 기준에 따라 여러 가지가 있다. 해석의 주체에 따라, 해석을 실제 강제로 집행할 권한이 있는 기관이 하는 유권해석과 권한은 없으나 학문적으로 해석하는 문리해석이 있다. 위 사무엘상 15장의 기사에서 사울과 사무엘의 법해석은 다른 결론을 냈으나 적용된 것은 사무엘의 해석이다. 전권을 지닌 하나님의 뜻을 전하러 온 사무엘의 해석이 유권해석에 해당된다.

해석의 방법에는 문언적 의미를 밝히는 문언해석, 논리적으로 그 의미를 밝혀가는 논리해석,[43] 다른 유사한 사안에 적용하는 유추해석 등이 있다. 『너희는 주의 책을 찾아 읽으라. 이들 중에는 하나도 부족한 것이 없고, 하나도 자기 짝이 없는 것이 없으리니…』 (이사야 34:16, KJV)[44] 이 성경구절은, 해당 조문에만 국한하지 말고 관련된 다른 법조문도 함께 고려해서 해석해야 한다는 체계해석, 내지는 보충해석을 보여주고 있다.

법을 해석하는 것은 법을 구체적 사건에 적용하기 위한 것이다. 법의 적용은 일반적으로 3단계로 이루어지는 것으로 생각되어 왔다.

---

43) 여기에는 또 확장해석과 축소해석, 물론해석과 반대해석 등 다양한 해석의 방법들이 연구되어 있다. 자세한 것은 오호택, 주(36)의 책, 72면 이하 참조.

44) 다만 이 구절은 하나님의 진노에 의하여 그 땅이 황폐하여지고, 짝이 없는 것이 없을 정도로 다양하고 많은 짐승들이 그 땅을 차지할 것이라고 예언한 내용이다. 다른 판본으로 읽어 보자. 『주님의 책을 자세히 읽어 보아라. 이 짐승들 가운데서 어느 것 하나도 그 짝이 없는 짐승은 없을 것이다. 주님께서 친히 입을 열어 그렇게 되라고 명하셨고 주님의 영이 친히 그 짐승들을 모을 것이기 때문이다.』 (이사야 34:16, 새번역)

즉 법의 의미를 해석하고, 사실관계를 해석(확정)하여 이를 포섭하여 결론을 내는 것으로 이해한다. 이를 포섭이론이라 한다. 예컨대 형법 § 250는 살인한 자는 사형, 무기징역 또는 5년 이하의 징역에 처하도록 규정되어 있다. 예컨대 A라는 사람이 B를 살해하였다. 그러면 A는 사형, 무기징역 또는 5년 이하의 징역 중에서 형벌을 받게 되는 것이다. 현대에 와서는 이러한 해석은 약간 수정되는데, 사실관계를 고려하지 않고 법률의 의미를 해석하기 어렵다는 점 때문이다. 특히 헌법해석에서 그렇다. 헌법은 다른 법에 비하여 더욱 추상적이고 개방적인 성격을 가지고 있기 때문이다. 따라서 수많은 관점을 제기하여 사안에 적합한 논점을 찾아내는 과정이 헌법해석이라고 얘기된다.

법의 해석은 시대에 따라서 달라질 수 있다. 법을 만들었을 때의 의미(입법자의 의도)도 중요하지만 법을 적용할 때의 사람들의 의사도 중요하다. 예컨대 『아이 꾸짖는 것을 삼가지 말아라. 매질을 하여서 죽지는 않는다. 그에게 매질을 하는 것이 오히려 그의 목숨을 스올에서 구하는 일이다.』(잠언 23:13-14, 새번역)는 말씀을 현대에도 그대로 적용해서 아이에게 매질을 해도 된다고 해석할 것이 아니라, 그것은 따끔한 훈계를 의미한다고 해석하는 것이 현대적 의미에 맞는 이해가 될 것이다.

법에 어긋나지 않으면 법을 준수한 것이 되지만(준법 또는 합법), 그렇지 않으면 위법(違法)한 행위가 된다. 법의 특성상 국가권력에 의하여 이에 상응한 제재를 받게 된다. 민사강제, 형벌, 행정상의 강제 등이 그것이다. 다음 성경구절을 보자.

『"베냐민 지파 가운데서 여자들이 다 죽었으니, 이제 우리가 어떻게 하여야 살아남은 남자들에게 아내를 짝지어 줄 수 있겠습니까?" … "그러나 이미 이스라엘 자손이, 자기 딸을 베냐민 사람과 결혼시키는 사람은 누구든지 저주를 받을 것이라고 맹세하였으니, 우리는 아무도 우리의 딸들을 그들과 결혼시킬 수 없습니다." …그들은 베냐민 자손에게 이렇게 지시하였다. "당신들은 (☞ 축제 때에)…실로의 처녀들이 춤을 추러 나오면, 포도원에서 달려 나와 그 실로의 처녀들 가운데서 하나씩 붙들어 아내를 삼아 베냐민 땅으로 돌아가시오. 그들의 아버지들이나 오라버니들이 우리에게 와서 시비를 걸면 우리가 그들에게… '당신들이 딸들을 그들에게 준 것이 아니니 당신들이 맹세한 것을 스스로 깨뜨린 것도 아니오.' 하고 답변해 주겠소." 』(사사기 21:16-22, 새번역)

베냐민 지파에게 딸을 주지 않겠다는 맹세를 지키기 위해 축제 때 처녀들을 잡아다가 결혼을 하게 하는 장면이 나온다. 직접 자기들 손으로 딸을 주지 않았으므로 형식적으로는 맹세를 지킨 것이 되지만 사실상 내용적으로는 맹세를 위반하는 것이 된다. 법학에서 이런 것을 편법(便法)이라고 한다. 즉 법의 취지를 우회적으로 회피하여 결과적으로 법을 어기는 것이다.

유대인들은 모세오경을 성문율법으로 인정함과 더불어 구전율법을 인정하고 그것들을 정리한 것을 탈무드(Talmud)라고 하여 동일한 율법으로 인정한다. 탈무드는 B.C. 300년 내지 A.D. 800년 사이에 문서화되었으며, 특히 A.D. 200년 경 랍비 아키바에 의해서 문서화된 것으로 알려져 있다. 현재는 바벨론 탈무드와 예루살렘 탈무드가 유명하다. 내용상 율법의 세부규정인 '미쉬나(Mishnah, 반목이라는 뜻)'와 율법 규정의 교훈적 풀이(후대 랍비들의 주석)인 '게마라(Gemara, 보완이라는 뜻)'로 나누어 볼 수 있다. 문체로는 법규정을 다루는 '할라카(규범이라는 뜻)'와 '학가다(이야기라는 뜻)'로 나눌 수 있다.[45]

그런데 그러한 구전율법이 편법이나 탈법에 해당하는 것도 많다. 예컨대 『남녀가 결혼을 하고 난 다음에, 남편이 아내에게서 수치스러운 일을

45) 톰슨II 주석성경, 1988, 신약 25면 참조.

발견하여 아내와 같이 살 마음이 없을 때에는, 아내에게 이혼증서를 써 주고 그 여자를 자기 집에서 내보낼 수 있습니다.』(신명기 24:1, 새번역)의 경우에 '여자의 흠'에 대해서 '부인이 가지고 오는 밥상의 반찬이 마음에 들지 않을 때' 또는 '부인보다 더 예쁜 여자가 생겨도' 그것이 흠이 되어 이혼사유가 된다고 한다.[46] 그렇다면 이것은 사실상 마음대로 이혼하고 다른 부인을 얻어도 된다는 이야기가 된다. 그러므로 예수님께서 『모세는 너희의 마음이 완악하기 때문에 아내를 버리는 것을 허락하여 준 것이지, 본래부터 그랬던 것은 아니다. 내가 너희에게 말한다. 음행한 까닭이 아닌데도 아내를 버리고 다른 여자에게 장가드는 사람은 누구나 간음하는 것이다.』(마태복음 19:7-9, 새번역)라고 함으로써 이러한 편법을 막은 것이다.

한편 법을 적용할 때는 행위 시의 법률이 적용된다. 법은 행위의 준칙이 되므로 행위 시의 법률만 고려해서 행동하면 문제가 없도록 한 원칙이다. 물론 재판을 할 때도 재판 시의 법률이 적용되는 것이 아니라 행위 시의 법률이 적용된다. 따라서 재판 시에 이미 폐지된 법률도 행위 시에 효력이 있던 것이라면 적용된다.

『"…또 새 포도주를 낡은 가죽 부대에 붓는 사람은 아무도 없나니, 그렇게 하면 가죽 부대가 터져서 포도주도 쏟아지고 부대도 망가지게 되나 새 포도주를 새 가죽 부대에 부으면 둘 다 보존되느니라." 고 하시더라.』(마태복음 9:17, KJV)

46) 남병식, 주(34)의 책, 2006, 58-60, 153-154면.

Ⅱ. 국가와 헌법

1. 헌법의 일반적 내용

(1) 헌법의 의의; "사무엘이 밝힌 군주제도"

『그 때 사무엘이 왕국의 제도를 백성에게 말하고 그 것을 책에 기록하여 주 앞에 두더라. 사무엘이 모든 백성을 각자 자기 집으로 보내더라.』 (사무엘상 10:25, KJV)

헌법이란 국가의 통치조직과 통치작용에 관한 기초법을 의미한다. 헌법을 의미하는 독일어의 'Verfassung' 과 영어의 'Constitu-tion' 은 모두 라틴어에서 온 말로 각각 법적으로 규정된 상태 또는 형태를 의미한다.

헌법은 결국 국가의 성립을 전제로 한 개념이다. 국가가 먼저 있고 헌법을 제정하는 것이 아니라 헌법을 만드는 것이 국가를 창설하는 것으로 이해해야 한다. 그래야 헌법이 없는 국가를 상정하게 되는 오류를 막을 수 있다. 헌법은 오늘날 대부분의 국가처럼 성문의 형태로 존재할 수도 있지만 영국이나 이스라엘처럼 불문의 형태일 수도 있다. 물론 성문헌법이 없다고 헌법에 해당되는 내용들이 모두 불문법의 형태로 있다는 의미는 아니며 '헌법' 이라는 형식의 법이 없다는 의미일 뿐이다.

성경에 나타난 헌법과 이에 전제된 국가는 시대에 따라 다르다. 즉 이스라엘의 시대구분은 기원전 2,000년부터 '족장시대' '출애굽과 가나안 정복시대' '왕정시대' '포로시대와 그 이후의 시기' 로 나누어 볼 수 있다.[47] 따라서 이 시대별로 헌법과 국가체제가 다

47) John Bright, A History of Israel, 김남일, 야웨와 바알, 살림출판사,

르다. 족장시대의 경우 국가라고 할 만큼 많은 인구가 있었던 것이 아니므로 국가형태와 헌법의 형태구분은 의미가 없다. 출애굽과 가나안 정복시대는 모세와 여호수아를 정점으로 하는 지도자와 이에 따르는 백성(국민)이 있고 영토를 확보해 가는 과정이므로 일종의 국가로 볼 수 있다. 지도자의 권위는 하나님으로부터 나오므로 하나님의 말씀, 즉 십계명을 비롯한 모세의 율법이 헌법의 역할을 한다. 그 대강은 하나님과 이스라엘 민족 사이의 계약이라고 할 수 있다. 그 후 왕을 세우면서부터 이러한 신정(神政)과 왕정의 복합형태로 볼 수 있다.[48] 이에 대해서는 이하에서 별도로 설명한다.

(2) 국가의 본질과 국가형태; "왕과 하나님"

『이에 사무엘이 자기에게 왕을 요구하는 백성에게 주의 모든 말씀을 일러 말하기를 "너희를 치리할 왕의 제도가 이러하리라. 그가 너희 아들들을 데려다가 자기를 위해 그의 병거에 임명하고 그의 기병이 되게 할 것이요, 일부는 그의 병거 앞에서 달리게 하리라. 그가 그를 임명하여 천부장들과 오십부장들로 삼으며, 그의 땅을 경작하고 그의 수확을 거두도록 배치하며, 그의 무기들과 그의 병거의 기구들을 만들게 할 것이요, 그가 너희 딸들을 데려다가 향료 만드는 자와, 음식 만드는 자와, 빵 굽는 자로 만들 것이라. 또 그가 너희 밭과 포도원과 올리브 밭 중에서 가장 좋은 것을 취하여 자기 신하들에게 줄 것이요, 그가 너희 곡식과 포도원에서 십일조를 취하여 자기 관원들과 신하들에게 주리라. 또 그가 너희의 남종과 여종과 잘 생긴 청년들과 너희 나귀들을 취하여 자기의 일을 시킬 것이요, 그가 너희 양의 십일조를 취할 것이며 너희는 그의 종이 될 것이라. 또 너희는 그 날에 너희가 너희를 위하여 뽑은 너희 왕으로 인하여 부르짖을 것이나, 주께서는 그 날에 너

2003, 19면에서 재인용.; 노세영·박종수, 고대근동의 역사와 종교, 대한기독교서회, 2003, 84-92면에서는 '출애굽과 가나안정착''사사시대' '왕국시대''바빌론 포로기''포로기 이후시대'로 나눈다.

48) 이스라엘의 역사에 대한 개관으로는 김용옥, 요한복음강해, 통나무, 2007, 37-47면 참조.

희를 듣지 아니하시리라." 하더라.』 (사무엘상 8:10-18, KJV)

사무엘은 왕을 세우면 국민으로서의 의무가 늘어난다는 점을 강조했다. 그러나 백성들은 사무엘의 이러한 설명에도 불구하고 왕을 원했으며, 키스의 아들 사울이 왕이 되었다(사무엘상 8:19 이하). 이로서 이스라엘에도 왕정이 성립하게 된다. 그러나 이스라엘 왕이 다른 나라들처럼 전권을 행사한다고 보기는 어렵다. 일단 왕의 권위는 하나님에게서 오며 왕도 하나님의 뜻을 거역하기 어렵다. 즉 외세의 침략과 사회의 안정을 위하여 강력한 지도력이 필요해서 왕이 요구되었지만, 고대 메소포타미아처럼 민주적으로 왕권이 성립한 것이 아니라 하나님만이 왕이라는 사상과의 갈등 속에서 성립하였고, 하나님이 왕이라는 사상과 함께 존재하는 것이었다.[49]

『주는 우리의 재판장이시요, 주는 우리의 입법자시요, 주는 우리의 왕이시니…』 (이사야 33:22, KJV)

따라서 하나님과 백성과의 계약을, 하나님을 대신하여 백성을 다스리는 왕과 백성과의 계약으로 볼 수 있다. 다음 기사를 보자.

『르호보암이 세켐으로 갔으니, 이는 온 이스라엘이 그를 왕으로 삼으려고 세켐으로 왔음이더라.…이제 왕께서는 왕의 아버지의 고통스러운 노역과 그가 우리에게 지운 무거운 멍에를 다소 가볍게 하소서. 그러면 우리가 왕을 섬기겠나이다.』 (역대기하 10:1-4, KJV)

그러나 르호보암이 백성들의 요구를 거절했기 때문에 북쪽 이스라엘은 여로보암을 왕으로 세우고 르호보암의 통치에서 벗어났다. 이런 분위기는 왕이 주권을 가지고 있는 근대이전, 중세말의 절대왕정

---

49) 노세영·박종수, 주(47)의 책, 100면 참조.

과는 구분된다. 즉 왕이 모든 국가권력을 장악하고 있지는 못한 상태다. 물론 국가법 영역에서는 절대왕정이 시민혁명[50]에 의하여 무너지고 민주주의가 성립하는 세계사의 흐름 속에서 나타나는 프로이센이나 메이지시대의 일본과 같이 국왕과 국민의 타협적 형태인 입헌군주제에 가깝다. 성경의 다음 구절을 보자.

『그가 자신의 왕국의 보좌에 앉으면 그는 레위인 제사장들 앞에 있는 책에서 이 율법서 한 권을 베껴 자기와 함께 두고 평생 동안 그것을 읽어서, 그로 주 그의 하나님을 두려워함을 배우게 하고 이 율법의 모든 말과 이러한 규례들을 지켜 그것들을 행하게 할지니라.』 (신명기 17:18-19, KJV)

따라서 왕권은 절대적인 것이 아니라 신하(臣下)나 백성에 의해서, 명분상으로는 하나님의 뜻에 따라 제한되는 것으로 이해되었다.

『그리하여 요압과 그의 동생 아비새가 아브넬을 죽였으니, 이는 그가 그들의 형제 아사헬을 기브온 전쟁에서 죽였기 때문이더라.…왕이 그의 신하들에게 말하기를 "너희는 오늘 이스라엘에서 한 통치자요 위대한 자가 쓰러진 것을 알지 못하느냐? 내가 비록 기름 부음 받은 왕이나, 오늘날 나는 약하도다. 스루야의 아들들인 이 사람들이 내게는 너무 어려우니, 주께서 악을 행한 자에게 그의 악에 따라 갚아 주시리라." 하더라.』 (사무엘하 3:30, 38-39, KJV)

이것이 일반적인 관념이고, 『왕의 말이 곧 최고의 법인데, 누가 감히 그에게 "왜 그렇게 하십니까?" 하고 말할 수 있겠는가?』 (전도서 8:4, 새번역) 이런 구절은 예외적인 경우이거나 자의적으로 왕권을 행사하던 시기의 이야기로 볼 수 있다.

다음 성경의 기사를 보면 그러한 왕권의 한계를 단적으로 느낄 수

50) 대표적인 시민혁명은 미국의 독립혁명(1776)과 프랑스대혁명(1789)을 들 수 있다.

있다.

『(☞ 아들인 압살롬에게 쫓겨 갔다가 다시 돌아올 때 압살롬이 죽었다는 사실을 알고) 왕은 자기 얼굴을 가리고 큰 소리로 "오 내 아들 압살롬아, 오 압살롬아, 내 아들아, 내 아들아!" 하고 부르짖더라. 그 때 요압이 집에 이르러 왕에게 와서 말하기를 "왕께서는 오늘 왕의 생명과, 왕의 아들들과 딸들의 생명과, 왕의 아내들의 생명과, 왕의 첩들의 생명을 구해준 왕의 신하들의 얼굴을 부끄럽게 하셨으니 이는 왕께서 왕의 원수들은 사랑하시고 왕의 친구들은 미워하심이니이다. 왕께서 고관들과 신하들은 개의치 않으심을 오늘 공표하셨사오니, 만일 오늘 압살롬이 살고 우리 모두가 죽었더라면 그것이 왕을 참으로 기쁘게 해 드릴 뻔 하였음을 오늘 내가 깨달았나이다. 그러므로 이제 일어나 나가셔서 왕의 신하들에게 위로하여 말씀하소서. 내가 주로 맹세하오니, 만일 왕께서 나가지 아니하시면 오늘 밤 왕과 함께 머물 사람이 한 명도 없으리이다. 그렇게 되면 그것은 왕이 젊어서부터 지금까지 왕께 닥친 모든 재앙보다 왕께 더 악한 것이 될 것이니이다." 하더라. 그러므로 왕이 일어나 성문에 앉았으니…』(사무엘하 19:4-8, KJV)

결론적으로 왕은 하나님에 의하여 인정된 왕위, 즉 하나님의 대리인으로서의 책임과 권한을 가진 사람으로 이해되었다.[51] 다만 이러한 설명은 앞서의 시대구분에서 왕정시대에 해당하며,[52] 족장시대는 국가로 보기 어렵고, 출애굽과 가나안 정복시대는 신정시대이며(또는 신정과 왕정의 복합기), 포로시대와 그 이후의 시기는 부분적으로 왕정이지만[53] 대체로 국가형태를 이루고 있지 않거나 로마의 식

51) 노세영·박종수, 주(47)의 책, 107-111면 참조.

52) 북쪽 이스라엘보다는 남쪽 유다의 다윗 왕조에서 왕권의 신성(神性)이 더 발견된다. 왕이 야웨 옆에 앉아 있다거나(시 110:1), 왕이 야웨의 왕위에 앉아 있다는(역대상 28:5, 29:23) 표현들을 참조. 노세영·박종수, 주(47)의 책, 105면.

53) 포로기 이후에는 메시아적 왕권으로서의 성격을 띠게 된다. 노세영·박종수, 주(47)의 책, 112면 참조.

민지로 일부 자치권을 가지고 있었다는 점이 특징이다.

(3) 헌법의 효력범위

(가) 인적 효력범위; "암몬과 모압사람, 그리고 에돔인"

『그 때 아비가 이집트인인, 어떤 이스라엘 여인의 아들이 이스라엘 자손 가운데로 나갔는데, 이 이스라엘 여인의 아들과 어떤 이스라엘 사람이 진영 안에서 싸워 그 이스라엘 여인의 아들이 주의 이름을 모독하고 저주하니 그들이 그를 모세에게로 데려가니라. (그의 어미의 이름은 셀로밋으로 단 지파 디브리의 딸이더라.) 그들이 그를 철창에 가두었으니 이는 그들이 주의 생각을 보기 위해서임이더라.…타국인도 그가 주의 이름을 모독하면 그 땅에서 난 자와 마찬가지로 죽일지니라.』 (레위기 24:10-16, KJV)

전통적으로 국가의 요소로는 주권 · 국민 · 영토를 들었다. 그러나 현대로 넘어오면서 교통과 통신의 발달로 인한 빈번한 교류는 고전적 개념으로는 국가의 정확한 설명이 곤란하게 되었다. 예컨대 우리 국민이 외국에 있는 경우에도 우리 헌법이 적용되고, 또는 항공기나 선박을 통하여 우리나라 영토를 벗어난 경우에도 적용되어야 하는 등 예외가 많아졌기 때문이다. 그래서 헌법의 효력범위란 개념으로 설명을 하되, 전통적 개념과 크게 다르지는 않다.

헌법의 인적 효력범위란 그 헌법을 지켜야 하는 사람들의 범위를 말한다. 일반적으로 법은 속지주의가 원칙이다. "로마에 가면 로마의 법을 따르라."는 말은 속지주의를 나타내고 있다. 헌법도 마찬가지이다. 따라서 위 성경구절처럼 우리나라 사람 뿐 아니라 우리나라에 있는 외국인도 우리 헌법을 지켜야 한다. 다만 외교관의 외교활동을 보장하기 위하여 면책특권이 인정되거나 국내에 주둔하는 외국 군대의 지위 등은 예외가 인정된다. 그리고 외국인도 우리나라 안에서는 우리 헌법의 규율을 받지만 내국인과 똑같은 정도의 권리와 의무를 가지는 것은 아니며 헌법과 개별 법규에 따라 그 권리와 의무의 범위가 달라진다.

『암몬 사람과 모압 사람은 주님의 총회 회원이 되지 못합니다. 그 자손은 십대가 아니라 영원히 주님의 총회 회원이 되지 못합니다.』 (신명기 23:3, 새번역)

『너는 에돔인은 미워하지 말지니 그는 네 형제니라. 너는 이집트인을 미워하지 말지니 이는 네가 그의 땅에서 타국인이었음이라. 그들에게서 태어난 자손은 그들의 삼 대째에 주의 회중에 들어갈 수 있느니라.』 (신명기 23:7-8, KJV)

대한민국 국민의 여부에 대해서는 국적법에 따른다. 일반적으로 법은 속지주의가 원칙이지만 국적법은 속인주의가 원칙이다. 따라서 우리나라의 국적법에 따르면 부모가 대한민국 국적을 가지고 있으면 당연히 대한민국 국적을 가진다(국적법 § 2). 부모가 불분명하거나, 기아인 경우 우리나라에서 태어나면 예외적으로 우리 국적이 부여된다. 또한 인지(認知)[54]나 귀화를 통하여 우리 국적이 부여되기도 한다. 대한민국 국민과 혼인한 외국인은 혼인한 상태로 2년 이상 대한민국에 주소가 있었거나, 혼인하여 3년이 지나고 그 중 1년 이상 대한민국에 주소가 있었던 경우 간이귀화(簡易歸化)의 형태로 국적을 취득하게 된다(같은 법 § 6).

『그 날에 아브라함과 그의 아들 이스마엘이 할례를 받았으며, 그 집의 모든 남자들, 즉 그 집에서 태어난 자와 타국인들에게서 돈으로 산 자들도 다 그와 함께 할례를 받았더라.』 (창세기 17:26-27, KJV)

---

54) 인지란 혼인 밖의 출생자에 대하여 생부 또는 생모가 자기 자식임을 인정하는 제도로 가족관계 등록 등에 관한 법률에 따라 신고함으로써 효력이 생긴다.

위 성경 구절에서는 할례가 이스라엘 민족임을 나타내는 징표가 되지만, 국가법에서는 가족관계 등록 등에 관한 법률에 따라 가족부를 작성하여야 하고, 주민등록법에 따른 주민등록을 하여야 대한민국 국민임을 증명할 수 있다.

『너는 또한 타국인을 압제하지 말라. 이는 너희가 이집트 땅에서 타국인들이었기에 너희가 타국인의 마음을 알기 때문이라.』 (출애굽기 23:9, KJV)

『우리의 시민권은 하늘에 있으므로 우리가 그 곳으로부터 오실 구주이신 주 예수 그리스도를 기다리고 있으니』 (빌립보서 3:20, KJV)

법적으로 외국인에 대한 취급은 기본권의 주체에서 다시 설명하기로 한다.

(나) 공간적 효력범위; "솔로몬 왕국의 땅"

『그(☞ 솔로몬)가 팁사에서부터 아사까지 강 이편에 있는 모든 지방, 즉 강 이편의 모든 왕들을 다스렸으며, 또 그가 자기 주위의 사면을 평화롭게 하니』 (열왕기상 4:24, KJV)

『그러나 내가 그의 아들의 손에서 그 왕국을 빼앗아 너에게 열 지파를 줄 것이요, 내가 한 지파를 그의 아들에게 주어, 내 종 다윗으로 내가 나의 이름을 두려고 나를 위하여 택한 성읍 예루살렘에서 항상 내 앞에서 빛을 갖게 하리라.』 (열왕기상 11:35-36, KJV)

헌법이 미치는 공간적 범위는 고전적 개념으로는 영역(또는 영토)이라고 할 수 있다. 기본적으로는 대한민국의 영토에 헌법의 효력이 미친다. 헌법 § 3는 『대한민국의 영토는 한반도와 그 부속도서로 한다.』 라고 규정하고 있다. 대한민국의 영토에는 헌법의 효력이 독점적·배타적으로 미친다.

영토에 준하는 바다(영해)는 12해리로 규정되어 있다(영해 및 접속수역법 § 1).[55] 공중도 일정한 부분까지는 영토와 같은 배타적 지배가 인정되는데 그 높이는 비행기가 뜰 수 있는 한도까지(부양력설) 인정되는 것이 보통이다.

『주의 궤가 필리스타인들의 지방에 일곱 달 동안 있더라.』 (사무엘상 6:1, KJV)

『다윗이 이스라엘을 치리한 날들이 사십 년이었으니, 헤브론에서 칠년을 치리하였으며 예루살렘에서 삼십삼 년을 치리하였더라.』 (열왕기상 2:11, KJV)

성경에는 위의 성경구절 같이 수도(首都)를 설명하는 것이 나온다. 국가법의 경우 수도를 규정한 헌법을 가지고 있는 나라도 있지만, 우리 헌법은 이에 대한 규정이 없으며 판례를 통하여 인정되고 있을 뿐이다. 일반적으로는 대통령·국회·대법원 등의 청사가 있는 곳을 수도라고 한다.

헌법의 효력범위 중 국가권력(주권)의 문제는 다음에 설명하는 민주주의 부분에서 설명하기로 한다.

---

55) 해리(海里)는 바다나 공중을 재는 거리의 단위로 1,852m이다.

(4) 민주주의

(가) 민주주의의 개념과 요소; "주의 계명과 백성의 목소리"

『모든 이스라엘인들이 각자 자기의 쟁기와 삽과 도끼와 괭이를 갈려면 필리스타인들에게로 내려갔으며, 그들에게는 괭이와 삽과 쇠스랑과 도끼와 쇠채찍을 갈 줄이 있었더라. 그러므로 전쟁의 날이 되었을 때, 사울과 요나단과 함께 한 백성 중 누구의 손에도 칼과 창이 없었고, 오직 사울과 그의 아들 요나단에게만 있더라.』 (사무엘상 13:20-22, KJV)

『또 사무엘이 사울에게 말하기를 "주께서 나를 보내시어 왕에게 기름을 부어 그의 백성, 즉 이스라엘을 치리할 왕으로 삼게 하셨으니, 이제 왕은 주의 말씀을 들으소서…』 (사무엘상 15:1, KJV)

『사울이 사무엘에게 말하기를 "내가 죄를 지었나이다. 내가 주의 계명과 당신의 말씀을 어겼으니, 이는 내가 백성을 두려워하고 그들의 목소리에 복종하였음이니이다.…" …사무엘이 사울에게 말하기를 "왕이 주의 말씀을 거역하였으며 또 주께서도 왕을 거절하여 이스라엘을 다스릴 왕이 되지 못하게 하셨음이니이다." 』 (사무엘상 5:24-26, KJV)

위 첫 번째 성경기사를 보면 이스라엘이 필리스타인의 지배를 받던 시절의 이야기가 나온다. 이때는 주권(또는 국가권력)이 상실된 상태였던 것이다. 두 번째 기사는 사무엘이 하나님의 명을 받아 사울을 왕으로 세울 때 이야기이며, 마지막 기사는 사울이 아말렉인들의 왕 아각을 사로잡았으나 살려주고, 양과 소들 중에서 가장 좋은 것은 멸하지 아니하고 천하고 쓸모없는 것들만 멸한 사실 때문에 왕권을 박탈하는 것에 대한 이야기다(사무엘상 15:7-9 참조).

여기서 주권이란 국가 내적으로는 최고의 권력을, 대외적으로는 독립성을 보장받을 수 있는 권력을 의미한다. 중세 유럽에서는 왕권위에 교황의 권력이 지배하고 있었으므로 주권이 별로 의미가 없었지만, 십자군 전쟁 이후 교회의 지배를 벗어나면서 주권론이 부상하게 되었다. 처음엔 무질서를 극복하기 위하여 주권을 왕이 가지고 있다는 군주주권론이 주장되었으나,[56] 왕권의 남용을 경험하면서 주권의 소재가 국민에게 있다는 국민주권론이 주장되었다. 국민주권론의 확립은 기본권의 보장과 더불어 중세와 근대를 구분하는 기준이 된다. 물론 위 성경구절에서 사울왕은 국민의 뜻에 따라 행동하였지만 하나님의 뜻과는 배치되는 것이어서 왕위가 박탈되는데, 이것은 주권의 소유자가 국민이 아니라 하나님이기 때문이다.

『골리앗이 나와서 이스라엘 전선을 마주보고 고함을 질렀다. "너희는 어쩌자고 나와서 전열을 갖추었느냐? 나는 블레셋 사람이고, 너희는 사울의 종들이 아니냐? 너희는 내 앞에 나설 만한 사람을 하나 뽑아서 나에게 보내어라. 그가 나를 쳐 죽여 이기면 우리가 너희의 종이 되겠다. 그러나 내가 그를 쳐 죽여 이기면 너희가 우리의 종이 되어서 우리를 섬겨야 한다."』(사무엘상 17:8-9, 새번역)

현재 국민주권을 부인하는 나라는 거의 없다. 북한마저도 그 명칭을 '조선민주주의인민공화국'이라고 부르는 데서 알 수 있듯이 국민이 주인임을 정면으로 부인하고 있지는 않다.[57] 다만 실질적으로 국민이 주인인가는 다른 차원의 이야기다. 그러면 국민주권, 즉 국민이 주인이라고 할 때 국가의 모든 문제를 국민이 결정하는가? 현실적으로는 무리다. 우선 국민은 많기 때문에 그 의사를 파악하기도 힘들고, 또 전문적인 문제에 대해서는 국민의 의사가 형성되어 있지

---

56) 장 보댕(J.Bodin)의 '국가에 관한 6편'(1576)에서 처음 주장되었다.

57) 국민은 국가의 구성원을, 인민은 사회의 구성원을 말하는데, 국가와 사회가 엄격히 구분되지 않는 현실에서는 둘을 혼용해서 쓰기도 한다. 한편 지방자치의 구성원을 주민이라고 하며, 시민은 현대에 와서는 국민과 같은 용어로도 쓰이지만 원래는 신분사회에서 귀족과 농노(農奴)가 아닌 신흥 부르조아(자본가) 계급을 부르던 말이었다.

도 않다. 따라서 국민은 국민을 대신해서 국가의사를 결정해서 집행하는 기관(대의기관)을 구성해서(선거), 이들에게 권한을 위임하는 형태를 취하는 게 보통인데, 이것을 대의제도(代議制度) 또는 간접민주주의라고 한다. 대의기관 구성원(우리나라의 경우 대통령과 국회의원)은 국민의 의사를 물어보고 이를 단순히 집행하는 것이 아니라 나름대로 국민을 위하여 결정 · 집행하고 나중에 그에 대하여 책임을 지는 것이다. 그 위임의 성격은 구체적인 구속을 받지 않는다는 점에서 자유위임이라고 한다. 국민은 대의기관 구성권(선거)과 통제권을 가진다.

물론 헌법개정과 같이 중요한 문제에 대해서는 국민이 직접 의사를 결정할 수 있도록 직접민주주의가 일부 채택되어 있다. 위 성경구절에서 골리앗은 대표성이 있는가? 즉 자신이 결투에서 지면 자신의 종족이 이스라엘의 종이 된다는 것에 대하여 어떤 위임을 받았는가? 성경에 나타나 있지는 않으나 아마도 그렇지는 않고 스스로 과신해서 권한도 없는 이야기를 한 것으로 보인다. 그 이후의 기사를 읽어보면 스스로 종이 되는 것이 아니라 이스라엘과 전쟁이 계속되고 이스라엘에 의해서 쫓겨 가는 것을 알 수 있다.

민주주의의 세부적인 요소로서 다수결원리와 다원주의, 그리고 방어적 민주주의 등을 들어볼 수 있으나, 자세한 것은 생략한다.[58)]

(나) 선거제도와 정당제도; "가롯 유다와 사도 맛디아"

『 "형제자매 여러분, 예수를 잡아간 사람들의 앞잡이가 된 유다에 관하여, 성령이 다윗의 입을 빌어 미리 말씀하신 그 성경 말씀이 마땅히 이루어져야만 하였습니다.…" … "주님께서 이 두 사람 가운데서 누구를 뽑아서, 이 섬기는 일과 사도직의 직분을 맡게 하실 지를 우리에게 보여 주십시오. 유다는 이 직분을 버리고 제 갈 곳으로 갔습니다." 그리고 그들에게 제비를 뽑게

---

58) 오호택, 헌법강의, 제8판, 동방문화사, 2009, 88면 이하 참조.

하니, 맛디아가 뽑혀서 열한 사도와 함께 사도의 수에 들게 되었다.』 (사도행전 1:16-26, 새번역)

위에서 설명한 것처럼 모든 국민이 국가의사 결정에 참여할 수 없으므로 이를 대신할 사람들을 뽑아서 주권을 위임하고 대신 행사시키는데, 그 과정에서 국민을 대신할 사람들을 뽑는 것을 선거라 한다. 성경은 기본적으로 국민주권에 입각해 있지 않고 하나님의 권세 아래 놓여 있으므로 선거제도가 행해진 경우는 드물다. 하나님의 계시를 받은 선지자에 의하여 임명되는 것이 일반적인데, 위의 성경구절처럼 제비를 뽑아서 결정하는 경우도 많다. 추첨(제비뽑기)의 결과가 하나님의 뜻으로 받아들여지는 것이다.

우리 국가법의 경우 대통령선거와 국회의원선거, 그리고 지방자치단체장 선거와 지방의원선거 등이 있으며, 공직선거법이 자세한 것을 규정하고 있다. 국회의원이나 지방의원의 경우 임기 말에 모든 의원을 뽑는 총선거주의를 채택하고 있다. 다만 위 성경구절처럼 중간에 결원이 생길 경우 그 결원을 보충하는 선거는 보궐선거라고 한다. 우리나라 국회의 경우 한 선거구에서 한 명을 뽑는 소선거구제와 지역구가 없고 정당별 명부만 제출한 후 정당별 득표에 따라 당선자를 확정하는 비례대표제로 구성되어 있다.

『나는 여러분 가운데에 분쟁이 있다는 것을 알게 되었습니다. 다름이 아니라, 여러분은 저마다 말하기를 "나는 바울 편이다." "나는 아볼로 편이다." "나는 게바 편이다." "나는 그리스도 편이다." 한다고 합니다. 그리스도께서 갈라지셨습니까? 바울이 여러분을 위하여 십자가에 달리기라도 했습니까?』 (사도행전 1:11-13, 새번역)

선거할 때 뿐 아니라 평상시의 국정운영을 위하여 같은 성향의 사람들이 모여서 함께 행동하는 경우가 대부분인데, 이를 위한 모임

(결사)을 정당이라고 한다. 즉 정치적 결사로 일정한 요건을 갖추어 중앙선거관리위원회에 등록된 것을 정당이라고 한다(정당법 § 4). 위 성경구절에서는 당(분파)을 나쁜 것으로 설명하고 있는데 '하나님의 뜻은 하나' 라는 인식 때문일 것이다. 그러나 다양한 국민의 뜻을 반영해야 하는 국가법 체계에서 정당의 존재는 불가피한 것이다. 물론 정당 자체의 이익과 국민 전체의 이익이 완전히 합치할 수는 없으므로 국민의 의사를 왜곡하는 부작용도 있을 수 있다. 그러므로 정당의 존재를 인정하되 정당이 그 활동에 대하여 책임을 질 수 있도록 국민이 감시하고 비판하는 것이 중요하다. 정당은 결국 선거를 통하여 국민에 대해서 책임을 지게 된다.

(5) 법치국가; "율례와 법도"

『네가 백성 앞에서 공포하여야 할 법규는 다음과 같다.』 (출애굽기 21:1, 새번역)

『너희는 율법, 곧 율례와 법도를 기억하여라. 그것은 내가 호렙산에서 내 종 모세를 시켜서, 온 이스라엘이 지키도록 이른 것이다.』 (말라기 4:4, KJV)

『또 누구든지 경기를 할 때 규칙대로 하지 아니하면 면류관을 얻지 못하리라.』 (디모데후서 2:5, KJV)

위 성경구절들에서 보면 법은 결국 하나님의 뜻을 표현한 것이며, 법(법규)을 지킨다는 것은 하나님께 대한 순종을 의미한다. 반면에 국가법에서의 법이라는 것은 국민의 의사의 총체적 표현이다. 따라서 사람이 아니라 법에 의하여 통치가 이루어지는, 결과적으로 법에 나타난 국민의 의사에 따라 통치가 이루어지는 것을 법치국가라고 한다. 법치국가 사상은 역사적으로 국민주권론의 성립과 밀접한 관련이 있다. 주인으로서의 국민이 대신 통치를 담당할 사람을 뽑아서 권한을 위임하여 국가를 운영하도록 하는데, 아무 기준을 제시하지 않는다면 그 이전시대의 왕에 의한 통치와 다를 바가 없다. 따라서 권한을 위임하되 통치의 기준으로서 법을 제시하고 법에 따라 통치하도록 요구하기에 이르렀다. 근대적 민주주의가 가장 앞서 발달한 영국의 경우 왕도 법을 지켜야 한다는 사상이 주장되었다(법의 지배, Rule of Law). 그리고 그 법에 의한 통치의 목적은 당연한 논리적 귀결로 국민의 자유와 권리를 지키는 것이었다. 법치국가(법치주의) 사상은 18C 미국과 프랑스에 도입이 되었다. 독일은 민주주의 발달이 늦은 관계로 '형식적으로 법률에 의한 통치'만이 주장되었다가 (형식적 법치국가) 제1차, 제2차 세계대전을 거치면서 그 내용도 정의에 맞고 국민의 자유와 권리를 지켜야 한다는 실질적 법치국가사상이 확립되었다.

법치국가의 목적은 국민의 기본권 보장이며, 형식적 요소로는 법의 최고성, 성문법주의, 권력의 분립, 행정의 합법률성(법치행정), 위헌법률심판제도, 적법절차 내지는 사법절차의 보장 등을 들 수 있다.

『(☞ 솔로몬이 죽고 그 아들 르호보암에게 백성들이 와서 물을 때) 그들이 왕에게 고하여 말하기를 "만일 오늘날 왕께서 이 백성에게 종이 되셔서 그들을 섬기고, 그들에게 좋은 말로 대답하여 말씀하시면 그들이 영원히 왕의 종이 되리이다." 하더라.』(열왕기상 12:7, KJV)

법을 집행하는 것은 결국 정치인들을 포함하여 넓은 의미의 공무원이다. 그 공무원이 국민이 아니라 집권자를 위해서만 일할 때 법치국가라고 하기 어렵다. 그래서 확립된 개념이 직업공무원제도이다. 헌법은 『공무원은 국민전체에 대한 봉사자이며, 국민에 대하여 책임을 진다.』(헌법 § 7①)고 선언하고 있다. 공무원은 전문성을 가지고 지속적으로 국민에 대하여 행정서비스를 제공해야 한다. 이를 뒷받침하기 위해서 신분보장과 정치적 중립이 보장된다(헌법 § 7②).

(6) 사회국가 및 경제제도; "헐벗은 형제자매"

『만일 형제나 자매가 헐벗고 그 날의 양식조차 없는데 너희 중에 누가 그들에게 말하기를 "평안히 가라. 몸을 따뜻하게 하고 배부르게 먹으라." 고 하면서 그 몸에 필요한 것들을 주지 않는다면 무슨 유익이 있겠느냐?』 (야고보서 2:15-16, KJV)

민주주의 및 법치국가 원리가 확립되면서 근대국가가 성립하였다. 그것은 중세 봉건시대의 특징인 귀족과 서민으로 구분되는 신분사회가 붕괴되면서 이루어진 것이었다. 즉 경제적으로 자본주의가 발달하기 시작하면서 신분상 귀족은 아니었지만 경제력을 갖추게 된 새로운 계급, 즉 자본가들로 이루어진 제3의 시민계급이 성립하면서 시민혁명(영국의 명예혁명, 미국의 독립, 프랑스 대혁명 등)을 통하여 신분사회를 무너뜨리고 만든 새로운 질서였다(17-18C). 이러한 시민혁명의 이념으로 자유 · 평등 · 박애가 주장되었다.

그러다가 19세기 이후에는 빈부의 격차가 벌어지고, 국가 사이에 식민지 쟁탈전이 벌어지면서 세계대전이 일어나게 되었다. 그 과정에서 자유시장경제와 자유방임주의에서 벗어나 사생활로 생각되던 국민의 경제생활에 국가가 간섭과 배려를 하기 시작했는데, 이를 사회국가라고 한다.[59] 즉 국가적 성격으로서의 사회국가는 실질적 자유와 평등을 실현할 수 있도록 국가가 뒷받침하는 것이다. 다시 말해서 사회적 · 경제적 약자와 소외계층, 특히 산업사회가 성립하면서

59) 사회국가는 자본주의를 전면적으로 부인하는 사회주의국가와는 다르다. 기본 출발선을 같게 국가가 배려해주지만, 그 이상은 개인의 능력과 노력에 따라 삶의 질이 달라질 수 있는 것이다.

대량으로 발생한 무산근로대중의 생존을 보호하고 정의로운 사회·경제질서를 확립하려는 국가를 말한다. 사회국가는 기본권의 형태로는 사회권으로, 경제질서의 형태로는 사회적 시장경제로 나타난다. 위 성경구절에서 보듯이 성경에서도 국민을 사회적 위험으로부터 안전을 보장해 주는 여러 가지 규정이 완비되어 있다. 즉 고아나 과부에 대한 배려, 의식주의 지원 등 여러 가지가 있다. 다만 그 성격이 현대적 의미의 사회국가라기보다는 가족단위가 확장된 소규모 생활공동체로서의 성격이 강하다고 할 수 있겠다.

『손을 게을리 놀리는 자는 가난하게 되나, 부지런한 손은 부를 이루느니라. 여름에 거두는 자는 현명한 아들이나, 추수 때에 잠자는 자는 수치를 가져오는 아들이니라.』 (잠언 10:4-5, KJV)

성경도 위 구절처럼 열심히 일하는 사람은 경제적인 부를 소유할 수 있게 된다는 점을 여러 곳에서 밝히고 있다. 우리 헌법도 『모든 국민의 재산권은 보장된다.』(헌법 § 23①) 『모든 국민은 직업선택의 자유를 가진다.』(헌법 § 15) 『대한민국의 경제질서는 개인과 기업의 경제상의 자유와 창의를 존중함을 기본으로 한다.』(헌법 § 119①)고 규정하여 자유시장경제를 기본으로 하고 있다. 다만 재산권의 행사는 공공복리에 적합하도록 하여야 하며(헌법 § 23②), 경제에 관하여는 국가의 규제와 조정이 가능하다(헌법 § 119②)고 함으로써 순수한 자본주의가 아닌 사회적 시장경제질서를 규정하고 있다.

『그리하여 요셉이 백성들에게 말하기를 "보라, 내가 오늘 파라오를 위하여 너희와 너희 땅을 샀노라. 자, 여기에 너희를 위한 씨앗이 있으니 너희는 그 땅에 뿌릴지니라. 추수 때가 되면 너희는 오분의 일을 파라오에게 주고, 네 부분은 너희 것으로 하여 들의 씨앗으로 삼고, 너희의 식량과 너희 집안의 식량과 너희 어린 것들의 식량으로 삼으라." 하니 그들이 말하기를 "당신께서 우리의 생명을 구원하셨으니 우리가 내 주의 목전에서 은혜를 얻고 파라오의 종들이 되겠나이다." 하더라. 요셉이 이집트의 땅에 관한 법을 제정하였더니, 오늘까지 이르러 파라오는 오분의 일을 가지나 제사장들의 토지만은 파라오의 것이 되지 않으니라.』(창세기 47:23-26, KJV)

『솔로몬은 바알하몬에 포도밭이 있습니다. 그는 그 포도원을 소작인에게 주었지요. 사람마다 도조를 은 천 세겔씩 바치게 하였습니다. 나에게도 내가 받은 포도밭이 있습니다. 솔로몬 임금님, 천 세겔은 임금님의 것이고 이백 세겔은 그 밭을 가꾼 이들의 것입니다.』(아가 8:11-12, 새번역)

『솔로몬에게 이집트에서 가져온 말들과 베실이 있었으니, 왕의 상인들이 베실을 정가에 사들이더라. 이집트에서 가지고 올라온 병거 한 대는 은 육백 세켈이요, 말은 일백오십 세켈이며, 힛인들의 모든 왕들과 시리아의 왕들을 위해서 사람들이 그들의 손으로 가져오더라.』(열왕기상 10:28-29, KJV)

위 성경구절들에서 보면 국가와 시대에 따라 다르지만 이집트의 경우 토지의 사유화가 폐지되는 과정이 나오고, 이스라엘의 경우 사유화가 인정되지만 약 20%의 토지사용료(또는 세금)를 내었다는 기록이 나온다. 우리 국가법체계와는 매우 다르다.

2. 기본권이란 무엇인가

(1) 기본권의 성격과 효력

(가) 기본권의 개념과 역사; "율법과 하나님의 보호"

『보라, 내가 오늘 생명과 선, 그리고 죽음과 악을 네 앞에 두어 그 안에서 내가 오늘 네게 명령하여 주 너의 하나님을 사랑하고 그 분의 길에서 행하고 그 분의 계명들과 그 분의 규례들과 그 분의 명령들을 지키게 하였으니, 이는 네가 살고 번성케 하려 함이라.…그러나 만일 네가 마음을 돌이켜서 듣지 아니하고 유혹을 받아 다른 신들을 경배하며 그들을 섬기면…너희는 반드시 망할 것이며』 (신명기 30:15-18, KJV)

위 성경구절은 율법(계명)을 지키는 대가로 하나님께서 보호와 복을 주겠다는 약속이다. 그러나 헌법상의 기본권은 하나님의 율법과는 다르다. 율법처럼 어떤 사항에 대한 금지가 주 내용이 아니라, 적극적으로 어떤 행위를 할 수 있는지를 그 내용으로 한다. 시민혁명을 통하여 군주제를 무너뜨리고 국민주권론이 확립되면서 이전에 법적으로 보장받지 못하던 영역에 대하여 헌법에 예시함으로써 보장받게 된 것을 기본권이라 한다. (헌)법적으로 보장 받기 전에 쟁취할 목표로서 주장되던 것들을 인권이라고 한다. 현대에 와서는 구체적 목록의 차이가 별로 없어져서 기본권과 인권을 혼용해서 쓰기도 한다. 초기에 주장되던 인권은 생명 · 자유 · 재산이라고 표현되었는데, 신체의 자유와 신앙의 자유가 비교적 초기에 주장되었다.

18-19C에는 자유권 중심으로 논의되었다. 그러나 20C 이후에는 왕 또는 국가권력에 의한 직접적 기본권 침해사례가 줄어들었으며, 자본주의의 폐해로 말미암아 실질적 자유와 평등이 보장되지 않는다는 반성에 따라 국가에 대하여 적극적으로 실질적 자유와 평등을 보장해 달라고 하는 사회권이 기본권 논의의 중심이 되었다. 또한 국

제적인 인권보장 문제가 부각되고 있다.

기본권을 효력의 측면에서 보면, 원칙적으로 기본권은 국가권력에 대하여 자유를 침해하지 말고 가만히 있어달라거나(자유권), 국민의 생활에 간여하여 적극적으로 배려해 달라는(사회권) 효력이 있는데 모두 대국가적(對國家的) 효력이다. 반면에 20C 이후에는 국가권력은 아니지만 그에 못지않은 영향력으로 국민의 자유를 침해하는 세력(대기업이나 언론기관 등)이 나타나게 되었다. 그래서 이들도 국가가 아닌 사인(私人)이지만 이런 세력들도 기본권에 구속되어야 한다는 이론이 나타나게 되었는데 이를 기본권의 대사인적 효력이라고 한다. 이론적으로 여러 가지로 설명되나 사법(私法)을 적용하는 가운데 간접적으로 기본권이 적용된다고 설명된다.

(나) 기본권의 주체; "카나안 여인과 이스라엘의 양"

『그런데 보라, 한 카나안 여인이 그 지경에서 나오며 그에게 소리 질러 말하기를 "오 다윗의 아들이신 주여, 나에게 자비를 베푸소서. 내 딸이 마귀에게 심히 고통받나이다." 라고 하더라. 그러나 주께서는 그녀에게 한 말씀도 대답하지 아니하시니, 제자들이 와서 주께 간청하여 말하기를 "여인이 우리 뒤에서 소리 지르니 보내소서." 라고 하더라. 주께서 대답하여 말씀하시기를 "나는 이스라엘 집의 잃어버린 양 외에는 보냄을 받지 아니하였노라." 고 하시니 그 여인이 와서 주께 경배하며 말씀드리기를 "주여, 나를 도와주옵소서." 라고 하더라. 주께서 대답하여 말씀하시기를 "자녀들의 빵을 가져다가 개들에게 던져 주는 것이 옳지 않도다." 라고 하시니, 그 여인이 말하기를 "그러하옵니다, 주여. 그러나 개들도 그들 주인의 식탁에서 떨어지는 부스러기를 먹나이다." 라고 하니, 예수께서 대답하여 그 여인에게 말씀하시기를 "오 여인아, 네 믿음이 크도다. 네가 바라는 대로 될지어다." 라고 하시자 그 여인의 딸이 그 시각으로 나으니라.』 (마태복음 5:22-28, KJV)

『타국인은 거룩한 것을 먹지 못할 것이며,…만일 제사장의 딸이 타국인과

혼인하면 그녀는 거룩한 것들의 제물을 먹지 못할 것이나…』(레위기 22:10-12, KJV)

인권이 투쟁의 목표로서 제시된 데 비해서 기본권은 헌법에 의하여 보장되는 것이라고 정의할 때, 기본권의 주체는 국가의 구성원인 국민이다. 국민은 자연인과 법인으로 나눌 수 있다. 자연인인 국민이 기본권의 주체가 된다는 점에 대해서는 이론이 없다. 민법상의 재단법인이나 사단법인, 상법상의 회사와 같은 법인의 경우에는 신체가 없고, 정신작용의 존엄성이 보장될 필요가 없으므로 그러한 성격을 갖는 기본권은 주체가 되지 않는다. 다만 사회활동을 하기 위한 경제적 기본권이나 재판청구권 등에서는 기본권의 주체가 된다.

또한 자국민이 기본권의 주체가 된다는 점도 당연하며, 위 성경구절처럼 외국인의 경우에도 일정한 기본권의 주체가 된다. 헌법은 상호주의에 의하여 외국의 헌법이 우리 국민을 대우해 주는 것만큼 우리도 그 나라 국민에 대하여 보호를 해 준다. 다만 국제적인 최저한도의 인권은 상대국과 상관없이 보장해 주기도 한다.

(2) 기본권의 이념과 형식

(가) 인간의 존엄과 가치; "하나님의 형상대로 창조된 인간"

『하나님께서 말씀하시기를 "우리의 형상대로 우리의 모습을 따라 사람을 만들자. 그리하여 그들로 하여금 바다의 고기와, 공중의 새와, 가축과, 모든 땅과, 땅위를 기어 다니는 모든 기는 것을 다스리게 하자." 하시니라. 그리하여 하나님께서 자신의 형상대로 사람을 창조하시니, 곧 하나님의 형상대로 그를 창조하셨으며, 그들을 남자와 여자로 창조하시니라.』(창세기 1:26-27, KJV)

위 성경구절에 따르면 인간은 하나님의 형상대로 창조되었고, 하나님에 의하여 모든 짐승을 다스리고, 모든 식물을 양식으로 할 수 있는 권한을 부여받았다(창세기 1:28-29). 따라서 인간은 그 자체로서 가치가 있고 존엄한 것이다. 국가법에서도 최고의 가치는 인간의 존엄성이다. 우리 헌법은 § 10에서 『모든 국민은 인간으로서의 존엄과 가치를 가지며…』라고 규정하고 있다. 이는 독일 기본법(헌법) § 1의 규정을 받아들여 1962년 헌법에서 처음 규정된 것이다. 헌법 § 10 후단은 미국식의 행복추구권도 함께 규정하고 있다.

인간의 존엄성은 헌법상 최고의 가치이며 구성원리로서 다른 기본권이나 국가조직 규정의 해석 기준이 된다. 다만 그 내용을 한마디로 정의하기는 어렵다. 인간을 어떤 수단으로 취급해서는 안 되며, 인간 자체를 목적적 존재로 인식해야 한다고도 설명된다.

> 『그 때 미디안 상인들이 지나가는데, 그들이 요셉을 구덩이에서 들어올려서 요셉을 이스마엘인들에게 은 이십 개에 파니, 그들이 요셉을 이집트로 데려갔더라.…한편 미디안인들이 이집트에서 파라오의 각료인 경호대장 포티발에게 요셉을 팔았더라.』(창세기 37:28, 36, KJV).

> 『네 곁에 거하는 네 형제가 가난하게 되어 네게 몸이 팔리거든 너는 그를 종으로서 억지로 부리지 말고 품꾼이나 체류하는 자와 같이 너와 함께 있게 하여 환희의 해까지 너를 섬기게 하다가 그 때에는 그와 그의 자녀들이 너를 떠나 그의 가족에게로 돌아가고 자기 조상들의 소유로 돌아가리라. 그들은 내가 이집트 땅에서 데리고 나온 나의 종이니 노예로 팔려가서는 아니 되느니라. 너는 그를 가혹하게 다스리지 말고 네 하나님을 두려워할지니라.』(레위기 25:39-43, KJV)

위 성경구절에서와 같이 인간을 주체가 아닌 객체로 취급하는 인신매매나 장기매매, 노예제도, 고문 등이 모두 인간의 존엄성에 반한다. 인간복제의 경우도 논쟁의 대상이 되고 있는데, 뒤의 생명권에서 설명하기로 한다. 성경에서는 노예(또는 종)제도의 금지는 자국민에 한하고, 이방인들은 종으로 소유할 수 있었다(레위기 25:44). 그리고 외국인에게 이스라엘인이 종이 된 경우 환매권이 있었으며, 환매를 못한 경우에도 환희의 해(희년제도)에 해방되었다(레위기 25:47-55).

(나) 법 앞의 평등; "왕도 율법을 지켜야"

『그리고 사람을 겉모양으로 판단하지 않으시고 각 사람의 행위대로 심판하시는 분을 여러분이 아버지라고 부르고 있으니, 여러분은 나그네 삶을 사는 동안 두려운 마음으로 살아가십시오.』 (베드로전서 1:17, KJV)

위 성경구절을 보면 하나님은 외모를 기준으로 하지 않으시고 오직 그 행위로만 판단하신다. 즉 법은 공평하게 집행되는 것이다. 모든 기본권을 적용할 때의 기준이 된다는 의미에서 평등원칙이라고 하며, 구체적으로 동등하게 대우를 받을 권리라는 의미에서 평등권이라고도 한다. 이러한 평등권은 신분사회를 무너뜨리고 근대 시민사회가 성립되면서 '법 앞의 평등'으로 나타났다. 심지어 왕도 법을 지켜야 한다고 표현되었다.

『그가 자신의 왕국의 보좌에 앉으면 그는 레위인 제사장들 앞에 있는 책에서 이 율법서 한 권을 베껴 자기와 함께 두고 평생 동안 그것을 읽어서, 그로 주 그의 하나님을 두려워함을 배우게 하고 이 율법의 모든 말과 이러한 규례들을 지켜 그것들을 행하게 할지니라.』 (신명기 17:18-19, KJV)

위 성경구절에 보면 왕도 법을 지켜야 한다는 원칙이 선언되어 있다. 물론 여기서의 율법은 하나님의 명령이므로 국가법에서의 법과는 차원이 다르기는 하지만, 어쨌든 왕도 일반 국민과 마찬가지고 법을 지켜야 하고, 하나님 앞에서는 모든 인간은 똑같다는 것이다. 국가법에서도 마찬가지다. 다만 그 평등의 개념은 형식적으로 모두 같게 취급한다는 형식적 평등에서(19C 이전) 그 내용도 정의에 맞아야 한다는 실질적 평등으로 변하였다(20C 이후). 지금도 정치적 영역에서는 대체로 형식적 평등이, 사회·경제적 영역에서는 실질적 평등이 적용되고 있다. 실질적 평등이란 무조건 똑같이 대우하는 것이 아니라 그 사람이 가지고 있는 것만큼 대우를 해주라는 의미이다. 예컨대 똑 같은 일을 한 경우 같은 임금을 주는 것이 당연하지만 근로의 질과 양이 다를 때 다른 임금을 주는 것이 평등하다는 것이다. 이를 합리적 차별이라고 한다. 반면에 정당한 이유 없이 차별하는 것을 자의적(恣意的) 차별이라고 한다. 불합리한, 또는 자의적 차별은 당연히 평등의 원칙에 위반된다. 덧붙여 평등은 기회의 균등을 의미하지, 결과의 평등을 의미하지는 않는다. 자신의 능력과 노력에 따라서 정당한 대우를 받는 것이 평등의 원칙에 맞는 것이다.

헌법 § 11①은 『모든 국민은 법 앞에 평등하다. 누구든지 성별·종교 또는 사회적 신분에 의하여 정치적·경제적·사회적·문화적 생활의 모든 영역에 있어서 차별을 받지 아니한다.』고 규정하였다. 이러한 평등원칙의 선언 외에도 개별 분야에서의 평등권을 여러 곳에서 규정하고 있다.

(3) 자유권

(가) 자유권 일반; "자유와 하나님의 종"

『자유롭게 행하되 너희의 자유를 악의 구실로 사용하지 말고 하나님의 종들로서 사용하라.』(베드로전서 2:16, KJV)

근대적 의미의 기본권이 성립하는 18C의 사회적 상황은 군주가 통치하던 시대였다. 따라서 시민혁명에서 주장되던 기본권의 성격은 왕권의 제한이었다. 즉 하늘이 준 자유를 왕이 억압함으로써 발생한 부자유 상태를 왕권을 제한함으로써 회복하는 것이었다. 따라서 특별한 행위를 적극적으로 요청하는 것이 아니라 왕이 가만히 있어주면 자유스러워진다고 보았다. 뒤에서 설명하는 사회권이 국가의 적극적 행위를 요구하는 것과 대비된다. 그리고 이러한 자유는 하늘이 준 것이므로(천부인권) 원칙적으로 모든 사람이 누리는 것이고, 왕도 이러한 자유를 침해해서는 안 된다고 생각되었다. 따라서 외국인도 누릴 수 있는 것이며, 자유는 절대적인 것으로 인식되었다. 다만 논리적으로 모든 사람이 무제한한 자유를 누릴 수는 없는 것이므로 '다른 사람의 자유를 침해하지 않는 한' 누릴 수 있는 것이라고 하였다.[60]

(나) 신체의 자유

1) 생명권, 신체불훼손권, 신체의 자유; "결박당한 바울"

『오늘 내 말을 듣고 있는 모든 사람이, 이렇게 결박을 당한 것 외에는 꼭 나와 같이 되기를 하나님께 빕니다.』 (사도행전 26:29, 새번역)

미국의 독립(1776)이나 프랑스 대혁명(1789) 같은 근대 시민혁명 당시에 가장 먼저 주장된 기본권으로는 대개 신체의 자유와 종교의 자유를 든다. 왕과 귀족의 권력분점에서 출발하여 기본권이 확립되기에 이른 영국의 경우(17C)도 신체의 자유가 우선적으로 주장된 것은 대표의 안전을 우선 보장받아야 다른 기본권들에 대한 논의가 시작될 수 있다는 논리적 전제 때문이다. 지금도 남북대화를 위해서는 실무자들이 모여 대표들의 신변안전 문제를 먼저 협의하는 것과 비슷하다.

신체의 자유는 신체활동의 임의성을 보장하는 것이다. 이는 경제적 또는 입지적 관점에서의 자유를 의미하는 거주이전의 자유와 구분된다. 신체의 자유는 대체로 국가 수사권(경찰권)으로부터의 자유

---

60) 프랑스 인권선언(1789) § 4 『자유는 타인을 해치지 않는 범위 내에서 모든 것을 행할 수 있는 것이다.』

를 의미한다.

『사람이 온 세상을 얻고도 자기 자신을 잃거나 버림을 받게 되면 무슨 유익이 있겠느냐?』 (누가복음 9:25, KJV)

신체의 자유는 엄격히 말해서 생명권과 신체불훼손권과는 구분된다. 다만 우리 헌법은 생명권과 신체불훼손권을 별도로 규정하고 있지 않아서 신체의 자유에서 함께 논하는 것이 보통이다. 생명권은 생명에 대한 평가는 허용되지 않는다는 것이다. 즉 살 가치가 있는 생명과 살 가치가 없는 생명을 인간이 판단하기 곤란하다는 의미이다. 그러나 실제로 생명권과 관련된 많은 문제에 부딪히게 되는데, 사형제도 · 존엄사(안락사) · 자살문제 · 인간복제 · 낙태문제 등 많은 문제들이 논의되고 있으며 그 일부는 입법적으로 해결되어 있다. 그러나 어떤 경우든 생명권은 존중되어야 한다는 점이 의심되지는 않으며, 따라서 입법 여부와 상관없이 논의가 계속되고 있는 것이다.

신체불훼손권은 신체의 일부를 훼손당하지 않을 기본권으로 신체의 자유나 생명권과는 그 내용이 다르다. 당연히 보장되어야 하지만 우리 헌법에 규정되어 있지는 않다.

2) 변호인의 조력을 받을 권리; “변호사 예수 그리스도”

『나의 어린 자녀들아, 내가 이런 것들을 너희에게 쓰는 것은 너희로 죄를 짓지 않게 하려는 것이라. 그러나 만일 누가 죄를 지으면 우리에게 아버지와 함께 있는 한 변호인이 있으니, 곧 의인이신 예수 그리스도시라.』 (요한1서 2:1, KJV)

『고아의 송사를 변호하여 주고 과부의 송사를 변론하여 주어라.』 (이사야 1:17, 새번역)

『그러므로 주가 이같이 말하노라. 보라 내가 너의 소송을 맡아서 너를 위하여 보복하리니…』 (예레미야 1:36, KJV)

『닷새 뒤에 대제사장 아나니아가 몇몇 장로와 더불어 더둘로라는 변호사와 함께 내려와서 총독에게 바울을 고소하였다.』 (사도행전 24:1, 새번역)

위 성경구절들처럼 범죄로 인한 재판에서 변호인의 존재는 필수적이다. 왜냐하면 일반인들은 법에 대하여 전문가가 아닌데도 재판에서는 전문가인 검사와 판사를 상대로 해야 하기 때문이다. 우리 헌법은 § 12④에서 『누구든지 체포 또는 구속을 당한 때에는 즉시 변호인의 조력을 받을 권리를 가진다. 다만, 형사피고인이 스스로 변호인을 구할 수 없을 때에는 법률이 정하는 바에 의하여 국가가 변호인을 붙인다.』 고 하여 변호인의 조력을 받을 권리와 경제적으로 어려운 사람을 위한 국선변호인제도를 규정하였다.

3) 적법절차; "감옥에 갇힌 예레미야"

『그가 선지자 예레미야를 잡고 말하기를 "네가 칼데아인들에게로 변절하는도다." 하니 예레미야가 말하기를 "그것은 거짓말이라. 나는 칼데아인들에게로 변절하지 않노라." 해도 이리야가 듣지 아니하고 그가 선지자 예레미야를 붙들어 고관들에게 데려오니라.…예레미야가 지하 감옥 밀실에 들여보내져 거기에서 여러 날 동안 있었을 때…예레미야가 시드키야 왕에게 말하기를 "내가 왕과 왕의 신하들과 이 백성들에게 무엇을 잘못했기에 당신들이 나를 감옥에 가두었나이까?" 』 (예레미야 38:13-18, KJV)

『그러나 바울이 그 부하들에게 말하기를 "그들이 로마 사람인 우리를 죄도 정하지 않은 채 공개적으로 매질을 하고 감옥에 집어넣었다가, 이제는 비밀리에 내보낸단 말인가? 그렇게는 아니 되니, 그 사람들이 와서 직접 우리를 내보내게 하라." 고 하니라.』 (사도행전 16:37, KJV).

신체의 자유를 제한하는 것은 기본권에 대한 심각한 제한이 된다. 따라서 합리적인 이유와 적법한 절차를 거쳐야 함은 당연하다. 우리 헌법 § 12①은 『누구든지 법률에 의하지 아니하고는 체포 · 구속 · 압수 · 수색 또는 심문을 받지 아니하며, 법률과 적법한 절차에 의하지 아니하고는 처벌 · 보안처분 또는 강제노역을 받지 아니한다.』 고 규정하여 적법절차에 의한 신체의 제한을 규정하였다. 위 성경구절들도 그러한 점을 나타내고 있다. 정확히 말하자면 위 성경구절들은 율법이 아니라 당시의 국가법 체계 내에서의 적법절차를 언급하고 있는 것이다.

이밖에도 헌법은 신체의 자유와 관련하여 고문의 금지, 영장제도, 구속적부심사제도, 무죄추정의 원칙, 형벌불소급의 원칙 등을 규정하고 있으며(헌법 § 12, § 13), 공정한 재판을 받을 권리도 별도로 규정하고 있다(헌법 § 27). 또한 자세한 것은 형법과 형사소송법에서 구체적으로 규정하고 있다.

4) 연좌제의 금지; "신 포도를 먹은 아버지와 아들"

『아비들은 자식들을 인하여 죽임을 당하지 않을 것이며 자식들도 그 아비들을 인하여 죽임을 당하지 않을 것이니라. 모든 사람은 자기 자신의 죄로 인하여 죽임을 당할 것이니라.』 (신명기 24:16, KJV)

『그 날에 그들은 "아비들이 신 포도를 먹어 그 자녀들의 이가 시큰거린다." 고 다시 말하지 아니하리라. 그러나 각자가 자기 자신의 죄악으로 인해 죽으리니, 신 포도를 먹은 자마다 그의 이가 시큰거리리라.』 (예레미야 31:29-30, KJV)

『왕국이 그(☞ 아마샤)의 손에 견고해지자 그가 그의 부왕을 죽인 그의 신하들을 죽이니라. 그러나 그가 살인자의 자녀들은 죽이지 아니하였으니, 이는 모세의 율법책에 기록된 대로 함이라. 거기에 주께서 명령하여 말씀하시기를 "자식으로 인하여 아버지를 죽이지 말 것이요, 아버지로 인하여 자식을 죽이지 말 것이요, 오직 사람마다 자신의 죄로 인하여 죽음에 처할 지니

라." 하셨더라.』 (열왕기하 14:5-6, KJV)

『왕이 명령하니, 다니엘을 고소했던 그 사람들을 끌고 와서 그들과 그들의 자녀들과 아내들을 사자 굴에 던져 넣었더라.』 (다니엘 6:24, KJV)

『그러므로 한 사람의 범죄로 말미암아 심판이 모든 사람에게 임하여 정죄에 이른 것 같이 한 사람의 의로 말미암아 값없는 선물이 모든 사람에게 임하여 생명의 의롭다 하심에 이르렀느니라.』 (로마서 5:18, KJV)

근대 이전에는 범인의 친족이나 친지를 함께 처벌하는 사례가 많았다. 동양에서 "역적(逆賊)은 9족(族)을 멸한다."는 것이 대표적이다. 그것이 범죄의 예방에 도움이 된다고 생각되었다. 그러나 근대 이후 형법에서는 이러한 연좌제는 금지되고 형사책임 개별화의 원칙이 확립되었다. 위 성경구절들은 그러한 연좌제 금지를 표현하고 있으며, 우리 헌법 § 13③도 『모든 국민은 자기의 행위가 아닌 친족의 행위로 인하여 불이익한 처우를 받지 아니한다.』 고 규정하였다.

(다) 재산권; "다윗과 므피보셋"

『사울의 손자요, 요나단의 아들인 므피보셋이 다윗에게 나와 그의 얼굴을 대고 엎드려 경의를 표하더라.…다윗이 그에게 말하기를 "두려워 말라. 내가 네 아버지 요나단을 인하여 너에게 반드시 은총을 베풀 것이며, 내가 네 조부 사울의 모든 땅을 네게 돌려줄 것이니라.』 (사무엘하 9:6-7, KJV)

『왕이 시바에게 말하기를 "보라, 므피보셋에게 속한 모든 것이 네 것이니라." 하더라. 시바가 말하기를 "오 내 주 왕이여, 내가 겸허하게 왕께 간구하오니 나로 왕의 목전에서 은혜를 입게 하소서." 하더라.』 (사무엘하 16:4, KJV)

『그 때 사울의 손자 므피보셋이 왕을 맞이하러 내려오는데…왕이 그에게 말하기를 "므피보셋아, 어찌하여 네가 나와 함께 가지 아니하였느냐?" 하니 그가 대답하기를 "오 내 주 왕이여, 내 종이 나를 속였나이다. 당신의 종은 절름발이기에 당신의 종이 말하기를 '내가 내 나귀에 안장을 얹어 그 위에 타고 왕께 가리라.' 하였는데, 그가 내 주 왕께 당신의 종을 중상하였나이다. 그러나 내 주 왕은 하나님의 천사 같사오니, 왕의 눈에 좋으신 대로 행하소서…" 왕이 그에게 말하기를 "너는 어찌하여 네 일을 또 말하느냐? 내가 말하기를 '너와 시바는 그 땅을 나누라' 하였느니라." …』 (사무엘하 19:24-29, KJV)

위 성경의 기사를 읽어보자. 다윗은 사울의 땅을 그 손자인 므피보셋에게 주었다가, 다시 그 시종인 시바에게 주었다가, 모함이 있었던 것을 알고는 다시 둘이 나눠 가지라고 명령한다. 도대체 므피보셋이나 시바는 그 땅을 자기 마음대로 할 수 있다는 것인가? 결론적으로 마음대로 하기는 어려울 것이다. 그것은 개인의 기본권으로서의 재산권이 확립되어 있지 않은 시대이기 때문이다. 그렇다고 아무런 권리가 없다고 할 수는 없지만, 할 수 있는 범위는 은혜적으로 왕으로부터 주어진 범위까지이다. 그 범위는 언제든지 변할 수 있는 것이고, 왕은 주었던 땅을 다시 뺏을 수도 있는 것이다.

근대 이후 이러한 재산권은 헌법적으로 보장되었고, 직업의 자유와 더불어 자본주의 발달의 기초를 이루었다. 우리 헌법 § 23①도 『모든 국민의 재산권은 보장된다. 그 내용과 한계는 법률로 정한다.』 고 규정하였다. 다만 20C 이후에는 재산권도 무제한인 것이 아니라 한계가 있으며, 남용되지 않아야 하고 사회적으로 구속된다는 점을 인정하게 되었다. 헌법 § 23②은 『재산권의 행사는 공공복리에 적합하도록 하여야 한다.』 고 규정하여 이를 표현하고 있다.

『이스르엘인 나봇에게 이스르엘에 포도원이 있었는데 그것이 사마리아의 아합왕의 궁에 가까웠더라. 아합이 나봇에게 일러 말하기를 "네 포도원을 내게 달라. 내가 그것을 화초밭으로 만들려고 하니, 이는 그것이 내 집에 가까움이라. 내가 그 대신 그보다 더 좋은 포도원을 네게 주든지, 네가 좋게 여긴다면 내가 돈으로 그 값을 네게 주리라." 하니 나봇이 아합에게 말하기를 "내가 내 선조들의 유업을 왕에게 드리는 것은 주께서 내게 금하시는 것이니이다." 하더라.…아합이 나봇이 죽었다 함을 듣고 일어나 이스르엘인 나봇의 포도원을 취하려고 내려가니라.』 (열왕기상 21:2-16, KJV)

『 "…또 다른 비유를 들으라. 어떤 집주인이 있었는데, 그가 포도원을 만들어서 그 주위에 울타리를 두르고, 거기에 즙 짜는 틀을 파고, 또 망대를 세워 그것을 농부들에게 세로 주고 먼 나라로 떠났느니라. 그 후 결실의 때가 가까워지자, 그가 소출을 받아 오라고 자기 종들을 그 농부에게 보냈더니, 농부들이 그 종들을 붙잡아 한 명은 때리고, 또 한 명은 죽이고, 다른 한 명은 돌로 쳤느니라. 그가 다시 다른 종들을 처음보다 많이 보냈더니, 그들이 그 종들에게도 그와 같이 행하였느니라. 그래서 마침내 그가 자기 아들을 그들에게 보내며 말하기를 '그들이 내 아들은 존중하리라.' 고 하였느니라. 그러나 그 농부들이 그 아들을 보고 상의하기를 '이 사람은 상속자니, 자, 그를 죽이자. 그리고 그의 유산을 차지하자.' 고 하며 그들이 그를 붙잡아 포도원 밖에 내어던져 죽였느니라. 그러므로 포도원 주인이 오면 그 농부들에게 어떻게 하겠느냐?" 라고 하시니 그들이 주께 말씀드리기를 "그가 그 악한 자들을 비참하게 죽일 것이며, 또 그 포도원을 제 때에 소출을 바칠 다른 농부들에게 세로 주리이다." 라고 하더라.』 (마태복음 21:33-41, KJV)

위 성경구절은 재산권으로서 토지소유권에 대한 기사이다. 물론 국가법도 재산권으로서 소유권을 규정하고 있다. 헌법은 § 23에서 일반적인 재산권의 보장을 규정하고 있는 외에, § 22②에서 「저작자 · 발명가 · 과학기술자와 예술가의 권리는 법률로써 보호한다.」 고 하여 무체재산권을 보장하고 있다. 그밖에도 자원개발권(§ 120①), 농지의 경자유전 원칙(§ 121) 등을 별도로 규정하고 있다. 우리 헌법은 경제에 관하여 원칙적으로 자유시장경제를 인정하되(§ 119①), 필요한 경우 국가가 규제와 조정을 할 수 있도록 함으로써(§ 119②) 사회적 시장경제(또는 수정자본주의)를 규정하고 있다.

(라) 종교의 자유; "하나님만 섬기라"

『너는 내 앞에 다른 신들을 있게 하지 말지니라. 너는 어떤 새긴 형상도 네게 만들지 말고 또한 위로 하늘에 있는 것이나 아래로 땅에 있는 것이나 땅 아래 물에 있는 것의 어떤 모습이든지 만들지 말며 너는 그 것들에게 절하지 말고 그 것들을 섬기지 말지니라.』 (출애굽기 20:3-5, KJV)

『누구든지 자기 하나님을 저주하는 자는 자기 죄를 담당할 것이요 주의 이름을 모독하는 자는 반드시 죽일지니 타국인도…마찬가지로 죽일지니라.』 (레위기 24:15-16, KJV)

『나아만이 말하기를 "그렇다면 내가 청하오니, 노새 두 마리에 실을 흙을 당신의 종에게 주소서. 당신의 종이 이제부터 다른 신들에게는 번제나 희생제를 드리지 아니하고 주께만 드리리이다. 이 일에 주께서 당신의 종을 용서해 주시기를 원하오니, 이는 내 주인이 림몬의 집에서 절함이니이다. 내가 림몬의 집에서 절할 때에 주께서 이 일에 당신의 종을 용서해 주시기 원하나이다." 하니 엘리사가 그에게 말하기를 "평안히 가라." 하자 그가 엘리사를 떠나 길을 조금 가니라.』 (열왕기하 5;17-19, KJV)

『그 후 다리오 왕이 "…내가 한 칙령을 내리노라. 내 왕국의 관할 하에 있는 모든 사람은 다니엘의 하나님 앞에 떨며 두려워할지니…" 』 (다니엘 6:25-26, KJV)

『사실 나도 한 때는 나사렛 예수의 이름을 반대하는 데에 할 수 있는 온갖 일을 다 해야 한다고 생각하였습니다.…그리고 회당마다 찾아가서 여러 번 그들을 형벌하면서 강제로 신앙을 부인하게 하려고 하였습니다. 나는 그들에 대한 분노가 극도에 다다랐으므로, 심지어 외국의 여러 도시에까지 박해의 손을 뻗쳤습니다.』 (사도행전 26:9-11, 새번역)

교회법과 국가법에서 가장 차이나는 점이 바로 종교의 자유일 것이다. 성경은 하나님 외에 다른 신을 섬길 수 없도록 선언하고 있으며, 그에 대한 벌은 당연히 죽음이었다. 실제 기독교역사에서 수많은 죽음이 있었다. 물론 반대로 기독교에 대한 박해를 피해 기독교 신앙을 지키기 위하여 죽음을 당한 경우도 수없이 많았다.

유럽에서의 종교개혁과 미국으로의 이주는 종교의 자유를 찾기 위해서가 주된 이유였다. 물론 그것은 부패한 가톨릭교회에 대한 반기였지 전혀 다른 종교를 위해서는 아니었지만, 실제 헌법에 규정될 때는 모든 종교의 자유가 인정되는 것으로 규정되었다. 우리 헌법도 § 20①에서 『모든 국민은 종교의 자유를 가진다.』 고 선언하고 있으며, 덧붙여 § 20②은 『국교는 인정되지 아니하며, 종교와 정치는 분리된다.』 고 하고 있다. 실제로 국가는 종교활동을 보장하고 종교에 간섭하지 않는 것이 원칙이다. 물론 종교도 그 조직을 이용하여 정치에 간섭해서는 안 된다. 같은 종교를 가진 사람들이 별도로 정당과 같은 정치적 조직을 구성해서 활동하는 것은 보장된다. 나아가 국가는 문화국가적인 성격으로 인하여 종교에 대하여 지원을 하는 경우가 있는데 종교의 자유를 침해하지 않는지 논란이 있다. 특정종교를 편향되게 지원하지 않는 한 법적으로 인정되고 있다. 예컨대 크리스마스나 석가탄신일을 공휴일로 지정하거나, 종교단체에 대하여 세금을 감면하는 등의 문제가 있다. 자세한 것은 제3장에서 설명한다.

(마) 언론의 자유; "진실과 거짓말"

『진실한 말은 영원히 남지만, 거짓말은 한 순간만 통할 뿐이다.』 (잠언 12:19, 새번역)

성경에서 언론의 자유를 확인하는 것은 조금 무리이다. 통치제도가 신정에서 왕정으로 바뀌었고 신약시대에는 로마 식민지였기 때문에 언론의 자유가 보장되었다고 할 만한 상황은 아니었다. 다만 신앙에 의지하여 바른 말을 하는 것은 여러 곳에서 확인할 수 있다. 그러나 그것은 언제나 죽음(순교)을 각오한 것이었기 때문에 국가법에서 말하는 언론의 자유라고 할 수는 없는 것이다. 오히려 지도자에 대한 반대의사는 야웨신앙에 대한 반대로 인식되었고 곧 하나님에 대한 도전으로 인식되었던 것이다.[61)]

헌법은 § 21①에서 『모든 국민은 언론 · 출판의 자유와 집회 · 결사의 자유를 가진다.』라고 규정하였고, 덧붙여 허가와 검열의 금지, 언론의 책임 등을 규정하였다. 언론의 자유(좁은 의미의 언론의 자유와 출판 · 집회 · 결사의 자유를 포괄하는 개념)는 근대 민주주의 확립의 전제이다. 한편 언론의 자유가 확립되어 있어야 민주주의 국가라고 할 수 있다. 따라서 언론의 자유는 민주주의와 밀접한 관련이 있다고 할 수 있다. 언론의 자유는 (정치적) 의사표현의 자유인데 불특정 다수를 상대로 표현하는 것이다. 이는 특정한 상대방에 대한 의사표현을 보호하는 통신의 자유(헌법 § 18)와 구별된다. 언론의 자유는 보도 · 편집의 자유와 같은 언론 '기관' 의 자유도 포함한다. 일반국민의 입장에서는 언론매체에 대한 접근이용권과 정정보도청구권, 반론권 등을 가진다.

(4) 사회권

(가) 인간다운 생활을 할 권리와 사회보장제도; "오병이어의 기적"

『무리를 풀밭에 앉으라 명하신 후에, 빵 다섯 덩어리와 물고기 두 마리를 가지고 하늘을 바라보며 축복하시고, 빵을 떼어 제자들에게 주시니, 제자들이 무리에게 주니라. 그들이 모두 먹고 배불렀으며, 남은 조각들을 거두니, 열두 광주리에 가득 차더라. 음식을 먹은 사람들은 여자들과 아이들을 제외하고도 약 오천 명이더라.』 (마태복음 14:19-21, KJV)

---

61) 예컨대 모세가 구스여자와 결혼했을 때, 이를 반대한 미리암과 아론에 대한 징벌을 들어볼 수 있다(민수기 12:1-16).

『하나님께서는 없는 것까지 바치는 것을 바라지 않으십니다.…지금 여러분의 넉넉한 살림이 그들의 궁핍을 채워주면, 그들의 살림이 넉넉해 질 때에 그들이 여러분의 궁핍을 채워줄 수도 있을 것입니다. 이렇게 하여 평형이 이루어지는 것입니다.』 (고린도후서 8:12-14, 새번역)

18-19C 자유권 위주의 기본권은 20C의 제1차, 제2차 세계대전을 거치면서 사회권으로 그 중심이 옮겨가게 되었다. 그것은 자유방임주의에 의한 경제제도의 결과 경제적 강자와 약자가 생겨나서 실질적 의미에서는 전혀 자유와 평등이 이루어지지 않고 있는 현실에 대한 반성 때문이다. 예컨대 대기업과 개인 근로자는 법적으로는 평등하되 실질적으로는 근로조건에 대하여 대기업의 의사대로 결정될 수밖에 없었던 것이다. 따라서 국가가 개입해서 이러한 불평등을 시정해야 할 필요성이 제기되었는데, 이것이 앞서 설명한 사회국가이고 여기서 설명하는 사회권이다.

우리 헌법 § 34①은 『모든 국민은 인간다운 생활을 할 권리를 가진다.』 고 하여 사회권의 원칙을 선언하고 있으며, 이하에 사회보장제도를 규정하고 있다. 사회보장제도는 사회경제적 약자에게 국가가 개입하여 기본적인 생활이 가능하도록 각종 지원을 하는 것이다. 개인이 자신의 능력으로 극복하기 어려운 사회적 위험, 예컨대 실직·의료·교육 등에 있어서 사회보험과 공적부조를 통하여, 그리고 기타 비물질적인 지원을 통하여 경쟁사회에서의 출발점을 보장해 주고 있는 것이다. 사회보험은 상업보험과 구분되며 가입이 법률에 의하여 강제되고, 보험료는 보험사고의 확률에 따라서가 아니라 경제적 능력에 따라서 차등을 두는 것이다. 건강보험이 대표적이다. 공적부조란 사회보험에 있어서 저렴한 보험료도 낼 수 없는 경제적 약자에게 보험료조차도 국가가 부담하고 같은 혜택을 주는 것을 말하는데 의료급여법이 대표적이다.

그밖에도 국민기초생활보장법이나 노인복지법에 의한 급여, 고용보험법에 의한 실업급여 등 다양한 분야의 사회보장제도가 도입되어 있다. 이것들은 대부분 개인에 대하여 경제적 도움을 주는 것이므로 재정이 확보되어야 하며, 따라서 비교적 우리나라에 도입된 지 오래되지 않은 것들이다.

위 성경구절들을 볼 때, 성경에서는 사회보장제도와 같은 것들이 많이 눈에 띄나 그것은 국가차원에서가 아니라 가족이나 지파별 공동체 차원에서의 것이었다. 다만 개인이 극복하기 어려운 사회적 위험에 공동체가 도움을 준다는 기본적인 생각은 현대의 사회권과 별 차이가 없다.

(나) 교육을 받을 권리; "주의 교훈과 훈계"

『내가 한 이 말을 마음에 간직하고…당신들 자녀에게 가르치며 당신들이 집에 앉아 있을 때나 길을 갈 때나 누워 있을 때나 일어나 있을 때나 언제든지 가르치십시오.』 (신명기 11:18-19, 새번역)

『너희 아비들아 너희 자녀들을 성나게 하지 말고 주의 교훈과 훈계로 양육하라.』 (에베소서 6:4, KJV)

자유권에서 언급하지는 않았지만 학문의 자유가 있다. 어떤 대상에 대하여 스스로 연구할 수 있고 연구결과를 발표할 수 있는 자유를 말한다. 그런데 연구의 기초단계에서는 이미 이루어져 있는 학문을 배워야 한다. 즉 교육이 이루어져야 다음 단계의 연구의 자유로 이어질 수 있다. 그런데 이렇게 사적으로 이루어지는 교육을 국가가 방해하지 말 것을 요청하는 측면 이외에, 국민이 인간다운 생활을 위하여 필요한 기본적인 지식을 배울 수 있도록 국가가 배려하는 것이 필요한데, 이를 공교육이라고 한다. 이러한 공교육을 받을 권리를 사회권의 하나로 규정한 것이 교육을 받을 권리이다. 헌법 § 31①은 『모든 국민은 능력에 따라 균등하게 교육을 받을 권리를 가진다.』 고 규정하였고,

이하에서 의무교육과 의무교육의 무상성, 평생교육 등을 규정하여 이를 뒷받침하고 있다. 의무교육은 초등학교와 중학교가 대상이다(교육기본법 § 8).

위 성경구절들은 가정교육을 의미하는데, 지금처럼 학교교육이 일반화 되어 있지 않았을 때이므로 교육에 있어서 당연히 중요한 역할을 하였다. 물론 공교육의 붕괴와 사회적 통합이념의 붕괴가 우려되는 현대에서도 가정교육의 중요성은 더욱 강조되어야 한다고 생각한다.

(다) 환경권; "나무는 인간의 생명"

『네가 어떤 성읍을 오랫동안 포위하고 쳐서 그것을 취하려 할 때도 너는 도끼를 사용하여 그곳에 있는 나무들을 베어 버리지 말지니라. 이는 네가 그것들을 먹을 것이니 (들의 나무는 인간의 생명이므로) 너는 그것들을 포위하는 데 쓰기 위해서 잘라 내지 말지니라.』 (신명기 20:19, KJV)

하나님은 인간을 만들기 전에 천지를 창조하시고 온갖 동식물을 만들어 인간에게 주고 다스리라고 하였다(창세기 1장, 2장 참조). 이 자연환경을 이용할 뿐 아니라 잘 보전하여 후손에게 물려주라는 것이 하나님의 뜻일 것이다. 환경오염과 그 피해에 대응하여 환경을 보전해야 한다는 생각은 비교적 최근인 1960년대에야 문제되기 시작하였고, 헌법에도 그 이후에 규정되었다. 우리나라의 경우 처음 1980년 헌법에 규정되었다. 현행 헌법 § 35①은 『모든 국민은 건강하고 쾌적한 환경에서 생활할 권리를 가지며, 국가와 국민은 환경보전을 위하여 노력하여야 한다.』 라고 규정하였고 제2항에는 『환경권의 내용과 행사에 관하여는 법률로 정한다.』 고 하였다. 이에 따라 환경정책기본법 등 관련 법령이 정비되어 있다. 최근에 환경의 중요성이 더욱 부각됨에 따라 더욱 많은 법령이 제정되고 있는 실정이다.

(라) 근로의 권리와 근로3권; "땅을 유업으로 분배함"

『주께서 모세에게 말씀하시기를 "이들에게 그 이름들의 수를 따라 땅을 유업으로 분배하라."』(민수기 26:52-53, KJV)

이스라엘 민족이 이집트에서 나와 광야에서 생활할 때는 목축 이외에 농사를 짓기 어려웠을 것이나 가나안 땅에 들어가면서 농사도 짓게 되었다. 위 성경구절과 같이 땅이 필요해서 정복한 땅을 지파별로 나누어 가졌다. 기본적으로 지파(부족)별 공동체 생활이었으므로 근로의 기회가 상실되는 경우는 별로 없었을 것이다. 국가법에서는 조금 다르다. 근대와 현대로 넘어오면서 자본주의가 발달하면서 자유시장경제가 기본이 되다 보니까 근로의 기회가 주어지지 않는, 직업을 상실하는 경우도 생기게 되었다. 국가는 직업의 자유를 보장함과 동시에 근로의 기회를 창출하여 제공하는 것이 필요하게 되었다. 이에 따라 우리 헌법은 『모든 국민은 직업선택의 자유를 가진다.』(헌법 § 15)라고 자유권으로서 직업의 자유[62]를 규정하고 있는 외에 근로의 권리를 별도로 규정하고 있다. 즉 『모든 국민은 근로의 권리를 가진다. 국가는 사회적 · 경제적 방법으로 근로자의 고용의 증진과 적정임금의 보장에 노력하여야 하며, 법률이 정하는 바에 의하여 최저임금제를 시행하여야 한다.』(헌법 § 32①)라는 규정이 그것이다. 그밖에도 근로조건, 여자와 연소자의 보호, 국가유공자 등의 보호 등을 규정하고 있다(헌법 § 32② - § 32⑥). 근로의 권리는 국가가 사회경제적인 정책을 시행하여 근로의 기회를 국민에게 제공해야 하며, 그렇지 못한 경우에는 최저생계비를 지급해야 하는 것으로 해석되고 있다.

---

62) '직업의 자유'는 직업선택의 자유와 직업수행(영업)의 자유를 포괄하는 넓은 개념으로 학문적으로 쓰이는 용어이다. 헌법은 단순히 '직업선택의 자유'라고 표현하고 있다.

한편 헌법은 사용자와 근로자와의 관계에서 경제적 약자인 근로자를 보호하기 위하여 근로3권을 별도로 규정하였다. 근로3권이란 단결권 · 단체교섭권 · 단체행동권을 말한다(헌법 § 33). 즉 노동조합을 만들어서 사용자와 대등하게 근로조건에 대하여 협상을 하고, 입장을 관철시키기 위하여 합법적으로 파업 등을 할 수 있게 하였다. 이는 특별규정과 특별법을 통하여 민 · 형사상의 책임을 면제해 준다는 의미이다. 사용자와 근로자 모두 국가가 아닌 사인(私人)이므로 국가와 국민 사이의 관계를 다루는 다른 기본권과 구별되는 특색이다. 비교적 현대에 와서 만들어진 기본권이다.

(마) 혼인과 가족제도; "솔로몬과 칠백 왕비"

『솔로몬에게 아내, 즉 왕비가 칠백이요, 후궁이 삼백이 있었으니, 그의 아내들이 그의 마음을 돌이켰더라.』 (열왕기상 11:3, KJV)

근대 헌법에서는 국가와 사회를 전혀 별개의 영역으로 보았다. 사회적 영역, 즉 경제영역이나 사생활 등은 개인에게 맡겨져 있고 헌법은 이에 대하여 아무런 규정도 두지 않았다. 그러나 20C에 들어와서 사회국가적 성격으로 인하여 경제문제와 사생활에도 규정을 두고 국가가 배려와 급부를 행하게 되었다.

우리 헌법도 § 36①에서 『혼인과 가족생활은 개인의 존엄과 양성의 평등을 기초로 성립되고 유지되어야 하며, 국가는 이를 보장한다.』 라고 규정하였으며, 모성의 보호와 보건에 관하여도 국가의 보호의무를 규정하였다(헌법 § 36②③). 또 법률차원에서도 민법(친족 · 상속편 등)을 비롯하여 많은 법령을 통하여 이러한 국가의 의무를 구체화하고 있다.

(5) 국민의 의무;   예수님과 성전세

『그들이 가버나움에 이르렀을 때에, 성전세를 거두어들이는 사람들이 베드로에게 다가와서 물었다. "여러분의 선생은 성전세를 바치지 않습니까?" 베드로가 대답하였다. "바칩니다." 베드로가 집에 들어가니, 예수께서 먼저 말씀을 꺼내셨다. "시몬아, 네 생각에는 어떠냐? 세상임금들이 관세나 주민세를 누구한테 받아들이느냐? 자기 자녀한테냐? 아니면 남들한테서냐?" 베드로가 대답하였다. "남들한테서 입니다." 예수께서 다시 그에게 말씀하셨다. "그러면 자녀들은 면제받는다. 그러나 우리가 그들을 걸려 넘어지지 않도록 해야 하니, 네가 바다로 가서 낚시를 던져, 맨 먼저 올라오는 고기를 잡아서 그 입을 벌려 보아라. 그러면 은전 한 닢이 그 속에 있을 것이다. 그것을 가져다가 나와 네 몫으로 그들에게 내어라." 』(마태복음 17:24-27, 새번역)

전통적인 국민의 의무는 납세와 국방의 의무이다. 납세와 국방의 의무가 없다면 국가가 존립하기 힘들기 때문에 당연한 것이었다. 사무엘이 왕을 원하는 백성들에게 강조한 것도 이러한 납세와 국방의 의무를 담당해야 한다는 점이었다.[63] 다만 구체적인 형태는 시대나 국가에 따라 약간씩 다를 수 있다. 위 성경기사에서 자녀들에게는 면세해 준다는 점은 현대와 일치하는 것은 아니나 국가법에서도 각종 조세감면제도가 있다.[64]

『이같이 이스라엘 자손이, 그들의 조상들의 가문에 따라, 이십 세 이상으로 이스라엘에서 싸우러 나갈 수 있는 모든 사람이 계수를 받았으니 계수를 받은 자는 모두 육십만 삼천오백오십 명이었더라. 그러나 레위인들은 그들 조상들의 지파대로 그들 가운데 계수되지 않았으니…그러나 너는 레위인들을 임명하여 증거의 성막과 그 곳의 모든 기명과 거기에 속한 모든 물건들을 관리하게 하라.』(민수기 1:45-50, KJV)

---

63) 사무엘상 8:10-18 참조.

64) 조세특례제한법(조세감면규제법의 대체입법; 2010.3.10 시행)참조.

『…너희 가운데 집을 짓고 준공식을 하지 못한 사람이 있으면, 누구든지 집으로 돌아가거라. 그가 전사함으로써 다른 사람이 준공식을 하는 일이 없도록 하여라.…또 너희 가운데 여자와 약혼하고 아직 결혼하지 못한 사람이 있으면 그런 사람도 집으로 돌아가거라. 그가 전사함으로써 다른 사람이 그 여자와 결혼하는 일이 없도록 하여라.』(신명기 20:5-7, 새번역)

국방의 의무도 국가존립에 매우 중요한 의무이며, 현대에도 같다. 물론 병역의 의무는 군대를 가야할 의무로써 적령기의 남자에게만 있다. 즉 병역법 § 8에 따르면 대한민국 국민인 남자는 18세부터 제1국민역에 편입된다. 병역의무를 마치거나 제2국민역의 경우 40세가 되면 병역의 의무가 종료된다(병역법 § 72). 양심의 자유나 종교의 자유와 관련하여 집총병역을 거부하는 문제는 뒤에서 다룬다.

『그러나 예수께서 그들에게 대답하시기를 "나의 아버지께서 지금까지 일하시니 나도 일하노라." 고 하시더라.』(요한복음 5:17, KJV)

현대에 와서 국민이 국가의 주인이라는 인식이 확립됨에 따라서 단순히 소극적으로 납세와 국방의 의무만 강조되는 것이 아니라 적극적으로 국가의 발전을 위한 의무가 강조되기 시작했는데, 교육과 근로의 의무가 그것이다. 우리나라의 경우 헌법 § 31②이 『모든 국민은 그 보호하는 자녀에게 적어도 초등교육과 법률이 정하는 교육을 받게 할 의무를 진다.』고 하였으며, 교육기본법 § 8에 따라 6년의 초등교육과 3년의 중등교육이 의무로 되어 있다. 의무는 법적으로 강제되는 의무이다. 반면에 의무교육은 권리로서의 성격도 있으며(교육기본법 § 8②), 무상으로 이루어진다(헌법 § 31③, 초중등교육법 § 12④).

한편 근로의 의무는 공산국가와는 달리 법적으로 강제되지 않는 윤리적 의무이다. 헌법도 강제노역은 형벌 등으로 인한 특별한 경우에 적법절차에 의해서만 부과할 수 있다고 하였다(헌법 § 12①).

이밖에도 최근 들어 환경보전의 의무도 국민의 의무로 강조되고 있다.

3. 국가조직

(1) 입법부

(가) 입법기관; "하나님의 명령을 전한 모세와 아론"

『이제 네가 그들 앞에 세울 명령들은 이러하니라.』 (출애굽기21:1,KJV)

『그들이 모세와 아론을 거역하여 사람들을 모으고 그들에게 말하기를 "너희가 너무 분수에 지나치도다. 온 회중이 각기 거룩하고 주께서도 그들 가운데 계시는데, 너희가 어찌하여 주의 회중보다 너희 자신들을 높이느냐?" 하니』 (민수기 16:3, KJV)

『 "…왕께서 좋게 여기신다면, 왕명을 내리시어 페르시아인들과 메데인들의 법률 가운데 기록하게 하고 변경시키지 못하게 하여…왕께서 내리실 왕의 칙령이 왕의 제국 전체에 걸쳐 공표되면 (나라가 크오니) 모든 아내들이 자기 남편이 크든지 작든지 간에 존경하리이다." 』 (에스더 1:19-20, KJV)

국가공동체를 운영하기 위해서는 국가의(정확히 표현하면 국가구성원의) 의사를 확인하는 것이 필요한데, 우리는 그것을 입법이라고 한다. 쉽게 말하면 입법이란 법을 만드는 것이다. 근대 민주주의가 확립되기 전에는 왕에게 모든 국가권력이 집중되어 있었으므로 입법권은 당연히 국왕의 권한이었다. 그러나 민주주의와 법치국가가 성립되면서 그 권력이 분화되기에 이르렀다. 초기에 왕의 입법을 견제하던 의회가 전적으로 입법권을 행사하게 되었다. 민주주의 헌법 아래에서 궁극적 입법권은 주권자인 국민에게 있으나 전문적인 입법기관에게 위임해서 행사하는 것이다. 따라서 대통령이나 국회의원 같은 입법기관의 담당자는 스스로 입법자라고 생각해서는 안 되며, 국민의 의사를 확인하는 임무를 수행한다고 하여야 한다.

우리 헌법 § 40는 『입법권은 국회에 속한다.』 고 선언하여 입법기관으로 국회를 들고 있다. 법률을 제정하는 것은 국회의 독점권이지만 법률안을 제출하는 것은 국회의원 외에 정부도 할 수 있으며(헌법 § 52), 법률안에 대한 재의요구권(거부권, 헌법 § 52②)과 공포권(헌법 § 53①)은 대통령의 권한이다. 또한 법률 이외의 법규범들은 각 국가기관이 담당한다.

(나) 입법절차; "백성 앞에서 낭독한 율법"

『 "…오 왕이여, 지금 그 칙령을 수립하고 그 문서에 서명하시어 변경시킬 수 없는 메대인과 페르시아인의 법에 따라 고치지 못하게 하소서." 하니 다리오 왕이 그 문서와 칙령에 서명하니라.』 (다니엘 6:8-9, KJV)

『내가 오늘 네게 명령하는 이 명령은 네게 가려진 것도 아니고 그리 먼 것도 아니며…오히려 그 말씀은 네게 아주 가까워 네 입에 있고 네 마음에 있으니 너는 그것을 행할 수 있느니라.…너는 온 이스라엘 앞에 그들이 듣도록 이 율법을 읽을지니라.』 (신명기 30:11-14, 31:11, KJV)

『온 백성이 물 문 앞에 있는 거리로 한 사람처럼 모여 서기관 에스라에게 주께서 전에 이스라엘에게 명하신 모세의 율법책을 가져오기를 청하니 제사장 에스라가 일곱째 달 일일에 율법책을 남녀 회중과 알아들을 수 있는 모든 자들 앞으로 가져가서 물 문 앞에 있는 거리에서 아침부터 정오까지 남자와 여자와 알아들을 수 있는 자들 앞에서 읽으니, 모든 백성의 귀가 율법책을 경청하더라.』 (느헤미야 8:1-3, KJV)

성경에 나오는 입법절차는 하나님의 말씀을 모세와 같은 선지자를 통해서 선포하거나 또는 왕이 칙령의 형태로 선포하는 것으로 되어 있으며, 의회나 구체적인 입법절차가 나와 있지는 않다.

이에 비하여 국가법에서는 법률을 비롯하여 다양한 형태의 법규범이 각각 제정절차가 명시되어 있다. 예컨대 법률의 경우 법률안을 제출하는 것은 국회의원과 정부이며(헌법 § 52), 국회에서 해당 상임위원회의 심의를 거쳐 본회의에서 의결한다. 국회에서 의결되면 정부로 이송하고 15일 이내에 대통령이 공포한다(헌법 § 53①). 대통령이 국회에서 의결된 법률안에 이의가 있으면 국회로 다시 보내 재의를 요구할 수도 있다(헌법 § 53②).

(다) 위임입법; "모세가 정한 기준"

『주께서 모세에게 일러 말씀하시기를 "만일 어떤 사람이 무지함으로 주의 거룩한 물건들에 잘못을 저지르거나 죄를 지으면, 그 때 그는 주께 그의 속건제를 위하여 성소의 세켈에 따라 네가 정한 은 세켈에 상응하는 것으로 양떼에서 흠 없는 숫양 한 마리를 자기 허물을 위해 끌어올지니…그는 네가 정한 값으로 양떼 중에서 흠 없는 숫양을 속건제물로 제사장에게 가져올 것이요 제사장은 그가 잘못하고 몰랐던 일에서 그의 무지에 관해 그를 위하여 속죄하리니 그가 용서함을 받으리라.』(레위기 5:14-18, KJV)

『왕이 그의 반지를 손에서 빼어 유대인들의 원수인 아각인 함므다다의 아들 하만에게 그것을 주며 하만에게 말하기를 "그 은을 네게 주고 백성에게도 주노니, 네가 좋게 여기는 대로 그들에게 행하라." 하더라.』(에스더 3:10-11, KJV)

성경에서 하나님이 정하는 것이 최고의 법인 것은 당연하지만, 모든 것을 하나님이 다 지정해 줄 수는 없다. 위 성경구절에서 볼 수 있듯이 모세에게 자세한 것을 정하도록 하고 있다. '에스더'에서 아하수에로 왕이 하만에게 위임하는 것도 비슷하다.

국가법에서도 마찬가지이다. 헌법이 최상위의 법규범이지만 헌법이 모든 것을 다 정할 수는 없으므로, 법률의 형식으로 자세한 것을 정하도록 하고 있다. 법률도 그 하위의 규범인 명령(대통령령 · 총리령 · 부령)에 위임하거나 자치법규(조례·규칙)에 위임하여 더 자세히 규정하도록 하고 있다. 헌법 § 75는 『대통령은 법률에서 구체적으로 범위를 정하여 위임받은 사항과 법률을 집행하기 위하여 필요한 사항에 관하여 대통령령을 발할 수 있다.』 고 하였다.

물론 하위법규에 위임하는 경우 범위를 정해서 위임하는 것이 원칙이다. 범위를 정하지 않고 위임하는 백지위임은 금지된다.

(2) 대통령

(가) 대통령의 의의; "왕의 제도에 대한 사무엘의 설명"

『이에 사무엘이 자기에게 왕을 요구하는 백성에게 주의 모든 말씀을 일러 말하기를 "너희를 치리할 왕의 제도가 이러하리라. 그가 너희 아들들을 데려다가 자기를 위해 그의 병거에 임명하고 그의 기병이 되게 할 것이요, 일부는 그의 병거 앞에서 달리게 하리라. 그가 그를 임명하여 천부장들과 오십부장들로 삼으며, 그의 땅을 경작하고 그의 수확을 거두도록 배치하며, 그의 무기들과 그의 병거의 기구들을 만들게 할 것이요, 그가 너희 딸들을 데려다가 향료 만드는 자와, 음식 만드는 자와, 빵 굽는 자로 만들 것이라. 또 그가 너희 밭과 포도원과 올리브 밭 중에서 가장 좋은 것을 취하여 자기 신하들에게 줄 것이요, 그가 너희 곡식과 포도원에서 십일조를 취하여 자기 관원들과 신하들에게 주리라. 또 그가 너희의 남종과 여종과 잘 생긴 청년들과 너희 나귀들을 취하여 자기의 일을 시킬 것이요, 그가 너희 양의 십일조를 취할 것이며 너희는 그의 종이 될 것이라. 또 너희는 그 날에 너희가 너희를 위하여 뽑은 너희 왕으로 인하여 부르짖을 것이나, 주께서는 그 날에 너희를 듣지 아니하시리라." 하더라.』 (사무엘상 8:10-18, KJV)

위 성경구절은 이스라엘에 왕정이 시작되는 것을 보여준다. 그 이전의 모세나 사사 또는 선지자들에 의해서 통치가 이루어지던 것과는 매우 다른 형태의 통치방식이고, 다른 나라들을 부러워 한 백성들의 요구를 하나님이 인정하여 왕정이 시작되었다는 기사이다.

『그날 밤 칼데아인들의 왕 벨사살이 죽임을 당하고 메디아인 다리오가 그 왕국을 취하니 약 육십이 세였더라.』 (다니엘 6:30-31, KJV)

『(☞ 다윗의 군대가 압살롬의 군대와 싸우러 나갈 때) 왕이 백성에게 말하기를 "반드시 나도 친히 너희와 함께 가리라." 하더라. 그러나 백성들이 대답하기를 "왕께서는 나가지 마소서. 우리가 도망친다 해도 그들은 우리를 개의치 아니할 것이요, 우리 중 절반이 죽는다 해도 그들은 우리를 개의치 아니할 것이니이다. 그러나 이제 왕께서는 우리 만 명보다 중하시오니, 왕께서는 성읍 밖에서 우리를 도우심이 좋겠나이다." 하니』 (사무엘하 18:2-3, KJV)

왕은 고대나 중세의 유럽국가에서도 마찬가지로 종종 국가와 동일시되었다. 그러나 다음 기사를 보면 왕을 왕으로 세운 것은 하나님이며, 왕이 하나님의 뜻을 행하지 않을 때 이를 바꾸는 것도 하나님이다. 물론 그 뜻은 선지자를 통하여 전달된다.

『사무엘이 사울에게 말하기를 "당신이 어리석게 행하였나이다. 당신이 주 당신의 하나님께서 당신에게 명하신 명령을 지키지 아니하였나이다. 그리하였더라면 주께서 이제 이스라엘 위에 당신의 왕국을 영원히 세우셨을 것이니이다. 그러나 이제 당신의 왕국은 지속되지 못하리이다. 주께서 그의 마음에 맞는 한 사람을 찾으셨으며, 주께서 그에게 주의 백성을 다스릴 대장이 되라고 명하셨으니, 이는 당신이 주께서 당신에게 명하신 것을 지키지 아니하였기 때문이니이다." 』 (사무엘상 13:13-14, KJV)

『그리하여 이새가 보내어 그를 데려오니, 그가 혈색이 좋고 용모가 준수할 뿐 아니라 보기에도 좋더라. 주께서 말씀하시기를 "일어나 그에게 기름을 부으라." 하시더라. 그러자 사무엘이 기름 뿔을 가지고 그의 형제들 가운데서 그에게 기름을 부으니 주의 영이 그 날로부터 다윗에게 임하시더라. 그리하여 사무엘이 일어나서 라마로 가니라.』 (사무엘상 16:12-13, KJV)

다만 왕정이 계속되고 이스라엘 백성이 타락하여 신앙이 흔들리고 이교를 좇게 되는 후반기에 와서는 상황이 달라지는데, 왕이 후계자를 지명하게 되고, 더 나아가 왕을 죽이고 왕위를 빼앗는 일이 빈번하게 일어난다.

『왕이 또 그들에게 말하기를 "너희는 너희 주의 신하들을 데리고 내 아들 솔로몬을 내 노새에 태워 기혼으로 데리고 가라. 거기서 제사장 사독과 선지자 나단은 그에게 기름을 부어 이스라엘을 다스릴 왕으로 삼고, 너희는 나팔을 불어 '솔로몬왕 만세' 하라. 그런 후에 너희는 그의 뒤를 따라 올라오라. 그러면 그가 와서 내 보좌에 앉으리니, 그가 내 대신 왕이 되리라. 네가 그를 이스라엘과 유다를 다스릴 치리자로 정하였느니라." 하니』 (열왕기상 1:33-35, KJV)

그러나 민주주의에서의 대통령은 이와는 다르다. 국민이 선거를 통하여 직접 대통령을 정하는 것이다. 헌법 § 67①은 『대통령은 국민의 보통 · 평등 · 직접 · 비밀선거에 의하여 선출한다.』 라고 규정하고 있다. 물론 우리의 1972년 헌법과 1980년 헌법, 또는 미국과 같이 간선인 경우도 있지만 국민이 대통령을 정한다는 사실은 다르지 않다. 국민이 주인이므로 대통령은 국민의 자유와 복리증진을 위하여 노력해야 하는 것이다(헌법 § 69).

(나) 대통령의 지위와 권한; "선지자와 왕, 그리고 총독"

『그러자 여호수아가 백성의 관원들에게 명령하여 말하기를 "진중을 돌아다니며 백성들에게 명령하여 말하기를 '식량을 준비하라. 삼 일 안에 너희가 이 요단을 건너 주 너희 하나님께서 차지하라고 너희에게 주신 그 땅을 가서 차지할 것이라.' 하라." 하더라.』 (여호수아 1:10-11, KJV)

성경을 보면 국가조직이 근 · 현대의 국가처럼 분화되지 않고 왕이 통치하면서 한편 하나님의 계시를 전달하는 선지자나 제사장 계열이

공존한다. 왕을 임명하는 것도 하나님이 이러한 선지자를 통해서이다. 그러나 시대가 후대로 흘러오면서 이러한 종교조직은 적어도 국가통치에서는 그 의미가 약해지는 것으로 보인다.

이에 반해 국가법에서 대통령은 국민이 직접 선출하며(헌법 § 67) 임기는 5년 단임으로 되어 있어서(헌법 § 70) 시간적으로 제한된다는 데 의미가 있다. 이것이 왕과 구별되는 점이다. 왕의 권한이 대통령보다 월등히 크다고 볼 수는 없다. 왕의 권한행사도 나름대로 여러 가지 제약이 있기 때문이다. 특히 성경에서는 왕의 의사보다는 하나님의 의사가 확인되면 백성은 하나님의 의사를 우선하는 것을 당연하게 여겼다.

국가법에서 대통령은 국가원수이자 행정부의 수반이다. 헌법은 『대통령은 국가의 원수이며, 외국에 대하여 국가를 대표한다.』(헌법 § 66①)고 선언하고 있으며, 이에 따라 조약체결 · 비준권과 외교권을 가진다(헌법 § 73). 국군통수권이 주어지며(헌법 § 74), 헌법개정안을 발의하거나(헌법 § 128①), 국민투표부의권(§ 72)을 행사한다. 또한 대법원장과 대법관, 헌법재판소장·국무총리·감사원장 등 국가기관구성권이 있다. 또한 사면권(헌법 § 79)도 있는데, 이러한 것들은 국가원수로서의 지위에서 나오는 것들이다.

『명절이면 총독이 백성들이 원하는 죄수 한 명을 놓아 주는 것이 관례였는데, 그 때 그들에게 바라바라 하는 유명한 죄수가 있었더라. 그러므로 사람들이 함께 모여 있을 때, 빌라도가 그들에게 말하기를 "너희는 내가 누구를 너희에게 놓아주기를 원하느냐? 바라바냐, 아니면 그리스도라 하는 예수냐?" 고 하더라.』 (마태복음 27:15-17, KJV)

『삼일 째 되던 날은 파라오의 생일이었으므로 그가 그의 모든 신하들에게 잔치를 벌였는데 그의 신하들 가운데서 술 맡은 책임자와 빵 굽는 책임자의 머리를 들어서 술 맡은 책임자는 그 술 맡은 직책을 회복시키니, 그가 파라오의 손에다 잔을 건네주더라. 그러나 파라오가 빵 굽는 책임자는 매어 달았더라.』(창세기 40:20-22, KJV)

의원내각제 국가인 영국이나 일본, 또는 독일 등의 경우에는 국가원수가 별도로 있으나 실권이 거의 없고 행정부 수반은 수상(총리)이 맡는다. 반면에 우리나라나 미국에서는 대통령은 국가원수로서의 지위 뿐 아니라 행정부 수반으로서의 지위도 가진다. 헌법은 『행정권은 대통령을 수반으로 하는 정부에 속한다.』(헌법 § 66④)고 규정하고 있다. 따라서 대통령은 행정의 최고책임자이며, 감독자이다. 행정부를 조직하고(헌법 § 78), 국무회의의 의장이 된다(헌법 § 88).

(3) 행정부

(가) 국무총리; "애굽의 총리 요셉"

『파라오가 요셉에게 말하기를…너는 내 집을 치리하라. 나의 모든 백성이 네 말에 따라 다스림을 받으리니 내가 너보다 높음은 오직 보좌뿐이니라.… 보라, 내가 너를 이집트의 온 땅을 치리하도록 세웠노라.』(창세기 41:39-41, KJV)

요셉이 이집트의 총리가 되었을 때 물론 왕보다는 낮지만 왕 다음으로 모든 일을 맡아서 처리한 것과 마찬가지로 국가법에서의 국무총리도 대통령에 이어 행정부의 2인자이다. 다만 삼권분립에 따라 행정부 내에서만 2인자인 것이 요셉과는 다를 뿐만 아니라, 『국무총리는 대통령을 보좌하며, 행정에 관하여 대통령의 명을 받아 행정각부를 통할한다.』(헌법 § 86②)고 규정하여 독자적인 권한의 폭이 요셉보다는 매우 좁다. 국무총리는 대통령이 국회의 동의를 얻어서 임명한다(헌법 § 86①). 이는 대통령제가 아니라 의원내각제적 요소이다. 국회의 동의를 요하므로 국회에 정치적 책임을 진다. 또한 국회는 국무총리의 해임을 대통령에게 건의할 수 있다(헌법 § 63①).

(나) 행정각부와 장관; "다윗왕과 관원들"

『이제 요압은 이스라엘의 모든 군대를 다스리는 자가 되고, 여호야다의 아들 브나냐는 크렛인들과 플렛인들을 다스리는 자가 되고, 아도람은 조세를 담당하는 자가 되고, 아힐룻의 아들 여호사밧은 역사 기록자가 되고, 스와는 서기관이 되고, 사독과 아비아달은 제사장이 되고, 야일인 이라는 다윗의 총리가 되니라.』(사무엘하 20:23-26, KJV)(☞ 다윗왕 때)

『시사의 아들들 엘리호렙과 아히야는 서기관이요, 아힐룻의 아들 여호사밧은 역사 기록자요, 여호야다의 아들 브나야는 군대를 관리하는 자요, 사독과 아비아달은 제사장이요, 나단의 아들 아사랴는 관원들을 관리하는 자요, 나단의 아들 사붓은 중신이며 왕의 친구요, 아히살은 궁을 관리하는 자요, 압다의 아들 아도니람은 조세를 관리하는 자더라.』(열왕기상 4:3-6, KJV)(☞ 솔로몬왕 때)

『솔로몬이 온 이스라엘을 관리할 열 두 관원을 두었으며, 그들이 왕과 왕실을 위하여 양식을 예비하였으니, 각자가 해마다 자기 달에 식량을 예비하더라.』(열왕기상 4:7, KJV)

행정부는 각부로 나뉘어 업무를 담당한다. 이들을 국가법에서는 장관이라고 한다. 대통령과 국무총리와 더불어 장관들은 국무회의의 구성원이다(헌법 § 88). 이 경우 국무위원이라고 불리며, 국무위원은 국무총리의 제청으로 대통령이 임명한다(헌법 § 87①). 국무위원은 국무회의의 구성원으로서 대통령이나 국무총리와 대등한 자격으로 정부의 중요정책을 심의하지만(헌법 § 88①, § 89), 국무위원을 겸하는 장관의 지위에서는 대통령과 국무총리에 대하여 상명하복의 관계에 있으며 소관사항이 자신의 부(部)에 국한된다.

(4) 지방자치; "칠십 명의 장로"

『주께서 모세에게 말씀하시기를 "이스라엘의 장로 칠십 명, 즉 네가 알기로 백성의 장로되고 그들을 지도하는 관원들을 내게로 모아 회중의 성막으로 불러서 그들로 너와 함께 거기에 서게 하라. 그리하면 내가 내려와서 거기에서 너와 말할 것이며 또한 내가 네 위에 있는 영을 취하여 그들 위에도 주어서 그들도 너와 함께 백성의 짐을 질 것이니, 그리하면 너 홀로 그것을 지지 아니하리라.…』 (민수기 11:16-17, KJV)

국가에서 모든 것을 다 관할하는 것은 비효율적이다. 각 지방의 특색을 살리지 못하는 경우가 발생한다. 이를 해결하는 것이 지방자치이다. 역사적으로는 중앙의 권한이 미치지 못하여 그 지방의 일은 스스로의 힘으로 처리하던 것이다. 근대에 와서는 지역의 특색을 살리고 효율적으로 국가를 운영하기 위하여 국가가 지방에 권한을 이양한 것으로 보기도 한다. 이 경우 국가와 지방자치단체(우리나라·독일)로 부르거나 중앙정부와 지방정부(영국·미국)로 부르기도 한다. 국가의 구성원을 국민이라고 하는 데 비하여 지방의 구성원을 주민이라고 한다. 헌법은 「지방자치단체는 주민의 복리에 관한 사무를 처리하고 재산을 관리하며, 법령의 범위 안에서 자치에 관한 규정을 제정할 수 있다.」(헌법 § 117①)고 규정하고 있다. 헌법이 지방자치에 대하여 § 117와 § 118의 단 두 개 조항 밖에 규정하지 않고 그나마 중요한 사항을 대부분 법률로 규정하고 있는 것은 1987년 현행 헌법 개정 당시 지방자치가 시행되고 있지 않았기 때문이다. 1949년 지방자치법이 제정되면서 지방자치가 시작되었으나, 1961년 5·16으로 지방의회가 해산되면서 30여 년 동안 지방자치가 시행되지 않다가 1991년 지방의회 의원선거가 이루어지면서 다시 시작되었다.

『바울이 입을 열어 말하려고 할 때 갈리오가 유대인들에게 말하기를 "만일 이 일이 참으로 불의하거나 악한 범법행위라면, 오 너희 유대인들이여, 내가 너희와 더불어 그 이유를 규명하겠으나 만일 그 문제가 말과 명칭과 너희 가운데 있는 율법에 관한 것이라면 너희 자신이 처리하라. 나는 이런 문제에는 재판관이 되고 싶지 아니하노라." 고 하고 그들을 재판석에서 내보내더라.』 (사도행전 18:14-16, KJV)

지방자치단체에는 시(특별시와 광역시) · 도의 광역자치단체와 시 · 군 · 자치구의 기초자치단체가 있다. 지방자치단체에는 지방의회와 단체장이 있으며, 각각 조례와 규칙을 발하여 지방의 사무를 처리한다. 우리나라는 지방자치단체가 고유사무 외에 국가사무를 위임받아서 집행하는 경우도 많다. 지방자치단체는 자치입법권과 자치행정권, 자치조직권과 자치재정권을 가진다. 우리나라는 위 성경 구절과 같은 사법권은 지방자치단체가 행하지 않는다. 연방제인 미국이나 독일의 경우에는 주(州)에서 재판도 행한다.

(5) 사법부; "재판관 솔로몬을 세움"

『오 주 하나님이여, 이제 내 아버지 다윗에게 하신 주의 약속을 확고히 하소서. 주께서는 나를 땅의 티끌같이 많은 백성을 다스리는 왕으로 삼으셨으니 이제 나에게 지혜와 지식을 주시어 나로 이 백성 앞에 나가고 들어가게 하소서. 이렇게 많은 주의 백성을 누가 재판할 수 있으리이까?』 (역대기하 1:9-10, KJV)

『에스더가 말하기를 "…하만의 열 아들을 교수대에 매달게 하소서." 하자 왕이 그 일을 그렇게 하라고 명하여 칙령이 수산에 내려지니, 그들이 하만의 열 아들을 매달더라.』 (에스더 9:13-14, KJV)

『심판의 보좌에 앉은 왕은 그의 눈으로 모든 악을 흩어버리느니라.』 (잠언 20:8, KJV)

위 성경구절들은 모두 왕이 행하는 재판권을 설명하고 있다. 근대국가 성립 이전에는 모든 국가권력을 왕이 행사했으며, 따라서 사법권도 왕과 그 위임을 받은 관리들이 행사하였다. 이 점은 동서양이 같다. 우리나라의 경우도 춘향전을 보면 변사또가 춘향을 재판하는 장면이 나오는데 행정권과 사법권이 분리되지 않아서였다. 일제 강점기에 들어서야 사법부가 행정부에서 분리되었다.

『오직 하나님께서 재판장이시니, 그가 한 사람은 낮추시고 다른 사람은 세우시는도다.』 (시편 75:7, KJV)

『재판관들에게 말하기를 "너희는 행하는 것을 조심하라. 너희가 사람을 위하여 재판하는 것이 아니라 재판할 때에 너희와 함께 하시는 주를 위하여 하는 것이기 때문이라." 』 (역대기하 19:6, KJV)

『너희가 언제까지 불공평하게 판단하며 언제까지 악인들의 낯을 용납하겠느냐? 셀라. 가난한 자와 아비 없는 자를 보호하고 고난당하는 자와 궁핍한 자에게 공의를 베풀라. 가난한 자와 궁핍한 자를 구해내고 그들을 악인들의 손에서 풀어주라.』 (시편 82:2-4, KJV)

재판을 할 때 공정한 재판이 요구되는 것은 당연하다. 공정한 재판을 하기 위해서 전문가이며 독립적인 판사들이 재판하게 된 것이 사법부의 독립으로 이어진 것이다. 헌법은 『법관은 헌법과 법률에 의하여 그 양심에 따라 독립하여 심판한다.』 (헌법 § 103)고 규정하였고, 동시에 『법관은 탄핵 또는 금고 이상의 형의 선고에 의하지 아니하고는 파면되지 아니하며, 징계처분에 의하지 아니하고는 정직 · 감봉 기타 불리한 처분을 받지 아니한다.』 (헌법 § 106①)고 함으로써 법관의 독립성을 보장하고 결과적으로 공정한 재판을 할 수 있도록 하였다. 같은 의미에서 재판공개의 원칙이 선언되어 있다(헌법 § 109). 재판의 공개란 원칙적으로 아무 이해관계 없는 사람도 재판을 구경할 수 있다는 의미이다. 재판도 사람이 하는 것이라 잘못 판단할 수 있기 때문에 심급제에 의하여 다시 재판을 받아볼 수 있게 하였다. 이를 위하여 지방법원 · 고등법원 · 대법원의 계층구조로 사법부가 구성되어 있다.

『네 하나님의 법과 왕의 법을 행하지 아니하는 자는 누구라도 사형이든 추방이든 재산몰수든 투옥이든, 그에게 신속하게 재판을 행할지니라.』 (에스라 7:26, KJV)

공정한 재판과 더불어 신속한 재판도 중요하다. 실제로 재판이 몇 년씩 걸리므로 그동안 자신의 권리를 행사하지 못하고 재판비용도 많이 들어가기 때문이다. 그러나 실체적 진실의 발견과 충돌하는 경우 실체적 진실을 밝히는 것이 더 중요하다. 다른 유사한 사건에 영향을 주기 때문이다.

『그러나 그들은 큰 목소리로 재촉하며 십자가에 처형하라고 요구하니라. 백성과 제사장들의 목소리가 우세하더라. 그러자 빌라도가 그들의 요구대로 하도록 판결을 내리더라. 그리하여 그는 사람들이 요구한 대로 난동과 살인으로 인하여 감옥에 갇힌 그 자를 그들에게 내어 주고 예수를 그들의 의도대로 하라고 넘겨주더라.』 (누가복음 23:23-25, KJV)

근대에 들어오면서 사법부가 독립적으로 조직되는 과정에서 판사의 부족으로 판사가 아닌 민간인이 재판에 간여하던 것이 배심제다. 기소여부를 배심원들이 판단하거나(대배심), 재판에서 사실관계(예컨대 살인의 실행여부)를 판단하는 것(소배심)이 그것이다. 보통 형량을 정하는 전문적인 문제는 판사가 하지만 배심원과 의논하여 하는 경우도 있다(독일의 참심제). 우리나라도 국민의 형사재판 참여에 관한 법률(2008)이 마련되어 있다. 다만 우리의 경우 배심원이 사실관계와 형량에 대하여 의견을 내지만 그 판단이 판사를 구속하지는 않는다는 점에서 아직은 시범적인 운영단계라 할 수 있다.[65]

사법부와 관련된 내용은 뒤의 소송법 부분도 참고하기 바란다.

Ⅲ. 국가와 행정법

1. 행정법의 특징과 행정법관계; "위에 있는 권세자"

『각 사람은 위에 있는 권세자들에게 복종하라. 하나님께로부터 나오지 않은 권세는 없나니, 모든 권세는 하나님께서 정하신 것이라.…이러한 연유로 너희가 세금을 내는 것이니, 이는 그들이 하나님의 일꾼들로서 바로 이 일에 전념하게 하려 함이니라. 그러므로 모든 사람에게 의무를 다하되, 국세를 낼 자에게 국세를 내고, 관세를 낼 자에게 관세를 내며, 두려워할 자를 두려워하고, 존경할 자를 존경하라.』 (로마서 13:1, 6-7, KJV)

행정법은 헌법의 각론이라고 불릴 정도로 헌법과 밀접한 관련이 있으며, 헌법과 함께 대표적인 공법(公法)이다. 따라서 행정법은 공법관계를 규율한다. 행정기관은 상대방(행정객체)과의 관계에서 우월한 입장에 서는데 이를 권력관계라고 한다. 상대방의 의사에 상관없이 강제력을 발휘할 수 있다는 의미이다. 민법과 같이 대등한 관계를 다루는 사법(私法)과는 전혀 다른데, 이는 국가 또는 국민 다수의 이익인 공익(公益)을 우선하기 때문이다. 국가권력에 의해서 강제되지 않으면 법치국가가 될 수 없고, 법에 의하여 규율되지 않는 국가는 국가라고 할 수 없다.

일반 사법관계는 아니지만 권력관계보다 강제력이 약한 관리관계(예컨대 시립도서관을 이용하는 관계)와 순수한 사법관계(예컨대 공무원이 쓸 물건을 구입하는 행위)도 있다.

---

65) 『재판장은 판결 선고 시 피고인에게 배심원의 평결결과를 고지하여야 하며, 배심원의 평결결과와 다른 판결을 선고하는 때에는 피고인에게 그 이유를 설명하여야 한다.』(국민의 형사재판 참여에 관한 법률 § 48④) 『배심원의 평결결과와 다른 판결을 선고하는 때에는 판결서에 그 이유를 기재하여야 한다.』(같은 법률 § 49②)

한편 민법이나 형법 등과는 달리 행정법은 단일 법률이 없다는 것이 특징이다. 이는 우리 주변에 부딪히는 대부분의 법률관계가 행정법관계로 포섭되기 때문이다. 즉 분야마다 조금씩 규율의 강도나 방법이 다르기 때문에 단일 법전으로 만드는 것이 어렵다. 예컨대 세무행정과 복지행정은 전혀 그 성격이 다르다고 할 수 있다. 반면에 행정의 일반적인 절차를 규정한 행정절차법은 대부분의 행정법 분야에 적용된다.

행정법은 그 성격상 크게 나누어 행정조직과 행정작용, 그리고 행정구제 등으로 나눌 수 있으며, 각 분야별 행정법이 있다. 여기서는 행정작용에 대해서만 간략히 살펴보자.

2. 행정행위

(1) 허가; "느헤미야의 귀환"

『왕에게 말하기를 "왕께서 기뻐하시고 왕의 종이 왕의 목전에 은총을 입었다면, 나를 유다, 즉 나의 조상의 묘들이 있는 성읍으로 보내시어 나로 그 성읍을 재건하게 하소서." 하니라.… "또 왕의 산림 감독 아삽에게 칙서를 주사, 그로 전(殿)에 속한 궁의 문들과 성읍의 성벽과 내가 들어갈 집을 위한 들보를 만들 재목을 내게 주게 하소서." 하자 내게 임하신 하나님의 선한 손을 따라 왕이 내게 허락하였더라.』 (느헤미야 2:5-8, KJV)

행정작용 중에서 가장 대표적인 것이 행정행위이다. 실무에서는 행정처분, 또는 그냥 처분이라고 한다. 행정기관이 우월한 입장에서 법을 구체화하는 작용(집행작용)이다.

성격에 따라 다양하게 나누어 볼 수 있으며, 학문적인 개념정의는 법령이나 실무와 다른 경우가 많다. 위 성경구절에서는 국가법에서의 (건축·벌목)허가가 나온다. 허가란 일반적으로 금지된 사항을 특정한 사정 아래에서 가능하도록 행정기관이 허락하는 것이다. 법령에서는 운전면허라고 부르는 것도 여기에 해당한다. 당연히 허가를 받지 않고 하는 행위는 불법행위이고 법에 의하여 제재가 가해진다. 예컨대 영업허가를 받지 않고 영업하면 불법영업이 되고, 이에 과태료나 영업정지라는 행정제재가 가해진다.

『(☞ 중풍병자에게 말씀하시기를) "일어나 네 침상을 들고 네 집으로 가라." 고 하시니, 그가 일어나서 자기 집으로 가더라.』 (마태복음 9:6-7, KJV)

『해가 기울어 갈 때에 갖가지 병으로 앓는 사람들을 모두 주께로 데려오니, 주께서 그들 각인에게 안수하여 고쳐 주시더라.』 (누가복음 4:40, KJV).

예수님의 치료행위도 국가법에서 보면 무면허행위이고, 단속 내지 처벌의 대상이 되는 행위이다. 무면허 의료행위로 인한 일반 국민의 피해를 막기 위한 것이다.

허가와 구별되는 것으로 포괄적인 권리의무를 설정해 주는 것을 특허라고 한다. 공기업특허(공기업의 설립)나 광업권의 설정 등이 그 것이다. 특허법 상의 특허는 학문적 의미의 특허가 아니라 단순한 확인행위에 해당한다.

또 인가(認可)란 사인(私人)의 행위에 행정기관의 어떤 행위가 결합해서 비로소 효력을 발생시키는 경우(예컨대 철도나 택시요금의 인상, 또는 농협조합장의 선출 등)를 말한다. 주민등록등본의 발급처럼 어떤 사실을 공적으로 증명해 주는 공증도 있다.

(2) 행정행위와 부관; "고기는 먹되 피는 빼고"

『주 너의 하나님께서 네게 약속하신 대로 그 분께서 네 경계를 넓혀 주실 때 네 마음이 고기를 먹고 싶어 하면, 너는 "내가 고기를 먹으리라." 고 말하고 네 마음이 원하는 대로 먹어도 되느니라.…오직 너는 피를 먹지 말아야 함을 명심할지니, 이는 피가 생명임이라. 네가 생명을 고기와 함께 먹어서는 안 되느니라.』 (신명기 12:20-23, KJV)

행정기관이 행정행위를 할 때 그 효력이나 요건에 어떤 제한을 가하는 것이 있는데, 이것을 부관(附款)이라고 한다. 위 성경구절에서 보면 고기를 먹는 것은 허락하되 피 째 먹는 것은 금지하는 것이다. 허가에 어떤 조건(발생여부 미정)이나 기한(발생은 확실, 시기 확정 또는 미정)을 붙이는 것을 말하며, 이러한 부관을 만족시키지 않으면 그 허가는 무효가 된다.

(3) 행정지도와 행정조사; "다윗의 인구조사"

『사탄이 이스라엘을 치려고 일어나서, 다윗을 부추겨 이스라엘의 인구를 조사하게 하였다. 그래서 다윗은 요압과 군사령관들에게 지시하였다.…요압이 다윗에게 백성의 수를 보고하였다. 칼을 빼서 다룰 수 있는 사람이 온 이스라엘에는 백십만이 있고, 유다에는 사십칠만이 있었다.』 (역대상 21:1-5, 새번역)

행정행위처럼 강제력이 없으나 행정작용을 위해서 필요한 것으로 행정지도와 행정조사가 있다. 즉 행정지도는 강제력을 발휘하지는 않으나 어떤 행정목적 달성을 위하여 행정기관이 권유나 유도를 하는 것을 말한다. 예컨대 농업분야에서 과다생산을 막기 위하여 특정 작물의 재배를 억제하도록 지도하는 것을 말하는데 농민이 이를 따를 의무는 없다.

행정조사는 행정을 하기 위한 기초자료를 미리 알아보는 것이다. 위 성경구절처럼 주민의 수나 징집대상자를 조사하는 것이 그 예이다. 법령에 근거가 있는 경우 조사에 협조해야 하는 등 어느 정도의 강제력이 인정되기도 한다.

3. 개별 행정법관계

(1) 국가와 세금; "카이사의 것은 카이사에게"

『 "…그러므로 선생님의 의견을 우리에게 말씀해 주소서. 카이사에게 세금을 내는 것이 옳으니이까, 옳지 아니하나이까?" 하니 예수께서 그들의 사악함을 아시고 말씀하시기를 "너희 위선자들아, 어찌하여 나를 시험하느냐? 세금 내는 동전을 내게 보이라." 고 하시니, 그들이 데나리온 한 닢을 주께 가져오더라. 주께서 그들에게 말씀하시기를 "이 형상과 새겨진 글이 누구의 것이냐?" 고 하시니 그들이 "카이사의 것이니이다." 라고 주께 말씀드리자 주께서 그들에게 말씀하시기를 "그러면 카이사의 것은 카이사에게, 하나님의 것은 하나님께 바치라." 고 하시더라.』 (마태복음 22:17-21, KJV)

개별 행정법관계는 너무나 다양하다. 예컨대 공무원행정, 지방자치행정, 소방행정, 복지행정, 환경행정, 보건행정, 학교행정, 문화행정, 병무행정 등 다 열거하기도 어렵다. 여기서는 세무행정을 비롯한 몇 분야를 예를 들어 보기로 하며, 이 책의 다른 부분도 참고하기 바란다.

세금은 국가 또는 지방자치단체의 재정에 충당하기 위하여 직접적인 반대급부 없이 강제로 징수해 가는 재원을 의미한다. 위 성경구절에서 예수님은 교회와 국가권력의 충돌을 회피하는 현명한 답변을 했다. 어쨌든 세수(稅收)는 국가(지방자치단체)의 재정적 기초를 이루므로 세금을 걷지 못하면 국가는 존립하기 어렵다. 그래서 헌법도

『모든 국민은 법률이 정하는 바에 의하여 납세의 의무를 진다.』(헌법 § 38)라고 하여 국방의 의무와 더불어 국민의 헌법적 의무로 규정하였다. 또한 세금을 법률에 근거해서만 징수할 수 있도록 하였다(헌법 § 59).

『이스라엘 자손이 자원하는 예물을 주께 가져 왔으니, 모든 남자와 여자가 주께서 모세의 손을 통하여 만들라고 명령하셨던 여러 가지 작업을 위하여 그들의 마음이 자원하는 대로 가져온 것이라.』(출애굽기 35:29, KJV)

세금은 강제로 징수한다는 점에서 위 성경구절에서의 자발적 헌물은 세금이라고 할 수 없다. 또한 직접적인 반대급부가 없다는 점에서 수수료나 분담금과도 다르다.[66]

『파라오께서는 이 일을 행하시고, 그 땅을 치리할 관리들을 임명하셔서 칠 년의 풍년에 이집트 땅의 오분의 일을 거두게 하며 그 관리들로 다가올 풍년의 모든 식량을 거두고 그 곡식을 파라오의 수하에 쌓아 두어서 성읍들에서 식량으로 간직하게 하소서.』(창세기 41:34-35, KJV)

조세는 국가의 재정에 충당하는 국세와 지방자치단체의 재정에 충당하는 지방세가 있다. 물론 그 구체적인 종류는 매우 다양하며 정책적으로 조세의 종류를 정하게 된다. 재정의 대부분은 조세가 차지하고 있지만, 그밖에 사업수익과 이자수입 또는 벌금이나 과태료·과징금 등도 재정의 일부를 구성한다. 일반예산은 수입과 지출을 균형을 맞추는 것이 바람직하다고 하여, 건전재정의 원칙이 적용된다. 위 성경구절처럼 재정을 적립하여 차후에 쓰기 위해서는 각종 기금이나 공기업 등 특별예산을 편성하는 것이 일반적이다.

66) 수수료는 국가기관의 서비스행위에 대한 반대급부로 지불하는 것으로 예컨대 주민등록등본과 같은 서류를 떼고 내는 것 등을 말하며, 분담금은 직접적 혜택을 받는 사람이 내는 기여금을 말한다.

『일 년 동안 솔로몬에게 들어온 금의 무게가 육백육십육 금 달란트였으며, 그 외에도 그가 상인들과 향료 무역상들과 아라비아의 모든 왕들과 나라의 총독들에게서 받았더라.』 (열왕기상 10:14-15, KJV)

위 성경구절에 나오는 것은 국가법의 부가가치세나 관세에 해당한다. 관세란 외국에서 물건을 들여올 때 부과하는 세금이다.

『너는 전리품으로 가져온 것들을 반으로 나누어서 반은 전쟁에 나갔다 온 군인들에게 주고 반은 모든 회중에게 주어라. 전쟁에 나갔다 온 사람들에게서는 나 주에게 바칠 세금 몫을 떼어 내어라.…오백분의 일을 떼어 내어…제사장 엘르아살에게 주어라. 이스라엘에게 나누어 준 절반에서는 오십분의 일을 떼어내어…레위사람에게 주어라.』 (민수기 31:27-30, 새번역)

위 성경구절처럼 소득세는 월급을 줄 때 미리 떼고 주는데, 이를 원천징수라고 한다. 물론 종합소득세는 원천징수한 소득세를 포함하여 정산하고 신고한다. 소득세는 소득의 수준에 따라 달라지는데 대략 10%정도 이다.

『또 우리가 너희로 알게 하노니, 제사장들과 레위인들과 노래하는 자들과 문지기들과 느디님인들과, 이 하나님의 전에서 일하는 자들 중 누구에게도 도로세나 관세나 조세를 부과하는 것은 불법이니라.』 (에스라 7:24, KJV)

각종 세법에 보면 과세의 대상과 세율, 과세표준, 과세절차 등이 규정되어 있다. 특정인이나 일정 수준 이하의 소득에 대해서는 세금을 줄여주거나 아예 부과하지 않는데 이를 조세감면이라 한다.

『세리들도 그에게 침례를 받으러 와서 말하기를 "선생님, 우리가 어떻게 하여야 하리이까?" 라고 하니, 그가 또 그들에게 말하기를 "너희에게 정해진 것 외에는 더 거두지 말라." 고 하더라.』 (누가복음 3:12-13, KJV)

모든 국민의 의무는 의무자인 국민의 입장에서는 하기 싫어도 법에 의하여 강제된다. 따라서 그 의무는 법률에 근거하여야 하고 그 절차도 법에 따라 엄격히 집행되어야 한다. 세무행정도 마찬가지다. 위 성경구절의 경우 로마시대의 이스라엘을 반영하는 기사이다. 즉 세무공무원(세리)은 일정량을 로마에 지불하고 남은 것은(즉 초과징수 한 것) 자신의 수입으로 하였다. 따라서 과잉징수하는 일이 비일비재하였던 것이다.

(2) 음식과 식품위생법; "돼지고기와 낙지"

『주께서 모세와 아론에게 일러 그들에게 말씀하시기를 "이스라엘 자손에게 일러 말하라. 땅 위에 있는 모든 짐승들 가운데서 너희가 먹을 수 있는 짐승은 이러하니라. 짐승들 가운데서 굽이 갈라져서 쪽발이며 되새김질하는 것은 너희가 먹을지니라.』(레위기 11:1-3, KJV)

『물에 있는 모든 것 중에서 너희가 먹을 수 있는 것은 이러하니라. 물과 바다와 강에 있는 것으로, 지느러미와 비늘이 있는 것은 어떤 것이라도 너희가 그 것들을 먹을지니라.』(레위기 11:9, KJV)

돼지고기를 먹어서 안 되는 이유는 여러 가지 견해가 있으나, 소나 양과는 달리 사람의 음식과 같은 종류를 먹이로 하므로 척박한 환경에서 사는 이스라엘 사람들로서는 돼지를 기를 수 없었을 것이라는 견해가 가장 적합하다고 생각된다.67)

국가법에서도 식품과 관련해서는 많은 법률의 규제를 받고 있다. 이는 자급자족의 시대가 아니라 음식의 대부분을 별도의 제조사가 만든 것을 사서 먹는 현대의 세태를 반영한 것이다. 식품위생법을

---

67) 유재덕, 성경 밖에서 만나는 재미있는 성경이야기, 하늘기획, 1999, 172-174면.

비롯하여 많은 법률들이 있다. 관리하는 기관도 보건복지가족부를 비롯하여 식품의약품안정청과 각급 지방자치단체의 관련부서가 활동하고 있다.

(3) 전염병예방법; "문둥병 대처방법"

『제사장은 그 피부에 있는 질환을 살펴볼지니…만일 피부에 있는 반점이 하얗고, 눈으로 보기에 피부보다 깊지 않고, 거기에 있는 털도 하얗게 되지 않았으면, 제사장은 그 질환을 가진 자를 칠 일 동안 가두어 둘 것이요』 (레위기 13:3-4, KJV)

『그러므로 그는 의복을 불사를지니 양털이나 베의 날실이나 씨실로 된 것이나 가죽으로 된 어떤 것에든 질환이 있는 것은 부식성 문둥병이니 그것을 불사를지니라.』 (레위기 13:52, KJV)

『주께서 모세에게 일러 말씀하시기를 "이스라엘 자손에게 명령하여 모든 문둥병자와, 모든 유출병이 있는 자와, 죽은 자들로 더럽혀진 자들은 누구나 진영 밖으로 내보내라. 남녀 모두를 내보내되 진영 밖으로 내보내어 그들로 그들의 진영을 더럽히지 않게 하라. 내가 그 가운데서 거하느니라." 하시자 이스라엘 자손이 그렇게 행하여 그들을 진영 밖에다 두었으니, 주께서 모세에게 말씀하신 대로 이스라엘 자손이 그렇게 행하였더라.』 (민수기 5:1-4, KJV)

『깨끗하게 될 자는 자기 옷을 빨고 모든 털을 밀고 물로 몸을 씻으리니 그가 깨끗하게 되리라. 그 후에 진영에 돌아와 자기 장막 밖에서 칠일 동안을 묵을지니라.』 (레위기 14:8, KJV)

위 성경구절들은 모두 구약시대에 질병의 창궐을 막기 위한 여러 가지 활동을 보여준다. 현대의 의학적 관점에서 보더라도 훌륭한 조치들이 많이 포함되어 있다. 이러한 조치는 다른 건강한 사람들을 보호하기 위하여 강제되는 것이다. 국가법에서도 『모든 국민은 보건에 관하여 국가의 보호를 받는다.』(헌법 § 36③)고 규정하고 있으며, 전염병예방법에는 신고의무, 예방접종, 격리수용 등의 조치를 할 수 있도록 하고 있다. 국가는 국민의 보건수준을 높일 의무가 있으며, 국민은 이러한 국가의 강제조치에 따를 의무가 있는 것이다.

(4) 공휴일과 근로; "안식일과 휴식"

『일곱 째 날에 하나님께서 자신이 하시던 자신의 일을 끝내시고, 자신이 하시던 자신의 모든 일로부터 일곱 째 날에 쉬시니라. 하나님께서 일곱 째 날을 복 주시고 그것을 거룩하게 하셨으니, 이는 그 날에 하나님께서 창조하시고 지으신 그의 모든 일로부터 쉬셨음이라.』(창세기 2:2-3 ,KJV)

『 "…보라, 주가 너희에게 안식을 주었노라. 그러므로 주가 여섯째 날에 이틀의 빵을 너희에게 주나니 너희 각인은 자기 처소에 있고 일곱 째 날에는 자기 처소에서 아무도 나가지 말지니라." 하시니라.』(출애굽기 16:29-30, KJV)

『육 일 동안은 일할 것이나 일곱 째 날은 쉼의 안식일이니 거룩한 모임이 있느니라. 너희는 그 날에는 일하지 말라. 이것이 너의 모든 거처에서 주의 안식일이니라. 주의 명절들은 이러하니, 곧 거룩한 모임으로 삼아 그들의 시기에 따라 너희가 공포할지니라. 첫째 달 십사일은 주의 유월절이니라. 같은 달 십오일 저녁은 주께 무교절이니 칠 일 동안 너희는 누룩 없는 빵을 먹을지니라.』(레위기 23:3-6, KJV)

『 "이스라엘 자손에게 고하여 말하라. '일곱 째 달, 그 달의 첫 날에 안식일을 삼고 나팔들을 불어 기념일과 거룩한 모임을 삼을지니라. 너희는 그 날에 어떤 육체노동도 하지 말고, 주께 불로 드리는 제사를 드릴지니라.』(레위기 23:24-25, KJV)

일을 하는 날과 하지 않는 날에 대한 것은 국경일에 관한 법률과 관공서의 공휴일에 관한 규정(대통령령), 그리고 근로기준법 등이 규정하고 있다. 근로기준법에 따르면 『① 1주 간의 근로시간은 휴게시간을 제외하고 40시간을 초과할 수 없다. ② 1일의 근로시간은 휴게시간을 제외하고 8시간을 초과할 수 없다.』(법 § 50) 다만 이것은 원칙이고 탄력적, 선택적 또는 연장근로가 일정시간 가능하도록 하고 있다(법 § 51 이하 참조).

(5) 성매매의 금지와 청소년의 보호; "딸의 보호"

『네 딸을 더럽혀 창녀가 되게 하지 말라. 그 땅이 매춘소굴로 되어 죄악으로 가득 차지 않도록 하려 함이라.』(레위기 19:29 ,KJV)

당사자 간에 합의하여 이루어지는 행위지만 사회질서를 위해서 금지하는 영역이 있다. 앞서 언급한 무면허 의료행위나 무허가 영업행위 등이 그것이다. 또 성매매의 금지도 이러한 영역에 포함된다. 성매매방지 및 피해자보호 등에 관한 법률과 성매매알선 등 행위의 처벌에 관한 법률이 마련되어 있다. 이는 윤락행위 등 방지법(2004년 폐지)을 대체한 것이다.

한편 청소년을 보호하기 위하여 청소년기본법, 청소년보호법, 청소년복지지원법, 청소년의 성보호에 관한 법률 등 다양한 법률이 만들어져 있다. 청소년은 우리 사회의 미래를 담보하는 부류지만 스스로 보호능력이 미약하기 때문에 사회적인 보호의 대상이 되는 것이다.

Ⅳ. 민상법

1. 권리의 주체

(1) 권리의 시기(始期); "일 개월 이상 된 첫 태생"

『주께서 모세에게 말씀하시기를 "이스라엘 자손 중에서 일 개월 이상 된 첫 태생인 모든 남자를 계수하여 그들의 이름수를 기록하라.』 (민수기 3:40, KJV)

『삼세부터 그 이상으로 그들 족보에 들어가는 남자들 외에도…』 (역대기하 31:16, KJV)

위 성경구절은 인구를 계산할 때 일 개월 또는 3세부터 계산했다는 기사인데, 영유아사망률이 매우 높았던 당시 상황이 반영된 것으로 보인다. 현대의 국가법에서는 『사람은 생존한 동안 권리와 의무의 주체가 된다.』 (민법 § 3) 즉 사람은 태어나면서부터 권리를 가지게 된다. 그런데 언제 태어나는 것인가? 모체(母體)로부터 분리되는 순간 태어나는 것으로 본다. 그러나 형사법에서는 태어나기 직전 살해하면 일반 살인죄가 아니라 형량이 훨씬 낮은 낙태죄로 처벌되는 불합리한 점을 개선하기 위하여 진통설을[68] 따른다.

『그(☞ 엘리 제사장)의 며느리, 피느하스의 아내가 아이를 가져 출산이 가까웠는데, 그녀가 하나님의 궤를 빼앗겼고 자기 시아버지와 남편이 죽었다는 소식을 듣자 통증이 온지라, 몸을 구부리고 산고를 치렀더라. 그녀가 죽어갈 무렵 그녀의 곁에 섰던 여인들이 그녀에게 말하기를 "두려워 말라. 네가 아들을 낳았도다." 하였으나, 그녀가 대답도 아니하고 개의치도 아니하더라.』 (사무엘상 4:19-20, KJV)

---

68) 아기를 낳기 전에 산모에게 주기적 진통이 오는 때부터 출생한 것으로 봄

『만일 사람들이 싸우다가 아이 밴 여인을 다치게 하면 그녀의 열매가 그녀에게서 나올 때 아무런 피해가 따르지 않았어도 그는 반드시 형벌을 받아야 하리니, 그 여인의 남편이 그에게 청구하는 대로 재판관들의 판결을 따라 지불해야 할지니라. 만일 어떤 피해가 따르면 그 때는 생명은 생명으로 갚아야 하며, 눈은 눈으로, 이는 이로, 손은 손으로, 발은 발로, 데인 것은 데임으로, 상처는 상처로, 매질한 것은 매질한 것으로 갚을 지니라.』(출애굽기 21:22-25, KJV)

일반적으로 출생하면 권리를 가지게 되나, 위 성경구절처럼 태아의 경우는 특수한 입장에 놓이게 된다. 아직 태어나기 전에 아버지가 죽은 경우 상속을 받지 못하는 경우가 생기게 된다. 이 경우 이미 출생한 것으로 보고 상속을 받거나 아버지의 죽음에 대한 손해배상을 청구할 수 있게 하는 예외조항이 있다(민법 § 762, § 1000③).

(2) 권리의 종기(終期); "요셉과 예수의 시신"

『요셉이 그 시체를 가져다가 깨끗한 세마포로 싸서 바위를 파서 만든 자기의 새 무덤에 안치하고 큰 돌을 굴려 무덤 문에 놓고 가더라.』(마태복음 27:59-60, KJV)

사람이 생존한 동안 권리의무의 주체가 된다(민법 § 3)는 의미는 사망하면 권리의무의 주체가 아니라는 의미이다. 그런데 정확히 어느 시점에 죽은 것으로 판단할까? 심장이 멈추면 죽은 것이라는 설(심장사)이 일반적으로 통용되어 왔으나, 현재는 뇌사설이 설득력을 얻어가고 있다. 특히 장기이식과 관련하여, 의학적으로 뇌사 후에 심장사가 오는데 심장이 멈춘 이후에는 장기이식이 불가능하다고 한다. 따라서 뇌사를 인정할 필요성이 있으며 실제로는 많은 사례에서 인정되고 있다.

『예수께서 말씀을 계속하고 계시는데, 회당장의 집에서 사람들이 와서 회당장에게 말하였다. "따님이 죽었습니다. 이제 선생님을 더 괴롭혀서 무엇하겠습니까?" 예수께서 이 말을 곁에서 들으시고서, 회당장에게 말씀하셨다. "두려워 말고 믿기만 하여라." …들어가셔서 그들에게 말씀하셨다. "어찌하여 떠들며 울고 있느냐? 그 아이는 죽은 것이 아니라 자고 있다." 』(마가복음 5:35-39, 새번역)

위 성경구절에서 그 소녀는 뇌사와 심장사 어느 상태였을까? 이와는 구분되는 개념인 '식물인간' 이라는 것은 죽은 것이 아니라 장기간 의식이 없는 상태를 말한다.

『이것이 너에게 표적이 되어 네 두 아들 홉니와 피느하스에게 닥치리니, 한 날에 그들이 둘 다 죽으리라.』(사무엘상 2:34, KJV)

『필리스타인들이 싸우니 이스라엘이 패하여 각자 자기 장막으로 도망하였으니,…엘리의 두 아들 홉니와 피느하스도 죽었더라.』(사무엘상 3:10-11, KJV)

뒤에서 상속에 대하여 설명하겠지만 죽은 시기에 따라서 상속순위와 상속지분이 달라질 수 있다. 따라서 여러 명이 죽은 경우 누가 먼저 죽었는가가 법적으로 문제가 될 때가 있다. 그런데 위 성경구절처럼 한 날에 두 사람이 죽었는데 정확하게 누가 먼저 죽었는지 알 수 없는 경우에는, 『2인 이상이 동일한 위난으로 사망한 경우에는 동시에 사망한 것으로 추정한다.』(민법 § 30) 추정이란 일단 그렇게 생각하되 그렇지 않다는 반대증거가 나오면 그에 따른다는 의미이다.

한편 위 성경구절에서 죽었는지 알 수 없는 경우는 어떻게 될까? 『부재자의 생사가 5년간 분명하지 아니한 때에는 법원은 이해관계인이나 검사의 청구에 의하여 실종선고를 하여야 한다.』(민법 § 27①) 실종선고가 되면 그 기간이 만료한 때에 사망한 것으로 본다(민법 § 28). 다만 전쟁에 나가서 생사불명이거나 침몰한 선박·항공기에 있었다면 1년 후에 실종선고를 한다(민법 § 27②). 사망한 것으로 '본다'는 의미는 '추정'과는 달리 사망한 것으로 생각하고 반증이 나와도 당연히 사망한 사실을 뒤집지는 않는 것이다. 이 경우 별도의 실종선고의 취소를 하여야 한다(민법 § 29). 사망한 것으로 보고 그 이후에 새롭게 이루어진 법률관계를 보호하기 위한 것이다.

(3) 성년 미성년, 법정대리인; "보호자와 청지기"

『계수 받은 자들 중에 드는 모든 자는 이십 세 이상이 되어야 하리니 그들은 주께 봉헌할지니라.』(출애굽기 30:14, KJV)

『이십 세 이상으로, 이스라엘에서 싸우러 나갈 수 있는 모든 사람을 너와 아론은 그들의 군대대로 계수하되…』(민수기 1:3, KJV)

성경에서 성인의 기준은 군대에 나가 싸울 수 있는지 여부였다. 그 기준으로 제시된 것은 위 성경구절처럼 20세였다. 국가법에서도 성인의 기준은 20세이다(민법 § 4). 다만 그 기준연령은 19세로 인하될 예정이며, 공직선거법에서는 이미 19세부터 선거권이 있는 것으로 개정되었다(공직선거법 § 15).

『삼십 세 이상으로부터 오십 세까지 회중의 성막에서 일하기 위하여 군대에 들어가는 모든 사람들을 총계하라.』(민수기 4:3, KJV)

『요셉이 나가 이집트의 온 땅을 치리하니라. 요셉이 이집트 왕 파라오 앞에 설 때에 삼십 세더라.』(창세기 41:45-46, KJV)

성경은 공직에 나설 수 있는 나이로 원칙적으로 30세를 제시하고 있으며,[69] 예외적으로 20세 이상에게 직분을 주었다는 기사도 있

---

69) 그밖에 민수기 4:23 이하 참조.

다.[70] 국가법에서는 25세가 되면 공직선거의 피선거권이 있다(공직선거법 § 16②). 다만 대통령은 40세가 되어야 피선거권이 있다(헌법 § 67④, 공직선거법 § 16①). 근로를 할 수 있는 연령은 15세이다(근로기준법 § 64①).

『그 상속자가 모든 것의 주인이지만 어린 아이일 동안은 종과 다를 바 없으며 아버지가 미리 정해놓은 때까지 보호자와 청지기 아래 있느니라.』(갈라디아서 4:1-2, KJV)

미성년자의 경우 독자적으로 법률행위를 할 수 없으며, 친권자(부모) 또는 후견인(부모가 없는 경우 그 역할을 대신하는 친족. 민법 § 928 이하)의 동의를 얻어야 한다. 법정대리인(친권자 또는 후견인)은 미성년자가 단독으로 한 행위를 취소하거나 추인할 수 있다(민법 § 5 이하). 18세가 되면 부모의 동의를 얻어 혼인할 수 있다(민법 § 807, § 808). 15세 이상 18세 미만의 자는 친권자나 후견인의 동의를 얻어 근로를 할 수 있다(근로기준법 § 66 이하).

권리행사에 제한이 있는 부류를 행위무능력자라고 하는데, 이상 설명한 미성년자 이외에 한정치산자와 금치산자가 있다(민법 § 9 이하).

2. 권리의 행사

(1) 의사표시와 하자; "솔로몬을 왕으로 지명한 다윗"

『"내가 이스라엘의 주 하나님으로 네게 맹세하여 말하기를 '분명히 네 아들 솔로몬이 나를 이어 왕이 될 것이요, 그가 나를 대신하여 내 보좌에 앉으리라.' 하였으니 확실히 내가 오늘 그대로 행하리라." 하더라.… "…

70) 예컨대 역대하 31:17, 출애굽기 30:14.

그러면 그가 와서 내 보좌에 앉으리니, 그가 내 대신 왕이 되리라. 내가 그를 이스라엘과 유다를 다스릴 치리자로 정하였느니라." 』 (열왕기상 1:30-35, KJV)

위 성경구절은 다윗이 솔로몬을 후임 왕으로 임명하는 기사이다. 그 후 의식을 거치기는 하지만 솔로몬이 왕이 되는 것은 단지 왕을 지명할 수 있는 다윗의 의사표시에 근거한 것이다. 다윗의 아들이며 솔로몬보다 형인 아도니야가 스스로 왕이 되고자 했으며 이를 외부에 표명했다고 하더라도(열왕기상 1:5) 아무런 효력이 없는 것이었다.

국가법에서 의사표시는 법률행위의 중요한 요소인데, 그 법률행위의 법적 효력을 가져오는 것이다. 단독으로 의사표시를 해서 법적 효력을 가져오는 행위를 단독행위라고 하는데, 채무면제가 그 예이다. 상대방의 의사와 합쳐져서 어떤 효력을 가져오는 것을 계약이라고 한다. 대부분의 법률행위는 계약이다. 같은 의미의 여러 의사표시가 필요한 행위는 합동행위라고 하는데 조합의 설립이 그 예이다.

『모세가 말하기를 "…우리가 삼일 여정으로 광야로 들어가서 주께서 우리에게 명령하시는 대로 주 우리 하나님께 희생제를 드리리이다." 하니』 (출애굽기 8:26-27, KJV)

위 성경구절에서 보면 모세의 궁극적 목적이 희생제에 있는 것은 아닌 것으로 생각된다. 모세가 이스라엘 백성을 데리고 출애굽하여 가나안 땅으로 가는 것이 목적이었다면, 위 모세의 말은 거짓말이 된다. 표시된 의사표시가 진실이 아닌 경우 비진의 의사표시라고 한다. 상대방을 보호하기 위하여, 알면서 진의 아닌 의사표시를 했더라도 표시된 대로 법적 효력을 가지되, 상대방이 그것이 진실이 아니라는 사실을 알았거나 알 수 있었을 경우 무효로 한다(민법 § 107

①). 상대방과 짜고 거짓말을 한 경우에는 무효로 한다(민법 § 108). 그러나 두 경우 모두 무효로 되는 경우에도 이러한 내용을 모른 제3자는 보호된다.

『리브카가 집에 자기와 함께 있는 그녀의 맏아들 에서의 좋은 의복을 가져다가 작은 아들 야곱에게 입히고, 또 염소 새끼들의 가죽으로 손과 목의 매끈한 곳에 붙이고 그녀가 마련한 그 별미와 빵을 그녀의 아들 야곱의 손에 주더라. 그리하여 야곱이 그의 아비에게로 가서 말하기를 "내 아버지여" 하니, 그가 말하기를 "내가 여기 있노라. 내 아들아 네가 누구냐?" 하니 야곱이 그의 아비에게 말하기를 "나는 아버지의 맏아들 에서로소이다. 아버지께서 내게 청하셨던 대로 행하였나이다. 내가 간구하오니, 일어나 앉으셔서 나의 사냥한 고기를 잡수시고, 아버지의 혼이 나를 축복하소서." 하더라.』 (창세기 27:15-19, KJV)

『칠년이 지난 뒤에 야곱이 라반에게 말하였다. "약속한 기한이 다 되었습니다. 이제 장가를 들게 해 주십시오. 라헬과 결혼하겠습니다." 라반이 그 고장 사람들을 다 청해 놓고 잔치를 베풀었다. 밤이 되었을 때 라반은 큰딸 레아를 데려다가 신방으로 들여보냈는데, 야곱은 그것도 모르고 레아와 동침하였다.』 (창세기 29:21-23, 새번역)

위 성경구절에서 아버지를 속이고 장자의 축복을 빼앗아 간 야곱은 외삼촌 라반에게 속아 넘어 감으로써 결국 자신도 당하게 된다. 성경 기사와는 달리 국가법에서는, 착오로 어떤 행위를 하게 된 경우 그 착오가 중요한 것이면 자신의 행위를 취소할 수 있다(민법 § 109). 다만 그 착오가 자신의 중대한 과실로 인한 경우에는 취소할 수 없다(민법 § 109②).

『기브온 거민들이 여리코와 아이에 대해 여호수아가 행한 것(☞ 두 성을 멸함)을 듣고 그들이 간교하게 행하였으니, 가서 마치 그들이 사신들인 것처럼 꾸며 그들의 나귀에는 낡은 자루와 낡고 찢어져 꿰맨 포도주 부대를 싣고 그들의 발에는 낡고 기운 신을 신고 낡은 옷을 입고 모두 마르고 곰팡이 난 빵을 예비하고 길갈에 있는 진영으로 여호수아를 찾아 가서 그와 이스라엘 사람들에게 말하기를 "우리는 먼 나라에서 왔나이다. 그러므로 이제 우리와 조약을 맺으소서." 하니 이스라엘 사람들이 히위인들에게 말하기를 "혹시 너희가 우리 가운데 거하는지도 모르니, 우리가 어떻게 너희와 조약을 맺을 수 있으랴?" 하자…그들이 그에게 말하기를 "당신의 종들은 주 당신의 하나님의 이름으로 인하여 아주 먼 나라로부터 왔사오니,…우리의 옷과 신도 아주 먼 여행길로 이하여 낡아졌나이다." 하더라. 사람들이 그들의 식량을 취하고 주의 입에 조언을 구하지 아니하고 여호수아가 그들과 화친하고 그들과 더불어 그들을 살리리라는 조약을 맺었으며 회중의 고관들이 그들에게 맹세하였더라.』(여호수아 9:3-15, KJV)[71)]

앞의 두 기사와 마찬가지로 여기서도 여호수아가 착오를 일으켜서 엉뚱한 결과가 되는데, 정확히 말하면 이러한 착오가 상대방의 거짓말에 의한 것이었으므로 당연히 취소할 수 있다. 즉 사기나 강박에 의한 의사표시는 취소할 수 있는 것이다(민법 § 110①).

『"…내가 왕과 함께 들어가지 아니하고, 이곳에서는 빵도 먹지 아니하고, 물도 마시지 아니하리이다. 이는 주의 말씀으로 내게 그렇게 명하여 말씀하시기를 '빵도 먹지 말고, 물도 마시지 말며, 네가 왔던 길로 돌아가지도 말라' 하셨음이니이다." 하더라.…그가 하나님의 사람에게 말하기를 "나도 당신과 같은 선지자라. 한 천사가 주의 말씀으로 내게 일러 말하기를 '그를 네 집으로 데리고 가서 그에게 빵을 먹이고, 물을 마시게 하라' 하였나이다." 하였으나, 그가 그에게 거짓말을 한 것이었더라. 그리하여 그가 그와 함께 돌아가 그의 집에서 빵을 먹고 물을 마시니라.』(열왕기상 13:8, 18-19, KJV)

---

71) 후에 그들이 자기들의 이웃이었고 자기들 중에 거한다는 것이 밝혀졌으나, 결국 맹세한 것으로 인하여 그들을 살려 주고 나무패는 자와 물 긷는 자가 되게 하였다. 여호수아 9:16-27 참조.

같은 기사 하나 더. 이 성경기사에도 결국 그 하나님의 사람은 돌아가는 길에 사자에게 물려 죽었는데, 국가법적 시각에서 보면 불합리한 결과다. 그 하나님의 사람은 속았을 뿐이기 때문이다.

(2) 권리남용과 대리; "헤롯과 침례인 요한의 머리"

『너는 또 네 이웃의 생명을 위태롭게 하면서까지 이익을 보려 해서는 안 된다. 나는 주다.』(레위기 19:16, 새번역)

권리의 남용이란 자신에게 별다른 이익이 없는데도 남을 해치면서 권리를 행사하는 것을 말한다. 다음 성경기사를 보자.

『헤롯의 생일이 되었을 때에, 헤로디아의 딸이 그들 앞에서 춤을 추어 헤롯을 기쁘게 한지라. 이로 인하여 그가 맹세로 약속하기를, 그녀가 원하는 것은 무엇이나 그녀에게 주겠다고 하니, 그녀가 자기 어미의 지시를 미리 받고 "침례인 요한의 머리를 여기 쟁반에 담아 주소서." 라고 말하였더라. 왕은 근심하였으나, 자기가 맹세한 것과 자기와 함께 음식을 먹고 있는 사람들 때문에 그녀에게 주라고 명령하였더라.』(마태복음 14:6-9, KJV)

물론 이 기사는 사회질서 내지는 선량한 풍속에도 반하며, 정당한 재판절차를 거치지 않은 사형집행에 해당하기 때문에 국가법에서 보면 있을 수 없는 일이다. 헤로디아의 딸의 입장에서 보면 요한의 머리는 자신에게 별 이익이 되거나 가치가 있다고 볼 수 없다. 그러나 요한의 입장에서는 생명을 잃는 일이다. 따라서 권리남용에 해당한다. 『권리의 행사와 의무의 이행은 신의에 좇아 성실히 하여야 한다. 권리는 남용하지 못한다.』(민법 § 2)

다음 성경구절들을 보자.

『그 후에 주께서 열두 제자를 모두 불러서 모든 마귀들을 다스리며 병을 고치는 권세와 권위를 그들에게 주시고 그들을 보내시어 하나님의 나라를 전파하며 또 병든 자들을 치유케 하시니라.』(누가복음 9:1-2, KJV)

『 "…또 다른 비유를 들으라. 어떤 집주인이 있었는데, 그가 포도원을 만들어서 그 주위에 울타리를 두르고, 거기에 즙 짜는 틀을 파고, 또 망대를 세워 그것을 농부들에게 세로 주고 먼 나라로 떠났느니라. 그 후 결실의 때가 가까워지자, 그가 소출을 받아 오라고 자기 종들을 그 농부에게 보냈더니…』(마태복음 21:33-34, KJV)

『이는 내가 하늘에서 내려온 것은 내 자신의 뜻을 행하려는 것이 아니요, 나를 보내신 분의 뜻을 행하려 함이라.』(요한복음 6:38, KJV)

위 성경구절들은 자신의 권리를 직접 행사하지 않고 다른 사람을 시켜서 행사하는 것을 말하고 있는데, 이를 대리라고 한다. 『대리인이 그 권한 내에서 본인을 위한 것임을 표시한 의사표시는 직접 본인에게 대하여 효력이 생긴다.』(민법 § 114①)

(3) 권리의 표시; "아브라함과 막벨라 굴"

『사람들이 땅을 차지하여 제 이름으로 등기를 해 두었어도 그들의 영원한 집, 그들이 영원히 머물 곳은 오직 무덤뿐이다.』(시편 49:11, 새번역)[72)]

권리는 외부에 표시되어야 지킬 수 있다. 이를 공시(公示)라고 한다. 민법은 부동산은 등기를, 동산은 점유를 그 표시방법으로 하고 있다(민법 § 186, § 188).

---

72) 『그들 생각에는 그들의 집이 영원하고 그들의 거처가 세세토록 이어지리라고 하여 땅에다가 그들의 이름을 선포하는구나.』히브리어 직역성경인 R.Young, Literal Translation of the Holy Bible, Baker Books, 1995에서 필자 번역.

『(☞ 아브라함이 아내 사라의 묘지를 살 때) 아브라함이 일어나서 그 땅 사람들, 곧 헷 사람들에게 큰 절을 하고 그들에게 말하였다. "…에브론에게…자기의 밭머리에 가지고 있는 막벨라 굴을 나에게 팔도록 주선하여 주시기 바랍니다.…아브라함은 에브론의 말을 따라서 헷 사람들이 듣는 데서 에브론이 밝힌 밭값으로 상인들 사이에서 통용되는 무게로 은 사백 세겔을 달아서 에브론에게 주었다.…이렇게 하여 헷 사람들은 그 밭과 거기에 있는 굴 묘지를 아브라함의 소유로 넘겨주었다.』 (창세기 23:7-20, 새번역)

위 성경기사에서 보듯이 등기제도는 성경에 나타나지 않는다. 우리나라에서도 일제강점기에 이르러서야 서구식 등기제도가 도입되었다. 등기는 조선시대 이전의 땅문서와는 다르며, 공적인 기관(법원이나 등기소)이 등기부를 마련하여 권리관계를 증명해 주는 것이다.

『너는 주 너의 하나님께서 차지하라고 네게 주시는 그 땅에서 유업으로 받을 네 유업에서 옛날 조상이 정해 놓은 네 이웃의 지계표를 옮기지 말지니라.』 (신명기 19:14, KJV)

한편 관습적으로 소유권을 표시하고 이를 인정하는 방법이 인정된다. 판례에서 남의 땅에 심은 1년생 농작물의 경우 심은 사람의 소유권을 인정하는 데 이 경우 노끈 등으로 울타리를 쳐서 경계를 삼으면 이를 인정할 수 있게 된다. 이런 방법의 소유권의 표시를 명인방법이라고 하는데, 물론 등기가 가능한 부동산에는 인정되지 않는다.

성경에는 종(하인)을 인정하고 있었으므로 이에 대한 공시방법도 나와 있다.

『네가 히브리 종을 사면 그가 6년간을 섬길 것이요 칠년 째는 아무 일도 하지 않아도 값없이 나갈 것이니라.…만일 종이 분명히 말하기를… "자유로이 나가지 않겠노라." 하면 그때 그의 주인은 그를 재판관들에게 데리고 갈 것이며 그는 또한 그를 문이나 문설주로 데리고 가서 그의 주인이 송곳으로

그의 귀를 뚫으리니 그가 영원히 그 주인을 섬기리라.』(출애굽기 21:2-6, KJV)

3. 권리의 구제절차; "모세 앞에서 재판받는 백성"

『사람들 사이에 분쟁이 생겨서 그들이 법정에 서게 되면, 재판장은 그들을 재판하여, 옳은 사람에게는 무죄를, 잘못한 사람에게는 유죄를 선고해야 합니다.』(신명기 15:1, 새번역)

『다음 날이 되어 모세가 백성을 재판하려고 앉았고 백성은 아침부터 저녁까지 모세 곁에 서 있더라.』(출애굽기 18:13, KJV)

권리는 법적으로 어떤 이익을 누리게 하는 것인데, 당연히 침해될 가능성이 있으며, 침해된 것을 구제받을 수 있어야 권리라고 할 수 있다. 그 권리의 구제절차는 국가권력에 의해서 이루어지는데, 대부분 그리고 궁극적으로 재판을 통해서 이루어진다. 이는 성경에서도 유사하다. 각종 재판제도와 기타 이에 준하는 절차들이 마련되어 있다. 이의신청과 행정심판, 경찰력의 요청 등이 그것이다.

『아브람이 자기 형제가 사로잡혀 갔음을 듣고, 자기 집에서 태어난 훈련받은 종 삼백십팔 명을 무장시켜, 그들을 추격하여 단까지 가서, 그와 그의 종들을 나누어 밤에 그들을 치고, 다마스커스 왼편에 있는 호바까지 추격하여, 모든 재물을 다시 찾아오고, 자기 형제 롯과 그의 재물과, 여자들과 백성들도 다시 찾아왔더라.』(창세기 14:14-16, KJV)

권리의 구제는 국가권력에 의하는 것이 원칙이지만 어떤 경우에는 공권력의 행사를 기다리게 되면 권리구제가 곤란한 경우도 있을 수 있다. 이런 경우에 스스로 구제할 능력이 있다면 먼저 구제하는 것이 효과적이다. 민법은 이러한 자력구제를 인정하고 있다. 『점유자는 그 점유를 부정히 침탈 또는 방해하는 행위에 대하여 자력으로써 이를 방위할 수 있다. 점유물이 침탈되었을 경우에 부동산일 때에는 점유자는 침탈 후 즉시 가해자를 배제하여 이를 탈환할 수 있고 동산일 때에는 점유자는 현장에서 또는 추적하여 가해자로부터 이를 탈환할 수 있다.』 (민법 § 209) **위 성경구절은 민법의 자력구제에 정확히 부합하는 내용이다. 이러한 자력구제는 형법에서도 인정된다(뒤에 설명).**

4. 물권

(1) 소유권; "땅은 하나님의 것"

『땅은 영원히 팔지 못하리니 땅은 내 것임이라. 너희는 타국인이요 나와 함께 체류하는 자들임이라. 너희 소유의 모든 땅에서 너희는 그 땅을 다시 사는 것을 허락할지니라.』 (레위기 25:23-24, KJV)

물권은 물건에 대한 배타적·독점적 지배를 그 특징으로 한다. 이에 반해서 채권은 상대방의 어떤 행위를 요구하는 것으로 배타성이 없다. 물권은 법정물권주의를 취하므로 법률 또는 관습에 의하는 외에는 임의로 창설하지 못한다(민법 § 185). 민법이 규정하고 있는 물권은 점유권 · 소유권 · 지상권 · 지역권 · 전세권 · 유치권 · 질권 · 저당권 등의 8개다.

물권의 가장 대표적인 것은 소유권이다. 소유권은 소유물을 사용 · 수익 · 처분하는 권리이다(민법 § 211). 소유물은 동산과 부동산인데, 부동산은 토지와 그 정착물(건물, 입목 등)을 의미한다(민법 § 99①). 동산은 부동산 이외의 물건, 즉 움직일 수 있는 물건을 의미한다(민법 § 99②). 위 성경구절에서 보면 토지소유권이 개인에게 인정되지 않는다고 하고 있다. 물론 국가법에서는 그런 금지규정은 없다. 공산국가에서는 토지도 생산수단으로 보아 개인소유가 금지되어 있기는 하다. 토지소유가 금지되어 있으나 경제적 사정으로 다른 사람에게 파는 경우(완전한 매매라고 할 수 없다.) 다시 살 수 있도록 규정하고 있다. 국가법에서는 이런 것을 환매권이라 하고 매매 당사자 사이의 계약으로 정하는 것이다(민법 § 590 이하). 성경의 환희의 해(희년제도)에 소유권을 회복하는 것도 국가법에서의 환매의 계약이라고 할 수 있다.

『만일 네 형제가 가난하게 되어 자기 소유의 얼마를 팔았는데 그의 친족 중에서 누가 그것을 다시 사려고 오면 그 때는 그의 형제가 판 그 것을 다시 살지니라. 만일 그것을 다시 살 사람이 아무도 없고 자신이 그 것을 다시 살 수 있으면 그 사람으로 하여금 그 판 해들을 계산하게 하여 그가 그 것을 팔았던 사람에게 나머지를 되돌려 주고 그는 자기 소유로 돌아갈 것이니라. 그러나 만일 자기가 그 것을 갚아 줄 수 없으면 그 때는 그 판 땅은 그 것을 산 사람의 손에 환희의 해까지 있다가 환희의 해에 돌아갈 것이요 그가 자기 소유로 돌아갈 것이니라.』 (레위기 25:25-28, KJV)

『바울이 만 이년을 자기 셋집에서 지내며 자기에게 오는 모든 사람을 맞아들여 하나님의 나라를 전파하고』 (사도행전 28:30-31, KJV)

전세권도 물권이다. 그러나 목돈을 맡겼다가 기간이 끝나면 원금을 찾아나가는 전세권은 우리나라의 독특한 형식이다. 따라서 위 성경구절에서의 바울의 셋집은 아마도 월세였을 것이다. 월세는 임대차(채권)이다. 전세도 독점권이 인정되지 않는 채권적 전세가 많다. 그 차이는 전세등기가 되어 있느냐의 여부로 확인할 수 있다. 더구나 현재는 주택임대차보호법에 따라 번거로운 전세등기를 하지 않아도 세입자가 보호되므로 전세등기를 하는 사람이 많지 않다.

(2) 공동소유; "아칸이 숨긴 공동소유"

『아칸이 여호수아에게 대답하여 말하기를 "참으로 내가 이스라엘의 주 하나님께 죄를 지어 내가 이렇게 행하였나이다. 내가 약탈물 가운데서 아름다운 바빌론제 옷 한 벌과 은 이백 세켈과 오십 세켈 무게의 금덩이 하나를 보고 탐내서 그 것들을 취하였나이다. 보소서, 그 것들을 내 장막 가운데 땅에 숨겼으며 은은 그 밑에 있나이다." 하니라.』(여호수아 7:20-21, KJV)

『믿는 사람은 모두 함께 지내며, 모든 것을 공동으로 소유하였다. 그들은 재산과 소유물을 팔아서 모든 사람에게 필요한 대로 나누어 주었다.』(사도행전 2:44-5, 새번역)

『그러므로 믿는 사람들의 무리가 한 마음과 한 혼이 되어 아무도 자기 소유를 주장하는 자가 없고 모든 것을 공동으로 쓰니라.』(사도행전 4:32, KJV)

여러 사람이 공동으로 재산을 소유한 것을 공동소유라고 한다. 그 형태는 세 가지로 나눌 수 있다. 즉 공유·합유·총유가 그것이다. 공유(共有)는 여러 사람이 지분(자기 몫)을 가지고 소유하는 형태로 지분에 따라 권리를 행사하되 분할을 청구할 수 있는 것이 특징이다(민법 § 262 이하). 합유(合有)는 조합의 소유형태로 분할을 청구할 수 없고 처분을 위해서는 합유자 전원의 동의가 있어야 하며, 지분의 처분에도 다른 합의자의 동의가 있어야 한다(민법 § 271 이하). 이에 반해 총유(總有)는 법인 아닌 사단의 사원이 집합체로서 소유하는 형태이다. 지분도 없으며 관리와 처분은 사원총회의 결의에 의한다(민법 § 275 이하). 종중이나 종교단체의 소유형태이다. 자세한 것은 뒤에 설명한다.

위 성경구절들에 나온 공동소유는 총유에 해당하는 것으로 보인다. 따라서 개인의 몫을 주장할 수 없고, 공동의 목적을 위해서만 사용할 수 있는 것이다.

(3) 상린관계; "야곱과 라반의 돌무더기"

『라반이 야곱에게 말하기를 "내가 나와 너 사이에 쌓아 둔 이 무더기를 보고 이 기둥을 보라. 이 무더기가 증거가 되고 이 기둥이 증거가 되나니 내가 이 무더기를 넘어 너를 해치려 너에게 가지 아니할 것이며, 너도 이 무더기와 이 기둥을 넘어와 나를 해치지 말라. 아브라함의 하나님, 나홀의 하나님, 그들의 조상의 하나님께서 우리 사이를 판단하신다." 하니 야곱이 그의 아버지 이삭의 두려워하는 분을 두고 맹세하더라.』(창세기 31:51-53, KJV)

위 성경구절은 경계표나 담의 설치(민법 § 237)를 보여주고 있다. 이밖에 서로 인접한 토지의 소유자 사이에 발생할 수 있는 다양한 문제들을 상린관계라고 하며 민법이 자세히 규정하고 있고 관습법으로 인정되는 것도 있다. 예컨대 경계선상에 있는 담이나 구조물을 건축하기 위해서는 이웃의 땅에 들어가야 한다. 이 경우 필요한 한도 내에서 이웃토지의 사용을 청구할 수 있으되 이웃에게 손해가 발생하면 이를 보상해 주어야 한다(민법 § 216). 이웃의 토지를 통과하지 않으면 수도나 전선을 가설할 수 없는 경우도 이웃 토지를 이용할 수 있으되 보상을 해야 한다(민법 § 218). 자세한 것은 생략한다.

(4) 무주물과 유실물; "비어있는 시리아인의 장막"

『그 때 성문 입구에 문둥병자 넷이 있었는데 그들이 서로 말하기를 "어찌하여 우리가 죽을 때까지 여기 앉아만 있겠느냐? '우리가 성읍으로 들어가자.' 하여도 죽을 것이요, 우리가 여기 앉아 있을지라도 역시 죽을 것이라. 그러므로 이제 가서 우리가 시리아 군대에게 항복하자. 그들이 우리를 살려주면 우리가 살 것이요, 그들이 우리를 죽이면 우리가 죽을 뿐이라." 하더라. 이에 그들이 땅거미 질 때에 일어나서 시리아인들의 진영으로 갔는데, 시리아진영의 맨 끝에 이르렀을 때, 보라, 그 곳에는 한 사람도 없더라. 이는 주께서 시리아 군대로 병거들의 소리와 말들의 소리, 즉 큰 군대의 소리를 듣게 하셨음이니, 그들이 서로 말하기를 "보라, 이스라엘 왕이 우리를 치려고 힛인들의 왕들과 이집트인들의 왕들을 용병하여 우리에게 오게 한 것이라." 하더라. 이에 그들이 땅거미 질 때에 일어나서 도망하였으니, 그들이 장막들과 말들과 나귀들을 버리고, 즉 진영을 있는 그대로 두고 그들의 목숨을 위하여 도망하였더라. 이 문둥병자들이 진영의 맨 끝에 이르자 장막으로 들어가 먹고 마셨으며, 거기서 은과 금과 의복을 가지고 나와서 숨겨 두고 돌아와서 다른 장막으로 들어가 거기서도 가지고 나가서 숨겨 두었는데…』 (열왕기하 7:3-8, KJV)

위 성경구절에서 시리아인들이 버리고 간 것은 무주물이다. 무주물의 경우 선점하는 자가 소유할 수 있으나, 부동산은 국유로 한다(민법 § 252). 부동산은 등기를 요건으로 하므로 정해진 원칙이다. 다만 소유의 의사로 평온·공연하게 부동산을 20년간 점유한 자는 부동산의 소유권을 취득한다. 이 경우 소유자가 아니면서 등기가 되어 있다면 10년이면 소유권을 취득한다. 이런 것을 선의취득이라고 한다(민법 § 245).

『너는 네 형제의 소나 그의 양이 길 잃은 것을 보거든 네 스스로 못 본 체하지 말고 너는 어떤 경우라도 그것들을 네 형제에게로 데려갈지니라. 만일 네 형제가 네게서 가까이 있지 않거나 혹시 네가 그를 알지 못하면, 너는 그 짐승을 네 집으로 끌고 가서 네 형제가 그 짐승을 찾을 때까지 너와 함께 두었다가 그에게 그 짐승을 다시 돌려줄지니라. 마찬가지로 너는 그의 나귀에게도 그렇게 하고 너는 그의 의복에도 그렇게 하고, 네 형제가 잃어버린 모든 것을 네가 찾았을 때도 네가 그렇게 하고, 너는 스스로 못 본 체하지 말지니라.』 (신명기 22:1-3, KJV)

버린 것이 아니라(소유권을 포기한 것이 아니라) 잃어버린 것(유실물)이라면 취급이 다르다. 유실물을 주은 사람이 가지면 점유이탈물횡령죄에 해당하여 징역 1년 이하의 형벌에 처해진다(형법

§ 360). 유실물의 경우 경찰서 등에 신고를 하고 이를 공고한 후 1년이 경과해도 주인이 나타나지 않으면 주은 사람이 소유권을 취득한다(민법 § 253). 물건이 주인에게 반환된 경우 주인은 습득자에게 5%-20%의 보상금을 지급하여야 한다(유실물법 § 4).

(5) 지역권과 지상권; "헤스본 땅을 지나가는 이스라엘민족"

『이에 내가 크데못 광야에서 헤스본 왕 시혼에게 화평의 말들과 함께 사자들을 보내어 말하기를 "나로 네 땅을 통과하게 하라. 내가 대로로만 따라가고 오른편이나 왼편으로 치우치지 아니하리라. 너는 돈을 받고 내게 식량을 팔아서 먹게 하고, 돈을 받고 내게 물을 주어 마시게 하라. 나는 다만 도보로 통과하리니, (세일에 거하는 에서의 자손과 아르에 거하는 모압인들이 내게 했던 것처럼 하라.) 내가 요단을 건너 주 우리 하나님께서 우리에게 주시는 땅으로 들어가리라." 하였으나 헤스본 왕 시혼은 우리가 그를 지나가는 것을 허락하지 아니한지라.』 (신명기 2:26-30, KJV)

위 성경기사는 다른 사람의 토지를 지나가겠다는 기사이다. 이것과는 약간 다른 것이지만 일정한 목적을 위하여 다른 사람의 토지를 자기 토지를 위하여 이용할 수 있는 권리를 지역권이라고 한다(민법 § 291). 한편 타인의 토지에 자신의 건물이나 수목을 소유한 경우 그 한도 내에서 타인의 토지를 사용할 수 있다. 이를 지상권이라 한다(민법 § 279). 타인의 토지에 분묘(무덤)를 가지고 있는 경우도 인정된다. 이를 분묘기지권이라고 한다.

(6) 질권과 저당권; "유다와 며느리 다말"

『그래서 유다는 그가 자기 며느리인 줄도 모르고 길가에 서 있는 그에게로 가서 말하였다. "너에게 잠시 들렀다 가마. 자, 들어가자." 그 때에 그가 물었다. "저에게 들어오시는 값으로, 저에게 무엇을 주시겠습니까?" 유다가 말하였다. "나의 가축 떼에서 새끼 염소 한 마리를 보내마." 그가 물었다. "그 것을 보내실 때까지, 어떤 물건이든지 담보물을 주시겠습니까?" 유다가 물었다. "내가 너에게 어떤 담보물을 주랴?" 그가 대답하였다. "가지고 계신 도장과 허리끈과 가지고 다니시는 지팡이면 됩니다." 그래서 유다는 그것들을 그에게 맡기고서 그에게 들어갔는데, 다말이 유다의 아이를 임신하게 되었다.』 (창세기 38:16-18, 새번역)

위 성경기사에서 다말은 유다에게 새끼 염소 한 마리를 받을 채권이 발생하였는데, 당장 받지 못하니까 그것을 확실히 하기 위해서 도장 등을 받아 놓았다. 담보물권의 일종인 질권(質權)이다(민법 § 329 이하). 유다가 새끼 양을 주지 않으면 맡아놓은 물건에 우선권이 인정된다. 그냥 자신이 가지는 것은 아니며, 경매를 통하여 해당금액을 받아야 하고, 예외적으로 직접 가질 수 있는 경우는 법원에 신청하여 절차를 거쳐야 한다.

『네가 네 형제에게 무엇을 꾸어 주면 너는 그의 입에 가서 그의 저당물을 가져오지 말지니, 너는 밖에 서 있고 네가 꾸어 주는 그 사람이 저당물을 밖으로 가지고 나와서 네게 줄 것이니라. 만일 그 사람이 가난하면 너는 그 사람의 저당물을 지니고 자지 말고 해가 질 때에 반드시 그 저당물을 그에게 다시 넘겨줄지니라. 그래야만 그가 자기 옷을 입고 자며 너를 축복할 것이요, 또 그 것이 주 너의 하나님 앞에서 네게 의가 될 것이니라.』 (신명기 24:10-13, KJV)

위 성경기사처럼 해가 지면 돌려줄 것이라면 질권의 의미가 없다. 질권은 변제를 받을 때까지 유치(가지고 있는 것)할 수 있는 권리이다(민법 § 335). 저당물이라고 번역되었으나 민법에서의 정확한 용어는 질물(質物)이다. 이상은 동산에 대한 질권을 의미하며 다른 권리에 대한 질권도 인정된다.

한편 부동산을 같은 목적으로 이용하는 경우 저당권을 설정할 수 있다(민법 § 356 이하). 성경에는 등기제도가 없으므로 사례가 없으나 실제로는 질권보다 더 중요한 것이며(대개 액수가 크므로) 저당권 등기를 필요로 한다. 현실에서는 저당권 등기보다 근저당 등기가 많이 활용되는데 근저당은 채권의 액수가 변하는 경우 최고액을 정해놓은 저당권이다(민법 § 357).

5. 채권일반

(1) 채권의 개념; "한 달란트 받은 사람"

『…그 다음에 한 달란트 받은 사람이 나와서 말하기를 '주여, 주께서는 엄격한 분이시라. 심지 않은 데서 거두고 뿌리지 않은 데서 모으시는 것을 내가 알았나이다. 그러므로 두려워서 가서 땅 속에 당신의 달란트를 숨겨 놓았나이다. 보소서, 주인님의 돈을 가지소서.' 라고 하니』 (마태복음 25:24-25, KJV)

물권의 개념에서 설명한 바와 같이 채권은 상대방에게 어떤 행위를 요구할 수 있는 것으로 금전적으로 평가되지 않는 것도 포함된다(민법 § 373). 배타적·독점적 지배를 의미하는 것이 아니며 우선권도 없다. 대표적인 채권인 금전채권의 경우 채무자에게 다른 사람에 대한 채무보다 먼저 갚으라고 요구할 수 없다는 의미이다. 위 성경기사에서 한 달란트 받은 사람은 채권의 개념을 모르는 것 같다. 맡겼다고 해서 다시 그 돈을 돌려주는 것이 아니라 그에 상당하는 금액의 돈을 주면 되는 것이 채권이다.

(2) 채권의 종류; "이웃을 위한 담보와 보증"

『네가 이웃을 도우려고 담보를 서거나, 남의 딱한 사정을 듣고 보증을 선다면, 네가 한 그 말에 네가 걸려들고, 네가 한 그 말에 네가 잡힌다.』 (잠언 6:1-2, 새번역)

『너는 협정을 맺거나 빚보증을 서는 자들 중 하나가 되지 말라. 네가 갚을 것이 없으면 그가 네가 누운 침상을 가져가지 않겠느냐?』(잠언 22:26-27, KJV)

채권은 기준에 따라 다양하게 분류할 수 있다. 채권의 목적에 따라 특정물채권 · 종류채권 · 금전채권 · 선택채권 · 임의채권 등으로 분류할 수 있다. 위 성경구절에 나오는 보증채무(保證債務)란 주채무자가 채무를 이행하지 않는 경우 대신해서 이행할 채무를 말한다(민법 § 428 이하). 한편 여러 명의 채무자가 공동으로 채무를 부담하고 그 중 한 명이 채무를 이행하면 다른 사람의 채무도 이행된 것으로 하는 것을 연대채무(連帶債務)라고 한다(민법 § 413 이하).

『만일 어떤 사람이 자기 이웃에게 무엇을 빌려왔는데 주인과 함께 있지 않아서 그것이 다치거나 죽으면 그는 반드시 그것을 변상할지니라. 그러나 만일 주인이 그것과 함께 있었으면 변상하지 않아도 되며 그것이 세내고 빌린 것이면 그의 세를 돌려받을 지니라.』(출애굽기 22:14-15, KJV)

불법행위로 인한 손해가 난 경우 이를 배상해야 하는데 이 경우도 채권채무관계가 성립한다. 채무불이행으로 인한 손해도 배상해야 한다(민법 § 393).

(3) 채권의 소멸; "빚을 탕감 받은 종"

『"…그러므로 천국은 마치 자기 종들과 계산을 하고자 하는 어떤 왕과 같으니라. 그 왕이 계산을 시작하니, 일만 달란트 빚진 한 사람을 자기 앞에 데려 왔더라. 그러나 그에게는 갚을 것이 없으므로, 그의 주인이 그에게 명령하기를, 그의 아내와 자식들과 그의 소유를 다 팔아서 빚을 갚으라고 하니, 그 종이 왕 앞에 엎드려 경배하며 말하기를 '주여, 참아 주소서. 그러면 제가 다 갚겠나이다.' 라고 하더라. 그러자 그 종의 주인이 그를 가엾게 여겨 풀어주고 그 빚을 탕감해 주었더라. 그러나 그 종이 나가서 자기에게 일백 데나리온 빚진 동료 종 한 사람을 만났는데, 그를 붙들어 멱살을 잡고 말하기를 '네 빚을 갚으라.' 고 하더라. 그러자 그의 동료 종이 그의 발 앞에 엎으려 그에게 간청하며 말하기를 '참아 주게. 그러면 내가 다 갚겠네.' 라고 하나 그가 들어 주지 않고, 오히려 가서 빚진 것을 갚을 때까지 감옥에 집어넣더라. 그러므로 그의 동료 종들이 그 일어난 일을 보고 매우 딱하게 여겨 그들의 주인에게 가서 일어났던 일을 모두 말하였더라. 그때 그의 주인이 그를 불러서 말하기를 '오 악한 종아, 네가 나에게 애걸하기에 나는 네가 진 모든 빚을 탕감해 주었노라. 내가 너를 불쌍히 여김같이 너도 네 동료 종을 불쌍히 여기는 것이 당연하지 아니하냐?' 하며, 그의 주인이 화가 나서 그 사람이 자기에게 진 빚을 다 갚을 때까지 형리들에게 넘겨주더라. 그러므로 이와 같이 너희들이 진심에서 우러나와 형제 각 사람을 그들의 잘못과 더불어 용서하지 않으면, 하늘에 계신 나의 아버지께서도 너희들에게 그렇게 하시리라." 하시더라.』 (마태복음 18:23-35, KJV)

채권은 그 목적대로 되면 소멸되는데, 이를 변제 또는 채무의 이행이라고 한다(민법 § 460 이하). 그런데 채무를 면제해 주는 경우도 있는데, 이때에도 채권과 채무는 소멸한다(민법 § 506). 채무자에게 채무면제의 의사를 표시하면 곧바로 효력을 나타낸다. 따라서 위 성경기사에서 빚을 탕감 받은 종이 다른 동료에게 가혹하게 한다고 해서 이미 면제된 채무가 살아나지 않는다. 그러므로 국가법에서 보면 후반부의 왕의 명령, 즉 형리에게 넘겨준 것은 권한 없는 행위가 된다.

『매 칠 년의 끝에 너는 면제할지니라. 면제의 방법은 이러하니라. 자기 이웃에게 빌려 준 모든 채권자는 그 것을 면제하며 그는 자기 이웃이나 형제에게 독촉하지 말지니, 이는 그 것이 주의 면제라 불림이라. 타국인에게는 네가 다시 독촉해도 되나 네 형제에게 꾸어 준 것은 네 손에서 면제해 줄지니라.』 (신명기 15:1-3, KJV)

물론 하나님의 사랑을 실천하기 위하여 매 7년마다 채권을 면제하라고 명령하였다.

6. 계약

(1) 계약일반; “포도원 일꾼의 품삯”

『“천국은 마치 자기 포도원을 위하여 일꾼을 구하러 아침 일찍 나간 집주인과 같으니 그 주인이 일꾼들과 하루 품삯을 한 데나리온으로 정하고 그들을 자기 포도원으로 들여보냈더라.…제 십일 시 경에 고용된 자들이 와서 각각 한 데나리온을 받은지라. 처음에 온 자들은 더 받을 줄로 생각했다가 그들도 각자 한 데나리온만 받으니 품삯을 받고 나서 그들이 그 집 주인에게 불평하여 말하기를 ‘마지막에 온 이 사람들은 한 시간만 일하였는데 당신은 온 종일 볕에서 수고한 우리와 그들을 동등하게 대우하였나이다.’ 라고 하니 주인이 그 중 하나에게 대답하여 말하기를 ‘친구여, 내가 너에게 부당하게 한 것이 없노라. 네가 나와 한 데나리온으로 정하지 아니하였느냐? 네 몫을 받아서 가라. 나는 마지막에 온 이 자들에게도 너에게 주었던 대로 주리라.” 』(마태복음 20:1-2, 9-14, KJV)

계약은 쌍방의 의사의 합치로 이루어진다. 따라서 계약은 법률에 위반되지 않는 한 쌍방의 합의만 이루어지면 효력이 있다. 이를 계약자유의 원칙이라고 한다.

『그저 한 마디 말씀만 해 주십시오. 그러면 내 종이 나을 것입니다.』(마태복음 8:8, 새번역)

계약자유의 원칙상 내용 뿐 아니라 법에 정해진 것이 아니라면 그 형식도 원칙적으로 자유이다. 따라서 의사의 합치만 있으면 계약이 성립한다. 이를 낙성불요식계약이라고 한다.

『아버지가 우리를 팔고 우리의 돈도 다 먹어 버렸으니 아버지가 우리를 타국인으로 간주한 것이 아니뇨?』(창세기 31:15, KJV)

『그 때 사탄이 열둘 가운데 하나인 이스카리옷이라고 하는 유다에게 들어가니라. 그가 가서 어떻게 주를 배반하여 그들에게 넘겨줄 것인가를 대제사장들과 군 지휘관들과 더불어 의논하니 그들이 기뻐하며 그에게 돈을 주기로 약정하니라. 또 그가 약속하고 무리가 없을 때에 주를 배반하고 그들에게 넘겨줄 기회를 엿보더라.』 (누가복음 22:3-6, KJV)

계약자유의 원칙이라고 해도 법률에 위반되면 안 되는데, 『선량한 풍속 기타 사회질서에 위반한 사항을 내용으로 하는 법률행위는 무효로 한다.』 (민법 § 103)는 규정이 있기 때문이다. 위 성경기사에서 나오는 인신을 팔고 사는 행위는 사회질서에 위반되므로 그 계약(법률행위)은 무효이다.

『야곱은 라헬을 사랑했으므로 말하기를 "내가 외삼촌의 작은 딸 라헬을 위하여 외삼촌께 칠 년을 봉사하리이다." 하니 라반이 말하기를 "내가 그녀를 다른 사람에게 주느니보다 네게 주는 것이 더 나으니 나와 함께 있으라." 하더라.』 (창세기 29:18-19, KJV)

위 성경기사에서 무임금으로 일해 주는 것이나 그 딸과 결혼하는 것은 별개로 보면 모두 가능한 일이지만 이 둘이 결합하면 사회질서에 위반된다. 즉 결혼하는 대신 임금을 포기하는 것은 사회질서에 위배되어 무효이다. 금전을 대가로 가족법상의 행위(혼인, 입양 등)를 하는 것은 모두 무효이다. 외삼촌의 딸과 결혼할 수 있는가는 또 다른 문제이다.

(2) 계약의 이행; "라헬을 사랑한 야곱"

『 "…내가 이 아이를 위하여 기도하였더니, 주께서는 내가 구하여 청원했던 것을 내게 주셨나이다. 그러므로 나도 그를 주께 바치나니, 그가 살아 있는 한 그는 주께 바쳐진 자니이다." 하더라. 그 아이가 거기서 주께 경배하더라.』 (사무엘상 1:27-28, KJV)

계약은 이행되어야 한다. 즉 계약은 그 내용대로 실현되어야 하고, 그렇지 못한 경우에는 이행되지 못한 것에 대한 책임을 져야 한다.

『야곱은 라헬을 사랑했으므로 말하기를 "내가 외삼촌의 작은 딸 라헬을 위하여 외삼촌께 칠 년을 봉사하리이다." 하니 라반이 말하기를 "내가 그녀를 다른 사람에게 주느니보다 네게 주는 것이 더 나으니 나와 함께 있으라." 하더라. 야곱이 라헬을 위하여 칠 년 간 봉사하였으나, 야곱이 그녀를 사랑했으므로 그 기간들이 그에게는 불과 며칠 같았더라.…야곱이 라반에게 말하기를 "내 날들이 찼으니 내 아내를 내게 주소서. 그래야 내가 그녀에게 들어가겠나이다." 하니 라반이 그 곳의 모든 사람들을 모아서 잔치를 베풀었더라. 저녁 때 그가 그의 딸 레아를 데려다가 그에게 보내니 야곱이 그녀에게로 들어갔더라.…아침이 되었는데, 보라, 레아더라.』 (창세기 29:18-25, KJV)

『너는 흠이 있거나 악취가 나는 소나 양으로 주 너의 하나님께 희생제를 드리지 말지니, 이는 그 것이 주 너의 하나님께 가증한 것이기 때문이라.』 (신명기 17:1, KJV)

위 성경기사처럼 이행하지 않거나 불완전하게 이행한 경우 이에 상응한 책임을 지게 된다. 즉 계약은 양쪽에 모두 이행의 의무가 있으므로 자신의 채무를 모두 이행해야 한다. 따라서 상대방이 이행할 때까지 자신의 채무를 이행하지 않을 수 있다. 이를 동시이행의 항변권이라 한다(민법 § 536).

『그 때에, 예수를 넘겨준 유다는, 그가 유죄판결을 받으신 것을 보고 뉘우쳐, 그 은돈 서른 닢을 대제사장들과 장로들에게 돌려주고, 말하였다. "내가 죄 없는 피를 팔아넘김으로 죄를 지었소." 그러나 그들은 "그것이 우리와 무슨 상관이요? 그대의 문제요." 하고 말하였다. 유다는 그 은돈을 성전에 내던지고 물러가서, 스스로 목을 매달아 죽었다.』 (마태복음 27:3-4, 새번역)

위 성경기사의 '돈을 받고 예수를 넘겨주는 계약'은 국가법적으로 보면 사회질서에 반하여 무효이다. 무효가 아니라고 하더라도 이미 이행되었으므로 상대방이 동의하지 않으면 되돌릴 수 없다.

『형제들아, 사람의 관례대로 말하노니 사람의 언약일지라도 확정되고 나면 아무도 폐기하거나 덧붙이지 못하느니라.』 (갈라디아서 3:15, KJV)

그러나 미리 계약의 내용으로 계약을 무를 수 있다고 해 놓았다면 무를 수 있는 것이 당연하다. 『계약 또는 법률의 규정에 의하여 당사자의 일방이나 쌍방이 해지 또는 해제의 권리가 있는 때에는 그 해지 또는 해제는 상대방에 대한 의사표시로 한다.』 (민법 § 543①) 여기서 해지는 앞으로 효력이 상실되는 것이며, 해제는 이전으로 소급하여 효력이 없어지는 것이다.

『어떤 사람이 주께 거룩하게 되기 위하여 자기 집을 성별할 때에, 제사장은 좋든지 나쁘든지 그 값을 정할지니 그 값은 제사장이 정한 대로 그렇게 될 것이니라. 만일 그가 그 집을 성별하였다가 다시 사려 하면, 그 때에는 네가 정한 값의 돈에다 오분의 일을 더할 것이니라. 그러면 그것이 그의 집이 되리라.』 (레위기 27:14-15, KJV)

계약을 강제하기 위하여 계약금을 내걸 수가 있다. 그랬다가 계약이 약속대로 이행되지 않으면 그 계약금을 돌려주지 않는 것이다. 그러므로 다른 말로는 위약금이라고도 한다. 위 성경기사에서는 20%를 위약금으로 제시하고 있는데, 국가법에서는 판례상 보통 10%가 인정된다.

(3) 여러 가지 계약

(가) 증여; "에서에게 선물하는 야곱"

『에서가 말하기를 "내가 만난 이 모든 떼는 무슨 뜻이냐?" 하니 그가 말하기를 "이것들은 내 주의 면전에서 은혜를 얻고자 함이니이다." 하니 에서가 말하기를 "내 아우야, 나는 내게 있는 것으로 충분하니 네 소유는 네가 가지라." 하더라.…강권하니 그가 받으니라.』 (창세기 33:8-11, KJV)

『사라가 카나안 땅 헤브론, 즉 키랏아르바에서 죽으니…헷의 아들들에게 일러 말하기를…당신들 가운데서 매장지를 내게 소유로 주어서, 나의 죽은 자를 내 앞에서 장사하게 해 주시오.…에프론이 헷의 자손들 사이에 거하였는데… "그 들을 당신께 드리며, 거기 있는 굴도 당신께 드리오니…당신의 죽은 자를 장사하소서." 하더라. 아브라함이 "내가 그 들의 값을 드릴테니 내게서 받으시오. 그러면 내가 내 죽은 자를 거기 장사하리다." …아브라함에게 매장지로 소유가 확정되었더라.』 (창세기 23:2-20, KJV)

증여는 재산을 상대방에게 주는 것이다. 보통 일방적으로 줄 수 있는 것으로 생각하지만(단독행위), 상대방이 승낙을 해야 증여의 효력이 생기는 일종의 계약이다(민법 § 554). 위 성경기사들은 증여를 받는 사람(수증자)이 승낙해야 증여의 효력이 생긴다는 것을 잘 보여주고 있다.

(나) 매매; "번제물을 사는 다윗"

『아라우나가 다윗에게 말하기를 "내 주 왕께서 좋게 여기시는 것을 취하여 드리소서. 보소서, 여기에 번제희생을 위한 소들이 있고 나무로는 타작 기구와 소의 장구들이 있나이다." 하더라.…왕이 아라우나에게 말하기를 "아니라, 내가 반드시 값을 치르고 네게서 그것을 사리라. 내가 값을 치르지 않고는 주 나의 하나님께 번제를 드리지 아니하리라." 하더라. 그리하여 다윗이 은 오십 세켈로 그 타작마당과 소들을 사니라.』 (사무엘하 24:22-24, KJV)

『이렇게 하여서, 히람은 백향목 재목과 잣나무 재목을 솔로몬이 원하는 대로 다 보내 주었다. 솔로몬은 히람에게 왕실에서 쓸 먹거리로, 밀 이만 섬과 짜낸 기름 스무 섬을 보내 주었다.』 (열왕기상 5:10-11, 새번역)

매매는 재산권을 상대방에게 이전하고 그 대금을 받는 것을 말한다(민법 § 563). 현대는 대부분 금전으로 그 대금을 지급하지만 반드시 그런 것은 아니다. 위 성경기사에서 화폐경제가 발달하지 않았으므로 물건으로 그 대금을 지불하는 것으로 보아 매매라고 할 수 있다. 정확히 말하면 민법상의 교환계약(민법 § 596)에 해당한다고도 볼 수 있다. 위 단락의 성경기사 중 아브라함이 사라의 매장지를 산 경우는 금전을 대금으로 지급한 사례이다.

매매 이외에도 환매 · 교환 · 소비대차 · 사용대차 · 고용 · 도급 · 현상광고 · 임치 · 조합 등도 계약의 종류이다. 그밖에 성경기사가 있는 몇 가지를 더 살펴보자.

(다) 위임; "주인의 모든 것을 맡은 요셉"

『요셉이 그의 목전에서 은혜를 얻어 그를 섬기니 그가 요셉을 그의 집을 관리하는 관리인으로 세워 그가 소유한 모든 것을 그의 손에 맡기니라. 그가 요셉을 자기 집과 그가 소유한 모든 것을 관리하는 관리인으로 세운 때부터 주께서 요셉으로 인하여 그 이집트인의 집에 복 주시니, 주의 복이 그의 집과 들에 있는 모든 소유 위에 임하더라. 그는 자기가 소유한 모든 것을 요셉의 손에 맡기고 그가 먹는 음식 외에는 그가 가진 것이 무엇이든지 알지 못했더라.』 (창세기 39:4-6, KJV)

『위임은 당사자일방이 상대방에 대하여 사무의 처리를 위탁하고 상대방이 이를 승낙함으로써 그 효력이 생긴다.』 (민법 § 680) 위임을 받은 자는 위임의 내용에 따라 선량한 관리자의 주의(注意)로서 위임사무를 처리하여야 한다(민법 § 681). 위임에서 특별한 약정이 없으면 보수를 청구할 수 없다(민법 § 686①). 위 성경기사에서 요셉은 국가법의 위임계약에 정확히 맞게 사무를 처리하였다.

『또 주께서 제자들에게 말씀하시기를 "어떤 부자가 한 청지기를 두었는데 그 청지기가 주인의 재산을 낭비한다는 비난이 그에게 들린지라. 주인이 그를 불러 말하기를 '내가 너에 대하여 이런 소문을 들었는데 어찌된 일이냐? 네가 청지기를 더 이상 못하리니 네 청지기직을 청산하라.' 고 하더라. 그러자 그 청지기가 속으로 말하기를 '주인이 내게서 청지기직을 박탈하니 내가 무엇을 할까? 땅을 일굴 수도 없고 구걸을 하자니 부끄럽도다. 내가 무엇을 해야 될는지 알았도다. 이렇게 하면 내가 청지기직에서 해고된 후에도 사람들은 나를 자기들의 집으로 맞아 주리라.' 고 하고 자기 주인에게 빚진 자들을 모두 불러 첫 번째 온 사람에게 말하기를 '내 주인에게 빚진 것이 얼마나 되느냐?' 고 하자 그가 말하기를 '기름 일백 말이라.' 고 하니, 빚진 자에게 말하기를 '네 증서를 가지고 빨리 앉아서 오십이라 쓰라.' 고 하니라. 또 다른 사람에게 말하기를 '너는 빚진 것이 얼마나 되느냐?' 고 하자, 그가 말하기를 '밀 일백 말이라.' 고 하니 그에게 말하기를 '네 증서를 가지고 팔십이라 쓰라.' 고 하니라. 이에 그 주인이 그 불의한 청지기가 현명하게 처리하였으므로 칭찬하였으니…" 』(누가복음 16:1-8, KJV)

이 성경기사도 위임계약으로 보인다. 청지기의 행위가 현명하다고 볼 수는 있겠으나, 과연 주인을 대신하여 채무면제를 할 수 있는 권한까지 위임받았는지는 의문이다. 권한을 위임받지 못했다면 권한 없는 행위이고, 채무면제 계약은 무효이나 상대방이 이를 몰랐다면 무효로 하는 대신 주인에게 손해배상의 책임을 져야 한다. 형법적으로는 배임죄에 해당한다.

(라) 소비대차; "형제에게 못 받는 이자"

『너는 네 형제에게 꾸어주고 이자를 받지 말지니, 돈의 이자나 양식의 이자를 받으려고 꾸어 주는 어떤 것의 이자도 취하지 말지니라. 타국인에게는 네가 꾸어 주고 이자를 받아도 되나 네 형제에게는 꾸어 주고 이자를 받지 말지니라. 그래야 주 너의 하나님께서 네가 가서 차지하는 땅에서 네가 손을 대는 모든 일에서 너에게 복 주시리라.』 (신명기 23:19-20, KJV)

소비대차란 금전 기타 대체물을 상대방에게 이전하고 상대방은 같은 종류와 품질, 수량으로 반환하는 것을 말한다(민법 § 598). 그 대가로 지급하는 것을 이자라고 하며 이자약정이 있는 경우(무상으로도 소비대차 가능) 상대방이 물건을 받은 때부터 계산한다(민법 § 600).

위 성경구절처럼 성경에서는 이자를 받지 않는 것을 원칙으로 하고 있다.

(마) 임대차와 사용대차; "나귀를 빌려 타신 예수님"

『그들에게 말씀하시기를 "너희 맞은 편 마을로 가라. 마을에 들어서자마자 아무도 타보지 않은 매여 있는 나귀새끼 한 마리를 보리니 풀어서 끌고 오너라. 만일 누가 너희에게 말하기를 '어찌하여 이렇게 하느냐?' 고 하면 '주께서 그것을 쓰신다.' 고 말하라. 그러면 즉시 그 사람이 그것을 여기로 보내리라." 고 하시더라.…제자들이 예수께서 일러주신 대로 그들에게 말하니 그들이 허락한지라.』 (마가복음 11:2-6, KJV)

임대차계약은 목적물을 상대방에게 사용·수익하게 하고 상대방은 그 대가(차임)를 지급하는 것이다(민법 § 618). 이에 반하여 대가 없이(무상) 목적물을 사용 · 수익한 후 돌려주는 것은 사용대차라고 한다(민법 § 609). 위 성경기사에서는 대가의 약속이 없었으므로 사용대차에 해당한다.

(4) 계약에 의하지 않은 법률관계

(가) 사무관리; "나발의 양들을 지켜준 다윗"

『다윗이 광야에서 들으니 나발이 자기 양들의 털을 깍는다 하더라. 다윗이 청년 열 명을 보내며 말하기를 "칼멜로 올라가 나발에게 가서 내 이름으로 그에게 문안하고 너희는 풍족하게 사는 그에게 이같이 말하기를 '너와 네 집에 평강이 있으라. 네게 양털 깎는 자들이 있음을 내가 들었노라. 네 목자들이 우리와 함께 있었으나 우리가 그들을 해치지 아니하였으며, 그들이 칼멜에 있는 동안 내내 그들은 잃은 것도 없었느니라. 네 청년들에게 물어보라. 그리하면 그들이 네게 알려 주리라. 그러므로 청년들로 네게 은총을 얻게 하라. 우리가 좋은 날에 왔으니, 내가 청하노라. 네 손에 있는 대로 네 종들과 네 아들 다윗에게 주라.' 하라" 하니 다윗의 청년들이 가서 다윗의 이름으로 이 모든 말을 나발에게 고하기를 마치더라.』 (사무엘상 25:4-9, KJV)

위 성경기사는 다윗과 그 청년들이 나발의 양떼를 스스로 지켜주었기에 나중에 식량을 좀 달라고 했다는 이야기다. 예컨대 휴가철에 이웃집이 집을 비운 사이 폭우가 내려서 이웃집 창문을 닫아주거나 신문을 모아 두거나 하는 등의 경우이다. 『의무 없이 타인을 위하여 사무를 관리하는 자는 그 사무의 성질에 좇아 가장 본인에게 이익 되는 방법으로 이를 관리하여야 한다. 관리자가 본인의 의사를 알거나 알 수 있는 때에는 그 의사에 적합하도록 관리하여야 한다.』 (민법 § 734①②) 다음 성경기사를 보자.

『만일 어떤 사람이 나귀나 소나 양이나 어느 짐승이든지 맡겨 지키게 하였다가 그것이 죽거나 다치거나 몰려 나갔어도 본 사람이 없으면 그 때는 그 들 두 사람 사이에 이웃의 물건에 손을 대지 아니하였다는 주의 맹세가 있으리니 그 주인이 그것을 받아들일지니라. 그러면 그는 갚지 않아도 되리라. 그러나 만일 자기가 도둑맞은 것이면 그 주인에게 변상을 해 주어야 하리라. 만일 그것이 여러 조각으로 찢겼으면 그것을 증거로 가져오게 할지니 찢겨진 것은 변상하지 않아도 되리라.』 (출애굽기 22:10-13, KJV)

이 성경구절은 사무관리라기 보다는 위에서 살펴본 바 있는 위임이나 고용관계로 보인다. 주인이 시킨 일이기 때문이다. 이 경우 관리자가 잘못한 것에 대해서는 배상해야 할 것이다. 물론 주인을 위하여 관리를 한 것이므로 그 대가를 받게 되는 것이 일반적이다. 사무관리의 경우에도 과실로 인하여 주인에게 손해가 난 경우 이를 배상하여야 하며, 본인의 의사에 반해서 사무관리를 한 경우에는 과실이 없어도 배상해야 한다(민법 § 374③).

(나) 부당이득; "쉽게 얻은 재산"

『쉽게 얻은 재산은 줄어드나, 손수 모은 재산은 늘어난다.』 (잠언 13:11, KJV)

자신이 이익을 얻어야 할 아무 이유 없이 어떤 이득을 얻은 경우를 부당이득이라 하고 이로 인하여 다른 사람에게 손해를 끼친 경우 이를 반환하여야 한다. 즉 『법률상 원인 없이 타인의 재산 또는 노무로 인하여 이익을 얻고 이로 인하여 타인에게 손해를 가한 자는 그 이익을 반환하여야 한다.』 (민법 § 741)

도박의 경우도 계약의 형태는 띠고 있으나 사회상규에 어긋나므로 법적으로 인정되지 않고 무효이다. 따라서 도박 빚은 갚지 않아도 된다. 그러나 한편 채무 없음을 알고 이를 변제한 경우 그 반환을 청구할 수 없으므로(민법 § 742), 이미 도박으로 잃은 경우 이의 반환을 청구할 수는 없다. 물론 사기도박 등 다른 상황이 있는 경우는 예외이다.

(다) 불법행위; "폭력으로 빼앗은 것"

『만일 어떤 사람이 죄를 짓고 주를 거역하여 잘못을 저질러, 자기에게 간수하도록 맡긴 것이나 폭력으로 빼앗은 것에 대해 이웃에게 거짓말하거나 자기 이웃을 속였거나 잃어버린 물건을 찾고도 그것에 관하여 거짓말하고 거짓되이 맹세하며, 어떤 사람이 이 모든 일 중의 하나라도 행하여 그로 인해 죄를 지으면 그가 죄를 지었고 그에게 죄가 있으니 그는 그가 폭력으로 탈취해 간 것이든 속이고 가진 것이든 간수하도록 그에게 맡긴 것이든, 그가 찾은 잃어버린 물건을 그는 돌려줘야 할 것이요, 또한 그가 거짓으로 맹세한 모든 것에 대하여 원래대로 거기다가 오분의 일을 더하여 돌려줘야 하며, 그의 속건제 날에 그 물건이 속한 사람에게 돌려줄지니라.』(레위기 6:2-5, KJV)

위 부당이득과 더불어 계약에 의하지 않은 법률행위로서 불법행위가 있다. 즉 『고의 또는 과실로 인한 위법행위로 타인에게 손해를 가한 자는 그 손해를 배상할 책임이 있다.』(민법 § 750) **한편 재산상의 손해 이외에도** 『타인의 신체, 자유 또는 명예를 해하거나 기타 정신 상 고통을 가한 자는 재산 이외의 손해에 대하여도 배상할 책임이 있다.』(민법 § 751①) **이 중 정신적 피해에 대한 배상을 위자료(慰藉料)라고 한다.**

V. 가족법

1. 가족부와 출생신고; "할례와 출생신고"

『대대로 모든 사내아이는 집에서 태어났거나 네 씨가 아니고 타국인에게서 돈으로 샀어도, 난 지 팔 일이 되면 너희 가운데서 할례를 받아야 하느니라. 네 집에서 태어난 자든지 네 돈으로 산 자든지 할례를 받아야만 하리니, 내 언약이 영원한 언약이 되어 너희 살에 있을 것이라.』 (창세기 17:12-13, KJV)

위 성경기사를 보면 난지 8일 만에 할례를 받음으로써 정식으로 이스라엘 민족의 구성원으로 인정을 받았다. 물론 영유아 사망률이 높았으므로 공식 인구통계는 20세 이상의 남자를 대상으로 하였다(민수기 1:3 참조).

국가법에서는 호적제도가 폐지되어 호적이 없어졌다. 대신에 출생과 사망에 관한 기록은 가족관계등록부에 하도록 하고 있다(가족관계의 등록 등에 관한 법률 § 1). 이것과는 별도로 인구동태의 파악을 통한 행정사무의 기초를 위하여 주민등록을 하도록 하고 있다(주민등록법 § 10).

2. 친권과 미성년자

(1) 친권; "이삭을 제물로 바친 아브라함"

『이 일들 후에 하나님께서 아브라함을 시험하시려고 그에게 말씀하시기를 "아브라함아" 하시니 그가 말하기를 "보소서, 내가 여기 있나이다." 하더라. 하나님께서 말씀하시기를 "네 아들, 곧 네가 사랑하는 네 독자 이삭을 이제 데리고 모리아 땅으로 가서, 산들 중에서 내가 네게 알려줄 한 산에서 그를 번제로 드리라." 하시더라.…그들이 하나님께서 말씀하신 그 곳에 와서 아브라함은 그 곳에서 제단을 쌓고 나무를 가지런히 놓고 그의 아들 이삭을 묶어서 제단의 나무 위에 올려놓고 아브라함이 그의 손을 내밀어 칼을 잡고 이삭을 죽이려 하는데…』 (창세기 22:1-10, KJV)

미성년자는 스스로 법률행위를 할 수 없고, 법정대리인의 동의를 얻어야 한다(민법 § 5). 법정대리인은 친권자나 후견인인데, 친권자는 부모를 의미한다(민법 § 909①).

친권자는 미성년자에 대하여 법률행위의 대리권·취소권·추인권 등을 가지는 대신, 미성년자를 보호하고 교양(敎養)하며(민법 § 913), 거소를 지정할 수 있고(민법 § 914), 징계권을 가진다(민법 § 915). 친권을 남용하거나 친권을 행사할 수 없는 사정이 생긴 경우 법원은 친권의 상실을 선고할 수 있다(민법 § 924). 부모가 이혼할 경우 친권자를 지정해야 하며, 협의가 안 되면 법원이 지정한다(민법 § 909④⑤).

위 성경기사에서 아브라함은 아들 이삭을 제물로 바치려고 했는데, 국가법에서는 있을 수 없는 일이다.

『부모가 대답하였다. "이 아이가 우리 아들이라는 것과 날 때부터 눈먼 사람이었다는 것은, 우리가 압니다. 그런데 우리는 그가 지금 어떻게 보게 되었는지도 모르고, 또 누가 그 눈을 뜨게 하였는지도 모릅니다. 다 큰 사람이니 그에게 물어 보십시오. 그가 자기 일을 이야기할 것입니다.』 (요한복음 9:20-21, 새번역)

이러한 자식에 대한 부모의 권리는 미성년자일 경우에 한한다. 성년이 되면 스스로 행위하고 책임을 지게 된다. 물론 미성년자인 경우에도 자기 명의로 취득한 재산은 자기 것이며, 다만 친권자가 미성년인 동안 관리를 할 뿐이다(민법 § 916). 위 성경기사에서 '다 큰 사람이니'는 민법적으로 '미성년자가 아니니'로 바꾸어 표현하면 될 것이다.

『너는 네 아비와 네 어미를 공경하라. 그리하면 주 너의 하나님께서 네게 준 땅 위에서 네 날들이 길 것이라.』 (출애굽기 20:12, KJV)

부모를 모시거나(동거) 간호하거나 부모의 재산증식에 특별히 기여한 경우 그 부분에 대해서는 상속 시에 그 자식이 우선 상속받을 수 있다(민법 § 1008-2).

(2) 양자; "파라오 딸의 양자가 된 모세"

『파라오의 딸이 강에서 씻으려고 내려갔고 그녀의 시녀들은 강가를 거닐고 있더라. 그 때 그녀가 창포들 사이에서 그 궤를 보고 시녀를 보내어 그것을 가져오게 하니라. 그녀가 그것을 열고 아이를 보니, 보라, 그 아이가 울더라. 그녀가 그 아이를 불쌍히 여겨 말하기를 "이 아이는 히브리인들의 아이들 중의 하나라." 하는데 그 때 그 아이의 누나가 파라오의 딸에게 말하기를 "내가 가서 히브리 여인 중에서 유모를 당신께 불러다가 당신을 위하여 그 아이를 양육케 하리이까?" 하더라. 파라오의 딸이 그 소녀에게 말하기를 "가라." 하니, 그 소녀가 가서 그 아이의 어미를 부르니라. 파라오의 딸이 그녀에게 말하기를 "이 아이를 데려다가 나를 위하여 양육하라. 그리하면 내가 네게 삯을 주리라." 하니, 그 여인이 그 아이를 데려다가 양육하니라. 아이가 자라서 그 여인이 아이를 파라오의 딸에게 데려가니 그가 그녀의 아들이 되니라. 그녀가 그의 이름을 모세라 부르고 말하기를 "이는 내가 그를 물에서 건져내었음이라." 하더라.』 (출애굽기 2:5-10, KJV)

자기 친 자녀가 아니지만 법적으로 자녀로 인정하는 것을 입양이라고 한다. 양자가 되려면 미성년자가 아니어도 부모의 동의를 얻어야 하고, 부모가 없는 경우 직계존속의 동의를 얻어야 한다(민법 § 870). 직계존속이란 부모, 조부모 등을 말한다. 배우자가 없어도 양자를 할 수 있지만, 배우자가 있는 경우 공동으로 해야 하며, 배우자 있는 자가 양자가 되려고 할 경우 배우자의 동의를 요한다(민법 § 874①②). 위 성경기사에 자세히 나오지는 않으나 파라오의 딸은 결혼했을 것으로 생각되며, 이 경우 국가법적으로는 그 부군의 동의를 얻었어야 한다.

『모르드개에게는 하닷사라고 하는 사촌 누이동생이 있었다. 이름을 에스더라고도 하는데 일찍 부모를 여의었으므로 모르드개가 데려다가 길렀다. 에스더는 몸매도 아름답고 얼굴도 예뻤다. 에스더가 부모를 여의었을 때에, 모르드개가 그를 딸로 삼았다.』(에스더 2:7, 새번역)

위 성경기사는 사촌 누이동생을 입양한 기사이다. 그런데 민법은 단순히 존속이나 연장자는 양자로 할 수 없다(민법 § 877①)고만 규정하고 있으므로 사촌 누이동생을 입양할 수 있다.

(3) 혼인 밖의 자; "사생아"

『사생아는 주의 회중에 들어가지 못하리니 그의 십대까지도 주의 회중에 들어가지 못하리라.』(신명기 23:2, KJV)

위 성경구절은 당시에는 가족등록부나 주민등록제도가 없었고 또 부계(父系) 위주의 사회였기 때문에, 아버지를 중심으로 친자관계를 파악했지만 정식 배우자와의 사이에 태어나지 않은 경우에는 차별을 했다는 내용이다. 국가법에서는 처(妻)가 혼인 중에 임신한 자녀를 부(夫)의 친자로 추정한다(민법 § 844①). 혼인 성립의 날로부터 200일 후, 또는 혼인관계 종료의 날로부터 300일 내에 출생한 자(子)는 혼인 중에 임신한 것으로 추정한다(민법 § 844②). 그렇지 않은 경우 혼인 밖의 자(혼외자)가 되는데, 혼인 밖의 자는 부나 모가 인지(認知)하면[73] 부모와 친자관계가 성립한다. 또 혼인 밖의 자는 그 부모가 혼인하면 혼인 중의 자로 본다(민법 § 855②).

---

73) 『인지는 가족관계의 등록 등에 관한 법률의 정하는 바에 의하여 신고함으로써 그 효력이 생긴다.』(민법 § 859①)

(4) 행위무능력; "어린 여자의 서약"

『여자가 아직 어린 나이에 아버지의 집에 있으면서 나 주에게 서원하였거나 스스로를 자제하기로 서약하였을 경우에는, 그의 아버지가 자기 딸의 서원이나 딸이 스스로를 자제하기로 서약한 것을 듣고도 딸에게 아무 말도 하지 않았다면, 그 모든 서원은 살아 있다. 그가 한 서원과 스스로를 자제하기로 한 서약은 모두 그대로 성립된다. 그러나…아버지가 듣고서 그 날로 말렸으면 그것은 성립되지 않는다.』 (민수기 30:3-5, 새번역)

위 '친권'에서 미성년자의 행위능력을 설명하였는데, 이밖에 행위무능력자로 한정치산자와 금치산자가 있다. 한정치산자의 행위능력은 미성년자의 행위능력과 같다(민법 § 10). 심신박약의 상태인 한정치산자에 비하여 심신상실 상태의 금치산자는 어떤 행위를 했어도 나중에 취소할 수 있다(민법 § 13). 위 성경구절에서 여자는 미성년자이므로 친권자인 아버지가 듣고서 아무 말도 안 한 것은 추인한 것으로 본다(민법 § 15①). 즉 사전 동의는 없었으나 사후에 인정한 것으로 본다. '말렸다면' 취소권을 행사한 것이다(민법 § 5②).

『여자가 결혼한 다음에 서원하였거나 급하게 입술을 놀려 스스로를 자제하기로 경솔하게 선언하였을 때에는 그의 남편이 그것을 듣고서 들은 그 날로 아내에게 아무 말도 하지 않았으면 그 서원은 그대로 살아 있다. 그가 한 서원과 스스로를 자제하기로 한 그 서약이 그대로 성립된다. 그러나 그의 남편이 그것을 들은 그 날로 아내를 말렸으면…무효가 된다.』 (민수기 30:6-8, 새번역)

위 성경구절은 결혼한 여자를 미성년자와 똑같이 취급하는 내용이다. 국가법에서는 결혼과 상관없이 성년이 되면 스스로 법률행위를 할 수 있다. 또 미성년자가 결혼하면 남녀 불문하고 성년자로 본다(민법 § 826-2). 일제강점기의 민법은 부인을 미성년자와 같이 취급하고 남편이 후견인 역할을 하도록 하였다.

3. 혼인과 이혼

(1) 약혼; "요셉과 정혼한 마리아"

『만일 처녀인 소녀가 남편에게 정혼하였는데 어떤 남자가 그녀를 성읍 안에서 만나 그녀와 동침하면 그 때에 너희는 그들을 그 성읍의 문 밖으로 끌어내어 그들을 돌로 쳐 죽일지니, 이는 그 소녀가 성읍 안에서 소리 지르지 아니하였음이요, 그 남자는 자기 이웃의 아내를 비천하게 하였음이라. 이같이 너는 너희 가운데서 악을 제할지니라.』 (신명기 22:23-24, KJV)

『이제 예수그리스도의 탄생은 이러하니라. 그의 모친 마리아가 요셉과 정혼하였으나 동침하기 이전에 성령으로 잉태된 것이 그녀에게 나타났더라.』 (마태복음 1:18, KJV)

위 성경기사에서 보면 정혼(定婚)이라는 것이 나온다. 문맥 상 분명하지는 않지만 일반적으로 정혼이 국가법의 약혼과 다른 점은 본인들이 혼인을 약속한 것이 아니고 부모들 사이에서의 혼인약속이라는 점이다. 국가법에서의 약혼은 본인의 의사로 하는 것이다. 성년이 되면 자유로이 약혼할 수 있으며, 18세가 되면 부모 또는 후견인의 동의를 얻어 약혼할 수 있다(민법 § 800, § 801). 약혼으로 혼인을 강제할 수 있는 것은 아니며, 정당한 사유 없이 약혼을 해제하면 즉 혼인하지 않으면 손해배상의 책임이 있을 뿐이다(민법 § 803, § 806).

(2) 혼인

(가) 혼인의 성립; "다윗을 사랑한 미칼"

『…그러나 사울의 딸 메랍을 다윗에게 주려고 하는 무렵에 그녀를 모홀랏인 아드리엘에게 아내로 주었더라. 사울의 딸 미칼이 다윗을 사랑하니 사람들이 사울에게 고한지라. 그 일이 그를 기쁘게 하였더라. 사울이 말하기를 "내가 그녀를 그에게 주어 그녀로 그에게 올무가 되게 하고 필리스티아인들의 손으로 그를 치게 하리라." 하더라. 그리하여 사울이 다윗에게 말하기를 "네가 오늘 둘 중 하나로 내 사위가 되리라." 하더라.』 (사무엘상 18:19-21, KJV)

위 성경기사처럼 혼인을 부모가 결정하는 것은 아니며, 혼인은 양 당사자의 의사의 합치로 이루어진다. 18세가 되면 혼인할 수 있고, 미성년자인 경우 부모 또는 후견인의 동의를 얻어야 한다(민법 § 807, § 808).

(나) 혼인의 범위; "누이와 결혼한 아브라함"

『너희 가운데 아무도 자기에게 가까운 친족에게 접근하여 그들의 벌거벗음을 드러내지 말라. 나는 주니라.』 (레위기 18:6, KJV)

성경에서도 가까운 친족과 결혼하는 근친혼은 금지되었다. 그러나 국가법의 금혼범위와는 많이 다르다.

『아브라함이 그의 아내 사라에 대해 말할 때 "그녀는 내 누이라." 하였으므로, 그랄 왕 아비멜렉이 보내서 사라를 데려가니라.…아브라함이 말하기를 "참으로 이곳에는 하나님을 두려워함이 없기에 내 아내로 인하여 그들이 나를 죽일 것이라고 생각했음이라. 또 그녀는 실로 내 누이라. 그녀는 내 어머니의 딸은 아니지만 내 아버지의 딸로서 내 아내가 되었도다.』 (창세기 20:2-12, KJV)

『그녀(☞ 리브카)는 아브라함의 형제 나홀의 아내 밀카의 아들 브두엘에게서 태어났더라. (창세기 24:15, KJV)

『이삭(☞ 아브라함의 아들)이 사십 세에 시리아인 라반의 누이, 즉 파단아람의 시리아인 브두엘의 딸 리브카를 아내로 얻으니라.』 (창세기 25:20, KJV)

위 성경기사들을 보면 아브라함은 이복동생과, 이삭은 오촌 조카와 혼인하였다.[74] 국가법에서는 8촌 이내의 혈족 사이에서는 혼인하지 못한다.[75] 아브라함과 이삭 모두 금지된 혼인을 한 것이다.

『롯이 소알에서 나와 그의 두 딸과 더불어 산에서 거하였는데,…그 다음 날 큰 딸이 작은 딸에게 말하기를 "보라, 어젯밤에는 내가 내 아버지와 동침하였으니, 오늘밤에도 아버지가 포도주를 마시게 하여, 네가 들어가서 아버지와 동침하라. 이는 우리가 아버지의 씨를 보존하기 위함이라." 하니, 그들이 그날 밤도 그들의 아비로 포도주를 마시게 하고, 작은 딸이 일어나 그와 동침하였으나, 그는 그녀가 눕고 그녀가 일어나는 것을 알지 못하였더라.』 (창세기 19:30-36, KJV)

위 성경기사와 유다와 그의 며느리 다말은(창세기 38:12 이하) 성경의 기준이나 국가법의 기준으로나 혼인할 수 없는 사이였다.

『유다가 오난에게 말하기를 "너는 네 형수에게 들어가서 그녀와 혼인하여 네 형에게 씨를 세우라." 하더라. 오난은 그 씨가 자기 것이 안 될 것을 알았으므로 그의 형수에게 들어갔을 때 자기 형에게 씨를 주기 않기 위하여

---

74) 창세기 22:20-24 참조.

75) 『① 8촌 이내의 혈족(친양자의 입양 전의 혈족을 포함한다) 사이에서는 혼인하지 못한다. ② 6촌 이내의 혈족의 배우자, 배우자의 6촌 이내의 혈족, 배우자의 4촌 이내의 혈족의 배우자인 인척이거나 이러한 인척이었던 자 사이에서는 혼인하지 못한다. ③ 6촌 이내의 양부모계(養父母系)의 혈족이었던 자와 4촌 이내의 양부모계의 인척이었던 자 사이에서는 혼인하지 못한다.』 (민법 § 809)

땅에다 사정하였더라.』 (창세기 38:8-9, KJV)

『또한 너는 네 아내가 생존하는 동안에 그녀의 자매를 아내로 취하여 벌거벗음을 드러내어 그녀로 하여금 괴롭게 하지 말라.』 (레위기 18:18, KJV)

유다와 다말의 불륜은 오난의 불순종 때문이었다. 당시에는 형제가 아들이 없이 죽으면 다른 형제가 그 형수와 결혼하고, 아들을 낳게 되면 죽은 형제의 아들로 취급하는 관습이 있었다. 이것은 후대의 모세의 율법에서도 확인된다. 국가법에서는 금지되는데, 민법상 금혼의 범위인 '6촌 이내의 혈족의 배우자였던 자'에 해당된다(민법 § 809).

(다) 중혼과 동성애; "야곱의 네 명의 아내"

『아브람의 아내 사래가 그녀의 여종 이집트인 하갈을 데려다 자기 남편 아브람에게 그의 아내가 되도록 주었더니, 이는 아브람이 카나안 땅에 십 년을 거한 후였더라.』 (창세기 16:3, KJV)

『저녁 때 그가 그의 딸 레아를 데려다가 그에게 보내니 야곱이 그녀에게로 들어갔더라.…야곱이 그렇게 행하여 그녀의 이레를 채우니 라반이 야곱에게 그의 딸 라헬도 아내로 주었더라.』 (창세기 29:23, 28, KJV)

『그녀(☞ 라헬)가 그에게 자기의 몸종 빌하를 아내로 주었더니 야곱이 그녀에게 들어갔더라.…레아가 자기의 생산이 멎은 것을 보고 그녀의 여종 실파를 데려다가 야곱에게 아내로 주었더라.』 (창세기 30:4, 9, KJV)

『아비가일이 서둘러 일어나 나귀를 타고 그녀를 따르는 그녀의 다섯 처녀와 함께 다윗의 사자들을 따라가서 다윗의 아내가 되니라. 다윗이 이스르엘의 아히노암도 취하였으니, 그들이 둘 다 그의 아내가 되니라. 그러자 사울은 다윗의 아내인 그의 딸 미칼을 갈림에 거하는 라이스의 아들 팔티에게 주더라』 (사무엘상 25:42-44, KJV)

성경에서는 한 남자가 여러 명의 여자와 결혼하는 것이 나온다. 솔로몬의 경우에는 왕비가 칠백, 후궁이 삼백이었다고 기록되어 있다(열왕기상 11:3).

『자식은 주님께서 주신 선물이요, 태 안에 들어 있는 열매는 주님이 주신 상급이다. 젊어서 낳은 자식은 용사의 손에 쥐어 있는 화살과도 같으니, 그런 화살이 화살통에 가득한 용사에게는 복이 있다. 그들은 성문에서 원수들과 담판할 때에 부끄러움을 당하지 아니할 것이다.』 (시편 127:3-5, 새번역)

많은 자식은 군사요, 경제적 인력으로서의 의미가 있기 때문이다. 이러한 현상은 고대에 동서를 막론하고 공통된 현상이다. 그러나 현대의 국가법에서는 일부일처만 허용되며, 배우자가 있는 자가 다시 혼인하는 중혼은 금지된다(민법 § 810). 뿐만 아니라 간통죄로 처벌된다(형법 § 241).

『만일 너희들이 고아에게 공정하지 못할 것 같이 생각되면 누군가 마음에 드는 두 명, 세 명, 네 명의 여자와 결혼해도 좋다. 만일 공평하지 못한 생각이 들게 된다면 한 명으로 한다든가 너의 오른손에 소유하고 있는 것[76]으로 하라. 그러는 것이 불공평하게 될 염려가 없다.』 (꾸란 4:3)

이슬람국가에서 일부다처제가 아직 남아 있기는 하지만 이에 대한 정확한 이해가 필요하다. 꾸란 성립 이전에는 제한이 없던 것을 꾸란에서 4명까지 제한한 것이다. 당시 전투가 빈번하고 장기간 외부로 돌아다녀야 하는 대상(隊商)이 일반적인 경제활동이었으므로 남자들이 많이 죽게 되고 결과적으로 경제력이 없는 미망인들을 돌보는

76) 포로된 여자, 또는 여자 종을 의미한다. 김용선, 코란(꾸란), 명문당, 2002, 114면; 최영길 편저, 꾸란해설, 송산출판사, 1988, 122-123면.

의미에서 당연히 필요한 제도였다. 지금도 경제적 능력을 인정받아야 일부다처가 허용된다.

『저녁 때 두 천사가 소돔에 오니 롯이 소돔 성문에 앉아 있더라. 롯이 그들을 보고 일어나 맞이하고 그가 얼굴을 땅에 대고 절하며 말하기를 "보소서, 내 주들이여, 간구하오니 종의 집으로 돌이켜 하룻밤을 묵고, 발을 씻고, 일찍 일어나 길을 떠나소서." 하니…그러나 그들이 눕기 전에 그 성읍의 사람들, 곧 소돔의 남자들이 늙고 젊고 간에 그 집을 에워쌌으니 사방에서 온 모든 사람들이더라. 그들이 롯을 불러 말하기를 "오늘밤 네게 온 사람들이 어디 있느냐? 그들을 우리에게로 데려 오라. 우리가 그들을 알고자[77] 함이라." 하니…』 (창세기 19:1-5, KJV)

『너는 여자와 교합하듯 남자와 교합하면 안 된다. 그것은 망측한 짓이다.』 (레위기 18:22, 새번역)

성경에서는 동성애가 금지된다. 자손이 많은 것이 커다란 복으로 여겨지던 때이므로 당연히 인정되기 어려웠을 것이다. 국가법에서는 금지된다는 명문의 규정은 없지만 사회적으로 인정되는 분위기는 아닌 듯하다. 동성애자들은 헌법상 자유로운 인격발현권의[78] 차원에서 보호되어야 한다고 주장한다.

---

77) '알다'로 번역된 말은 히브리어로 '야다'(ידע)이며 '지각하여 알다.'라는 의미이다. 개역성경에는 '상관하다'로, NLT Study Bible, 2008에서는 'have sex with'로 번역되었고, 같은 단어가 쓰인 창세기 4:1의 경우 개역성경에서는 '동침'으로 번역되었다.

78) 독일 기본법 § 2 『누구든지 타인의 권리를 침해하지 않고 헌법질서나 도덕률에 반하지 않는 한 자신의 인격을 자유로이 발현할 권리를 가진다.』; 우리나라는 보통 헌법 §10의 행복추구권을 그 근거로 든다.

(라) 부부의 상호부양 의무; "남편의 아내의 의무"

『남편은 아내에게 남편으로서의 의무를 다하고, 아내도 그와 같이 남편에게 아내로서의 의무를 다 하도록 하십시오. 아내가 자기 몸을 마음대로 주장하지 못하고, 남편이 주장합니다. 마찬가지로 남편도 자기 몸을 마음대로 주장하지 못하고, 아내가 주장합니다. 서로 물리치지 마십시오. 여러분이 기도에 전념하기 위하여 얼마 동안 떨어져 있기로 합의한 경우에는 예외입니다. 그러나 그 뒤에 다시 합하십시오.』 (고린도전서 7:3-5, 새번역)

『만일 그가 다른 아내를 얻었어도 그녀의 양식과 의복과 그녀와의 혼인의 의무는 그가 줄이지 못할 것이라.』 (출애굽기 21:10, KJV)

부부는 함께 살아야 하고, 서로 부양하고 협조해야 한다(민법 § 826①). 동거장소는 협의하여 결정하는 것이 원칙이다(민법 § 826②). 부부간에는 일상가사에 대하여 대리권이 있으며 따라서 서로 책임을 진다(민법 § 827, § 832, § 833). 즉 기본적인 의식주에 대한 것은 배우자의 행위에 공동책임을 진다. 그러나 일상가사가 아닌 것은 별개다. 예컨대 남편의 사업상 부채에 대해서 부인은 책임이 없다. 부부의 재산은 원칙적으로 별도로 관리한다. 이를 부부별산제라고 한다(민법 § 829). 그러나 별도로 약정하지 않았거나 누구의 소유인지 불분명한 재산은 공유로 추정한다(민법 § 830②).

(3) 이혼과 혼인의 무효; "모세의 이혼증서와 예수님"

『다윗이 말하기를 "좋다. 내가 너와 더불어 동맹을 맺으리라. 그러나 내가 한 가지 일을 네게 요구하노니, 네가 나의 얼굴을 보러 올 때 먼저 사울의 딸 미칼을 데려오지 아니하면 네가 나의 얼굴을 보지 못하리라." 하고 다윗이 사울의 아들 이스보셋에게 사자들을 보내어 말하기를 "내 아내 미칼을 내게 돌려 달라. 그녀는 내가 필리스티아인들의 포피 일백으로 정혼한 여자니라." 하니라. 이에 이스보셋이 보내어 그녀의 남편, 즉 라이스의 아들 팔디엘로부터 그녀를 데려오니 그녀의 남편이 울면서 그녀를 따라 바후림까지 오더라. 그때 아브넬이 그에게 말하기를 "가라, 돌아가라." 하니 그가 돌아가더라.』(사무엘하 3:13-16, KJV)

구약시대의 이스라엘에서는 정혼이 곧 결혼과 같이 여겨졌다. 따라서 위 성경기사에서 다윗은 미칼을 이미 자신의 '아내'라고 칭하고 있다. 또 요셉과 정혼하고 동거하기 전에 임신한 마리아를 주의 사자는 '네 아내 마리아'라고 부르고 있다(마태복음 1:20). 그러므로 미칼과 팔디엘의 혼인은 중혼에 해당되어 무효이다. 국가법에서는 혼인이 당사자 사이에 합의가 없거나, 8촌 이내의 혈족과 혼인한 경우, 직계 친인척관계인 경우 등은 무효이다(민법 § 815).

『"그러므로 이제 너희 조상의 주 하나님께 자백하고 그의 기쁘심을 행하여 그 땅의 백성과 타국 아내들로부터 너희 자신을 분리시킬지니라." 하니…그들이 첫째 달 일일까지 타국 아내를 취한 모든 자들의 조사를 끝마쳤더라.』(에스라 10:11-17, KJV)

위 성경기사는 외국인과 혼인한 경우 혼인을 취소하고 내쫓은 기사이다. 국가법에서도 무효의 정도에 이르지 않는 법률위반의 경우 취소할 수 있도록 하고 있다. 예컨대 사기로 인하여 혼인의 의사를 표했거나 6촌 이내의 혈족의 배우자였던 경우 등이다(민법 § 816). 그러나 취소할 수 있는 경우라 하더라도 임신을 하면 취소할 수 없다(민법 § 820). 무효는 당연히 혼인이 효력을 가지지 않는 것이고, 취소할 수 있는 경우는 취소권자가 절차에 따라 취소한 경우만 효력을 상실하고 그냥 놓아두면 혼인의 효력이 발생하게 된다.

『어떤 사람이 아내를 취하여 그녀와 혼인을 했는데, 그녀에게서 어떤 수치스러운 일을 발견했기에 그녀가 그의 눈에 은총을 얻지 못하여 좋아지지 않게 되면, 그가 이혼증서를 써서 그녀에게 주어 자기 집에서 내보낼 것이요,

그녀가 그 사람의 집에서 나간 후에는 그녀가 가서 다른 사람의 아내가 될 수 있느니라. 만일 그 나중 남편도 그녀를 미워하여 그녀에게 이혼증서를 써서 그녀의 손에 쥐어 주고 그의 집에서 내보냈거나 혹은 그녀를 아내로 취한 그 나중 남편이 죽었으면 그녀를 내보냈던 전 남편은 그녀가 더럽혀진 후에는 그녀를 자기 아내로 다시 취할 수 없나니 이는 그것이 주 앞에 가증한 것이기 때문이라. 너는 주 너의 하나님께서 네게 유업으로 주시는 땅으로 죄를 짓지 않게 할지니라.』 (신명기 24:1-4, KJV)

『 "…그러므로 이제 그들은 둘이 아니요 한 몸이니라. 그러므로 하나님께서 결합시켜 주신 것을 사람이 나누지 못하느니라." 고 하시더라. 그들이 주께 말하기를 "그러면 어찌하여 모세는 이혼증서를 주어서 내어 버리라 명령하였나이까?" 라고 하니, 주께서 그들에게 말씀하시기를 "모세는 너희 마음의 완고함 때문에 아내를 버리는 것을 허락하였지만 처음부터 그렇지는 아니하였느니라. 내가 너희에게 말하노니, 누구든지 음행한 연고 외에 자기 아내를 버리고 다른 여자와 혼인하는 자는 간음하는 것이요, 또 버려진 여자와 혼인하는 자도 간음하는 것이라." 고 하시더라.』 (마태복음 19:6-9, KJV)

위 성경구절을 보면, 모세의 율법에서는 남편이 임의로 부인과 이혼할 수 있는 것으로 규정했다. 그러나 예수님은 그 사유를 배우자의 간통으로 한정했다. 이것은 국가법보다 더 엄격한 것이다. 국가법에서는 당사자가 합의하여 이혼할 수 있으며(민법 § 834), 일방적으로 이혼할 수 있는 사유로는 배우자의 부정행위, 고의로 다른 일방을 유기했을 때(버렸을 때), 심히 부당한 대우를 받았을 때, 자기의 직계존손이 부당한 대우를 받았을 때, 배우자의 생사가 3년 이상 불명한 때, 기타 혼인을 계속하기 어려운 중대한 사유가 있을 때 등 폭넓은 이혼사유를 두고 있다(민법 § 840).

(4) 재혼; "아브라함의 후처 크투라"

『그 때에 아브라함이 다시 아내를 얻었으니 그녀의 이름은 크투라라.』(창세기 25:1, KJV)

『아내가 자기 남편이 살아 있는 동안에는 법에 매여 있으나, 남편이 죽으면 자유롭게 되어 자기가 원하는 사람과 혼인하게 되나 주 안에서만 할 것이니라.』(고린도전서 7:39, KJV)

배우자가 사망했거나 이혼한 후 다시 혼인하는 것에 아무런 제한이 없는 것은 성경이나 국가법이 같다. 다만 위 단락의 신명기 24:1-4 기사에서는 이혼한 배우자가 다른 사람과 재혼한 후 다시 이혼한 경우 처음의 배우자와 다시 결혼할 수 없는 것으로 규정했지만 국가법에서는 그런 제한이 없다.

『이혼한 여성은 3개월을 기다리게 되나니 이는 하나님이 태내에 창조한 것을 숨기는 것을 허락치 아니함이라.』(꾸란 2:228)

『남편이 죽어 과부를 남길 때에는 그 과부는 4개월 10일을 기다려야 하느니라.』(꾸란 2:234)

꾸란의 규정은 재혼한 후 낳은 아이의 아버지를 분명히 가리기 위한 규정이다. 우리 민법도 『여자는 혼인관계의 종료한 날로부터 6월을 경과하지 아니하면 혼인하지 못한다. 그러나 혼인관계의 종료 후 해산한 때에는 그러하지 아니하다.』(민법 § 811, 2005.3.31 삭제)라고 규정하였다가 불합리한 차별이라 하여 삭제하였다. DNA검사로 친자관계를 정확히 알 수 있으므로 필요가 없어진 것이다.

4. 유언; "야곱과 요셉의 유언"

『곡하는 날들이 지나자 요셉이 파라오의 집에 고하여 말하기를 "내가 지금 당신들의 눈에 호의를 입었으면, 내가 당신들에게 청하오니 파라오의 귀에 고하여 말하라. '내 아버지께서 나로 맹세하게 하여 말하기를, 보라, 내가 죽거든 카나안 땅에 내가 파 놓은 내 무덤에다 장사하라 하셨으므로, 간구하오니 이제 나로 올라가서 내 아버지를 장사하게 하소서. 그리고 나서 내가 다시 오리이다.' 하라." 하니 파라오가 말하기를 "그가 네게 맹세케 했던 대로 올라가서 네 아비를 장사하라." 하더라.』(창세기 50:4-6, KJV)

『요셉이 그의 형제들에게 말하기를 "나는 죽으나 하나님께서 반드시 당신들을 찾아오시고 당신들을 이 땅에서 아브라함과 이삭과 야곱에게 맹세하신 그 땅으로 인도하시리라." 하고, 요셉이 이스라엘 자손들에게 맹세시켜 말하기를 "하나님께서 반드시 너희를 찾아오시리니, 너희는 여기서 내 뼈들을 옮겨 가야 하리라." 하였더라. 그리하여 요셉이 일백십 세가 되어 죽으니 그들이 그에게 향 재료를 넣고 그를 이집트에서 관에 넣었더라.』(창세기 50:24-26, KJV)

『모세가 요셉의 뼈들을 취하였으니 이는 요셉이 이스라엘의 자손에게 엄히 맹세시켜 말하기를 "하나님께서 반드시 너희를 찾아오시리니 너희는 여기서 내 뼈들을 너희와 함께 가지고 나가라." 하였음이라.』(출애굽기 14:19, KJV)

『"내가 세상의 모든 자들의 길로 가노라. 그러므로 너는 강한 사람이 되고 스스로 남자답게 보이라.…또 네가 스루야의 아들 요압이 내게 행한 일과, 그가 이스라엘의 두 군대 대장 넬의 아들 아브넬과 예델의 아들 아마사에게 행한 일을 아나니, 즉 그가 그들을 죽여 평화 속에서 전쟁의 피를 흘려 그 전쟁의 피를 허리에 두른 그의 띠와 발에 신은 그의 신에 묻힌 것이라. 그러므로 네 지혜를 따라 행하되, 그의 백발된 머리가 평안히 음부에 내려가지 못하게 하라. 그러나 길르앗인 바실래의 아들들에게는 친절을 베풀어 그들로 네 식탁에서 먹는 자들 중에 있게 하라. 내가 네 형 압살롬으로 인하여 도망하였을 때 그들이 내게로 그렇게 나아왔느니라.』(열왕기상 2:2-7, KJV)

위 성경기사들은 모두 유언에 관한 사례이다. 유언은 자신의 사망 후에 효력을 가지는 법률행위이다. 재산상의 관계에 국한되지는 않지만, 실제로는 대부분 재산관계에 대한 것이다. 상대방이 있는 계약에 비하여 유언은 단독행위이다.

『유언은 사람이 죽은 후에야 효력이 있으며 유언한 자가 살아있는 동안에는 전혀 효력이 없느니라.』 (히브리서 9:17, KJV)

국가법에서는 유언은 법에 정한 형식을 따르는 경우만 효력을 가진다(민법 § 1060). 왜냐하면 본인이 사망한 후에는 본인의 의사를 확인할 수 없으므로 유언자의 진의를 명확히 하고, 그로 인한 법적 분쟁과 혼란을 예방하기 위해서이다. 유언의 방식은 자필증서 · 녹음 · 공정증서 · 비밀증서 · 구수증서의 5종이다(민법 § 1065). 또한 17세가 되어야 유언할 수 있다(민법 § 1061).

5. 상속

(1) 상속의 의미; "야곱과 요셉의 장자권"

『아브라함이 이삭에게 자기가 가진 모든 소유를 주었더라. 아브라함은 자기 첩들의 아들들에게도 재물을 주어 자기가 살아 있는 동안 그들을 이삭으로부터 멀리 동쪽으로 보내어 동쪽 지역으로 가게 하였더라.』 (창세기 25:5-6, KJV)

『야곱이 죽을 끓였는데, 에서가 들에서 돌아와 몹시 지친지라. 에서가 야곱에게 말하기를 "내가 몹시 지쳤기에 부탁하노니 그 붉은 죽을 나로 먹게 하라." 한지라. 그러므로 에서의 이름을 에돔이라 부르더라. 야곱이 말하기를 "오늘 형의 장자 상속권을 내게 팔라." 하니 에서가 말하기를 "보라, 내가 죽을 지경인데 이 장자 상속권이 내게 무슨 유익이 되겠느냐?" 하니 야곱이 말하기를 "오늘 내게 맹세하라." 하니 그가 야곱에게 맹세하였더라. 그가 자기의 장자 상속권을 야곱에게 팔았더라. 야곱이 에서에게 빵과 팥죽을 주었더니, 그가 먹고 마시고 일어나서 자기 길을 갔더라. 이같이 에서가 자기의 장자 상속권을 경시하였더라.』 (창세기 25:29-34, KJV)

『이스라엘의 맏아들 르우벤의 아들들이라. 그가 맏아들이었으나 그의 아버지의 침상을 더럽혔으므로 그의 장자권이 이스라엘의 아들 요셉의 아들들에게 주어졌더라. 그러므로 그 계보가 장자권을 따라 계수될 것이 아니니 이는 유다가 그의 형제들보다 뛰어났으며 그에게서 최고 치리자가 나왔으나 장자권은 요셉에게 있었음이더라.』 (역대기상 5:1-2, KJV)

국가법에서는 상속은 재산상속에 국한된다. 호주상속제도는 폐지되었다. 그러나 위 성경기사에서 볼 수 있듯이 성경에서는 상속이 단순한 재산상속 이상의 의미를 가졌다. 한 종족의 우두머리로서의 모든 권리를 가지는 것이었기 때문이다. 즉 재산상속과 호주상속 뿐 아니라 한 종족을 대표하고 통치하는 그 이상의 포괄적 의미의 권리를 이어받는 것이라고 할 수 있다.

『형제들이 동거하는데 그 중 한 명이 죽고 자식이 없으면 죽은 자의 아내는 나가서 타인에게 혼인하지 말 것이요, 그녀의 남편의 형제가 그녀에게로 들어가서 그가 그녀를 아내로 삼아 그녀에게 남편의 형제된 의무를 이행할 것이니라. 그녀가 낳은 첫 태생으로 죽은 자기 형제의 이름을 이어받게 하여 그의 이름을 이스라엘에서 끊어지지 않게 할지니라.』 (신명기 25:5-6, KJV)

이러한 풍습도 호주상속제도의 일종으로 볼 수 있다. 만일 그 사람이 형제의 아내를 얻는 것을 좋아하지 않으면 이를 거부할 수 있으며, 이 경우 그 여자는 장로들 앞에서 이를 확인할 수 있었다(신명기 25:7-10).

(2) 상속순위와 지분; "딸에게도 유산을"

『마지막으로 그 아들을 그들에게 보내며 말하기를 '그들이 내 아들이야 존중하겠지.' 하였다. 그러나 그 농부들은 서로 말하였다. '이 사람은 상속자다. 그를 죽여 버리자. 그러면 유산은 우리의 차지가 될 것이다.' 』(마가복음 12:6-7, 새번역)

『 "…또 너는 이스라엘 자손에게 고하여 말하라. 만일 사람이 죽었는데 아들이 없으면 너희는 그의 유업을 그의 딸에게 돌아가게 할지니라. 만일 그에게 딸이 없으면 너희는 그의 유업을 그의 형제들에게 줄지니라. 만일 그에게 형제가 없으면 너희는 그의 유업을 그의 아비의 형제들에게 줄지니라. 만일 그 아비에게 형제들이 없으면 너희는 그의 유업을 그의 족속 가운데서 그에게 가장 가까운 친족에게 주어 그가 그것을 소유하게 할지니라. 주께서 모세에게 명령하신 대로 그것이 이스라엘 자손에게 판결의 규례가 되게 할지니라." 하시니라.』(민수기 27:8-11, KJV)

국가법에서 상속순위는 직계비속, 직계존속, 형제자매, 4촌 이내의 방계혈족의 순이다(민법 § 1000). 위 성경구절들과는 많이 다르다. 만약 상속 받을 사람이 이미 죽은 경우 그 사람의 상속인이 대신 상속을 받는다(민법 § 1001). 이를 대습상속이라고 하는데, 할아버지가 사망할 당시 이미 아버지가 먼저 사망했다면 손자가 아버지를 대신하여 상속을 받는 것을 말한다.

『어떤 사람에게 두 아내가 있는데 하나는 사랑을 받고 또 하나는 미움을 받다가 사랑받는 여인과 미움 받는 여인이 둘 다 자식을 낳았는데 미움 받는 여인의 아들이 첫째이거든, 그가 소유한 것을 그의 아들들에게 그가 상속해 줄 때 미움 받는 여인의 아들 앞에서 사랑받는 여인의 아들을 장자로 세우지 말지니, 그가 참으로 장자이니라. 그는 오직 그가 소유한 모든 것에서 그에게 두 분깃을 주어 미움 받는 여인의 아들을 장자로 인정할지니라. 이는 그가 그의 힘의 시작이요 장자의 권리가 그에게 있음이라.』(신명기 21:15-17, KJV)

성경에서는 얼마나 상속을 받는지, 즉 상속지분에 대해서 명확하지는 않지만 장자를 우선했다는 점은 명백하다. 위 성경기사에서는 장자는 '두 분깃' 즉 200%를 받는 것으로 되어 있다. 우리 민법도 1990년 개정 전에는 장자에게 50%를 더 주었지만 현재는 모든 자녀가 동일하게 받는다(공동균분상속). 다만 현재도 배우자는 50%를 더 받는다(민법 § 1009②).

『라헬과 레아가 대답하여 그에게 말하기를 "우리가 우리 아버지의 집에서 가질 어떤 분깃이나 유업이 있으리요? 아버지가 우리를 팔고 우리의 돈도 다 먹어 버렸으니 아버지가 우리를 타국인으로 간주한 것이 아니뇨? 하나님께서 우리 아버지에게서 취하신 모든 재물은 우리의 것이며 우리 자식들의 것이니 이제 하나님께서 당신에게 말씀하신 것은 무엇이나 행하소서." 하니라.』 (창세기 31:14-16, KJV)

『결혼을 하고 나서 악사는 자기의 남편 옷니엘에게 아버지에게서 밭을 얻어 내라고 재촉하였다.…갈렙이 딸에게 물었다. "뭐 더 필요한 것이 있느냐?" 악사가 대답하였다. "저의 부탁을 하나 들어주시기 바랍니다. 아버지께서 저에게 이 메마른 땅을 주셨으니, 샘 몇 개만이라도 주시기 바랍니다." 그는 딸에게 윗샘과 아랫샘을 주었다.』 (여호수아기 15:18-19, 새번역)

『땅 위의 어디에서도 욥의 딸들처럼 아리따운 여자를 찾아볼 수 없었다. 더욱이 그들의 아버지는 오라비들에게 준 것과 똑같이 딸들에게도 유산을 물려주었다.』 (욥기 42:15, 새번역)

위 성경기사들은 여자도 상속받은 사례이다. 현행 국가법에서는 당연한 것이다. 그러나 1990년 개정 전 민법에서는 출가한 여자는 4분의 1만 주었다. 또한 1979년 개정 전에는 출가 전 여자도 2분의 1만 주었다. 또한 성경의 경우 직계존속이 상속받는 경우는 자녀가 먼저 죽은 비정상적인 경우이므로 이에 대한 언급이 없다.

『무리 가운데서 어떤 사람이 예수께 말하였다. "선생님, 내 형제에게 명해서, 유산을 나와 나누라고 해주십시오."』 (누가복음 12:13, 새번역)

이러한 상속지분은 피상속인(사망한 자)이 아무 의사를 밝히지 않은 경우이고 유언을 통하여 임의로 상속지분을 정하여 줄 수 있다. 또는 상속인이 아닌 사람에게 줄 수도 있다(유증). 그러면 그 의사에 따른다. 그러나 이 경우에도 법정 상속분의 2분의 1(직계비속과 배우자) 또는 3분의 1(직계존속과 형제자매)은 받을 수 있다(민법 § 1112). 이를 유류분(遺留分)이라고 한다.

Ⅵ. 상사법; "포위된 사마리아 성"

『시리아 왕 벤하닷이 또다시 전군을 소집하여 올라와서 사마리아를 포위하였다. 그들이 성을 포위하니 사마리아 성 안에는 먹거리가 떨어졌다. 그래서 나귀머리 하나가 은 팔십 세겔에 거래되고 비둘기 똥[79] 사분의 일 갑(cab)이 은 다섯 세겔에 거래되는 형편이었다.』 (열왕기하 6:24-25, 새번역)

『유대인의 유월절이 가까워지니 예수께서는 예루살렘에 올라가시니라. 그런데 성전 안에서 소와 양과 비둘기를 파는 자들과 환전상들이 앉아 있는 것을 보시고…』 (요한복음 2:13-14, KJV)

『그때 미디안 상인들이 지나가는데, 그들이 요셉을 구덩이에서 들어올려서 요셉을 이스마엘인들에게 은 이십 개에 파니, 그들이 요셉을 이집트로 데려갔더라.』 (창세기 37:28, KJV)

『왕이 혼인장치에 초대받은 사람들을 불러오라고 자기 종들을 보냈으나…그들은 개의치 아니하고 어떤 사람은 자기 밭으로 어떤 사람은 장사하러 갔으며…』 (마태복음 21:3-5, KJV)

위 성경기사들을 보면 화폐를 통하여 거래가 이루어졌음을 알 수 있다. 특히 요한복음의 기사를 보면 소나 양을 전문적으로 파는 사람들, 즉 상인이 있었다고 추정된다. 그러나 특별히 상인의 거래에 대하여 특별히 다른 취급을 하였는지 불분명하다. 즉 민법과 상법의 분화가 없었던 것으로 보인다. 국가법에서는 민법의 물권과 채권분야에서 재산상의 거래관계가 나온다. 그런데 이러한 재산상의 거래를 전문적으로 하는 사람을 상인이라고 하고, 이 경우 민법보다 상

79) 비둘기 똥을 무엇 하러 사고팔까? 여기서의 '비둘기 똥'은 비둘기 똥 모양의 콩(깍지) 또는 그 콩을 볶은 것을 의미한다. 유재덕, 성경밖 성경이야기, 도서출판브니엘, 2008, 188면 참조.

법을 우선적으로 적용한다(상법 § 1, § 4 등 참조). 상행위가 민법상의 거래관계와 다른 점은 영업으로서, 즉 전문적이고 반복적으로 이루어진다는 점이다.

『해마다 솔로몬에게 들어오는 금은, 그 무게가 육백육십육 달란트였다. 이 밖에도 상인들로부터 세금으로 들어온 것과, 무역업자와의 교역에서 얻는 수입과, 아라비아의 모든 왕들과 국내의 지방장관들이 보내오는 금도 있었다.』 (열왕기상 10:14-15, 새번역)

위 성경기사를 보면 외국과의 무역이 활발하게 이루어졌고, 이 과정에서 관세를 징수했다는 것도 알 수 있다.

『그 때 뱃사람들은 두려워서 각자 자기 신에게 부르짖고 배에 있는 물건들을 바다에 던져 그들의 배를 가볍게 하더라. 그러나 요나는 배 밑층으로 내려가서 누워 곧 잠이 들었더라.』 (요나 1:5, KJV)

『(☞ 바울이 로마로 압송될 때) 우리가 태풍에 심하게 시달렸기에 그 다음 날에는 배를 가볍게 하였더라. 셋째 날에는 우리 손으로 배의 장비를 내버리니라.』 (사도행전 27:18-19, KJV)

상법의 일부 또는 특별법으로서 보험이 있다(상법 § 638 이하). 그러나 성경에서는 근대적 의미의 보험제도가 있었던 것은 아니다. 다만 대가족제도(지파별, 씨족별 생활)가 일종의 보험역할을 했을 것으로 보인다.

위 성경기사에서 배가 가라앉는 것을 방지하기 위하여 짐을 내버린 경우, 특히 일부 짐만을 내버린 경우 누가 손해를 부담해야 할까? 상법에서는 이를 공동해손이라 하여 손해를 분담케 한다(상법 § 813, § 866).

Ⅶ. 형사법

1. 형법일반

(1) 국가형벌권과 형벌의 목적; "아브넬에 대한 요압의 복수"

『…그러자 아브넬이 아사헬에게 다시 말하기를 "나를 좇지 말고 옆으로 돌이키라. 어찌하여 내가 너를 땅에다 치랴? 그리하면 어찌 내가 네 형 요압에게 내 얼굴을 들겠느냐?" 하더라. 그러나 그가 옆으로 돌이키기를 싫어하니, 아브넬이 창 뒤 끝으로 그의 다섯 번 째 갈비뼈 아래를 찌르니 창이 그 뒤로 나온지라. 그가 거기 쓰러져 그 자리에서 죽었느니, 아사헬이 쓰러져 죽은 곳까지 온 모든 자들이 가만히 섰더라.』(사무엘하 2:22-23, KJV)

『아브넬이 헤브론으로 돌아왔을 때 요압이 그와 조용히 말하고자하여 성문으로 그를 데리고 가서, 거기서 그의 다섯 번 째 갈비뼈 아래를 찌르니 그가 죽으니라. 이는 그의 동생 아사헬의 피 때문이더라.』(사무엘하 3:27, KJV)

위 성경기사는 요압이 자기 동생 아사헬의 원수를 갚는 장면이다. 아사헬은 전쟁 중에 아브넬에게 죽었고, 아브넬은 평화적으로 다윗을 왕으로 삼기 위해서 왔을 때(사무엘하 3:12-20) 요압에게 죽임을 당했다. 국가권력이 확립되기 전에는 스스로 복수하는 수밖에 없었다. 그런데 힘이 없으면 복수를 못하게 되고, 복수가 또 다른 복수를 낳고, 위 성경기사처럼 정당성이 떨어지는 복수도 있게 된다. 따라서 국가권력이 확립되면서 사적(私的)인 복수를 금지하고 이를 국가가 대신하게 되었다.

『복수와 보응이 내게 속해 있으니, 그들의 발은 정해진 때에 실족하리라. 그들의 재앙의 날이 가까우니 그들에게 임할 일들이 속히 되리라.』(신명기 32:35, KJV)

『오 주 하나님이여, 복수가 주께 속하였나이다. 오 하나님이여, 복수가 주께 속하였으니, 자신을 나타내소서.』(시편 94:1, KJV)

『이는 "원수 갚는 것이 내게 있으니 내가 갚으리라. 주가 말하노라." 또 다시 "주께서 자기 백성을 심판하시리라." 고 말씀하신 그 분을 우리가 알기 때문이니 살아계신 하나님의 손 안으로 떨어지는 것은 두려운 일이라.』(히브리서 10:30-31, KJV)

국가가 개인을 대신하여 형벌을 과하는 것을 국가형벌권이라 한다. 근대 이후 형법의 특징이다.

『주께서 그에게 말씀하시기를 "카인을 죽이는 자는 누구라도 앙갚음을 칠 배나 받으리라." 하시고 주께서 카인에게 표를 하여 그를 만나는 어떤 사람도 그를 죽이지 못하게 하시니라.』(창세기 4:15, KJV)

그런데 그 국가형벌권도 처음엔 개인의 복수를 좀 더 객관적인 국가권력이 대신해 주는 것일 뿐이었다. 이를 보복형이라고 한다.

『도둑질하는 자는 더 이상 도둑질하지 못하게 하고 오히려 일하게 하라. 그가 손수 선한 일을 하여 궁핍한 자를 구제할 수 있게 하라.』(에베소서 4:28, KJV)

『징계가 당시에는 즐겁지 않고 슬픈 것 같으나 후에 그로 인하여 훈련받은 자들에게는 화평한 의의 열매를 맺느니라.』(히브리서 12:11, KJV)

그러다가 형벌의 의미가 범죄자의 재사회화를 위한 교육에 맞추어졌다. 이를 교육형이라고 한다. 보복형이건 교육형이건 일차적인 목적은 범죄자 개인이 다시 범죄를 하지 못하게 하는 것이었다.

『그 재판관들은 충실히 조사할지니, 보라, 만일 그 증언이 거짓 증거이고 자기 형제에게 거짓으로 증거하였다면 그 때에 너희는 그가 그의 형제에게 행하려고 생각했던 대로 그에게 행하여 너는 너희 가운데서 악을 제할지니라. 그리하면 남은 자들이 듣고 두려워하여 그 후부터는 너희 가운데서 그런 악을 더 이상 범하지 아니하리라.』 (신명기 19:18-20, KJV)

『너는 그(☞ 다른 신들을 섬기자고 하는 자)를 돌로 쳐 죽이라. …그러면 온 이스라엘이 두려워하여 너희 가운데 있는 이 같은 악을 더 이상 행하지 못할 것이니라.』 (신명기 13:10-11, KJV)

더 나아가 일반적 위하(威嚇), 즉 범죄예방 쪽으로 관심이 모아졌다. 우리말의 일벌백계라는 의미와 상통한다. 범죄자는 형벌을 받는다는 것을 보여 줌으로써 다른 사람이 범죄할 마음이 들지 않도록 한다는 취지이다. 그런데 형벌의 수위를 높이기만 한다고 범죄가 줄어드는 것은 아니다. 범죄자의 심리를 분석해 보면 자신이 잡혀서 형벌을 받게 될 것이라고 생각하는 경우는 많지 않으며, 그렇게 생각하는 경우에도 이미 모든 것을 포기한 상태라면 형벌이 무거워도 범죄에 이르게 되기 때문이다.

『또 왕이 보내어 시므이를 불러 그에게 말하기를 "너는 예루살렘에 집을 지어 거기서 살고 거기에서 어느 곳으로도 나가지 말라. 네가 나가서 키드론 시내를 건너는 날에는 네가 반드시 죽을 것임을 분명히 알라. 네 피가 네 머리에 있으리라." 하니』 (열왕기상 2:36-37, KJV)

범죄의 대가로 주어지는 것이 형벌이라면 범죄를 예방하기 위한 조치를 보안처분이라고 한다(보안관찰법 § 1 참조). 보안처분에는 보호감호·보호관찰·치료감호 등이 있다.

(2) 작위와 부작위; "잠결에 아들을 죽게 한 여자"

『그 때 창녀인 두 여자가 왕에게 와서 그의 앞에 섰으니 한 여자가 말하기를 "오 내 주여, 나와 이 여자가 한 집에 거하는데, 내가 그녀와 함께 그 집에 있을 때 아이를 낳았나이다. 내가 해산한 지 삼 일 후에 이 여자도 해산하였는데, 우리가 함께 있었고 그 집에는 우리 둘 외에 우리와 함께 한 다른 사람은 없었나이다. 그런데 이 여자의 아이가 밤에 죽었으니, 이는 이 여자가 아이 위에 누웠음이니이다.』 (열왕기상 3:16-19, KJV)

법은 원칙적으로 외부로 나타난 행위를 그 대상으로 한다. 특히 의사에 기인한 행위가 법의 규율대상이다. 위 성경기사에서 누워 자다가 아이를 죽게 만든 여자는 아이를 살해할 의사가 없었으므로 형법상 살인죄로 처벌할 수는 없다. 다만 실수가 인정되면 과실치사죄의 책임을 질 수 있을 뿐이다.

『그의 아비가 축복해 준 그 축복으로 인하여 에서가 야곱을 미워하더라. 에서가 속으로 말하기를 '내 아버지를 위해 곡할 날이 가까웠으니, 그 때 내가 내 아우 야곱을 죽이리라.' 하니 자기의 맏아들 에서의 이 말들이 리브카에게 들린지라.』 (창세기 27:41-42, KJV)

『"너는 네 이웃의 집을 탐내지 말며, 너는 네 이웃의 아내나 그의 남종이나 그의 여종이나 그의 소나 그의 나귀나 네 이웃의 소유 중 아무 것도 탐내지 말지니라." 하시니라.』 (출애굽기 20:17, KJV)

위 성경기사처럼 외부로 표현되지 않은 행위는, 즉 생각만 한 것에 대해서는 처벌하지 않는다. 다만 형법에는 살인예비음모죄(형법 § 255)가 있는데 이는 살인의 생각만으로 처벌하는 것이 아니라, 살인도구를 준비하는 등 구체적으로 살인을 계획하고 준비하는 것이 외부에 표현된 경우에 처벌하는 것이다.

한편 행위는 적극적으로 어떤 행위를 한 작위와 하지 않은 부작위로 나뉜다. 그런데 형법적으로 의미 있는 부작위는 어떤 일을 해야 하는데, 즉 작위의무가 있는데 하지 않는 경우이다.

『너희는 원수의 소나 나귀가 길을 잃고 헤매는 것을 보거든, 반드시 그것을 임자에게 돌려주어야 한다. 너희가 너희를 미워하는 사람의 나귀가 짐에 눌려서 쓰러진 것을 보거든, 그것을 그대로 내버려 두지 말고, 반드시 임자가 나귀를 일으켜 세우는 것을 도와주어야 한다.』 (출애굽기 23:4-5, 새번역)

위 성경구절에 따르면 원수의 가축도 돌보아주어야 한다고 한다. 이는 원수를 사랑하라는 성경적 의미에서 타당한 것이며, 국가법적으로 남의 가축을 돌볼 작위의무가 있지 않으므로 그냥 내버려 두었다고 해서 처벌되지는 않는다.

(3) 죄형법정주의와 형벌불소급의 원칙; "율법과 심판"

『율법 없이 죄를 지은 사람들은 모두 율법 없이 멸망할 것이요, 율법 안에서 죄를 지은 사람들은 모두 율법에 의하여 심판 받게 되리니』 (로마서 2:12, KJV)

『그러므로 율법의 행위로는 하나님 앞에서 의롭다고 인정받을 사람이 아무도 없습니다. 율법으로는 죄를 인식할 뿐입니다.』 (로마서 3:20, 새번역)

『그런즉 우리가 무슨 말을 하리요? 율법이 죄냐? 결코 그럴 수 없느니라. 율법에 의하지 아니하고서는 내가 죄를 알지 못하였으니, 곧 율법이 '너는 탐내지 말지니라.' 하지 아니하였더라면 내가 정욕을 알지 못하였으리라. 그러나 죄가 계명을 통하여 기회를 잡아 내 안에서 온갖 색욕을 일으켰느니라. 이는 율법이 없으면 죄는 죽은 것임이라.』 (로마서 7:7-8, KJV)

형법적 제재(형벌)는 민사적 제재나 행정법적 제재에 비하여 사람들이 가장 부담스러워하는 법적 제재이다. 따라서 사회질서를 유지하기 위한 최소한에 그쳐야 한다. 위 성경구절 같은 원칙이 국가법에도 확립되어 있다. 즉 성문법에 규정이 없으면 죄라고 인정할 수 없고 따라서 형벌을 부과하지 않는다. 이를 죄형법정주의라고 한다. 당연히 관습형법은 배제된다.

『이스라엘 자손이 광야에 있을 때 안식일에 어떤 사람이 나무 가지를 거둬들인 것을 그들이 본지라. 나무 가지를 거둬들이는 자를 본 사람들이 그를 모세와 아론과 온 회중 앞으로 데리고 와서 그를 철창에 가두었으니, 이는 그에게 어떻게 조치해야 하는지가 공포되지 않았음이더라. 주께서 모세에게 말씀하시기를 "그 사람을 반드시 죽일지니, 온 회중이 진영 밖에서 그를 돌로 칠지니라." 하시더라. 주께서 모세에게 명령하신 대로 온 회중이 그를 진영 밖으로 데리고 가서 그를 돌로 쳤더니, 그가 죽으니라.』(민수기 15:32-36, KJV)

형법에서 성문법주의를 채택한 것은 행위자가 자신의 행위가 형법에 위반되는지를 명확히 알 수 있게 하기 위한 것이다. 그래야 위법한 행위임에도 행한 경우에 형벌을 과할 명분이 생긴다. 마찬가지 이유로 행위 당시에 없던 법으로 소급해서 처벌하면 불안할 수밖에 없으므로 형법은 소급해서 적용하지 않는다. 이를 형벌불소급의 원칙이라고 한다. 그러나 범죄인(피의자, 피고인)을 위해서 유리한 경우에는 소급적용한다. 즉 범죄 후에 법이 개정되어 죄가 아닌 것으로 되거나 형량이 가벼워진 경우에는 신법을 소급적용한다(형법 § 1 ②). 위 성경기사에서 안식일에 일한 사람을 사형시킨 것은 국가법적으로 보면 형벌불소급의 원칙에 위배된다.

(4) 정당방위 긴급피난, 자구행위; "밤도둑과 살인죄"

『밤에 도둑이 몰래 들어온 것을 알고서 그를 때려 죽였을 경우에는 죽인 사람에게 살인죄가 없다. 그러나 해가 뜬 다음에 이런 일이 생기면 그에게 살인죄가 있다.』(출애굽기 22:2-3, 새번역)

형법상 금지된 행위라도 정당한 법적 근거가 있는 경우 처벌할 수 없는 것은 당연하다. 예컨대 살인은 범죄지만 전쟁에서 적군을 죽이는 것은 살인죄로 처벌할 수 없고, 타인의 배를 칼로 찌르는 것은 상해죄에 해당하지만 의사가 수술하는 것을 처벌할 수는 없다. 이러한 것을 정당행위라고 한다(형법 § 20).

또 국가가 개인을 보호해 주고 형벌권을 행사하지만, 경우에 따라서는 국가권력의 행사를 기다리기 어려운 때가 있다. 이런 경우 예외적으로 개인이 직접 나설 수 있다. 예컨대 강도가 집에 들어온 것을 경찰에 신고해서 잡을 시간적 여유가 없을 때 직접 강도와 싸워서 잡을 수 있다. 이 과정에서 강도를 때리거나 흉기로 다치게 해도 형법상 처벌하지 않는다. 이를 정당방위라고 한다(형법 § 21①). 자기뿐 아니라 다른 사람을 위해서도 정당방위를 할 수 있다. 그러나 그 정도가 지나치면 형벌을 부과하되 감경 또는 면제할 수 있다(형법 § 21②). 예컨대 강도가 아니라 도둑인데도 흉기로 다치게 한 경우를 들 수 있다. 그러나 이 경우에도 야간이어서 정확히 판단하기 어려웠다거나 공포·경악·흥분 또는 당황으로 인한 경우에는 처벌하지 않는다(형법 § 21③). 위 성경구절은 여기에 해당한다.

『그런데 사람들이 중풍병에 걸린 사람을 침상에 눕힌 채로 데려와서는, 안으로 들여서 예수 앞에 놓으려고 하였다. 그러나 무리 때문에 그를 안으로 들여놓을 길이 없어서, 지붕으로 올라가서 기와를 벗겨 그 자리를 뚫고 그 병자를 침상에 누인 채, 무리 한 가운데로 예수 앞에 달아 내렸다.』(누가복음 5:18-19, 새번역)

위 성경기사에서 남의 집 기와를 벗기고 지붕을 뚫은 행위는 형법상 재물손괴죄에 해당한다(형법 § 366). 그러나 그 이유가 중환자를 구하기 위한 것이라면 처벌하지 않는다. 즉 자기나 타인의 현재의 위난을 피하기 위하여 상당한 이유가 있다면 처벌하지 않는데, 이를 긴급피난이라고 한다(형법 § 22①). 정당방위는 부당한 침해를 막기 위하여 부당한 침해행위를 하는 사람을 타격하는 데 비하여, 긴급피난은 그런 긴급한 상황과 아무 상관없는 다른 사람이나 물건을 타격한다는 점에서 차이가 있다.

『그 당시에 있었던 일인데, 모세가 성장한 후에 그의 형제들에게 나가서 그들의 노역을 보고 있던 중 한 이집트인이 그의 형제 중 하나인 히브리인을 때리는 것을 몰래 본지라. 그가 이쪽저쪽을 살펴 아무도 없는 것을 보고 그 이집트인을 죽여서 모래 속에 감추니라.』(출애굽기 2:11-12, KJV)

위 성경기사만으로는 정확히 판단할 수 없지만, 그 이집트인이 잘못한 것이고 정상적인 절차를 통하여 그 사람을 처벌하기 어려운 상황이라면 모세의 행위가 국가법적으로도 정당화될 수도 있다. 즉 『법정절차에 의하여 청구권을 보전하기 불능한 경우에 그 청구권의 실행불능 또는 현저한 실행곤란을 피하기 위한 행위는 상당한 이유가 있는 때에는 벌하지 아니한다.』(형법 § 23①) 이런 경우를 자구행위(자력구제, 사력구제)라고 한다. 현행범을 좇아가 잡는 경우도 이에 해당한다고 할 수 있다.

(5) 기대가능성과 사회상규; "안식일에 병을 고침"

『종이면서, 한 남자와 정혼하였고, 전혀 구속(救贖)받지 못했으며, 자유를 얻지 못한 여인과 누군가가 성교하면 그녀는 매질을 당하나 그들을 죽이지는 말지니 이는 그녀가 자유롭지 않았기 때문이라.』(레위기 19:20, KJV)

형법상 처벌규정이 있다고 하더라도 여러 가지 정황으로 보아서 위법한 행위를 하지 않을 것을 기대하기 어렵다고 판단되는 경우 처벌하지 않는다. 기대가능성이 없다고 표현한다. 위 성경구절에서의 여인은 (정혼을 실질적인 혼인이라고 할 때) 국가법에서의 간통죄를 범한 것이 되지만, 종이었으므로 자유가 없었고 따라서 자신의 의사로 위법행위를 한 것이라고 보기 어려워 처벌하지 않는 것이다. 처벌한다고 해도 감경사유에 해당할 것이다(형법 § 53).

『그 때에 예수께서 안식일에 옥수수 밭을 지나가시는데, 제자들이 시장하여 옥수수를 따서 먹기 시작하더라.』 (마태복음 12:1, KJV)

어떤 행위가 범죄를 구성한다고 해도 사회상규에 어긋나지 않으면 처벌하지 않거나 형량을 감경한다. 위 성경기사도 예전에 우리나라에서 인정되던 '서리'의 범위 내라면 처벌하지 않을 수 있다. 다음 성경기사처럼 법을 지킬 수 없는 불가피한 경우 정황을 참작해서 형을 감경해 줄 수도 있을 것이다.

『보라, 거기 한 쪽 손이 마른 사람이 있더라. 그들이 주께 물어 말씀드리기를 "안식일에 병을 고치는 것이 타당한 일이니이까?" 라고 하니, 이는 그들이 주를 고소하려 함이라. 그러나 주께서 그들에게 말씀하시기를 "너희 가운데 누구든지 안식일에 양 한 마리가 구덩이에 빠졌다면 붙잡아서 들어올리지 아니하겠느냐? 사람이 양보다 더 귀하지 아니하냐? 그러므로 안식일에 선을 행하는 일은 타당하니라." 고 하시더라.』 (마태복음 12:10-12, KJV)

(6) 미수와 기수, 과실범; "요셉을 유혹한 보디발의 아내"

『그 후에 그의 주인의 아내가 요셉에게 눈길을 보내며 말하기를 "나와 동침하자." 하니 요셉이 거절하며 자기 주인의 아내에게 말하기를 "보소서. 나의 주인이 집 안에서 내가 하는 일은 아는 체를 아니하고 그가 소유한 모든 것을 그가 내 손에 맡기셨으니 이 집에 나보다 더 큰 사람은 없으며 당신 말고는 나에게 아무 것도 금한 것이 없으니 이는 당신이 그의 아내임이라. 그런데 내가 어찌 이 큰 악을 행하여 하나님께 죄를 지으리이까?" 하더라.…그러자 그 여인이 그의 옷을 붙잡고 말하기를 "나와 동침하자." 하니 요셉이 자기 옷을 그녀의 손에 두고 도망하여 빠져 나왔더라. 그녀가 요셉이 자기 옷을 그녀의 손에 두고 도망쳐 나가는 것을 보고서 자기 집의 사람들을 불러 그들에게 이야기하였으니 말하기를 "보라, 주인이 히브리인을 우리에게 데려와서 우리를 희롱하게 하는도다. 그가 나와 동침하려고 내게 들어오기에 내가 크게 소리 질렀더니 그는 내가 목청을 높여 소리 지르는 것을 듣고 그의 옷을 내게 두고 도망쳐 나갔느니라." 하고 그녀가 요셉의 주인이 집에 올 때까지 그의 옷을 자기 곁에 놓아 두니라.』(창세기 39:7-16, KJV)

위 성경기사에서 요셉이 쓴 누명은 강간죄(형법 § 297)가 아니라 강간미수죄(형법 § 300)이다. 범죄행위를 해야 처벌하는 것이 원칙이다. 즉 실행의 착수는 있었으나 행위가 종료되지 않았거나 결과가 발생하지 않은 경우는 미수범이라고 하며(형법 § 25①), 형법에 처벌규정이 있는 경우에만 처벌한다. 미수범은 기수범보다 형량을 감경할 수 있다(형법 § 25②). 무조건 감경하는 것은 아니다. 예컨대 살인죄는 미수범을 처벌하나(형법 § 254), 도박죄(형법 § 246)의 경우 미수범처벌규정이 없으므로 '도박미수'는 처벌되지 않는다.

(7) 현행범과 고소권; "간음하다 잡힌 여인"

『그 때 서기관들과 바리새인들이 간음하다 잡힌 한 여인을 주께 데리고 와서 그 여인을 한 가운데 세우고 주께 말씀드리기를 "선생님, 이 여인이 간음하다가 현장에서 잡혔나이다. 모세는 율법에서 그런 여자를 돌로 치라고 명령하였는데 선생님은 어떻게 말씀하시겠나이까?" 라고 하니 그들이 이렇게 말하는 것은 주를 시험하여 그를 고소할 구실을 얻고자 함이라. 그러나 예수께서 못 들은 체 하시고 몸을 굽혀 손가락으로 땅에다 쓰시더라. 그래도 그들이 계속해서 물으니 일어서시어 그들에게 말씀하시기를 "너희 중에 죄

없는 자가 먼저 그 여인에게 돌을 던지라." 고 하시더라.…그 여인이 말씀드리기를 "주여 아무도 정죄하지 않았나이다." 라고 하더라. 예수께서 그녀에게 말씀하시기를 "나도 너를 정죄하지 않노라. 가라, 그리고 더 이상 죄를 짓지 말라." 고 하시니라.』(요한복음 8:3-11, KJV)

범죄를 실행 중이거나 실행 직후인 경우를 현행범이라고 한다(형사소송법 § 211①). 현행범은 누구든지 영장 없이 체포할 수 있지만(같은 법 § 212), 경미한 범죄인 경우에는 주거불명인 경우에만 영장 없이 체포할 수 있다(같은 법 § 214).

위 성경기사에서 여인은 간통죄의 현행범으로 볼 수 있다. 그러나 간통죄는 고소권자의 고소를 필요로 하는 범죄이다(형법 § 241②). 따라서 국가법적으로 보면 위 기사에서 사람들은 그 여인을 끌고 올 수도, 처벌할 수도 없다.

(8) 공범 교사범 그리고 종범; "뱀의 유혹"

『주 하나님께서 지으신 들의 어떤 짐승보다도 뱀은 더욱 간교하더라. 그가 여자에게 말하기를 "참으로 하나님께서 말씀하시기를 '너희는 동산의 모든 나무에서 나는 것을 먹지 말라.' 하시더냐?" 하니, 여자가 그 뱀에게 말하기를 "우리가 동산 나무들의 열매는 먹을 수 있으나, 동산 가운데 있는 나무의 열매에 관해서는, 하나님께서 말씀하시기를 '너희는 그것을 먹지도 말고, 만지지도 말라. 혹 죽을까 함이라.' 하셨느니라." 하더라. 그 뱀이 여자에게 말하기를 "너희가 반드시 죽지는 아니하리라. 너희가 그것을 먹는 날에는 너희의 눈이 열리고, 너희가 신들과 같이 되어서, 선과 악을 알게 되는 줄을 하나님께서 아심이라." 하더라.』(창세기 3:1-5, KJV)

위 성경기사에서 뱀은 하와에게 선악과를 따 먹으라고 종용했고, 하와는 아담에게 먹으라고 했다. 이렇게 어떤 범죄행위를 시키는 사람을 교사범이라고 하며, 범죄를 행한 자와 똑같이 처벌한다(형법 § 31①).

『(☞ 다윗이 아말렉인을 추격하여 필리스티아 땅과 유다 땅에서 빼앗긴 것들을 다시 찾았을 때) 그 때 다윗과 함께 갔던 자들 중 악한 자들과 벨리알의 사람들이 말하기를 "그들이 우리와 함께 가지 아니하였으니, 우리가 도로 찾은 탈취물들 중 아무 것도 그들에게 주지 않고, 각자에게 자기 아내와 자식들만 주어서 그들을 데리고 떠나게 하리라." 하더라. 그러자 다윗이 말하기를 "나의 형제들아, 주께서 우리를 보호하시고 우리를 치러 오는 군대를 우리 손에 붙이셨는데, 주께서 우리에게 주신 것으로 너희가 그렇게 해서는 안 되느니라. 이 일에 있어서 누가 너희를 듣겠느냐? 전쟁터에 내려간 자의 몫과 소유물 곁에 머물렀던 자의 몫이 같으리니, 똑같이 나눌지니라." 하더라. 이 일이 그 날부터 그렇게 되어 다윗이 그 것을 이스라엘을 위한 율례와 규례로 삼았으니 오늘까지 이르니라.』 (사무엘상 30:22-25, KJV)

위 성경기사에서 다윗을 따라가서 빼앗긴 것들을 다시 찾아오는 역할과 소유물을 지키고 있었던 것은 역할분담일 뿐 전체적으로 하나의 일이라고 볼 수 있다. 만약 이러한 행위가 범죄라면 두 부류는 함께 공동으로 범죄한 것으로 인정되고, 각각 그 죄의 정범으로 취급하는데 이를 공동정범이라고 한다(형법 § 30).

만약 소유물을 지킨 것은 단순히 도움을 준 것에 불과하다면 이를 종범이라 하고 정범보다 형을 감경한다(형법 § 32).

(9) 형의 종류

(가) 사형; "십가가 형벌"

『그들이 주를 십자가에 못 박은 후…주의 머리 위에 '이 사람은 유대인의 왕 예수라.' 고 쓴 죄명을 붙였더라.』 (마태복음 27:35-37, KJV)

『만일 어떤 사람이 죽을죄를 범하고 그가 죽임을 당하여 네가 그를 나무에다 매달거든…』 (신명기 21:22, KJV)

성경에 나오는 형의 종류는 현대형법과는 약간 다르다.[80] 국가법에서는 형벌의 종류로 사형, 징역·금고·구류, 자격상실·자격정지, 벌금·과료·몰수의 9가지를 들고 있다(형법 § 41).

위 성경구절은 사형 중에서 십자가형을 보여주고 있다. 그밖에 돌로 치거나(신명기 21:21), 칼로 죽이거나(출애굽기 32:27), 불로 태우는 방법도 나온다(레위기 20:14, 21:9).

『그 때 그들이 큰 소리를 지르며 자기들의 귀를 막고 일제히 그에게 달려들어 그를 성읍 밖으로 끌어내어 돌로 치고, 증인들은 겉옷을 벗어 사울이라고 하는 한 젊은이의 발 앞에 놓더라. 그들이 스테판을 돌로 치니, 그가 하나님을 부르며 말하기를 "주 예수여, 나의 영을 받아 주소서." 하고 무릎을 꿇고 큰 소리로 부르짖기를 "주여, 이 죄를 그들에게 돌리지 마옵소서." 라는 이 말을 하고 잠드니라.』 (사도행전 7:57-60, KJV)

(나) 징역형; "감옥에 갇힌 요셉"

『그 후에 이집트 왕의 술 맡은 자와 빵 굽는 자가 그들의 군주 이집트 왕에게 범죄한지라. 파라오가 그의 두 관리, 즉 술 맡은 책임자와 빵 굽는 책임자에게 노하여 그들을 경호대장의 집에 있는 철창에 넣었으니, 그 곳은 감옥, 곧 요셉이 갇힌 곳이더라. 경호대장이 요셉으로 그들과 함께 있게 하였으니 그가 그들을 섬겼더라. 그들이 철창에 한동안 계속해서 갇혀 있더라.』 (창세기 40:1-4, KJV)

『필리스티아인들이 그(☞ 삼손)를 붙잡아 그의 양 눈을 빼고 그를 가자로 끌고 내려가서 놋 족쇄로 채우니 그가 감옥에서 맷돌 돌리는 일을 하더라.』 (재판관기 16:21, KJV)

징역은 금고 및 구류와 함께 자유를 제한하는 형벌로, 가두어 놓는 것이다. 징역은 노역을 시키고 금고는 노역을 시키지 않는 차이

80) 톰슨Ⅱ 주석성경, 1988, 구약 300면 [표] 참조.

가 있으며, 구류는 그 기간이 30일 미만이란 점에서 구분된다(형법 § 46). 위 성경기사는 징역형을 보여주고 있다. 징역형은 유기징역과 무기징역으로 나뉘며, 유기징역은 1개월 이상 15년 이하이며, 가중할 경우 25년까지로 한다(형법 § 42). 금고도 같다.

『너 에스라는 네 손에 있는 네 하나님의 지혜를 좇아 네 하나님의 율법을 아는 자들로 행정관과 재판관들을 삼아 강 저편에 있는 모든 백성을 재판하게 할지니라. 또 너희는 율법을 알지 못하는 자들을 가르치라. 네 하나님의 법과 왕의 법을 행하지 아니하는 자는 누구라도 사형이든 추방이든 재산몰수든 투옥이든 그에게 신속하게 재판을 행할지니라.』 (에스라 7:25-26, KJV)

위 성경기사처럼 재판을 통하여 징역형을 비롯한 형벌을 과하는 기사는 바벨론 포로시대 이후에 명확히 나타난다.

『…왕은 심히 난처하였으나, 자기가 한 맹세와 또 자기와 함께 앉아 있는 사람들 때문에 그 소녀의 청을 거절하고 싶지 아니한지라. 왕이 즉시 사형집행인 한 명을 보내어 요한의 머리를 가져오라고 명령하니 그가 가서 감옥에서 요한을 목 베어 그의 머리를 쟁반에 담아다가 그 소녀에게 주니, 소녀가 그것을 자기 어미에게 주더라.』 (마가복음 6:26-28, KJV)

하지만 위 성경기사처럼 신약시대에 와서도 공정한 재판과 적법절차에 따른 형의 집행이 제대로 이루어지지 않았다.

『그 때 아비가 이집트인인, 어떤 이스라엘 여인의 아들이 이스라엘 자손 가운데로 나갔는데, 이 이스라엘 여인의 아들과 어떤 이스라엘 사람이 진영 안에서 싸워 그 이스라엘 여인의 아들이 주의 이름을 모독하고 저주하니 그들이 그를 모세에게로 데려가니라. (그의 어미의 이름은 셀로밋으로 단 지파 디브리의 딸이더라.) 그들이 그를 철창에 가두었으니 이는 그들이 주의 생각을 보기 위해서임이더라.』 (레위기 24:10-12, KJV)

『…그를 철창에 가두었으니, 이는 그에게 어떻게 조치해야 하는지가 공포되지 않았음이더라.』(민수기 15:34, KJV)

위 성경기사들은 재판이 확정되기 전에 임시로 가두어두었다는 기사인데, 국가법적으로 보면 구속하여 구치소에 수감하는 것이다.

(다) 벌금형; "벌금 백 세겔"

『(☞ 결혼한 후 아내가 처녀가 아니었다고 했으나 실제로는 처녀였던 경우에) 그러면 그 성읍의 장로들은 그 남자를 붙잡아 때린 후에 이스라엘 처녀에게 누명을 씌운 대가로 그 남자에게서 벌금으로 은 백 세겔을 받아서 그 여자의 아버지에게 주십시오.』(신명기 22:18-19, 새번역)

『사람이 서로 싸우다가 임신한 여자를 다치게 하였는데, 낙태만 하고 달리 더 다친 데가 없으면 가해자는 그 여자의 남편이 요구하는 대로 반드시 배상금을 내되, 배상금액은 재판관의 판결을 따른다.』(출애굽기 21:22, 새번역)

위 성경구절들은 발금형에 대하여 보여주고 있는데, 민사적 배상과 구분이 모호하다. 국가법에서는 재산형으로 벌금과 과료가 있는데 과료는 2천원 이상 5만원 미만으로, 5만원 이상의 벌금과 구분된다(형법 § 47)

(라) 체형; "사십에 하나를 뺀 매"

『만일 사람에게 매를 때리는 것이 합당하면 재판관은 그를 엎드리게 하고 그의 잘못에 따라 정한 대수를 그의 면전에서 때리게 할지니라. 그 사람은 그에게 사십 대까지는 때릴 수 있으나 그 이상은 초과할 수 없으며, 만일 그 사람이 초과해서 그에게 많은 매로 그보다 더 때리면 그 때는 네 형제가 너를 비열한 사람으로 여길까 함이니라.』(신명기 25:2-3, KJV)

『(☞ 바울) 유대인들로부터 사십에 하나를 뺀 매를 다섯 번이나 맞았고…』 (고린도후서 11:24, KJV)

성경에 나오는 체형은 두 가지인데 태형과 동해보복형이 있다. 체형은 국가법에서는 없는 것이다. 위 성경기사에서 바울이 '사십에 하나를 뺀' 매를 맞은 이유는 실수로 40대보다 더 때리는 것을 막기 위하여 관행적으로 39대를 때렸기 때문이다.

『만일 어떤 피해가 따르면 그 때는 생명은 생명으로 갚아야 하며, 눈은 눈으로, 이는 이로, 손은 손으로, 발은 발로, 데인 것은 데임으로, 상처는 상처로, 매질한 것은 매질한 것으로 갚을지니라.』 (출애굽기 21:23-25, KJV)

이러한 동해보복(同害報復, Talio)은 이밖에도 여러 곳에 규정되었다(레위기 24:19, 신명기 19:21 등). 개인이 직접 복수한다고 가정할 때 피해 정도보다 더 보복할 가능성이 많으므로 이를 제한한 것은 당시로는 합리적인 것이라고 생각된다.

(10) 양형; "배고픈 도둑"

『도둑이 다만 허기진 배를 채우려고 훔쳤다면, 사람들은 그 도둑을 멸시하지 않을 것이다.』 (잠언 6:30, 새번역)

실제 형량을 정할 때는, 법에 정해진 형량(법정형) 중에서 일정한 사유가 있으면 가감하고(처단형) 그 범위 내에서 구체적 사정을 고려하여 정한다(선고형). 예컨대 절도죄의 경우 '6년 이하의 징역 또는 1천만 원 이하의 벌금'이 법정형이며(형법 § 329), 누범인 경우 장기의 2배까지 가중하여(형법 § 35②) '12년 이하의 징역 또는 1천만 원 이하의 벌금'이 처단형이 되고, 그 범위에서 여러 가지 사정을 고려하여 '징역 8년'을 선고 했다면 이것이 선고형이다. 이렇게 여러 가지 사정을 고려하는 것을 작량감경이라고 한다(형법 § 53).

『엘리야가 그에게 대답하기를 "그렇다. 가서 네 주에게 말하기를 '보소서, 엘리야가 여기 있나이다.' 하라." 하더라.…엘리야가 말하기를 "내가 그 앞에 서서 섬기는 만군의 주께서 살아 계시거니와, 내가 오늘 아합에게 나를 반드시 보이리라." 하더라.』(열왕기상 18:8, 15, KJV)

형량을 정할 때 여러 가지 사정을 고려하는 것 중에 자수가 있다. 위 성경기사처럼 자수한 경우 형을 감경 또는 면제할 수 있다(형법 § 52).

2. 개별 형법

(1) 내란과 외환죄; "스스로 왕이 된 아도니야"

『그 때 학깃의 아들 아도니야가 스스로를 높여 말하기를 "내가 왕이 되리라." 하고 자기를 위하여 병거들과 기병들과 자기 앞에 달리는 사람 오십 명을 예비하였더라.』(열왕기상 1:5, KJV)

『(☞ 아하시야의 모친 아달랴가 아들이 죽자 스스로 왕노릇을 6년간 했는데, 아하시야의 숨어있던 아들 요아스가 제사장 여호야다에 의해 왕으로 추대되자) 보니, 왕이 대관식 규례에 따라 기둥 곁에 서 있고, 관리들과 나팔수들도 왕을 모시고 서 있고, 나라의 모든 백성이 기뻐하며 나팔을 불고 있었다. 아달랴가 분을 참지 못하고 옷을 찢으며 "반역이다! 반역이다!" 하고 외쳤다.』(열왕기하 11:14, 새번역)

내란죄는 국헌을 문란할 목적으로 폭동한 자를 처벌하는 규정이다(형법 § 87). 내란목적 살인죄는 별도로 처벌한다(형법 § 88). 모두 사형이 최고형이다.[81]

『그러나 그들은 더욱 강력하게 주장하여 말하기를 "그는 갈릴리로부터 여기에 이르기까지 온 유대지방을 두루 다니며 가르치므로 백성을 선동하였나이다." 라고 하더라.』 (누가복음 23:5, KJV)

내란을 선동하거나 선전하는 자는 3년 이상의 유기징역에 처한다(형법 § 90). 한편 외환죄는 외국 또는 외국인과 통모하여 대한민국에 항적한 경우 처벌하는 규정이다(형법 § 92). 적국과 합세하여 대한민국에 항적한 경우는 여적죄를 구성한다(형법 § 93). 모두 사형이 최고형이다.

(2) 수뢰죄; "펠릭스와 바울"

『바울이 의와 절제와 다가올 심판에 관하여 설명하자 펠릭스가 두려워하여 대답하기를 "이제 그만 가라. 내가 틈이 나면 너를 부르리라." 고 하더라. 그는 또한 바울이 자기에게 돈을 주리라고 바랐는데, 그러면 그를 놓아 주려고 하였더라. 그런 연유로 그를 더 자주 불러서 함께 이야기하더라.』 (사도행전 24:25-26, KJV)

『너는 뇌물을 받지 말라. 이는 뇌물은 현명한 자의 눈을 어둡게 하고 의로운 자의 말들을 왜곡시킴이라.』 (출애굽기 23:6, KJV)

『뇌물을 쓰는 사람의 눈에는 뇌물이 요술방망이처럼 보인다. 어디에 쓰든 안 되는 일이 없다.』 (잠언 17:8, 새번역)

공무원이 그 직무에 관하여 뇌물을 받거나 요구 또는 약속한 경우 5년 이하의 징역에 처한다(형법 § 129). 뇌물을 준 자도 처벌한다(형법 § 133).

---

81) 이하 형법상 규정된 형벌은 대부분 최고형만을 표기한다. 대개 징역과 벌금 등이 함께 규정되어 있어 이를 다 표기하면 장황해지기 때문이다. 정확한 것은 형법전을 참조하기 바란다.

(3) 범인은닉죄 증거인멸죄, 무고죄 위증죄; "정탐꾼을 숨겨준 라합"

『여리코 왕이 라합에게 보내어 말하기를 "네 집에 들어와서 네게 온 사람들을 내보내라. 이는 그들이 온 땅을 탐지하러 왔음이라." 하니, 그 여자가 두 사람을 데려다가 숨겨 놓고 이렇게 말하더라. "사람들이 내게 왔었으나 나는 그들이 어디서 왔는지 알지 못하였으며, 어두워지자 성문이 닫힐 때쯤 되어 그 사람들이 나갔으니 그 사람들이 어디로 갔는지 나는 알지 못하노라. 속히 그들을 좇으라. 그리하면 너희가 그 사람들을 따라잡으리라." 하더라. 한편 그녀는 그 사람들을 지붕 위로 데리고 가서 그녀가 지붕 위에 가지런히 쌓아둔 삼대로 숨겼더라.』 (여호수아 2:3-6, KJV)

벌금 이상의 형에 해당하는 범죄를 행한 자를 숨겨주거나 도피하게 하면 3년 이하의 징역에 처한다. 다만 친족이나 동거하는 가족의 경우에는 처벌하지 않는다(형법 § 151).

『다윗이 사자들을 보내서 그 여인을 데려오게 하여 그녀가 다윗에게로 오니 다윗이 그녀와 동침하더라.…그리고 그녀는 자기 집으로 돌아가니라. 여인이 임신하자 보내어 다윗에게 고하여 말하기를 "내가 아기를 가졌나이다." 하니라.…다윗이 우리야에게 말하기를 "네 집에 가서 발을 씻으라." 하자 우리야가 왕궁에서 떠나니 왕이 보낸 음식이 그를 따라 가니라. 그러나 우리야는 그의 주의 모든 신하들과 함께 왕궁 문에서 자고 자기 집으로 내려가지 아니하더라.』 (사무엘하 11:4-9, KJV)

다른 사람의 형사사건에 관한 증거를 인멸하거나 은닉·변조·위조한 경우 5년 이하의 징역에 처한다. 증인을 은닉하거나 도피하게 하는 경우도 같다(형법 § 155). 그러나 자신의 범죄를 숨기려 하는 것은 당연하므로 별도로 처벌하지 않는다.

『(☞ 아합왕이 나봇의 포도원을 갖고 싶어 하는 것을 알고 그 아내 이세벨이) 그 편지들에 써서 말하기를 "금식을 선포하고, 나봇을 백성 가운데서 높은 곳에 앉힌 뒤 벨리알의 아들 두 사람을 그의 앞에서 앉히고 '네가 하나님과 왕을 모독하였다.' 하며 그에게 불리한 증언을 하게 하라. 그런 후에 그를 끌고 나가 돌로 쳐서 죽이라." 하니라. 이에…편지에 기록된 대로 하였더라.』 (열왕기상 21:9-11, KJV)

무고죄는 다른 사람으로 하여금 형사처분이나 징계처분을 받게 하기 위하여 허위의 사실을 신고한 경우이며, 10년 이하의 징역에 처한다(형법 § 156).

『너는 거짓 소문을 퍼뜨리지 말며 악인들과 손잡고 불의한 증인이 되지 말라. 너는 악을 행하고자 무리를 따르지 말며, 다수를 따라 편향되이 소송에서 말함으로 재판을 굽게 하지 말지니라.』 (출애굽기 23:1-2, KJV)

『만일 거짓 증거하는 자가 일어나서 어떤 사람이 잘못하였다고 그 사람을 대적하여 증거하거든 그 때에는 시비하는 두 사람이 주 앞과 그 당시의 제사장들과 재판관들 앞에 설 것이요, 그 재판관들은 충실히 조사할지니, 보라, 만일 그 증언이 거짓 증거이고 자기 형제에게 거짓으로 증거하였다면 그 때에 너희는 그가 그의 형제에게 행하려고 생각했던 대로 그에게 행하여 너는 너희 가운데서 악을 제할지니라.』 (신명기 19:16-19, KJV)

『대제사장들과 장로들과 온 공회가 예수를 사형에 처하려고 그에 대한 거짓 증거를 찾았으나 아무 것도 찾지 못하였으며, 정녕 많은 거짓 증인이 왔으나 역시 아무 것도 찾지 못하였더라.』 (마태복음 26:59-60, KJV)

『거짓 증인은 벌을 피할 수 없고, 거짓말을 하는 사람은 망하고 만다.』 (잠언 19:9, 새번역)

법률에 의하여 선서한 증인이 허위의 진술을 한 경우 5년 이하의 징역에 처한다(형법 § 152①). 형사사건과 징계사건에서 그 혐의자를 해치려고 위증한 경우에는 10년 이하의 징역에 처한다(형법 § 152②).

(4) 방화와 실화죄; "불을 놓은 자"

『만일 불이 나서 가시나무에 옮겨 붙어서 쌓아 둔 곡식단이나 베지 않은 옥수수나 들을 태우면 불을 놓은 자가 반드시 변상할지니라.』 (출애굽기 22:6, KJV)

국가법에서는 민사법과 형사법이 원칙적으로 분리되어 동시에 적용된다. 위 성경구절은 민사배상만 언급되어 있으나, 국가법적으로는 민사배상과 별도로 실화죄로 처벌된다. 실화죄는 과실로 인하여 사람이 주거로 사용하는 건물이나 차량에 불을 내는 경우로 1,500만원 이하의 벌금에 처한다(형법 § 170). 실수가 아니라 일부러 불을 놓은 경우라면 3년 이상의 징역에 처한다(형법 § 164, § 165). 이 때 사람을 상해 또는 사망에 이르게 하면 사형까지 처벌할 수 있다(형법 § 164②). 주거로 사용하지 않는 건물에 방화한 경우에는 2년 이상의 징역으로 좀 약하게 처벌한다(형법 § 166①). 자신의 건물 등에 불을 놓아서 공공의 위험을 발생케 하면 7년 이하의 징역에 처한다(형법 § 166②).[82] 반대로 해석하면, 자기 건물에 불을 놓아도 공공의 위험을 야기하지 않으면 처벌하지 않는다.

82) 징역 '2년 이상'보다 '7년 이하'가 더 낮은 형벌이다. 형의 기간을 기준으로 하면 장기를 기준으로 경중을 판단한다. 형법 §50②.

(5) 살인죄와 자살; "아벨을 죽인 카인"

『너는 살인하지 말지니라.』(출애굽기 20:13, KJV)

『원한이 있어서 주먹으로 쳐서 사람을 죽게 하였으면 그는 살인자이다. 그러한 살인자는 반드시 죽여야 한다. 피를 보복할 친족은 어디서 그를 만나든지 그를 죽일 수 있다.』(민수기 35:21, 새번역)

동서고금을 막론하고 합리적이 이유가 없는 살인은 금지되었다. 국가법에서도 『사람을 살해한 자는 사형, 무기 또는 5년 이상의 징역에 처한다.』(형법 § 250①) 고 규정하였다.

『다윗이 그 편지에 써서 말하기를 "너희는 우리야를 가장 치열한 전쟁의 최전선에 배치하고 너희만 물러나와, 그로 공격을 당하여 죽게 하라." 하였더라.』(삼하 11:15, KJV)

살인할 생각이 있었다면, 적극적으로 살해하건 위 성경기사처럼 죽게 버려 두어 살해하건(부작위에 의한 살인) 동일하게 처벌된다.

『카인이 그의 아우 아벨과 이야기하더라. 그들이 들에 있을 때 카인이 그의 아우 아벨에게 달려들어 그를 죽이니라.』(창세기 4:8, KJV)

살해의 대상은 제한이 없으나 자기 또는 배우자의 존속을 살해한 자는 '사형, 무기 7년 이상의 징역'으로 가중처벌된다(형법 § 250②).

『사람을 쳐서 죽게 하는 자는 반드시 죽일지니라. 만일 어떤 사람이 기다렸다가 한 것이 아니고 하나님이 그의 손에 넘겨준 것이면 그 때에는 내가 너에게 한 장소를 정해 주리니 그가 그 곳으로 도망할 것이니라. 그러나 만일 어떤 사람이 자기 이웃에게 고의적으로 가서 간계로 그를 살해하였으면 너는 그를 나의 제단에서 끌어내어 죽일지니라.』(출애굽기 21:12-14, KJV)

살해의 의사가 없는데 죽게 한 경우는 전혀 취급이 다르다. 위 성경구절에 나타나듯이 살인죄는 사형이지만 실수로 죽인 것(과실치사)이라면 도피성으로 도망가면 살 수 있었다.

『그 때 주를 배반한 유다가 주께서 정죄 받으신 것을 보고, 스스로 후회하여 은 삼십 개를 대제사장들과 장로들에게 되돌려 주며, 말하기를 "내가 무죄한 피를 배반한 죄를 지었다." 고 하니 그들이 말하기를 "그 일이 우리와 무슨 상관이냐? 네가 당하라." 고 하더라. 그러자 그가 은전들을 성전에 내던지고 나가서 목매어 죽으니…』(마태복음 27:3-5, KJV)

스스로를 살해한 경우, 즉 자살한 경우 처벌할 방법도 없거니와 자살에 실패하여 죽지 않은 경우에도 처벌하지 않는다. 그러나 자살을 도와준 경우, 그리고 죽여 달라고 해서 '죽여 준' 경우(촉탁살인) 1년 이상 10년 이하의 징역에 처한다(형법 § 252).

『그 때 필리스티아인들이 이스라엘과 싸웠으니…전쟁이 사울에게 불리하게 되었을 때, 활 쏘는 자들이 그를 맞춘지라. 그가 활 쏘는 자들로 인하여 심한 부상을 입으니라. 그러자 사울이 그의 병기 든 자에게 말하기를 "네 칼을 빼어 그 것으로 나를 찌르라. 이 할례 받지 아니한 자들이 와서 나를 찔러 나를 모욕할까 하노라." 하였으나 그의 병기 든 자가 원치 아니하였으니, 이는 그가 심히 무서워함이더라. 그러므로 사울이 칼을 뽑아 그 위에 쓰러지니라. 사울의 병기 든 자가 사울이 죽은 것을 보고, 그도 똑같이 자기 칼 위에 쓰러져 그와 함께 죽으니라.』(사무엘상 31:1-5, KJV)

『다윗이 자기에게 고한 청년에게 말하기를 "너는 어떻게 사울과 그의 아들 요나단이 죽은 것을 알았느냐?" 하니 그 청년이 다윗에게 말하기를 "내가 우연히 길보아 산에 올랐는데, 보소서, 사울이 그의 창에 기대 있고…그가 다시 내게 말씀하시기를 '내가 네게 청하노니, 내 위에 서서 나를 죽이라. 내 생명이 아직도 내 안에 온전히 있어 고통이 내게 있음이라.' 하시기에 내가 그 위에서 그를 죽였으니, 그가 쓰러진 뒤로 살 수 없음을 내가 확신하였기 때문이니이다.』(사무엘하 1:5-10, KJV)

두 성경기사가 내용이 약간 다른데, 위의 기사에 따르면 병기든 자는 동반자살을 했다. 그 병기든 자와 동일한 인물인지 불명하나 아래의 기사에 나오는 청년은 촉탁살인죄를 범한 것이다. 동일인이 아니라면 이 청년은 상을 받고 싶어 거짓말을 한 것이 되고, 결국 그는 다윗에 의해 죽게 된다(사무엘하 1:13-16). 위 사울의 죽음과 같은 경우라고 하기는 힘들지만 안락사(존엄사)에 대해서 국가법에서 많은 논란이 있다.

(6) 과실치사; "도끼가 자루에서 빠져"

『너희가 줄 성읍 가운데서 이들 여섯 성읍들은 너희가 도피처로 가지되, 세 성읍은 요단 이편에다 주고 세 성읍은 카나안 땅에 주어 도피성읍이 되게 할지니라. 이 여섯 성읍들은 이스라엘 자손과 타국인과 이스라엘 가운데 기거하는 자를 위한 도피처가 되리니, 누구든지 부지중에 사람을 죽인 자가 그곳으로 도피할 수 있느니라.』 (민수기 35:13-15, KJV)

실수로 사람을 죽인 과실치사죄는 '2년 이하의 금고'로 처벌되는데 살인죄에 비하여 훨씬 약한 처벌이다(형법 § 267).

『그러나 만일 그가 적의 없이 갑자기 밀치거나, 엎드려 기다리지 않고 무엇을 던지거나, 사람을 죽일만한 돌을 가지고 보지 못하고 던져서 그가 죽으면 그의 원수도 아니요 해치려 한 것도 아니니, 그 때는 회중이 살인자와 피를 보복하는 자 사이에서 이러한 명령대로 판결하리니, 회중이 그 살인자를 피의 보복자의 손에서 구해 내어 그가 도피 하였던 도피성읍으로 다시 돌려보낼 것이요, 그는 거룩한 기름으로 기름 부음을 받은 대제사장이 죽기까지 그곳에 거할 것이니라.』 (민수기 35:22-25, KJV)[83)]

『살인자가 그 곳으로 도피하여 살 수 있는 경우는 이러하니, 과거에 미워하

83) 같은 내용 여호수아 20:1-6.

지 않던 자기 이웃을 부지중에 죽인 자라. 어떤 사람이 자기 이웃과 더불어 벌목하러 산림 속으로 들어갔는데, 나무를 자를 때 손에 도끼를 들고 찍다가 도끼가 자루에서 빠져 자기 이웃을 우연히 맞추어 그가 죽으면 그 사람은 그 성읍 중의 하나로 도피하여 살지니 그 피의 보복자가 마음이 뜨거워져 그 살인자를 쫓아가다가 그 길이 멀어서 그를 따라잡아 그를 죽이지 않게 하려는 것이라. 이는 그가 과거에 그 이웃사람을 미워하지 않은 이상 그를 죽이는 것이 합당치 않음이라.』 (신명기 19:4-6, KJV)

당시에는 아직 국가권력에 의하여 모든 분쟁이 해결되는 시기는 아니었으므로 살해를 당한 자의 친족이 복수를 하는 것이 허용되었다. 그런데 위 성경구절처럼 실수로 죽게 한 과실치사의 경우에도, 죽은 사람의 친족 입장에서는 살인과 별 차이가 없기 때문에 동일하게 복수하려고 할 것이다. 따라서 이런 경우 도피성을 마련해서 그곳으로 도망해서 보복을 당하지 않게 하는 제도를 마련하였다. 국가법에서는 없는 제도이다.

『만일 어떤 소가 남자나 여자를 받아서 그들이 죽으면 그 소는 반드시 돌로 쳐서 죽일 것이며 그 고기는 먹지 못할 것이나 그 소의 주인은 형벌을 면하게 될지니라. 그러나 그 소가 이전에도 뿔로 받는 버릇이 있고 그 사실이 주인에게 증거되었는데도 그가 그 소를 가두지 아니하여 그 소가 남자나 여자를 죽였으면 그 소는 돌로 쳐서 죽일 것이며 그 주인도 죽일지니라.』 (출애굽기 21:28-29, KJV)

위 성경구절은 가축의 관리를 잘 못하여 사람을 죽게 한 경우에 대한 규정이다. 그 소의 습성을 알면서 방치하여 사람을 죽게 하였다면 살인죄와 동일하게 처벌한다는 내용이다.

(7) 폭행과 상해, 학대; "눈은 눈으로 이는 이로"

『만일 사람들이 서로 싸우다가 한 사람이 다른 사람을 돌이나 주먹으로 쳤으나, 그가 죽지 않고 자리에 누워 있다가 그가 다시 일어나서 지팡이를 짚고 움직이면 그를 친 자는 형벌을 면하게 되나, 그 사람의 시간의 손실을 변상하고 그를 완전히 낫게 할지니라.』 (출애굽기 21:18-19, KJV)

사람의 신체에 대하여 폭행을 가한 자는 2년 이하의 징역에 처한다(형법 § 260①). 폭행을 가하여 다치게 하거나 죽게 하면 상해죄와 상해치사상죄로 처벌한다(형법 § 262).

『만일 어떤 사람이 그 이웃에게 상처를 내면 그가 행한 대로 그에게 행할지니 부러뜨린 것은 부러뜨리는 것으로, 눈은 눈으로, 이는 이로 하며, 사람에게 상처를 낸 자에게는 그에게도 그렇게 다시 할지니라.』 (레위기 24:19-20, KJV)

사람의 신체를 상해하면, 즉 다치게 하면 7년 이하의 징역에 처한다(형법 § 257①).

『자기 아비나 어미를 친 자는 반드시 죽일지니라.』 (출애굽기 21:15, KJV)

폭행죄나 상해죄의 경우 자기 또는 배우자의 직계존속에게 행한 자는 더 엄하게 처벌(가중처벌)한다(형법 § 260② § 257②). 존속폭행죄와 존속상해죄라고 한다.

『자기 아버지를 구박하고 자기 어머니를 쫓아내는 자는 수치를 일으키고 비난을 부르는 아들이니라.』 (잠언 19:26, KJV)

자기의 보호나 감독을 받는 사람을 학대하면 2년 이하의 징역에 처한다(형법 § 273①). 자기나 배우자의 직계존속을 학대하면 가중하여 5년 이하의 징역에 처한다(형법 § 273②).

(8) 유기와 약취 유인; "강에 버려진 모세"

『그 여인이 임신하여 아들을 낳았더라. 그녀는 그 아이가 준수한 것을 보고 그 아이를 삼 개월 동안 숨겼는데, 더 이상 그를 숨길 수 없게 되자 그녀가 그 아이를 위하여 갈대로 만든 궤를 가져다가, 찰흙과 역청으로 바르고 아이를 그 안에 담아 강의 가장자리 창포들 사이에다 놓아두었으며…』 (출애굽기 2:2-3, KJV)

늙거나 질병 기타의 사유로 도움이 필요한 사람을 보호해야 할 법적 또는 계약상 의무가 있는 사람이 그를 유기한(버려둔) 경우 3년 이하의 징역에 처한다(형법 § 271①). 존속을 유기한 경우 10년 이하의 징역에 처한다(형법 § 271②). 양육할 수 없는 특별한 사정이 있어서 영아(젖먹이)를 유기한 경우 2년 이하의 징역에 처한다(형법 § 272). 위 성경기사에서 모세의 어머니의 경우이다.

『사람을 훔쳐서 팔거나 자기 수하에 둔 자는 반드시 죽일지니라.』 (출애굽기 21:16, KJV)

미성년자를 약취, 유인한 자는 10년 이하의 징역에 처한다(형법 § 287). 추행이나 영리를 위하여 약취·유인한 자는 1년 이상의 징역에 처한다(형법 § 288①). 결혼하기 위하여 한 경우는 5년 이하의 징역에 처한다(형법 § 291).

(9) 간통죄; "아비멜렉과 이삭의 아내"

『너는 간음하지 말지니라.』 (출애굽기 20:14, KJV)

『남자가 다른 남자의 아내 곧 자기의 이웃집 아내와 간통하면, 간음한 두 남녀는 함께 반드시 사형에 처해야 한다.』 (레위기 20:10, 새번역)

『만일 어떤 남자가 한 남편과 결혼한 여자와 동침하는 것이 발견되면 그들을 둘 다 죽일지니, 즉 그 여자와 동침한 그 남자와 그 여자니라. 이같이 너는 이스라엘로부터 악을 제할지니라.』 (신명기 22:22, KJV)

간통은 배우자 있는 자가 배우자 아닌 다른 이성과 동침하는 것을 말하는데, 간통에 대하여 성경이나 국가법이나 모두 범죄로 규정하고 있다. 즉 간통을 한 자는 2년 이하의 징역에 처하며, 간통의 상대방도 같다(형법 § 241①). 다만 형법상 처벌하기 위해서는 배우자의 고소가 있어야 한다(형법 § 241②). 이를 친고죄라고 한다. 또한 배우자를 간통죄로 고소하는 경우 선행조건으로 당사자 사이에 혼인이 해소되었거나 이혼소송이 제기되어 있어야 한다(형사소송법 § 229). 한편 간통은 결국 사생활이고 이혼 시 위자료를 많이 받아내기 위한 수단으로 활용된다는 이유로 폐지하자는 주장이 있으나, 헌법재판소에서는 합헌결정을 내린 바 있다.

『그러자 아비멜렉이 이삭을 불러 말하기를 "보라, 그녀가 분명히 네 아내인데 어찌하여 '그녀는 내 누이라.' 했느냐?" 하니 이삭이 그에게 말하기를 "이는 내가 그녀로 인하여 죽지 않을까 해서 그렇게 말했나이다." 하자 아비멜렉이 말하기를 "네가 어찌하여 우리에게 이같이 말하였느냐? 백성 중 한 사람이 네 아내와 동침할 뻔 하였으니 네가 우리에게 죄를 가져올 뻔 하였도다." 하고 아비멜렉이 그의 모든 백성에게 명령하여 말하기를 "이 사람이나 그의 아내를 접촉하는 자는 반드시 죽음에 처할 것이니라." 하더라.』 (창세기 26:9-11, KJV)

위 성경기사를 보면 팔레스타인에도 이미 규범이 있었고 간통을 범죄로 취급한 것을 알 수 있다. 그것은 간통행위는 부부 사이의 신뢰를 깨뜨리고 결과적으로 가정을 해체시킬 가능성이 높으며, 그럴 경우 노약자에 대한 사회적 보호를 담보하기 어려워 전체적으로 사회불안을 야기한다고 보았을 것이다. 그래서 다른 범죄보다 파장이 더 클 수가 있고 따라서 엄격히 금지한 것이라 할 수 있다.

『너희 가운데 음행이 있다는 것은 다 알려진 바로되, 즉 어떤 자가 자기 아버지의 아내를 취하였다는 것이니 그러한 음행은 이방인들 가운데도 없는 일이라.』(고린도전서 5:1, KJV)

위 성경구절로는 정확한 사실관계를 알 수는 없으나, 간통행위가 아니라 아버지가 죽고 나서 아버지의 부인(자신의 어머니가 아닌)을 취한 것을 경고하는 것으로 생각된다.

(10) 강간 강제추행, 혼인빙자간음; "디나를 사랑한 세겜"

『레아와 야곱 사이에서 태어난 딸 디나가 그 지방 여자들을 보러 나갔다. 히위 사람 하몰에게는 세겜이라는 아들이 있는데 세겜은 그 지역의 통치자였다. 세겜이 디나를 보자 데리고 가서 욕을 보였다. 그는 야곱의 딸 디나에게 마음을 빼앗겼다. 그는 디나를 사랑하기 때문에 디나에게 사랑을 고백하였다. 세겜은 자기 아버지 하몰에게 말하였다. "이 처녀를 아내로 삼게 해 주십시오." 』(창세기 34:1-4, 새번역)

강간은 성경이나 국가법이나 엄격히 금지한다. 개인의 자유 내지는 자율적 결정권을 침해하는 행위이기 때문이다. 위 성경기사에서는 야곱의 아들들인 시므온과 레위가 할례를 받아야 결혼에 응할 수 있다고 그들을 속인 후, 성읍에 들어가 모두 죽이고 디나를 데리고 왔다(창세기 34:5-31).

『만일 어떤 남자가 정혼하지 아니한 처녀인 소녀를 만나 그녀를 붙잡아 그녀와 동침하여 그들이 발견되면, 그녀와 동침한 그 남자는 그 소녀의 아비에게 은 오십 세켈을 줄 것이며 그녀는 그의 아내가 될 것이니라. 이는 그가 그녀를 비천하게 하였기에 그는 그녀를 평생 동안 버리지 못할 것임이라.』 (신명기 22:28-29, KJV)

그런데 디나의 경우는 이방인과의 결혼을 반대했기 때문이며, 위 성경구절을 보면 이런 경우 그냥 결혼을 시키는 것으로 마무리된다.

『만일 처녀인 소녀가 남편에게 정혼하였는데 어떤 남자가 그녀를 성읍 안에서 만나 그녀와 동침하면 그 때에 너희는 그들을 그 성읍의 문 밖으로 끌어내어 그들을 돌로 쳐 죽일지니, 이는 그 소녀가 성읍 안에서 소리 지르지 아니하였음이요, 그 남자는 자기 이웃의 아내를 비천하게 하였음이라. 이같이 너는 너희 가운데서 악을 제할지니라. 그러나 만일 어떤 남자가 정혼한 소녀를 들에서 만나 강제로 그녀와 동침하였으면 그 때는 그녀와 동침한 그 남자만 죽일 것이며, 그 소녀에게는 네가 아무 것도 행하지 말지니 그 소녀에게는 죽일 만한 죄가 없느니라. 이 일은 어떤 사람이 자기 이웃에게 대들어 쳐 죽인 것과 마찬가지니라. 이는 그 남자가 그녀를 들에서 만났기에 그 정혼한 소녀가 소리 질렀으나 그녀를 구해 줄 사람이 아무도 없었음이라.』 (신명기 22:23-27, KJV)

피해자가 처녀가 아니라 결혼(정혼)한 경우 둘을 결혼시킬 수 없으므로 강간을 행한 자는 사형에 처한다는 성경기사이다. 국가법과 다른 점은 피해자가 도움을 요청하지 않은 경우는 함께 처형한다는 점이다. 국가법에서는 3년 이상의 유기징역에 처한다(형법 § 297).

『이에 암논이 누워 병든 체 한지라, 왕이 그를 보러 오니 암논이 왕에게 말하기를 "내가 청하오니, 내 누이 타말이 와서 내가 보는 데서 나를 위하여 과자 몇 개를 만들게 하시어 나로 그녀의 손으로 만든 것을 먹게 하소서." 하니, 다윗이 집으로 보내어 타말에게 말하기를 "지금 네 오라비 암논의 집으로 가서 그에게 음식을 마련해 주라." 하더라. 그러므로 타말이 그녀의 오라비 암논의 집으로 가니, 그가 누워 있는지라, 그녀가 가루를 가져다가 반죽하여 그가 보는 데서 과자를 만들어 굽고 철판을 가져다가 암논 앞에 부었으나, 그가 먹기를 거절하고 말하기를 "모든 사람을 내게서 나가게 하라." 하니 그들 모두가 그에게서 나가니라. 그러자 암논이 타말에게 말하기를 "음식을 방으로 가져오라. 내가 네 손으로 만든 것을 먹으리라." 하니, 타말이 자기가 만든 과자를 가지고 그의 오라비 암논의 방으로 가지고 가니라. 그녀가 그에게 그것을 먹이려고 가져가니, 그가 그녀를 붙잡고 말하기를 "내 누이야, 와서 나와 동침하자." 하니, 그녀가 그에게 대답하기를 "아니라, 내 오라비여, 나를 욕보이지 말라. 이런 일이 이스라엘에서 행해져서는 절대로 안 되나니, 이 어리석은 짓을 하지 말라. 내가 이 수치로 인하여 어디로 가겠느냐? 또 너는 이스라엘에서 어리석은 자 중 하나같이 되리라. 그러므로 내가 청하노니 이제 왕께 고하라. 왕이 나를 네게 주는 것을 거절하지 아니하시리라." 하나, 암논이 그녀의 말을 듣지 아니하고, 그가 그녀보다 힘이 세므로 강제로 그녀와 동침하더라.』 (사무엘하 13:6-14, KJV)

강간의 객체는 부녀자에 한하고 남자를 강간할 수는 없다. 다만 강제추행의 대상에는 남녀 모두 포함된다. 강제추행은 동침에까지 이르지 않은 것을 말한다. 폭행이나 협박으로 강제추행을 하면 10년 이하의 징역에 처한다(형법 § 298).

『만일 어떤 사람이 정혼하지 않은 처녀를 꾀어서 동침하였으면 그는 반드시 그녀에게 지참금을 주어 아내를 삼을지니라. 만일 그녀의 아비가 그녀를 그 사람에게 주기를 아주 거절하면 그 사람은 처녀들의 지참금에 따른 돈을 지불해야 할지니라.』 (출애굽기 22:16-17, KJV)

헌법재판소가 위헌결정(헌재 2009.11.26, 2008헌바58)을 하기 전까지는 혼인을 빙자하거나 위계(僞計)로써 부녀를 속여서 간음하면 2년 이하의 징역에 처하였다(형법 § 304). 위 성경구절에는 사실관계가 명확히 나타나 있지 않으나, 혼인의 의사가 아예 처음부터 없었던 경우에만 처벌할 수 있었다.

(11) 주거침입죄와 소요죄; "보아스에게 간 룻"

『그녀가 타작마당으로 내려가서 그녀의 시어머니가 자기에게 명한 대로 하니라. 보아스가 먹고 마시고 그의 마음이 즐거울 때 그가 가서 곡식더미 끝에 눕자, 그녀가 가만히 가서 그의 발치를 들고 누웠더라.』 (룻기 3:6-7, KJV)

사람의 주거, 관리하는 건조물, 선박이나 항공기 또는 점유하는 방실(房室)에 침입한 자는 3년 이하의 징역에 처한다(형법 § 319①). 주인의 의사에 반하여 들어간 경우에 처벌되는 것이며, 일단 주인의 뜻에 따라 들어갔더라도 나중에 주인이 나가라고 했는데 안 나가면 동일하게 처벌된다(형법 § 319②). 주거의 개념은 단순히 집만을 의미하는 것이 아니라 생활관계가 이루어지는 모든 공간을 의미한다. 주인의 승낙여부도 꼭 명시적인 것이 아니고 추정할 수 있으면 그에 따른다. 예컨대 흉허물 없이 드나들던 이웃집에 마침 주인이 부재중인데 들어갔다면 주거침입죄로 처벌되지 않는다. 위 성경구절의 경우 통상의 경우라면 주거침입죄에 해당한다.

『그래서 온 도시는 큰 혼란에 빠졌고, 군중이 바울의 동행자들인 마케도니아 사람 가이오와 아리스다고를 붙잡아서 한꺼번에 극장으로 몰려 들어갔다.…그러나 군중은 알렉산더가 유대사람인 것을 알고는, 모두 한 목소리로 거의 두 시간 동안이나 "에베소 사람의 아데미 여신은 위대하다!" 하고 외쳤다.… "…우리는 오늘 일어난 이 일 때문에 소요죄로 문책을 받을 위험이 있습니다. 우리는 이 소요를 정당화할 수 있는 아무런 명분이 없습니다." 』 (사도행전 19:29-40, 새번역)

여러 사람이 모여서 폭행이나 협박, 또는 손괴의 행위를 한 경우 소요죄로 1년 이상 10년 이하의 징역에 처한다(형법 § 115). 이 때 단속할 권한이 있는 공무원이 3회 이상 해산을 명해도 해산하지 않으면 다중불해산죄로 2년 이하의 징역에 처한다(형법 § 116).

(12) 절도와 강도; "드라빔을 훔친 라헬"

『너는 도둑질하지 말지니라.』 (출애굽기 20:15, KJV)

『만일 어떤 사람이 소나 양을 훔쳐서 죽이거나 팔면 그 소 한 마리를 소 다섯 마리로, 양 한 마리를 양 네 마리로 갚을지니라.』 (출애굽기 22:1, KJV)

『물건을 훔친 남녀의 손을 자를지니 이는 그 두 손이 얻은 것에 대한 하나님으로부터의 벌이거늘, 하나님은 전능과 지혜로 충만하심이로다.』 (꾸란 5:41)

절도에 대하여 처벌하는 것도 동서고금을 막론하고 공통된다. 소 한 마리를 다섯 마리로 갚도록 한 것은 단순한 손해배상이 아니라 징벌적 배상이라고 한다. 우리 국가법에는 없는 제도이며, 타인의 재물을 훔치면 6년 이하의 징역에 처한다(형법 § 329). 민사적 배상은 별도로 인정된다. 이슬람 국가에서는 꾸란의 규정에 따라 손을 자른다. 다만 다른 형벌 대신 스스로 받아들일 때만 자른다.

『…안식일에 주께서 옥수수밭을 지나가시는데 제자들이 옥수수를 따서 손으로 비벼 먹더라. 바리새인 몇 사람이 그들에게 말하기를 "어찌하여 너희는 안식일에 해서는 아니 될 일을 하느냐?" 고 하니』 (누가복음 6:1-2, KJV)

물론 남의 물건을 훔친 것은 맞지만 사소한 물건이거나 사회통념상 그럴 수도 있는 것이라면 처벌하지 않을 수 있다. 다만 그 기준은 시대에 따라 달라진다. 예전 시골에서의 '서리' 도 지금은 처벌대상이 된다. 아마도 전에는 기업적으로 작물을 재배하는 것이 아니고 서리하는 사람도 지나가다가 시장기를 잊을 만큼만 가져가니까 인정된 관습이었을 것이다.

『자기 아버지와 자기 어머니의 것을 훔치고 말하기를 "이것은 죄과가 아니라." 하는 자는 파괴자와 한패니라.』 (잠언 28:24, KJV)

『나는 벧엘의 하나님이라.…지금 일어나 이 땅을 떠나서 네 친족의 땅으로 돌아가라.…라반이 그의 양들의 털을 깎으러 갔을 때, 라헬은 자기 아비의 형상들을 훔쳤으며』 (창세기 31:13, 19, KJV)

위 창세기 기사에서 형상은 드라빔을 말한다. 단순한 우상으로서의 가치뿐 아니라 개인의 집이나 땅의 법적 권리를 상징했다. "사위가 장인의 가신(家神)을 소유할 경우 진짜 아들로 간주되고 상속을 받게 된다." 는 기록이 있다. 따라서 라헬이 우상을 훔친 것은 우상숭배를 위해서가 아니라 나중에 아버지 라반의 소유를 요구할 수 있으리라는 기대에서 비롯된 것으로 볼 수 있다.[84]

아무튼 남의 물건을 훔치는 것과 자신의 집이나 친족의 물건을 훔치는 것은 좀 다른 느낌이다. 국가법은 배우자나 동거하는 친족 사이에 절도나 강도를 한 경우 형을 면제하며, 그 밖의 친족 간의 절도나 강도는 고소가 있어야 처벌한다(형법 § 328, § 344).

『먼저 강한 자를 결박하지 않고서 그의 집에 들어가 물건을 약탈하는 사람은 아무도 없나니, 결박한 후에야 그 집을 약탈할 수 있느니라.』 (마가복음 3:27, KJV)

남의 물건을 몰래 가져가는 것이 절도라면, 폭행 또는 협박으로 강제로 빼앗아 가는 것은 강도라고 할 수 있다. 강도는 3년 이상의

84) 유재덕, 주(67)의 책, 150-151면.

유기징역에 처한다(형법 § 333). 강도 과정에 사람을 다치게 한 경우는 무기징역 또는 7년 이상의 징역에 처하며(형법 § 337), 살해한 경우 사형까지, 사망에 이르게 한 경우 무기징역까지 처할 수 있다(형법 § 338).

(13) 사기와 배임 횡령; "패물을 빌려 애굽을 떠난 이스라엘민족"

『주께서 모세에게 말씀하시기를 "내가 이제 파라오와 이집트 위에 한 가지 재앙을 더 내리리니, 그 후에야 그가 너희를 여기에서 가게 하리라. 그가 너희를 가게 할 때, 그가 반드시 너희를 다 함께 여기서 쫓아내리니, 이제 백성들의 귀에 말하여 모든 남자들로 자기 이웃에게, 모든 여자들도 자기 이웃에게서, 은 패물과 금 패물을 빌리게 하라." 하시니라』 (출애굽기 11:1-2, KJV)

『이스라엘 자손들이 모세의 말대로 이집트인들에게서 은 패물과 금 패물과 의복을 빌렸더니, 주께서 이집트인들의 목전에서 백성들에게 은총을 베푸시므로 이집트인들은 그들이 요구하는 대로 그들에게 빌려주더라. 그들이 이집트인에게서 빼앗더라.』 (출애굽기 12:35-36, KJV)

위 성경기사에서 모세와 이스라엘 민족은 이집트인들에게 받은 패물을 돌려줄 의사가 있었을까? 사건의 경과로 보면 돌려줄 생각이 없었다고 보인다. 그렇다면 불법영득의 의사가 있었다고 볼 수 있고, 사기죄에 해당한다. 사람을 기망하여(속여서) 재물을 받거나 재산상 이득을 취한 경우, 또는 다른 사람이 받게 한 경우 10년 이하의 징역에 처한다(형법 § 347).

『또 주께서 제자들에게 말씀하시기를 "어떤 부자가 한 청지기를 두었는데 그 청지기가 주인의 재산을 낭비한다는 비난이 그에게 들린지라. 주인이 그를 불러 말하기를 '내가 너에 대하여 이런 소문을 들었는데 어찌된 일이냐? 네가 청지기를 더 이상 못하리니 네 청지기직을 청산하라.' 고 하더라. 그러자 그 청지기가 속으로 말하기를 '주인이 내게서 청지기직을 박탈하니 내가 무엇을 할까? 땅을 일굴 수도 없고 구걸을 하자니 부끄럽도다. 내가 무엇을 해야 될는지 알았도다. 이렇게 하면 내가 청지기직에서 해고된 후에도 사람들은 나를 자기들의 집으로 맞아 주리라.' 고 하고 자기 주인에게 빚진 자들을 모두 불러 첫 번째 온 사람에게 말하기를 '내 주인에게 빚진 것이 얼마나 되느냐?' 고 하자 그가 말하기를 '기름 일백 말이라.' 고 하니, 빚진 자에게 말하기를 '네 증서를 가지고 빨리 앉아서 오십이라 쓰라.' 고 하니라. 또 다른 사람에게 말하기를 '너는 빚진 것이 얼마나 되느냐?' 고 하자, 그가 말하기를 '밀 일백 말이라.' 고 하니 그에게 말하기를 '네 증서를 가지고 팔십이라 쓰라.' 고 하니라. 이에 그 주인이 그 불의한 청지기가 현명하게 처리하였으므로 칭찬하였으니…" 』(누가복음 16:1-8, KJV)

다른 사람의 재물을 보관하는 자가 그 재물을 가져가거나(횡령) 반환을 거부하면 5년 이하의 징역에 처한다(형법 § 355①). 다른 사람의 사무를 처리하는 자가 그 임무에 위배되는 행위로 재산상 이득을 취하거나 제3자에게 취하게 하여 손해를 끼친 경우(배임)에도 같다(형법 § 355②). 이 두 경우 업무상 임무에 위배되어 그런 일을 행한 경우 더 중하게 처벌하여, 10년 이하의 징역에 처한다(형법 § 356).

위 성경기사에서 주인은 처음부터 불의한 청지기에게 주인의 채권을 삭감해 줄 수 있는 권한을 부여받은 것일까? 그렇지 않다면 업무상 배임죄에 해당한다.

3. 형의 집행; "쇠사슬에 묶인 왕"

『그들의 왕들을 쇠사슬로, 그들의 귀족들을 쇠 족쇄로 묶어 기록된 판결을 그들에게 시행하게 할지니, 이 영광이 그의 모든 성도들에게 있도다.』 (시편 149:8-9, KJV)

재판이 확정되어 형이 확정되면 그 형을 집행해야 한다. 이에 대하여 형의 집행 및 수용자의 처우에 관한 법률(구 행형법)이 자세한 규정을 하고 있다. 이에 따르면 형의 집행은 법무부가 관할하며 교정시설(교도소나 구치소 등)을 운영한다. 이 과정에서 인권을 존중하되 특히 차별을 금지한다(같은 법 § 3-§ 5).

『또 나는 그들의 죄와 불법을 더 이상 기억하지 않겠다.』 (히브리서 10:17, 새번역)

『내가 그들의 죄악을 용서할 것이며 그들의 죄를 더 이상 기억하지 아니할 것임이니라. 주가 말하노라.』 (예레미야 31:34, KJV)

형이 실효되면 전과기록이 말소된다. 예컨대 3년 이상의 징역이나 금고는 10년이 지나면 형이 실효되고 전과기록이 말소된다(형의 실효에 관한 법률 § 7). 즉 수형인명부(검찰에서 관리)와 수형인명표(시구읍면에서 관리)에서 기록이 삭제된다. 그러나 범죄경력자료(경찰에서 관리)는 남는다. 한편 7년이 지나면 본인이나 검사의 신청으로 형의 실효를 선고할 수 있다(형법 § 81).

Ⅷ. 사회법

1. 근로계약; "야곱의 품삯"

『그가 말하기를 "내가 네게 무엇을 주랴?" 하더라. 야곱이 말하기를 "외삼촌께서는 내게 아무 것도 주지 않아도 되나니, 만일 외삼촌께서 내게 이것을 해 주신다면 내가 다시 외삼촌의 양떼를 치고 지키리이다. 내가 오늘 외삼촌의 모든 양떼 속을 두루 다니며 이 때부터 양들 중에서 얼룩얼룩하고 점 있는 양들과 모든 갈색 양들 또 염소들 가운데서 점 있고 얼룩얼룩한 것들을 가려내리니 그것들이 나의 품삯이 되리이다.』(창세기 30:31-32, KJV)

근로관계는 기본적으로 개인 사이의 문제이다. 따라서 근로계약도 원칙적으로 계약자유의 원칙이 지배한다. 근로계약의 주요 내용은 근로의 제공과 임금의 지급이다. 이 과정에서 근로자는 근로는 적게, 임금은 많이 받고자 할 것이고 사용자는 그 반대의 입장일 것이다.

『"천국은 마치 자기 포도원을 위하여 일꾼을 구하러 아침 일찍 나간 집주인과 같으니 그 주인이 일꾼들과 하루 품삯을 한 데나리온으로 정하고 그들을 자기 포도원으로 들여보냈더라.…제 십일 시 경에 고용된 자들이 와서 각각 한 데나리온을 받은지라. 처음에 온 자들은 더 받을 줄로 생각했다가 그들도 각자 한 데나리온만 받으니 품삯을 받고 나서 그들이 그 집 주인에게 불평하여 말하기를 '마지막에 온 이 사람들은 한 시간만 일하였는데 당신은 온종일 볕에서 수고한 우리와 그들을 동등하게 대우하였나이다.' 라고 하니 주인이 그 중 하나에게 대답하여 말하기를 '친구여, 내가 너에게 부당하게 한 것이 없노라. 네가 나와 한 데나리온으로 정하지 아니하였느냐? 네 몫을 받아서 가라. 나는 마지막에 온 이 자들에게도 너에게 주었던 대로 주리라."』(마태복음 20:1-2, 9-14, KJV)

위 성경기사는 하나님의 은혜와 구원은 먼저 믿는 사람이나 나중

믿는 사람이나 같다는 것의 비유로 이해할 수 있다. 이를 문자 그대로 근로계약으로 이해한다면, 근로계약은 개별적으로 맺었으니 포도원 주인의 말이 맞다. 한편 이 과정에서 일이 없어서 마냥 기다리던 일꾼들은 적은 임금을 제시해도 계약을 맺을 수밖에 없다. 근로관계에서, 특히 대규모 근로관계에서 근로자는 약자일 수밖에 없다. 따라서 근로관계는 사인관계임에도 불구하고 국가가 개입하여 약자인 근로자를 도와주어야 한다. 이러한 영역, 즉 전통적인 공법과 사법영역 모두에 속하지 않는 새로운 영역으로 사회법의 영역이 생겨났다. 근로관계는 대표적인 사회법 분야이다.

근로기준법과 최저임금법 등은 최저임금과 근로시간의 한계를 규정함으로써 근로자를 보호하기 위한 것이다. 『이 법에서 정하는 근로조건은 최저기준이므로 근로관계 당사자는 이 기준을 이유로 근로조건을 낮출 수 없다.』(근로기준법 § 3)

『삼십 세 이상으로부터 오십 세까지 회중의 성막에서 일하기 위하여 군대에 들어가는 모든 사람들을 총계하라.』(민수기 4:3, KJV)

『"이것이 레위인들에게 속한 것이니, 이십오 세 이상부터는 회중의 성막에서 봉사의 일을 하러 들어갈 것이며 오십 세 이상부터는 봉사의 일을 그치고 더 이상 봉사하지 않을 것이나…"』(민수기 8:24-25, KJV)

누구나 자유롭게 근로계약을 맺을 수 있다. 친권자나 후견인도 미성년자의 근로계약을 대리할 수 없으나, 근로계약이 미성년자에게 불리하면 사후에 해지할 수 있다(근로기준법 § 67). 미성년자도 독자적으로 임금을 청구할 수 있다(근로기준법 § 68). 15세 미만인 자(중학생인 18세 미만인 자 포함)는 근로계약을 할 수 없다(근로기준법 § 64①). 즉 근로를 할 수 없다. 여성이나 18세 미만자에게 도덕상 또는 보건상 위험한 일을 시킬 수 없다(근로기준법 § 65).

정년에 관해서는 개별법으로 규정된 경우 이에 따른다. 예컨대 공무원의 경우 특별한 규정이 없으면 60세가 정년이다(국가공무원법 § 74①).

2. 임금과 근로시간

(1) 임금; "품꾼의 품삯"

『여행을 위하여 자루나 겉옷 두 벌이나 신이나 지팡이도 지니지 말라. 일꾼이 자기 몫의 음식을 받는 것은 합당하니라.』 (마태복음 10:10, KJV)

근로자(노동자)는 근로의 종류를 불문하고 근로를 제공하고 임금을 받는 자이다(근로기준법 § 2①). 임금은 명칭에 상관없이 근로의 대가로 받은 금품을 말한다.

『너는 가난하고 궁핍한 품꾼은 그가 네 형제든지 아니면 네 성문들 안 네 땅에서 거하는 타국인이든지 압제하지 말지니 너는 그 날에 그에게 품삯을 줄 것이며 해가 질 때까지 그 것을 미루지 말지니라. 이는 그가 가난하여 그 품삯에다 마음을 두기 때문이라. 그가 너를 대적하여 주께 부르짖지 않게 하여 그 것이 네게 죄가 되지 않게 하라.』 (신명기 24:14-15, KJV)

『너는 이웃을 억누르거나 이웃의 것을 빼앗아서는 안 된다. 네가 품꾼을 쓰면, 그가 받을 품값을 다음 날 아침까지 밤새 네가 가지고 있어서는 안 된다.』 (레위기 19:13, 새번역)

임금은 근로계약에서 정해지지만 그 최저한도는 최저임금법에서 강제하고 있다. 즉 사용자는 정해진 최저임금액 이상의 임금을 지급하여야 한다(최저임금법 § 6①). 최저임금은 최저임금위원회의 심의를 거쳐 노동부장관이 매년 정한다(최저임금법 § 8①).

(2) 근로시간; "일하는 엿새와 안식일"

『엿새 동안 네가 일할지니 모든 일을 할지니라. 그러나 일곱째 날은 주 너의 하나님의 안식일이니…아무 일도 하지 말지니라.』 (출애굽기 20:9-10, KJV)

『사람은 일하러 나가서 저녁까지 수고하나이다.』 (시편 104:23, KJV)

동일한 임금을 받는다고 한다면 일을 적게 하고 싶은 것이 근로자의 입장일 것이다. 이에 대해서는 근로기준법이 최대한을 규정하고 있다. 즉 원칙적으로 1주일에 휴게시간을 빼고 40시간, 1일에 8시간을 초과해서 일을 시킬 수 없다(근로기준법 § 50). 다만 취업규칙에서 정하는 바에 따라 주당 48시간을, 근로자대표와 서면합의로 52시간을 특정한 주에 근로를 하게 할 수 있다(근로기준법 § 51). 이 경우 연장근로시간에는 통상근로시간의 임금에 50%를 가산하여 지급하여야 한다(근로기준법 § 56).

원칙적으로 여성과 미성년자는 야간근로·휴일근로 및 갱내(坑內)근로를 할 수 없다(근로기준법 § 70, § 72).

3. 부당노동행위; "품삯을 변경한 라반"

『그대들도 아는 대로 내가 내 모든 힘을 다하여 그대들의 아버지를 섬겼으나 그대들의 아버지가 나를 속이며 내 품삯을 열 번이나 변경시켰느니라. 그러나 하나님께서 그가 나를 해치도록 허락하지 않으셨도다.』 (창세기 31:6-7, KJV)

『이같이 내가 외삼촌의 집에서 이십 년을 지냈으니, 외삼촌의 두 딸을 위하여는 십사 년을, 외삼촌의 양떼를 위하여는 육 년을 봉사하였으나, 외삼촌은 내 품삯을 열 번이나 변경하였나이다.』 (창세기 31:41, KJV)

『보라, 너희 밭에서 추수한 일꾼들에게 속임수로 주지 않은 품삯이 소리지르며, 추수꾼들의 울부짖음이 만군의 주의 귀에 들렸느니라.』(야고보서 5:4, KJV)

우월한 사용자에 대항하기 위하여 근로자에게 단결권과 단체교섭권, 단체행동권이 인정된다(헌법 § 33①). 이를 위하여 노동조합 및 노동관계조정법이 마련되어 있다. 이에 따라 정당하게 단체교섭과 쟁의행위를 한 경우에 발생하는 사용자에 대한 손해는 배상책임이 없다(동법 § 3). 또한 형법상 정당행위에 해당되어 형사처벌하지 않는다(동법 § 4). 다만 위법한 쟁의행위나 폭력은 보호되지 않는다.

4. 사회복지법; "몸에 필요한 것"

『만일 형제나 자매가 헐벗고 그 날의 양식조차 없는데 너희 중에 누가 그들에게 말하기를 "평안히 가라. 몸을 따뜻하게 하고 배부르게 먹으라." 고 하면서 그 몸에 필요한 것들을 주지 않는다면 무슨 유익이 있겠느냐?』(야고보서 2:15-16, KJV)

장애인이나 노령자 등 스스로의 힘으로 근로하여 생활을 영위하기 어려운 사람들에게 근로의 자유는 무의미하다. 따라서 사회적으로 이들을 보호하는 장치가 필요한데, 국가조직이 발달하지 않았던 시대에는 사회적인 부조를 통하여 이러한 목적을 달성하였다. 족장 중심의 사회나 대가족제도가 이러한 역할을 하였다. 국가가 조직되면서 이러한 역할은 국가가 하게 되었다. 특히 국가가 개입하지 않으면 부(富)의 세습으로 인하여 중세의 신분제도가 현대에 와서도 재현될 수 있다. 이렇게 자신의 능력으로 벗어나기 어려운 사회적 위험으로는 실직과 건강, 교육과 노후생활 등을 들어볼 수 있다.

『네가 십일조의 해인 삼년 째에 네 소산의 모든 십일조를 드리기를 마친 후에, 그 것을 레위인과 타국인과 아비 없는 자와 과부에게 주어 그들로 네 성문들 안에서 먹고 배부르게 하고 나서…』 (신명기 26:12, KJV)

『하나님께서는 없는 것까지 바치는 것을 바라지 않으십니다.…지금 여러분의 넉넉한 살림이 그들의 궁핍을 채워주면, 그들의 살림이 넉넉해 질 때에 그들이 여러분의 궁핍을 채워줄 수도 있을 것입니다. 이렇게 하여 평형이 이루어지는 것입니다.』 (고린도후서 8:12-14, 새번역)

국가법에는 사회보장기본법 · 교육기본법 · 건강보험법 · 국민연금법 · 노인복지법 등이 마련되어 있다. 다만 아직도 사회보장제도가 불완전하기 때문에 위 성경구절처럼 교회에서 헌금을 구제비로 사용하는 것이 필요하다고 생각된다.

Ⅸ. 국제법과 국제사법; "기브온 거민과 여호수아"

『기브온 거민들이 여리코와 아이에 대해 여호수아가 행한 것(☞ 두 성을 멸함)을 듣고 그들이 간교하게 행하였으니, 가서 마치 그들이 사신들인 것처럼 꾸며 그들의 나귀에는 낡은 자루와 낡고 찢어져 꿰맨 포도주 부대를 싣고 그들의 발에는 낡고 기운 신을 신고 낡은 옷을 입고 모두 마르고 곰팡이 난 빵을 예비하고 길갈에 있는 진영으로 여호수아를 찾아가서 그와 이스라엘 사람들에게 말하기를 "우리는 먼 나라에서 왔나이다. 그러므로 이제 우리와 조약을 맺으소서." 하니 이스라엘 사람들이 히위인들에게 말하기를 "혹시 너희가 우리 가운데 거하는지도 모르니, 우리가 어떻게 너희와 조약을 맺을 수 있으랴?" 하자…그들이 그에게 말하기를 "당신의 종들은 주 당신의 하나님의 이름으로 인하여 아주 먼 나라로부터 왔사오니,…우리의 옷과 신도 아주 먼 여행길로 인하여 낡아졌나이다." 하더라. 사람들이 그들의 식량을 취하고 주의 입에 조언을 구하지 아니하고 여호수아가 그들과 화친하고 그들과 더불어 그들을 살리리라는 조약을 맺었으며 회중의 고관들이 그들에게 맹세하였더라.』 (여호수아 9:3-15, KJV)

앞서 설명한 헌법 · 민법 · 형법 등은 모두 국내법들이다. 즉 원칙적으로 국내에서만 적용되는 법들이다. 그러나 국가가 존재하면 당연히 국가와 국가의 문제가 발생하고 여기에도 법이 필요한데 이러한 법을 국제법이라고 한다. 국가 이외의 국제법 주체들(UN이나 유럽공동체, 또는 국제기구의 공무원 등)에게도 적용된다.

전통적으로 가장 일반적인 것은 국가 사이의 조약인데, 국내법에 비하여 그 강제력을 담보할 권력이 미약하다는 것이 특징이다. 위 성경기사에서 여호수아가 기브온 · 여리코와 맺은 조약은 국내법적으로 설명해도 사술에 의한 착오로 맺은 계약이므로 무효라고 할 수 있겠지만, 국제법적으로는 이스라엘이 존중해 주지 않는다면 이를 담보할 세력이 없는 것이다. 물론 현대에 와서 국제기구의 역할이 증대되고 있기는 하지만, 아직도 국내법에 비하여 강제력이 약한 것이 사실이다.

『내가 천국의 열쇠들을 너에게 주리니, 네가 무엇이든지 땅에서 묶으면 하늘에서도 묶일 것이요, 또 네가 무엇이든지 땅에서 풀면 하늘에서도 풀릴 것이니라.』 (마태복음 16:19, KJV)

『그리고 나를 위하여서는 내게 말씀을 주시어 내 입을 열어 담대하게 복음의 신비를 알리게 하도록 기도하라. 이를 위하여 내가 사슬에 묶인 대사(大使)가 된 것은 나로 하여금 마땅히 할 말을 담대히 하게 하려는 것이니라.』 (에베소서 6:19-20, KJV)

조약은 국가와 국가가 맺는 계약이라고 할 수 있다(양자조약). 이 경우 조약을 맺을 권한을 가진 국가원수가 직접 체결하는 것이 맞지만 현실적으로 국가원수가 직접 모든 조약체결에 나설 수는 없다. 그러므로 국가원수의 권한을 대신 행사할 사람을 보내는데 이를 전권대사라고 한다. 물론 대부분의 국가는 서명 이후 국회의 동의를 거쳐 국가원수의 최종적 의사표시인 비준(批准)을 거쳐 공포하게 된다. 두 나라가 맺는 양자조약에 비하여 여러 나라가 맺는 조약은 다자조약이라고 한다. 나중에 다른 나라가 그 조약에 가입하는 것도 가능하다.

『거기에는 디모데라는 제자가 있었는데, 그의 어머니는 신앙이 돈독한 유대 여자이고, 아버지는 그리스 사람이었다.』 (사도행전 16:1, 새번역)

성경에 보면 야곱 · 요셉 · 모세 · 라합 · 룻 등 외국인과 결혼한 경우가 많이 나온다. 이 경우 이스라엘과 상대방 국가의 어떤 법이 적용되어야 할까? 현대에는 빈번한 국제교류로 인하여 이러한 문제가 더욱 많이 발생한다. 혼인뿐만 아니라 재산의 거래관계에서도 발생한다. 이 때 어떤 법을 적용할지를 미리 규정해 놓을 필요가 있는데, 국제사법이 그 것이다. 국제사법의 내용은 국가별로 다르며, 국내에서 적용하는 것으로 국제법이 아니라 국내법이다.

X. 소송법

1. 소송일반

(1) 소의 제기; "구하라 주실 것이요"

『구하라, 그러면 너희에게 주실 것이요, 찾으라, 그러면 너희가 찾을 것이요, 두드리라, 그러면 너희에게 열릴 것이라. 이는 구하는 자마다 받을 것이요, 찾는 자는 찾을 것이요, 또 두드리는 자에게는 열릴 것이기 때문이라.』 (마태복음 7:7-8, KJV)

이제까지 살펴 본 법들은 실체법이라고 할 수 있다. 실체법은 권리와 의무의 내용으로 구성되어 있다. 이러한 실체법이 그 내용대로 되지 않았을 때 법의 내용대로 실현하기 위한 절차가 필요한데 이를 절차법이라고 한다. 예컨대 민법이 재산에 대한 소유를 규정하고 있다면, 그 소유권이 침해되었을 때 이를 구제하기 위한 절차를 규정한 민사소송법이 필요한 것이다. 소송법이 마련되어 있지 못하다면 모든 (실체)법들은 현실에서 실현되지 못하는 공허한 것이 되고 만다. 따라서 법에서 인정되는 권리라고 한다면 당연히 그 구제절차가 마련되어 있다. 독일 기본법(헌법)은 이를 명문화하고 있으나 우리 헌법은 명문의 규정은 없다. 대신 재판받을 권리를 규정하여(헌법 § 27①) 같은 취지를 표현하고 있다. 구제절차는 대부분 소송(재판)이며, 각 소송법들이 제정되어 있다.

『그 때에 주께서는 사람들이 항상 기도하고 낙심하지 말아야 할 것을 하나의 비유로 그들에게 말씀하셨는데 이르시기를 "어떤 성읍에 하나님을 두려워하지도 않고 사람도 무시하는 한 재판관이 있었으며 또 그 성읍에는 한 과부가 있었는데, 그 여인이 그에게 와서 말하기를 '내 원수들에게 나의 원한을 갚아 주소서.' 라고 하더라. 그 재판관이 얼마 동안은 듣지 아니하다가, 그 후 속으로 말하기를 '나는 하나님을 두려워하지도 않고 사람도 무시하지만 이 과부가 나를 귀찮게 하므로 내가 그녀의 원한을 갚아 주리라. 그렇지 않으면 그 여인이 계속 와서 나를 귀찮게 하리라.' 하였느니라." 고 하시며…』 (누가복음 18:1-5, KJV)[85]

국가는 법으로 개인의 권리를 규정하고 있으므로 이러한 권리의 구제절차인 재판을 거절할 수 없다. 법에 구체적 규정이 없어도 재판을 거절할 수는 없다. 왜냐하면 입법의 흠결을 메우는 여러 가지 원칙이 있기 때문이다. 민사사건의 경우 『민사에 관하여 법률에 규정이 없으면 관습법에 의하고 관습법이 없으면 조리에 의한다.』 (민법 § 1)라고 할 때, 성문법인 법률이 없으면 불문법인 관습법에 의하고, 이것도 없으면 조리에 의하여 재판을 해야 한다. 조리란 법의 일반원칙이나 판사가 입법자의 입장에서 판단하는 것이라고 할 수 있다. 따라서 재판을 거절할 수 없다. 반면 형사재판의 경우 죄형법정주의에 따라 관습형법에 의하여 형벌을 과할 수는 없지만, '법률에 처벌규정이 없어서 무죄' 라는 취지의 재판을 해야 하는 것이다.

재판은 그 수동성으로 인하여 누군가 소를 제기해야 시작된다. 소송을 제기하는 쪽을 원고, 그 상대방을 피고라고 한다. 형사소송에서는 검사만이 원고가 되고(형사소송법 § 246), 상대방은 피고인이라고 한다.

(2) 관할; "빌라도와 헤롯"

『빌라도가 이 말을 듣고서 물었다. "이 사람이 갈릴리 사람이오?" 그는 예수가 헤롯의 관할에 속한 것을 알고서, 예수를 헤롯에게 보냈는데, 마침 그 때에 헤롯이 예루살렘에 있었다.』 (누가복음 23:6-7, 새번역)

85) '재판관'은 현행법상 '판사'로 바꾸어야 한다. 일제강점기에 쓰던 '재판소'도 '법원'으로 바뀌었다. 다만 헌법재판소의 경우 일반 법원과 다른 특성으로 '재판소'와 '재판관'이라는 용어를 쓰고 있다.

소송을 제기할 때 어떤 법원에 해야 하는지를 정하는 것이 관할이다. 민사소송의 경우 원칙적으로 피고의 주소지를 관할하는 법원에 소를 제기하는데(민사소송법 § 2, § 3), 당사자 사이의 합의로 다른 곳에 소를 담당케 할 수 있다(같은 법 § 29①). 형사소송의 경우 범죄지, 피고인의 주소와 현재지를 관할하는 법원이 재판을 한다(형사소송법 § 4). 법원이 관할을 조사하며, 관할이 잘못되었다고 해도 소송의 효력에는 영향이 없다(형사소송법 § 2, 민사소송법 § 32, § 34).

『 "…또한 그대(☞ 모세)는 모든 백성 가운데서 능력 있는 자, 즉 하나님을 두려워하고, 진실한 사람이며, 탐심을 미워하는 자를 선발하여 백성들 위에 세우고, 천부장과 백부장과 오십부장과 십부장을 삼아 그들로 모든 때에 백성을 재판하게 하라. 큰일은 다 그대에게로 가져오게 하고 작은 일들은 다 그들로 재판하게 하면 그들이 그대와 더불어 그 부담을 맡아 그대에게는 보다 쉬워지리라. 만일 그대가 이 일을 하고 하나님께서도 그대에게 그렇게 명하시면 그 때에는 그대가 감당해 낼 수 있으며 이 백성들도 그들의 처소로 평안히 가게 되리라." 하더라.…그리하여 그들이 모든 때에 백성을 판단하되 어려운 사건은 모세에게로 가져왔으나 작은 일들은 다 그들 스스로가 재판하더라.』 (창세기 18:21-26, KJV)

지방법원(지원)의 합의부는 민사재판의 경우 소송가액이 1억원 이상인 재판,[86] 형사재판의 경우 사형, 무기, 단기 1년 이상의 징역에 해당하는 중한 범죄를 재판한다(법원조직법 § 32②). 그 이하는 지방법원 단독판사가 제1심으로 재판한다.

『사무엘이 평생 동안 이스라엘을 재판하였으니 그가 해마다 벧엘과 길갈과 미스페를 순회하며 그 모든 곳에서 이스라엘을 다스리다가 라마로 돌아왔으

86) 민사 및 가사소송의 사물관할에 관한 규칙(대법원규칙 제2163호, 2008.2.20 일부개정) §2

니 거기에 그의 집이 있음이라. 그가 거기서 이스라엘을 다스리며, 거기에 주께 제단을 세웠더라.』(사무엘상 7:15-17, KJV)

지방법원(지원)이 제1심인 사건보다 경미한 사건에 대해서는 시군법원에서 재판을 할 수 있다. 예컨대 소액사건심판법에 의한 소송가액 2,000만원 미만의 경미한 민사소송이나[87] 20만원 이하의 벌금에 해당하는 형사사건이 이에 속한다(법원조직법 § 34). 시군법원판사는 상주하지 않으며, 둘 이상의 시군법원 사건을 재판할 수도 있다(같은 법 § 33). 위 성경기사의 사무엘이 여기에 해당한다고 볼 수 있다.

(3) 심급제; "카이사에게 상소한 바울"

『"…만일 내가 무엇을 잘못했거나 죽을 만한 일을 했다면 죽기를 사양치 아니하리이다. 그러나 만일 그들이 나를 고소한 일이 사실이 아니라면 아무도 나를 그들에게 넘겨줄 수 없나이다. 내가 카이사에게 상소하나이다." 라고 하니 페스토가 공회와 더불어 상의한 후에 답변하기를 "네가 카이사에게 상소하였으니 카이사에게로 가라." 고 하니라.』(사도행전 25:11-12, KJV)

『그가 이렇게 말을 하자 왕과 총독과 베니케와 그들과 함께 앉아 있던 사람들이 일어나 퇴정하면서 서로 말하기를 "이 사람은 사형이나 결박을 당할 만한 일은 전혀 하지 않았노라." 고 하더라. 그 때 아그립파가 페스토에게 말하기를 "그가 카이사에게 항소하지만 아니하였다면 석방시켜 줄 수 있었으리라." 고 하니라.』(사도행전 26:30-32, KJV)

위 성경기사를 보면 바울의 재판권이 사령관(사도행전 21:31 이하), 펠릭스 총독(사도행전 23:23 이하), 폴키오 페스토 총독(사도행

87) 소액사건심판규칙(대법원규칙 제1779호, 2002.6.28 일부개정) §1-2

전 24:27), 아그립파 왕(25:23 이하)으로 변하였고 결국 황제에게 가는 것으로 되었다. 국가법으로 말하자면 판사의 교체와 심급제가 동시에 나오는 것이다. 심급제는 재판의 결과에 만족하지 않는 당사자가 상급법원의 판단을 받아볼 수 있는 제도이다. 제1심에 불복하는 것을 항소, 제2심에 불복하는 것을 상고라고 한다. 물론 항소와 상고는 스스로 포기할 수 있으며, 포기하면 재판이 확정된다. 형사소송에서 피고인이 항소한 경우 원심보다 더 중한 형을 선고할 수 없다(형사소송법 § 368).

항소나 상고는 재판결과에 불복하는 것이므로, 위 성경기사의 경우는 무죄인데 황제에게 상고했다고 하는 것으로 국가법에는 맞지 않는다.

『네 성문들 안에서 다투는 일들이 일어나서 서로 피를 흘리고, 서로 다투고, 서로 구타하여 네가 재판하기에 너무 어려운 문제가 생기거든, 너는 일어나 주 너의 하나님께서 선정하실 곳으로 올라가서 레위인 제사장들과 그 당시의 재판관에게 나와서 물으라. 그리하면 그들이 네게 재판에 관한 판결을 보여 주리라.』 (신명기 17:8-9, KJV)

지방법원 단독판사가 재판한 것은 지방법원 합의부가, 지방법원 합의부가 재판한 것은 고등법원이 항소심을 담당한다. 상고심은 대법원이 담당한다. 민사소송의 경우 항소와 상고 모두 판결서를 송달받은 날로부터 2주 내에 제기하여야 한다(민사소송법 § 396, § 425). 형사소송의 경우 항소와 상고는 7일 이내에 제기해야 한다(형사소송법 § 358, § 374).

(4) 공정한 재판; "심판하는 권세"

『또 아버지께서는 아들에게 심판하는 권세를 주셨으니 이는 그가 인자이심이라.…나는 아무것도 스스로 할 수 없노라. 나는 듣는 대로 심판하노라. 또 나의 심판이 의로운 것은 내가 나의 뜻을 구하지 아니하고 나를 보내신 아버지의 뜻을 구하기 때문이라.』(요한복음 5:27-30, KJV)

『너희는 재판 중에 불의를 행하지 말며 너는 가난한 사람들을 높이지 말며 강한 사람이라고 존대하지 말고 오직 의 가운데서 네 이웃을 판단할지니라.』(레위기 19:15, KJV)

『내가 그 때에 너희 재판관들에게 명하여 말하기를 "너희는 너희 형제들 간에 송사를 듣고 각 사람과 그의 형제와 그와 함께 있는 타국인 간에 공정하게 판결할지니라. 너희는 재판에서 사람들을 차별하지 말 것이며 큰 자 뿐 아니라 작은 자의 말도 듣고 사람의 낯을 두려워 말지니 재판은 하나님의 일이니라. 그 송사가 너희에게 너무 어려운 일이거든 내게로 가져오라. 내가 그것을 들으리라." 하였고…』(신명기 1:16-17, KJV)

공정한 재판은 매우 중요하다. 진실을 발견하여 옳고 그른 것을 가리기 위해서는 재판이 정의에 부합하게 진행되어야 한다. 위 성경구절들은 재판을 담당한 사람들에게 공정한 재판을 명령하는 것들이다. 국가법에서는 법관의 신분을 보장하고(헌법 § 106), 『법관은 헌법과 법률에 의하여 그 양심에 따라 독립하여 심판한다.』(헌법 § 103)고 규정하고 있다. 또한 공정한 재판을 위하여 원칙적으로 재판(선고와 심리)을 공개하도록 하고 있다(헌법 § 109). '공개'의 의미는 아무런 이해관계 없는 사람도 그 재판을 구경할 수 있다는 의미이다. 또한 위에서 설명한 심급제도도 결국 공정한 재판을 통해서 진실을 발견하기 위한 것이다.

(5) 대심주의; "빌라도 앞에 선 예수"

『대제사장들이 여러 가지 일을 들어 주를 고소하나, 주께서는 아무 대답도 아니하시더라. 그러자 빌라도가 주께 다시 물어 말하기를 "너는 아무 것도 대답하지 아니하느냐? 보라, 그들이 얼마나 많은 일로 너에 대하여 증거하는가?" 라고 하더라. 그러나 예수께서는 여전히 아무 대답도 아니하시므로 빌라도가 이상히 여기더라.』 (마가복음 15:3-5, KJV)

재판은 분쟁 당사자가 아닌 제3자적 위치의 판사가 나름대로 진실을 판단하여 판결하는 것이다. 따라서 원고와 피고가 각자의 주장을 하면[88] 판사가 이를 듣고 공정하게 판단해야 한다. 이를 대심주의 또는 변론주의라고 한다. 원칙적으로 판사는 원고나 피고가 주장한 사실만 가지고 판단한다. 이를 불고불리(不告不理)의 원칙이라고 한다.

『내가 너희에게 말한다. 사람들은 심판 날에 자기가 말한 온갖 쓸 데 없는 말을 해명해야 할 것이다. 너는 네가 한 말로, 무죄선고를 받기도 하고, 유죄선고를 받기도 할 것이다.』 (마태복음 12:36-37, 새번역)

『송사에 원고의 말이 바른 것 같으나, 그 피고가 와서 밝히느니라.』 (잠언 18:17, 개역)[89]

위 성경구절들은 대심주의를 잘 표현해 주고 있다. 일반적으로 소송은 변론주의를 원칙으로 하며, 구술심리에 의한다. 반대되는 개념은 직권탐지주의와 서면심리이다. 객관소송이라고 하는 헌법재판은 원칙적으로 직권탐지주의와 서면심리에 의한다.

88) 법률용어로 공격과 방어라고 한다.

89) 이 성경구절은 개역판의 번역이 법률용어로 되어 있어서 개역판을 인용한다.

『나는 그들에게 대답하기를, 로마사람의 관례로서는 피고가 원고를 직접 대면해서 그 고발한 내용에 대하여 변호할 기회를 가지기 전에는 그 사람을 넘겨주는 일이 없다고 하였습니다.』 (사도행전 25:16, 새번역)

따라서 『모든 국민은 헌법과 법률이 정한 법관에 의하여 법률에 의한 재판을 받을 권리를 가진다.』 (헌법 § 27①) **특히** 『형사피해자는 법률이 정하는 바에 의하여 당해 사건의 재판절차에서 진술할 수 있다.』 (헌법 § 27⑤)

『너희는 기도할 때에 이교도들이 하는 것처럼 헛된 반복을 하지 말라.…이는 너희가 구하기 전에 너희 아버지께서는 너희가 무엇을 필요로 하는지 아심이라.』 (마태복음 6:7-8, KJV)

실제로 재판할 때 원고 또는 피고로 공판정에 나가서 진술할 때 법률용어로 설명해야 하는 것은 아니며, 나름대로 설명하면 판사가 나름대로 알아듣고 판단을 한다. 그리고 스스로 진술하기 어려우면 변호사의 도움을 받으면 된다.

(6) 증거재판주의와 입증책임; "솔로몬의 명판결"

『그 때 창녀인 두 여자가 왕에게 와서 그의 앞에 섰으니 한 여자가 말하기를 "오 내 주여, 나와 이 여자가 한 집에 거하는데, 내가 그녀와 함께 그 집에 있을 때 아이를 낳았나이다. 내가 해산한 지 삼 일 후에 이 여자도 해산하였는데, 우리가 함께 있었고 그 집에는 우리 둘 외에 우리와 함께 한 다른 사람은 없었나이다.…" 하니라. 그러자 다른 여자가 말하기를 "아니라, 살아 있는 것은 내 아들이요, 죽은 것이 네 아들이라." 하고 또 이 여자는 말하기를 "아니라, 죽은 것이 네 아들이요, 살아 있는 것이 내 아들이라." 하며 그들이 그렇게 왕 앞에서 말하더라.…왕이 말하기를 "그 살아 있는 아이를 둘로 나누어 반은 이쪽에게, 또 반은 저쪽에게 주라." 하더라. 그 때 살아 있는 아이가 자기 아이인 여자가 왕에게 고하였으니, 이는 그녀의 아들을 위한 그녀의 마음이 불타올랐음이라. 그녀가 말하기를 "오 내 주여, 살아 있는 아이를 그녀에게 주고 아무쪼록 죽이지 마소서." 하였으나, 다른 여자는 말하기를 "내 것도 되지 않고 네 것도 되지 않도록 그 아이를 나누게 하소서." 하더라. 그 때 왕이 대답하여 말하기를 "살아 있는 아이를 저 여자에게 주고 아무쪼록 죽이지 말라. 그녀가 그 아이의 어미니라." 하더라.』 (열왕기상 3:16-18, 3:22-26, KJV)

위 성경기사는 유명한 솔로몬의 재판이야기다. 그러나 증거재판주의를 채택하고 있는 국가법에서 위 기사처럼 단순히 진술과 추정에 의하여 판결을 할지는 의문이다. 왜냐하면 『정식재판에 있어서 피고인의 자백이 그에게 불리한 유일한 증거일 때에는 이를 유죄의 증거로 삼거나 이를 이유로 처벌할 수 없다.』 (헌법 § 12⑦)고 규정하고 있기 때문이다.

『대제사장들과 온 의회가 예수를 사형에 처하려고 그를 고소할 증거를 찾았으나 찾아내지 못하였다. 예수에게 불리하게 거짓으로 증언하는 사람이 많이 있었지만, 그들의 증언은 서로 들어맞지 않았다.』 (마가복음 14:55-56, 새번역)

『만일 어떤 사람이 돈이나 물건을 자기 이웃에게 맡겨 지키게 하였다가 그 사람의 집에서 도둑을 맞았는데 그 도둑이 잡히면 그는 두 배로 변상할 것이요, 만일 그 도둑이 잡히지 아니하면 그 때는 그 집 주인이 재판관들 앞에 가서 자기가 그 이웃의 물건에 자기 손을 댔는지를 조사받을지니라.』 (출애굽기 22:7-8, KJV)

증거에 의하여 재판을 하는 것을 증거재판주의라고 하는데, 위 성경기사처럼 증언도 증거의 일종이다.

『내가 예루살렘에 예배하러 올라간 지 열 이틀밖에 되지 않았다는 것은 총독님께서도 곧 아실 수 있습니다. 그리고 나를 고발한 사람들은 내가, 성전에서나 회당에서나 성내에서, 누구와 논쟁을 하거나, 군중을 선동해서 모으거나 하는 것을 보지 못하였습니다. 지금 그들은 내가 한 일을 들어서 고발하고 있지만 총독님께 아무 증거도 제시할 수 없습니다.』 (사도행전 24:11-13, 새번역)

『그들로 그들의 증인들을 내세워 자기들의 옳음을 증거케 하여 듣는 자들로 "그것이 사실이라." 고 말하게 하라.』 (이사야 43:9, KJV)

입증은 주장하는 사람이 해야 한다. 즉 원고가 증거를 대는 것이 원칙이다. 형사소송에서는 검사만이 원고이므로 검사가 피고인이 범인임을 증명해야 한다. 앞에 나온 솔로몬의 재판에서는 주장하는 여자가 입증해야 하는 것이다. 입증이 안 될 때, 즉 누구 말이 맞는지 알 수 없을 때는 주장한 자의 불이익으로 귀결된다. 이를 입증책임이라고 한다. 원고가 어떤 사실을 주장하며 무엇을 해달라고 하는 것이[90] 재판이므로, 스스로 증거를 대지 못하면 해달라는 것을 해줄 수 없다는 말이다.

『 "…너희 중에서 하나를 보내어 너희 아우를 데려오게 하고, 너희는 감옥에 갇혀 있으라. 그리하여 너희 안에 진실이 있는지 너희의 말들이 증명되리라. 그렇지 아니하면 파라오의 생명으로 맹세하노니, 너희는 분명히 정탐꾼이라." 하며, 그들 모두를 다 삼일 간 철창에 가두었더라.』 (창세기 42:16-17, KJV)

위 성경기사에서 정탐꾼이라고 주장하는 자(☞ 요셉)가 입증책임이 있는 것이며, 야곱의 다른 아들들이 스스로 정탐꾼이 아님을 증명할 필요는 없는 것이다.

---

90) 원고가 소송을 통하여 원하는 것을 청구취지라고 한다. 이에 비하여 심판의 대상을 특정하기 위하여 필요한 사실을 청구원인이라고 한다.

2. 민사소송

(1) 제소와 제소전 화해; "법정에 가기 전의 화해"

위 소송일반에서 설명한 내용이 대부분 민사소송에도 적용된다. 여기서는 민사소송에만 있는 특징을 몇 가지 더 설명하기로 한다.

민사소송은 다른 소송과 마찬가지로 원고가 소송을 제기하여야 시작이 된다. 이 경우 소송을 제기할 수 있는 자격(원고적격)이 있어야 할 뿐만 아니라 소송을 수행할 능력이 있어야 한다(민사소송법 § 51, § 55). 민사소송을 제기하기 위해서는 일정액의 인지를 첩부하여야 한다. 인지액은 소송가액에 따라 다른데, 예를 들어 가액이 1억원이라면 0.04%를 곱하여 5만5천 원을 더한 45만5천 원이 된다(민사소송 등 인지법 § 2 참조). 항소심에서는 이의 1.5배, 상고심에서는 2배를 내야 한다. 증인신청이나 감정비용 등의 소송비용은 원칙적으로 패소한 사람이 부담한다(민사소송법 § 98). 변호사 비용은 아주 일부만 소송비용으로 본다(같은 법 § 109 참조).

『너를 고소하는 사람과 함께 법정으로 갈 때에는, 도중에 얼른 그와 화해하도록 하여라. 그렇지 않으면, 고소하는 사람이 너를 재판관에게 넘겨주고, 재판관은 형무소 관리에게 넘겨주어서, 그가 너를 감옥에 집어넣을 것이다. 내가 진정으로 너희에게 말한다. 너희가 마지막 한 푼까지 다 갚기 전에는, 거기에서 나오지 못할 것이다.』 (마태복음 5:25-26, 새번역)

재판이 진행되어 결론을 내리는 것, 즉 판결 이전에 당사자 사이에 합의하여 재판을 더 이상 진행하지 않을 수 있는데 이를 화해라고 한다. 법원이 화해를 권고할 수도 있으며(민사소송법 § 225), 화해는 판결과 같은 효력을 가진다(같은 법 § 220). 그런데 위 성경구절과 같이 소를 제기하기 전에 화해를 신청하는 경우도 있는데(같은 법 § 385 이하), 화해가 되면 재판상의 화해와 같이 판결의 효력과 동일하며, 화해가 성립되지 않아서 소를 제기하는 경우 화해신청 시에 소를 제기한 것과 같이 취급된다(같은 법 § 388②).

(2) 입증; "신을 벗어 줌"

『옛날 이스라엘에서 값을 치르고 교환하는 일에 관하여 모든 일을 확증하는 관습이 이것이었으니, 즉 사람이 자기 신을 벗어 그 것을 그의 이웃에게 주는 것이더라. 이것이 이스라엘에서 증거가 되었더라.』 (룻기 4:7, KJV)

증거재판주의에 따른 입증과 입증책임은 위 소송일반에서 설명한 것과 같다. 경우에 따라서는 법률과 판례로 입증책임을 상대방에게 전환하는 경우도 있다. 따라서 무조건 주장하는 자가 입증해야 하는 것은 아니다. 예컨대 의료사고의 경우, 피해자인 환자나 환자의 가족이 의사의 과실을 주장할 때 전문적인 의료과실을 입증하기 어려우므로 의사가 스스로 무과실을 입증해야 한다는 판례가 나오고 있으며, 이를 아예 입법화하려는 시도도 있다.

(3) 판결과 강제집행; "엘리사에게 하소연한 여인"

『그 때 선지자들의 아들들의 아내 중 어떤 여인이 엘리사에게 부르짖어 말하기를 "당신의 종 나의 남편이 죽었나이다. 당신은 당신의 종이 주를 두려워하였음을 아시나이다. 그런데 채권자가 와서 내 두 아들을 취하여 그의 종으로 삼고자 하나이다." 하자…』 (열왕기하 4:1, KJV)

재판의 결과는 판결이라고 한다. 재판은 일반적으로 두 단계로 이루어지는데 재판으로 성립하는지를 판단하는 요건심리(본안전심리) 단계와 주장하는 내용이 맞는지를 판단하는 내용심리(본안심리) 단계로 나누어진다. 앞의 형식심사에서 자기권리가 아니거나 소제기

기간이 지났거나 하는 등의 사유로 재판을 진행하지 않고 끝내는 경우가 있는데 이 경우 각하(却下)판결이라고 한다. 이 단계를 지나 내용적으로 심사해서 원고의 주장이 맞으면 인용(認容)판결을, 틀리면 기각(棄却)판결을 한다. 위 성경구절은 재판을 통하지 않고 채권자가 직법 자력집행에 나서는 것을 보여주는데, 국가법에서는 판결을 통해서만 강제집행이 가능하다.

『 "…그러나 그에게는 갚을 것이 없으므로, 그의 주인이 그에게 명령하기를, 그의 아내와 자식들과 그의 소유를 다 팔아서 빚을 갚으라고 하니,…그러나 그 종이 나가서 자기에게 일백 데나리온 빚진 동료 종 한 사람을 만났는데, 그를 붙들어 멱살을 잡고 말하기를 '네 빚을 갚으라.' 고 하더라.… '…그러면 내가 다 갚겠네.' 라고 하나 그가 들어 주지 않고, 오히려 가서 빚진 것을 갚을 때까지 감옥에 집어넣더라.…그의 주인이 화가 나서 그 사람이 자기에게 진 빚을 다 갚을 때까지 형리들에게 넘겨주더라.』(마태복음 18:25-34, KJV)

재판에서 이겼다고 해서 채권자가 스스로 채무자의 재산을 빼앗아 갈 수는 없다. 채무자(패소자)가 채무를 스스로 갚지 않는다면 법원에 신청해서 강제로 집행을 한다. 이를 위해서 민사집행법이 제정되어 있으며, 강제집행을 담당하는 사람을 집행관이라고 한다(민사집행법 § 2). 민사판결의 목표는 원상회복이며, 원상회복이 불가능하면 결국 손해배상으로 넘어간다. 위 성경기사처럼 신체를 구속하는 등의 집행방법은 현행법에서는 없다. 따라서 정말 재산이 없어서 못 갚는 경우에는 받을 수가 없다. 다만 재산이 있으면서도 강제집행을 피하기 위해서 재산을 빼돌리는 경우 형법상 강제집행면탈죄로 3년 이하의 징역에 처할 수도 있으며(형법 § 327), 법원의 명령으로 재산목록을 제출하도록 하고 이에 거짓이 있으면 처벌할 수 있다.

3. 형사소송

(1) 기소전 단계; "사울의 박해"

『사울은 여전히 주님의 제자들을 위협하면서, 살기를 띠고 있었다. 그는 대제사장에게 가서, 다마스쿠스에 있는 여러 회당으로 보내는 편지를 써 달라고 하였다. 그는 그 '도'를 믿는 사람은 남자나 여자나 가리지 않고 닥치는 대로 묶어서 예루살렘으로 끌고 오려는 것이었다.… "그리고 그는 주님의 이름을 부르는 사람들을 잡아 갈 권한을 대제사장들에게서 받아 가지고 여기에 와 있습니다.』 (사도행전 9:1-14, 새번역)

범죄가 있을 경우 경찰과 검찰은 수사를 진행하게 된다(형사소송법 § 195, § 196). 고소나 고발로 인하여 수사가 진행되기도 하고, 스스로 알게 되어 진행되기도 한다(인지사건).

『예수께서 대답하여 그들에게 말씀하시기를 "너희가 강도에게 하듯이 칼과 몽둥이를 가지고 나를 잡으러 왔느냐? 내가 매일 성전에서 너희와 함께 있으면서 가르쳤으나 너희가 나를 붙잡지 아니하였도다."』 (마가복음 14:48-49, KJV)

『그리하여 성전 책임자가 경비원들과 함께 가서 그들을(☞ 사도들) 데려 올 때 강제로 하기 아니하였으니, 이는 사람들이 돌로 칠까 두려워함이더라.』 (사도행전 5:26, KJV)

검사나 경찰은 범죄의 혐의가 있는 사람, 즉 피의자에게 출석을 요구하여 진술을 들을 수 있다(형사소송법 § 200). 스스로 출석하지 않으면 검사는 판사에게 청구하여 체포영장을 발부받아 체포할 수 있다(같은 법 § 200-2). 피의자가 사형 · 무기 또는 장기 3년 이상의 징역에 해당하고 체포영장을 발부받을 시간적 여유가 없을 경우 긴급체포할 수 있다(같은 법 § 200-3). 이 경우 48시간 내에 구속영장을 청구하여야 한다(같은 법 § 200-4). 현행범은 영장 없이 체포할 수 있다(같은 법 § 212).

『사무엘이 말하기를 "내가 어찌 가리이까? 사울이 그 말을 들으면 나를 죽이리이다." 하니 주께서 말씀하시기를 "너는 너와 함께 암송아지 한 마리를 끌고 가서 말하기를 '내가 주께 제사를 드리려고 왔다.' 하고 이새를 희생제에 청하라. 그리하면 내가 너에게 할 일을 알려 주리니, 너는 나를 위하여 내가 네게 거명한 자에게 기름을 부을지니라." 하시더라.』(사무엘상 16:2-3, KJV)

위 성경기사는 체포와 관련된 것은 아니지만 실제로는 후임 왕을 찾으러 가면서 겉으로는 제사를 드리러 가는 척 한 이야기다. 체포영장이나 구속영장을 발부받기 어려운 경우에, 요건을 갖춘 다른 사소한 건으로 우선 체포하는 것을 별건체포라고 한다. 기본권침해 논란이 있다.

피의자 또는 피고인이 일정한 주거가 없거나 증거인멸 또는 도망의 우려가 있는 때에는 구속을 하는데, 검사가 신청하여 판사가 발부한 구속영장에 의한다(형사소송법 § 69 이하, § 201). 피의자에 대한 수사는 불구속 수사가 원칙이다(같은 법 § 198①).

『그 때에 천부장이 바울을 병영 안으로 끌어들이라고 명령하였다. 그리고 그는 유대사람들이 바울에게 이렇게 소리를 지르는 이유를 알아내려고, 바울을 채찍질하면서 캐물어 보라고 하였다. 그들이 채찍질을 하려고 바울을 눕혔을 때에, 바울은 거기에 서 있는 백부장에게 "로마 시민을 유죄판결도 내리지 않고 매질하는 법이 어디에 있소?" 하고 말하였다.』(사도행전 22:24-25, 새번역)

수사와 공판과정에서 고문은 금지되며, 자신에게 불리한 진술을 강요당하지 않는다(헌법 § 12②). 자백이 고문에 의하여 진술되었거나, 정식재판에 있어서 피고인의 자백이 그에게 불리한 유일한 증거일 때에는, 이를 유죄의 증거로 삼거나 이를 이유로 처벌할 수 없다

(헌법 § 12⑦).

(2) 공소의 제기; "형들을 가둔 요셉"

『또 요셉이 그들에게 말하기를 "내가 너희에게 이야기하여 말하기를 '너희는 정탐꾼들이라.' 한 것이 이 것인데, 너희는 이같이 하여 증명해야 하리니, 너희의 막내아우가 여기에 오지 않으면, 파라오의 생명으로 맹세하노니, 너희는 여기서 나가지 못하리라. 너희 중에서 하나를 보내어 너희 아우를 데려오게 하고, 너희는 감옥에 갇혀 있으라. 그리하여 너희 안에 진실이 있는지 너희의 말들이 증명되리라. 그렇지 아니하면 파라오의 생명으로 맹세하노니, 너희는 분명히 정탐꾼이라." 하며, 그들 모두를 다 삼일 간 철창에 가두었더라.』 (창세기 42:14-17, KJV)

우리는 위 성경기사에서 요셉이 형들인 줄 알면서도 아버지 야곱과 동생을 보고 싶어서 그렇게 한 것을 알고 있다. 표면적으로는 간첩죄(형법 § 98)로 공소를 제기한 것으로 볼 수 있다. 공소는 검사만이 제기하는 것이다. 이를 국가소추주의라고 한다(형사소송법 § 246). 검사는 범인의 환경과 피해자와의 관계, 범행의 동기와 범행 후의 정황 등을 고려하여 공소를 제기하지 않을 수 있다. 이를 기소편의주의라고 한다(같은 법 § 247).

『그러자 빌라도가 그들에게 말하기를 "그를 데리고 가서 너희의 율법에 따라 재판하라." 고 하니, 유대인들이 그에게 말하기를 "우리가 누구를 사형에 처하는 것은 적법치 못하나이다." 라고 하더라.』 (요한복음 18:31, KJV)

공소가 제기되면 재판이 시작된다. 관할법원에 공소를 제기하여야 한다(형사소송법 § 1 이하).

『죄수를 보내면서 그의 죄목도 제시하지 않는 것은, 이치에 맞지 않는 일이라고 생각합니다.』 (사도행전 25:27, 새번역)

공소장에는 범인에 대한 범죄사실이 적시되어야 한다. 공소의 제기 뿐 아니라, 재판을 진행하는데 형사소송의 원고로서 검사가 소송을 수행해야 한다. 이를 공소유지라고 한다.

『회중이 그 살인자(☞ 과실치사범)를 피의 보복자의 손에서 구해 내어 그가 도피하였던 도피성읍으로 다시 돌려보낼 것이요, 그는 거룩한 기름으로 기름 부음을 받은 대제사장이 죽기까지 그 곳에 거할 것이니라. 그러나 만일 그 살인자가 어느 때든지 그가 도피하였던 그의 도피성읍 경계 밖으로 나간다면 피의 보복자가 그의 도피성읍 경계 밖에서 그 살인자를 만나 그를 죽여도 그에게 피 흘린 죄가 없느니라. 이는 그 사람이 대제사장이 죽기까지 그의 도피성읍에 머물러 있어야 하며, 대제사장이 죽은 후에야 그 살인자는 자기 소유의 땅으로 돌아갈 수 있음이라.』 (민수기 35:25-28, KJV)

일정기간 공소를 제기하지 않으면 더 이상 공소를 제기할 수 없도록 하는 것을 공소시효라고 한다. 예컨대 살인죄는 사형이 최고형이고, 이 경우 25년이 공소시효이다(형사소송법 § 249). 시효제도는 일정기간이 지나면 진실을 밝히기 어려워지고, 범인의 경우 그동안 심적 고통을 당한 점을 고려하여 일정기간이 지나면 법률관계를 확정하여 법적 안정성을 확보하기 위한 제도이다. 위 성경구절에서 따르면 과실치사범은 우선 도피성에 들어가 있다가 범행 당시의 대제사장이 죽으면 집에 돌아갈 수 있다. 즉 그 이후에는 합법적인 복수를 당하지 않는다.

『그 성읍들이 너희에게 복수하는 자로부터 도피성읍이 될지니 이는 살인자가 회중 앞에 서서 판결을 받기까지 죽지 않게 하려는 것이라.』 (민수기 35:12, KJV)

교도소는 형의 집행을 위해 가두어 두는 곳인 데 비하여, 구속되어 아직 재판이 확정되기 전까지 갇혀 있는 곳은 구치소라고 한다.

(3) 소송의 진행; "도마와 예수"

『나무도 좋고 열매도 좋다고 하든지, 나무도 나쁘고 열매도 나쁘다고 하든지 하라. 이는 그 열매로 그 나무를 알기 때문이라.』(마태복음 12:33, KJV)

『이와 같이 좋은 나무마다 좋은 열매를 맺고, 나쁜 나무는 나쁜 열매를 맺느니라. 좋은 나무가 나쁜 열매를 맺을 수 없으며, 나쁜 나무가 좋은 열매를 맺을 수 없느니라. 좋은 열매를 맺지 못하는 나무마다 찍혀서 불에 던져지리라. 그러므로 너희는 그 열매들을 보고 나무들을 알게 되리라.』(마태복음 7:17-20, KJV)

소송이 진행되면 검사가 피고인의 유죄를 입증하여야 한다. 그런데 고문이나 기타 불법적으로 취득한 증거는 증거로 채택되지 않는다. 잘못된 절차로 얻어진 증거는 내용도 잘못된 것으로 판단하는 것이다. 증거수집을 위하여 공판 전에라도 압수와 수색, 감정과 증인신문 등이 인정된다.

『열두 제자 가운데 하나로서 쌍둥이라 불리는 도마는 예수께서 오셨을 때에 그들과 함께 있지 않았다. 다른 제자들이 그에게 "우리는 주님을 보았소." 하고 말하였으나, 도마는 그들에게 "나는 내 눈으로 그의 손에 있는 못 자국을 보고, 내 손가락을 그 못 자국에 넣어 보고, 또 내 손을 그의 옆구리에 넣어보지 않고서는 믿지 못하겠소." 하고 말하였다. 여드레 뒤에…예수께서 와서…도마에게 말씀하셨다. "너는 나를 보았기 때문에 믿느냐? 나를 보지 않고도 믿는 사람은 복이 있다." 』(요한복음 20:24-29, 새번역)

사실의 인정은 증거에 의하여야 한다. 이를 증거재판주의라고 한다(형사소송법 § 307). 증거는 물증과 증언 모두 유효하다. 다만 증언은 공판정에 나와서 확인이 가능하여야 한다. 공판정에서 확인할 수 없는 증거는 원칙적으로 증거로 할 수 없다(같은 법 § 310-2). 이를 전문증거(傳聞證據)라고 한다.

『두 증인이나 세 증인의 증언으로 죽임을 당할 만한 사람을 죽이되 한 증인의 증언으로는 그 사람을 죽이지 말 것이며, 그를 죽일 때에는 그에게 먼저 그 증인들이 손을 댈 것이요, 그 후에 온 백성이 손을 댈지니라. 이같이 너는 너희 가운데서 악을 제할지니라.』 (신명기 17:6-7, KJV)

『한 사람이 지은 어떤 죄에 있어서도 그 죄악이나 죄에 대하여 한 증인은 일어서지 말 것이요, 두 증인의 증언이나 세 증인의 증언으로 그 문제를 결정지을지니라.』 (신명기 19:15, KJV)

증거로서의 능력이 있는지를 증거능력이라고 하며, 이중에서 유죄의 증거가 될 수 있는 것을 증명력이라고 한다. 증명력은 판사가 자유로이 판단하는데 이를 자유심증주의라고 한다(형사소송법 § 308). 그러나 판사가 자의적으로 판단하지는 않으며 선례에 따라 어느 정도 기준이 확립되어 있다.

『어떤 사람이 죄를 짓고 맹세의 소리를 들으며, 그가 보았거나 아는 일에 대해 증인이면서도 그것을 진술하지 아니하면, 그 때는 그가 자기 죄악을 담당할 것이라.』 (레위기 5:1, KJV)

법원은 누구라도 증인으로 신문할 수 있으며(형사소송법 § 146), 증인으로 소환할 수 있다(같은 법 § 150-2). 정당한 이유 없이 소환에 응하지 않으면 구인(拘引)할 수 있다(같은 법 § 152). 증인이 정당한 사유 없이 출석하지 않으면 과태료를 부과하거나 감치(監置)[91] 할 수 있다(같은 법 § 151).

『우리가 우리 죄를 자백하면, 하나님은 신실하시고 의로우신 분이셔서, 우리 죄를 용서하시고 모든 불의에서 우리를 깨끗하게 해주실 것입니다.』 (요한1서 1:9, 새번역)

91) 교도소나 구치소 또는 경찰서 유치장에 가두는 것.

『대제사장이 다시 주께 물어 말하기를 "네가 복되신 분의 아들 그리스도냐?" 고 하니 예수께서 대답하시기를 "그렇다. 너희는 인자가 권능의 오른편에 앉아 있는 것과 하늘의 구름들을 타고 오는 것을 보리라." 고 하시니라. 그 때 대제사장이 자기 옷을 찢으며 말하기를 "우리에게 더 이상 무슨 증인들이 필요하리요?…" 』(마가복음 14:61-63, KJV)

스스로 자신의 범행을 인정하는 자백은 유죄의 판단근거가 된다. 하지만 임의로 진술한 것이 아니면 유죄의 증거로 할 수 없다(형사소송법 § 309). 또한 자백이 유일한 증거일 때는, 즉 물증의 보강이 없는 경우에는 유죄의 증거로 하지 못한다(같은 법 § 310).

『빌라도는 다시 그들에게 말하였다. "그러면 당신들은 유대인의 왕이라고 하는 그 사람을 나더러 어떻게 하라는 거요?" 그들이 다시 소리를 질렀다. "십자가에 못 박으시오!" 』(마가복음 15:12-13, 새번역)

전문성을 지닌 판검사들에 의하지 않고 일반 국민이 사법절차에 참여하는 것을 배심제도라고 한다. 배심원이 기소여부를 결정하는 대배심, 유죄의 여부를 결정하는 소배심으로 나뉜다. 우리도 이중 소배심제도를 도입하였다(국민의 형사재판 참여에 관한 법률). 사실문제와 형량까지 의견을 내는 점과 배심원의 의견이 판사를 구속하지 않는다는 점이 특징이다(같은 법 § 46). 일정한 형사재판에서 피고인이 원하는 경우에 진행된다(같은 법 § 5, § 8).

(4) 보석; "사도들을 숨겨 준 야손"

『그러나 믿지 않은 유대인들은 시기하여 시장터에서 불량배들을 데리고 와서 무리를 모아 온 성읍을 소란하게 만들고 야손의 집에 쳐들어가서 사도들을 백성에게로 끌어내려고 하더라.…그 때 백성과 성읍의 행정관들이 이런 말을 듣고 난처하게 되어 야손과 그 나머지 사람들로부터 보석금을 받고 나서 그들을 놓아 주더라.』(사도행전 17:5-9, KJV)

위에서 설명한 대로 재판은 불구속재판이 원칙이다. 그러나 도주 및 증거인멸의 우려가 있는 경우 구속상태에서 재판을 진행할 수밖에 없다. 그런데 일단 구속된 상태에서 공판에 참석할 것을 약속하고 풀어주어서 불구속 재판을 할 수 있게 하는 것을 보석(保釋)이라고 한다(형사소송법 § 94 이하). 이 경우 법원은 조건을 붙이는데, 이 중 보증금을 납입하는 것을 보석금이라고 한다(같은 법 § 98). 보석금을 납입하고 재판이 정상적으로 끝나면 돌려주지만 공판에 출석하지 않고 도망하면 돌려주지 않는다(같은 법 § 103, § 104). 일반적으로 피고인의 재력에 따라 보석금의 액수가 결정된다. 그러나 이는 보증금이고 재판이 정상적으로 끝나면 돌려주는 것이므로 "돈 없으면 처벌되고 돈 많은 사람은 보석금을 내고 풀려난다." 는 말은 사실이 아니다.

(5) 형의 확정과 집행; "제사장과 재판관"

『사람이 주제넘게 행하여 주 너의 하나님 앞에 섬기려고 서 있는 제사장에게나 재판관에게 듣지 아니하면, 그 사람을 죽임으로 너는 이스라엘에서 악을 제거할지니라.』 (신명기 17:12, KJV)

재판이 확정되면 형이 확정된다. 재판이 확정된다는 것은 상고심에서 판결이 선고되거나, 하급심에서 항소나 상고기간이 지나서 더 이상 다툴 수 없게 된 상태를 말한다.

형이 확정되면 집행을 하게 된다. 집행은 법무부 소관이다. 그러나 어떤 이유로 일정기간 형이 집행이 되지 않으면, 더 이상 형을 받음이 없이 소멸한다. 예컨대 사형은 30년, 무기징역은 20년이 지나면 형의 시효가 완성된다(형법 § 78).

제3장 교회 외부의 법적문제

제2장에서는 교회법을 이해하기 위한 전제로서 국가법의 대강을 설명하였다. 더 자세한 것은 전문적인 법학 교과서를 보기 바란다. 법학입문이나 법학개론을 보면 되며, 좀 더 세부적으로는 헌법 · 민법 · 형법 등의 책을 보기 바란다. 제3장에서는 교회와 관련된 국가법문제를 좀 더 자세히 살펴보기로 한다. 목회자나 교회운영에 직접 간여하는 사람뿐 아니라 그냥 평신도의 입장에서도 교회생활과 관련하여 발생하는 법적인 문제에 대하여 알아야 할 때가 많은데, 그러한 경우 참고가 될 것으로 기대한다. 일반인의 경우 법과 법학에 대하여 거부감을 가지고 있는 경우가 많은데, 이는 우리의 문화적 배경과 현재 들여와 쓰고 있는 서양법의 문화적 배경차이 때문이다. 또한 용어가 일상용어와 다르기 때문이기도 하다. 법조문과 판례의 용어에 익숙해지는 것이 필요한데, 많이 접해보는 것이 도움이 된다. 판례의 경우 대법원판례에 적당한 내용이 없는 경우 하급심 판례도 많이 인용했지만, 대법원 판례에 비하여 그 중요성은 떨어진다는 점을 염두에 두기 바란다.

Ⅰ. 교회의 설립과 해산

1. 교회의 설립

개별교회는 원칙적으로 법인격 없는 사단이므로 사회단체에 해당된다. 그런데 일반적인 사회단체는 사회단체 신고에 관한 법률이 규율하였으나 이 법률에서도 종교단체는 적용을 배제하고 있었기 때문에(동법 § 2 제3호) 신고 등 별도의 절차가 필요 없었다. 더구나 이 법률이 1997.3.7 폐지됨에 따라서 모든 사회단체는 설립요건으로서 별도의 절차가 필요 없게 되었다. 그러나 단체의 성격상 별도의 법률에 의해서 규율되는 경우도 많다. 특히 변호사회나 상공회의소 같이 공적인 성격이 인정되는 단체의 경우 특별법이 각각 만들어져 있다. 일반적으로 학술·자선사업 등을 위하여 설립되는 법인의 경우 공익법인의 설립·운영에 관한 법률이 마련되어 있다.

교회의 경우도 장학사업이나 자선사업 등을 체계적으로 하기 위해서는 별도의 법인설립신고를 해야 한다. 비영리 공익법인은 민법의 규정에 따른다. 즉 민법 § 32는 『학술·종교·자선·기예·사교 기타 영리 아닌 사업을 목적으로 하는 사단(社團) 또는 재단(財團)은 주무관청(主務官廳)의 허가를 얻어 이를 법인으로 할 수 있다.』고 규정하고 있다. 따라서 교단이나 개별 교회가 이러한 사업을 하기 위해서는 별도의 법인설립 절차를 마쳐야 한다. 실제로 교단들은 이러한 절차(민법 제3장 법인 참조)를 거쳐 정식으로 법인으로 활동하기도 한다. 개별 교회도 그 규모가 큰 경우에는 운영과 관련하여 직원이 있으므로 직원들의 4대 보험(국민연금·건강보험·고용보험·산재보험)을 의무적으로 들어야 하는 등 법인 설립이 필요하다. 다만 그러한 규모에 미달하는 경우 제1장에서 설명한 대로 비법인 사단으로 활동할 수 있고 많은 교회들이 이러한 방식을 따르고 있다.

교단 내부질서에 따르면 교단에 등록하고 목사를 승인받는 등의 절차가 필요한데 이는 교회내부의 법적문제에서 설명한다.

2. 교회의 분열과 해산

(1) 교회 분열

교회의 분열과 해산도 일반 비영리 법인의 절차를 따른다. 교회의 분열이란 하나의 교회로 성립하였다가 어떤 사정으로 두 개 이상의 교회로 나뉘는 것을 말한다. 교회의 계속성과 동일성은 유지된 채 일부 교인들이 이탈하는 것과는 다르다.

🕮 『한 교회가 2개의 교회로 분열되었다고 하려면 한 교회에 속한 교인들이 교리와 예배형식 등 신앙노선을 달리하는 2개의 집단으로 나뉘어 그 신앙공동체로서의 기초가 상실되는 정도에 이르렀거나, 다른 사유에 기한 분쟁이라 하더라도 최소한 일부 교인들이 집단을 이루어 소속 교단을 변경하기로 하는 결의를 하고 다른 교단에 가입한 데 반하여 다른 교인들은 종전 교단에 그대로 남아 있기로 하는 정도에 이른 경우라야 한다.』 (대판 1995.3.24, 94다47193)

교회가 완전히 분리되어서 인적 구성원도 완전히 단절되고, 재산관계도 정리된다면 문제가 해결될 것이다. 하지만 그 이전 상태인 분열 상태에는 예배당과 집기의 사용문제 등 복잡한 문제에 부딪히게 된다. 특히 감정적인 대립으로 서로 비난하고 서로의 활동을 방해한다면 매우 심각한 문제가 아닐 수 없다. 대개 물리력을 동원하여 상대집단의 활동을 방해하거나 특정 장소를 점거·농성하는 등의 극단적 대립이 생기게 마련이다. 물론 교단이나 교회의 규약(정관)에 이런 문제들이 발생했을 때를 대비한 처리기준이 마련되어 있거나, 두 집단이 서로 존중해 주면서 각자 활동한다면 바람직하지만 실제로는 그렇지 못한 경우가 많다. 교단의 변경 등 민법상 사단의 정관변경에 해당하는 것으로 볼 수 있는 경우에는 교인의 2/3 이상의 동의를 요하는 것으로 해석하되(민법 § 42①), 일반적인 교회재산의 사용·수익과 관련해서는 민법상 사단 총회의 결의방법인 과반수의 출석과 과반수의 찬성(민법 § 75①)으로 결정할 수밖에 없다. 예배당이나 집기에 대한 사용·수익에 대하여 다수결에 의한 평화적인 방법으로 기준이 마련되지 않는 경우 결국 법원의 판단을 기대할 수밖에 없으므로 신속히 분열 상태를 해소하는 노력을 해야 할 것이다. 물론 여기서 말한 2/3나 과반수는 규약(정관)이 없는 경우에 해당하며 자체적으로 미리 어떤 규약이 있는 경우 그것이 우선한다(민법 § 42①, § 75①).

교회 분열 시에 궁극적인 재산관계는 아래에서 별도로 살펴보기로 한다.

(2) 교회의 해산

실제 사례는 많지 않지만 교회가 스스로 문을 닫는 경우도 있다. 민법의 사단법인에 준하여 생각해 보면 다음과 같은 경우가 있을 수 있다. 우선 규약(정관)에 정한 해산사유의 발생이나 파산의 경우에 교회는 해산할 수 있다(민법 § 77①). 또한 교인이 전혀 없게 된 경우나 총회에서 해산하기로 한 경우에도(민법 § 77②) 교회는 해산된다. 총회에서 해산하기로 하는 경우 정관에 별도의 규정이 없다면 3/4 이상의 찬성이 있어야 한다(민법 § 78).

여기서 파산이란 채무를 완제할 수 없게 된 때를 말하며 파산법에 따라 재산을 처분하여 변제하고(청산) 해산된다.

🕮 『비법인 사단에 대하여는 사단법인에 관한 민법규정 중 법인격을 전제로 하는 것을 제외한 규정들을 유추·적용하여야 할 것이므로 비법인사단인 교회의 교인이 존재하지 않게 된 경우 그 교회는 해산하여 청산절차에 들어가서 청산의 목적범위 내에서 권리·의무의 주체가 되며, 이 경우 해산 당시 그 비법인사단의 총회에서 향후 업무를 수행할 자를 선정하였다면 민법 §82①을 유추하여 그 선임된 자가 청산인으로서 청산 중의 비법인 사단을 대표하여 청산업무를 수행하게 된다.』(대판 2003.11.14, 2001다32687)

교회가 해산되면 잔여재산은 규약(정관)에 정한 자에게 귀속하고, 그러한 규정이 없는 경우 주무관청의 허가를 얻어 교회의 존립목적에 맞게 처분할 수 있다. 이러한 절차가 진행되지 않으면 국고에 귀속된다(민법 § 80).

교단과의 관계는 교단의 규약에 따라 진행된다.

🕮 『비법인 사단에 해산사유가 발생하였다고 하더라도 곧바로 당사자능력이 소멸하는 것이 아니라 청산사무가 완료될 때까지 청산의 목적범위 내에서 권리·의무의 주체가 되고, 이 경우 청산 중의 비법인 사단은 해산 전의 비법인사단과 동일한 사

단이고 다만 그 목적이 청산 범위 내로 축소된 데 지나지 않는다.
교회가 건물을 다른 교회에 매도하고 더 이상 종교활동을 하지 않아 해산하였다고 하더라도 교인들이 교회 재산의 귀속관계에 대하여 다투고 있는 이상 교회는 청산목적의 범위 내에서 권리·의무의 주체가 되어 당사자능력이 있고, 그 교인들이 교회의 대표자 지위의 부존재 확인을 구하는 소송에는 청산인 지위의 부존재 확인을 구하는 취지가 포함되어 있다.』 (대판 2007.11.16, 2006다41297)

Ⅱ. 교회의 운영

1. 교회의 재산관계

(1) 교회재산의 소유형태

교회는 법적으로는 비법인 사단이므로 재산에 대한 소유형태는 총유이다(민법 § 275①). 이는 단체의 구성원이 공동으로 소유하되, 공동목적으로 사용 · 수익 · 처분하고 지분을 인정하지 않는 형태이다. 이에 비하여 또 다른 공동소유의 형태인 공유는, 공동소유자 사이에 인적 결합이 전혀 없는 상태로 지분이 있으며 독립적이고 자유롭게 소유권을 행사할 수 있고 언제라도 분할을 할 수 있는 형태이다. 또 합유는 조합재산의 소유형태로 지분이 있으며 지분 범위 내에서 권리를 행사하지만 지분을 자유롭게 처분하는 것이 금지된 소유형태이다.

교회의 재산소유형태는 총유이므로 재산의 관리 및 처분은 사원총회(교회의 사무처리회, 공동의회 등)의 결의에 의한다(민법 § 276①). 또한 교회의 정관이나 규약에 따라 재산을 사용 · 수익할 수 있다(민법 § 276②). 재산에 대한 권리는 교인의 지위를 얻게 되면 취득하고, 지위를 상실하게 되면 재산에 대한 권리도 상실한다(민법 § 277). 소유권 이외의 재산권, 예컨대 채권이나 지적재산권 등도 총유에 준하여 취급된다(민법 § 278).

🕮 『교회는 일반적으로 권리능력 없는 사단이라 할 것이므로, 그 재산의 귀속형태는 총유로 봄이 상당하고, 따라서 교회재산의 관리와 처분은 그 교회의 정관 기타 규약에 의하되 그것이 없는 경우에는 그 소속교회 교인들 총회의 과반수 결의에 의하여야 하므로, 토지나 건축물을 소유한 교회가 재개발조합의 설립 및 사업시행에 대하여 동의를 하는 경우에도 정관 기타 규약이 없으면 교인들 총회의 과반수 결의에 의하여야 한다.』 (대판 2001.6.15, 99두5566)

교회의 구성원 각자가 교회 재산을 사용·수익하고 있지만 그 주체는 신자들의 단체인 교회 자체이지 대표자인 담임목사(당회장)가 아니다. 따라서 교회 대표자는 교회 재산에 대하여 단독 소유권이 없다. 다만, 아래 판례에서 보듯이 구세군의 경우 일반교회와 달리 강력한 중앙집권적 조직으로 인하여 총유로 보지 않고 구세군대장의 단독소유로 본다.

🕮 『구세군 군령·군율이 구세군의 전 자산은 구세군대장만이 유일한 소유자이고 구세군대장은 구세군신탁회사라는 명칭을 가진 회사를 설립하여 그 재산을 관리하도록 규정하고 있다면 구세군은 지역교회중심인 일반교회와는 달리 강력한 중앙집권적 조직을 갖추어 산하 영문의 재산에 관하여 일체의 사권행사를 부인하고 있다고 해석하여야 할 것이므로 구세군 영문회당의 대지를 구입하고 건물을 신축함에 있어서 그 비용가운데 구세군 교인들의 헌금이 일부 들어갔다 하더라도 대지 및 건물이 교인들의 총유에 속하는 것으로 볼 수 없다.』 (대판 1986.7.8, 85다카2648)

교회의 재산이 교인들의 총유라고 하더라도, 교회 고유목적에 사용되는 경우에만 법적 혜택이 주어진다.

🕮 『종교 법인이 토지를 고유목적에 직접 사용하지 못한 것이 제3자가 토지를 불법점유하였기 때문이었다고 하더라도, 양도 당시 고유 목적에 직접 사용하지 않고 있었던 이상 양도소득이 구 법인세법(1989.12.30, 법률 제4165호로 개정되기 전의 것) 제59조의3 제1항 제17호에 해당하여 특별부가세를 부과하지 아니한다고 볼 수 없다.』 (대판 1993.2.23, 92누18849)

(2) 교회재산에 대한 교인과 교단의 권리

교회재산에 대한 관계는 두 가지로 나누어 볼 수 있다. 우선 교회재산에 대한 사용·수익행위로서 이는 예배와 교육 등 고유한 목적 달성을 위해서 교인들이 자유로이 이용하는 것이다. 교인 각자가 교회의 규약 등에 따라 이용할 수 있는 것으로 교회에 등록하면 당연히 그 권한이 인정되는 것이다. 한편 교회재산의 보존 · 관리 · 처분행위는 각 교인에게 인정되는 것이 아니라 교회 자체에 인정되는 것이다. 따라서 이를 위해서는 교회 규약에 따르거나 민법규정에 의하여 교인의 총의에 따라 이루어진다. 구체적으로 교인총회나 사무처리회 등에서 교인의 과반수의 찬성이 있어야 한다. 교인이라면 교회재산의 형성에 기여하지 않았더라도 교인의 지위에서 교회재산에 대한 사용 · 수익권을 가지며, 총회의 구성원으로서 교회재산의 보존 · 관리 · 처분행위에 참여할 수 있는 것이다. 반면에 교회재산 형성에 특별히 기여한 바가 있다고 하더라도 교인의 지위를 잃으면, 즉 해당 교회를 탈퇴하면 교회재산의 사용 · 수익권은 물론 보존 · 관리 · 처분을 위한 결의에 참여할 권리도 잃어버리게 된다(대판 1988.3.22, 86다카1197). 다만 교회탈퇴의 의사가 분명하지 않은 경우, 즉 어떤 사유로 일시적으로 교회출석을 하지 않는 경우 등은 그 권리를 상실한다고 보기 어렵다.

🕮 『하나의 교회가 2개의 교회로 분열된 경우 교회의 장정 기타 일반적으로 승인된 규정에서 교회가 분열될 경우를 대비하여 미리 그 재산의 귀속에 관하여 정하여진 바가 없으면 교회의 법률적 성질이 권리능력 없는 사단인 까닭으로 종전 교회의 재산은 그 분열 당시 교인들의 총유에 속하고, 총유재산의 관리와 처분은 물론 그 보존행위도 총회의 결의에 의하여야 하는 것이다.』 (대판 1995.2.24, 94다21733)

위 판례에서 보듯이 관리와 처분은 물론 보존행위도 총회의 결의에 의하여야 한다. 그러므로 교인총회의 결의가 없는 부동산등기는 원인무효이다(대판 1986.6.16, 86도777).

또한 교회의 대표자인 담임목사라고 할지라도 독자적으로 또는 제직회만의 결의로 행한 보존행위는 무효이다(대판 1994.10.25, 94다28437).

총회의 결의는 처분행위별로 개별적으로 필요하며, 한 번의 결의

로 포괄적으로 처분이 가능하다고 할 수는 없다.[92]

한편 교회의 채무에 대한 교인들의 책임도 총유의 형태이다. 민법상 소유권이 아니므로 준총유라고 한다. 교회의 채무에 대하여 교회의 규약에 특별한 규정이 없다면 교회의 재산만으로 책임을 지고 교인 개인의 재산으로 책임을 지는 것은 아니다. 교회가 채무를 변제하지 못하면 채권자가 압류를 하게 되는 경우가 있겠으나 '예배에 필요한 물건'은 압류할 수 없도록 규정되어 있다(민사집행법 § 195 제8호).

한편 지교회의 교회재산을 교단이나 지방회(노회) 등의 소유로 한다고 규정하고 있는 경우도 많다. 그러나 지교회 교인들의 총의에 따라 교단에 증여한 경우처럼 특별히 교단소유의 재산이라고 볼 수 있는 경우가 아니라면, 그러한 교단의 규정에도 불구하고 지교회가 취득한 재산은 지교회의 재산으로 본다.

📖 『대한예수교장로회의 헌법에는 대한 예수교장로회경북노회 소속의 지교회에 속한 부동산은 노회의 소유로 하고 토지나 가옥에 관하여 분쟁이 생기면 노회가 이를 처단할 권한이 있음을 규정하고 있으나 물권인 부동산소유권의 귀속 등 국가의 강행법규를 적용하여야 할 법률적 분쟁에 있어서는 이와 저촉되는 교회헌법의 규정이 적용될 여지가 없다.』 (대판 1991.12.13, 91다29446)

그럼에도 불구하고 지교회의 재산이 교단명의로 등기되어 있다면 일종의 명의신탁으로 볼 수밖에 없다. 따라서 대외적으로는 교단 소유로 하고 이를 믿고 거래한 제3자는 소유권을 취득하며, 대내적으로는 지교회(교인)가 그 재산을 사용·수익할 수 있을 것이다. 물론 지교회가 그 교단을 탈퇴하면 명의신탁관계가 해지된다.

---

92) 양인평 외, 주(20)의 책, 58면.

📖 『침례회는 교리를 같이하는 가입교회를 구성원으로 하는 종교단체이기는 하지만, 자주성을 지닌 교회들이 자발적으로 구성한 연합체에 불과하다. 지교회의 신도들이 그들의 헌금으로 교회 부지를 매입하고 건물을 신축하여 신도 대표 명의로 등기하였다가 교단 앞으로 증여를 원인으로 한 소유권이전등기를 마쳐 주기는 하였지만, 교단이 이를 직접 사용 · 수익하지는 아니하여 지교회가 그 재산에 대하여 종전과 같이 사용 · 수익함에 아무런 제한이 없었던 사실을 볼 때, 이는 그 취지가 침례회유지재단으로 하여금 종국적으로 소유권을 취득하게 하겠다는 데에 있었다고 보기보다는 침례회에 대한 소속감을 강화하고 결집성을 확보하기 위한 상징적 의미로서, 또는 침례회의 가입회원으로서의 권리와 의무를 성실히 이행하고 침례회의 설립목적에 어긋나는 행위를 하지 아니하겠다고 다짐하는 취지의 신표로서 한 것으로서 일종의 명의신탁에 해당한다고 보아야 할 것이다.』(대판 2000.6.9, 99다30466)

(3) 교회 분열 시의 재산관계

교회의 분열이나 해산에 따른 재산상의 청산절차도 일반 비영리법인의 절차를 따른다.

📖 『법인 아닌 사단의 재산관계와 그 재산에 대한 구성원의 권리 및 구성원 탈퇴, 특히 집단적인 탈퇴의 효과 등에 관한 법리는 교회에 대하여도 동일하게 적용되어야 한다. 따라서 교인들은 교회 재산을 총유의 형태로 소유하면서 사용 · 수익할 것인데, 일부 교인들이 교회를 탈퇴하여 그 교회 교인으로서의 지위를 상실하게 되면 탈퇴가 개별적인 것이든 집단적인 것이든 이와 더불어 종전 교회의 총유 재산의 관리처분에 관한 의결에 참가할 수 있는 지위나 그 재산에 대한 사용 · 수익권을 상실하고, 종전 교회는 잔존 교인들을 구성원으로 하여 실체의 동일성을 유지하면서 존속하며 종전 교회의 재산은 그 교회에 소속된 잔존 교인들의 총유로 귀속됨이 원칙이다. 그리고 교단에 소속되어 있던 지교회의 교인들의 일부가 소속 교단을 탈퇴하기로 결의한 다음 종전 교회를 나가 별도의 교회를 설립하여 별도의 대표자를 선정하고 나아가 다른 교단에 가입한 경우, 그 교회는 종전 교회에서 집단적으로 이탈한 교인들에 의하여 새로이 법인 아닌 사단의 요건을 갖추어 설립된 신설 교회라 할 것이어서, 그 교회 소속 교인들은 더 이상 종전 교회의 재산에 대한 권리를 보유할 수 없게 된다. 특정 교단에 가입한 지교회가 교단이 정한 헌법을 지교회 자신의 자치규범으로 받아들였다고 인정되는 경우에는 소속 교단의 변경은 실질적으로 지교회 자신의 규약에 해당하는 자치규범을 변경하는 결과를 초래하고, 만약 지교회 자신의 규약을 갖춘

경우에는 교단변경으로 인하여 지교회의 명칭이나 목적 등 지교회의 규약에 포함된 사항의 변경까지 수반하기 때문에, 소속 교단에서의 탈퇴 내지 소속 교단의 변경은 사단법인 정관변경에 준하여 의결권을 가진 교인 2/3 이상의 찬성에 의한 결의를 필요로 하고, 그 결의요건을 갖추어 소속 교단을 탈퇴하거나 다른 교단으로 변경한 경우에 종전 교회의 실체는 이와 같이 교단을 탈퇴한 교회로서 존속하고 종전 교회재산은 위 탈퇴한 교회 소속 교인들의 총유로 귀속된다.』 (대판 2006.4.20, 2004다37775)

이는 기존의 대법원 판례(대판 1993.1.19, 91다1226)를 변경한 것으로 기존에는 교회의 분열을 인정하되 재산관계는 당시의 구성원들의 총유로 보았으며, 따라서 분열된 한쪽 교회가 다른 쪽 교회에 대하여 교회 건물의 명도를 요구할 수 없다고 하였다. 그러나 이 판례의 변경으로 교인들 2/3 이상의 동의를 얻은 쪽에 교회의 동일성을 인정한 것이며, 이들에게 교단변경권, 교회재산에 대한 소유권이나 처분권이 인정되는 것이다. 이후에도 같은 취지의 판결이 내려지고 있다.

🕮 『일부 교인들이 교회를 탈퇴하여 그 교회 교인으로서의 지위를 상실하게 되면 탈퇴가 개별적인 것이든 집단적인 것이든 이와 더불어 종전 교회의 총유 재산의 관리처분에 관한 의결에 참가할 수 있는 지위나 그 재산에 대한 사용·수익권을 상실하고, 종전 교회는 잔존 교인들을 구성원으로 하여 실체의 동일성을 유지하면서 존속하며 종전 교회의 재산은 그 교회에 소속된 잔존 교인들의 총유로 귀속됨이 원칙이다.』 (대판 2006.6.30, 2000다15944)

이 때 적법하게 2/3 이상의 찬성으로 변경이 이루어졌다고 주장하는 자가 이를 입증하여야 한다.

🕮 『소속 교단에서의 탈퇴 내지 소속 교단의 변경은 사단법인 정관변경에 준하여 의결권을 가진 교인 2/3 이상의 찬성에 의한 결의를 필요로 하며, 만일 소속 교단에서의 탈퇴 등에 관한 결의를 하였으나 이에 찬성한 교인이 의결권을 가진 교인의 2/3에 이르지 못한다면 종전 교회의 동일성은 여전히 종전 교단에 소속되어 있는 상

태로서 유지된다. 그러므로 의결권을 가진 교인의 2/3 이상의 찬성에 의하여 소속 교단에서의 탈퇴 또는 소속 교단의 변경결의가 적법 · 유효하게 이루어졌다는 점은 이를 주장하는 자가 입증하여야 한다.』 (대판 2007.6.29, 2007마224)

2. 교회건축과 임대

(1) 교회건물의 매입

교회는 살아계신 하나님의 집이요 진리의 기둥과 터이므로(디모데전서 3:15), 교회건물을 아름답게 건축하거나 꾸미는 것은 당연한 일이다. 그러나 교회건축과 관련하여 교회 내에서 갈등과 분열을 가져오는 사례를 많이 볼 수 있는 것이 현실이다. 교회건축 과정에서 법적인 문제가 많이 발생하는데 이에 대한 인식과 적절한 대응이 갈등을 예방하거나 해소시켜줄 수 있다. 그러므로 목회자 뿐 아니라 일반 신도에 이르기까지 건축 관련법에 대하여 관심을 가질 필요가 있다.

예배당 건물을 소유하는 방법은 직접 건축하는 방법과 이미 건축되어 있는 다른 건물을 매입하는 경우가 있을 수 있다. 교회건물의 특성을 갖추기 위해서 비교적 큰 경우는 새로 건축을 하는 것이 일반적이고, 다른 건물을 매입하는 경우도 대개는 다른 교회가 사용하던 건물을 매입하는 경우가 많다.

교회건물을 매입하거나 또는 신축을 위한 토지를 매입하는 경우 부동산매매에 해당한다. 토지나 건물을 매입할 경우 가장 중요한 것은 상대방이 정당한 권리자인가 확인하는 일과 적당한 가격을 정하는 일이라고 하겠다. 등기부를 확인함으로써 상대방이 정당한 권리자(소유자 또는 그 위임을 받은 사람)임을 확인할 수 있다. 그러나 정확히 말하면 우리나라 등기는 공신력이 없기 때문에 등기부상 소유자가 100% 법적으로 정당한 권리자라고 할 수는 없다. 예컨대 정당한 소유자가 사기를 당해서 현재 소유자가 자신의 이름으로 등기한 상태라면, 그것이 재판을 통하여 확인된 경우 원소유자에게 소유권이 있다. 이런 경우라면 등기부상의 소유자(사기를 친 사람)와 거래를 해도 소유권을 이전 받을 수 없다. 이 때 매매대금을 지급했다면 돌려받을 수는 있다. 물론 이 경우에도 단순한 채권에 불과하게 되어 문제가 생기면 재판을 통하여 일반 재산에서 변제받아야 하고, 해당 부동산을 통하여 강제로 변제받을 수는 없다.

그러나 어쨌든 우선 등기부를 확인하는 것이 중요하다. 등기부상 소유자가 실제 소유자가 아닌 경우는 희박하기 때문이다. 그밖에 사정을 알만한 주변 사람들에게 확인할 수 있는 한 확인해 보는 것이 좋다. 등기부를 확인할 때 단순히 소유자를 확인하는 것 뿐 아니라 저당이나 가등기 · 가압류, 또는 전세등기가 설정되어 있는지도 확인해 보아야 한다. 전세등기가 안 되어 있다고 해도 주택임대차보호법상 보호되는 임대차가 되어 있는지도 확인해 보아야 한다.

다음으로 거래가격은 당사자 사이의 합의가 중요하다. 자치단체에서 공시가격을 확인해 보거나, 부동산중개소에서 실거래 가격을 알아보는 것도 필요할 것이다.

매매계약서는 직접 써도 되지만 법무사에게 맡기는 것이 보통이다. 법무사에게 취득세와 등록세의 납부도 동시에 맡기는 것이 일반적이다. 교회가 부동산을 매도하는 경우라면 별도로 세무사에게 양도소득세 신고를 맡겨야 한다. 세금관계는 뒤에 설명한다.

대금은 일반적으로 계약금과 중도금, 잔금으로 나누어 지급한다. 계약금은 일반적으로 전체 대금의 10%를 약정하며, 계약이 해지될 때 위약금으로 작용한다. 즉 파는 사람이 안 판다고 하면 자신이 받은 계약금을 반환함과 동시에 그 액수만큼 더 내야 하며, 사는 사람이 계약을 파기하는 경우 이미 지급한 계약금을 반환받지 못한다.

잔금을 지급함과 동시에 등기이전에 필요한 서류를 동시에 받아야 한다. 즉 등기권리증과 인감증명서(매수인을 특정하여 기재한다)를 받아야 한다.

(2) 교회건물의 건축

교회건축은 건축주인 교회가 직접 건설하는 경우와 건설회사에 도급을 주는 형태가 있을 수 있다. 교회가 소규모인 경우, 특히 교인 중에 건설회사 관계자가 있는 경우 직접 건축하는 경우(직영공사)가 있을 수 있다. 건축 전반에 걸쳐서 교인이 직접 참여할 수 있고 특히 교인들의 노동력을 무임으로 활용할 수도 있어서 비용의 절감이라는 장점이 있는 반면에, 전문성이 떨어지고 건축물의 하자에 대한 보상을 제대로 받기 어렵다는 단점이 있다.

따라서 대부분의 교회 건축은 건설회사에 도급을 주는 형태로 이루어진다. 우리나라의 관행상 다시 하도급을 주는 경우도 많다. 물론 이 과정에서 설계자가 있고, 공사를 감독하는 감리자가 있다.

건축과정에서 교회(건축주)와 업체들과의 계약이 선행되는데 직영공사의 경우 별도의 계약이 필요 없지만 도급공사의 경우 공사실시방식(일식도급 · 분할도급 · 공동도급 등)과 도급금액 지불방식(정액도급 · 단가도급 · 실비정산보수가산도급)이 포함된 계약서를 작성하게 된다. 전통적으로 이러한 설계 · 시공 분리 방식 외에도 요즘은 설계 · 시공을 포괄하여 일괄 수주하는 방식(Turn Key방식)이 많이 활용되고 있다.[93] 계약서에는 비용뿐만 아니라 대상 건물의 규모와 특징, 설계용역의 범위와 책임한도, 설계도의 개괄적 내용, 공사기간 등이 들어가야 하며, 특히 계약 위반의 경우 손해배상 책임도 명시

93) 계약의 방식과 계약서 작성례 등은 최준오, 목회자를 위한 교회건축, 지문당, 2007, 213-238면 참조. 이 책에는 법적인 측면 뿐 아니라 건물의 양식과 쓰임새 등 건축과 관련된 여러 가지 문제에 대하여 소개하고 있다.

되어야 한다. 변호사 등 전문가의 도움을 받는 것이 좋다.

도급을 주는 경우에는 별도로 고려할 필요가 없으나, 직접 시공하는 경우에는 건축관련 인허가에도 많은 시간과 노력이 필요하다. 즉 신축과 증축 등 모든 건축행위는 규모에 따라 특별시 · 광역시나 시군구의 허가를 받아야 한다(건축법 § 11①). 이 때 규모에 따라 다르지만 교통영향분석과 사전환경성검토 등이 필요하다(건축법 § 10). 건축허가를 받는 동시에 다른 개별법규의 인허가를 받은 것으로 의제된다(건축법 § 11⑤).

🕮 『주거전용지역에 교회를 건축함에 있어서 정북방향에 있는 대지의 경계선으로부터 건축법 제41조 제4항 및 동법시행령 제90조 제1항 제1호 소정의 수평거리를 확보하지 아니하여 엄동설한에 인접가옥을 응달 속에 묻히게 하고, 한편 교회 1, 2, 3층에서 그 가옥내실 등을 관망할 수 있게 함으로서 입게 된 쾌적한 생활환경의 침해는 소유권행사에 따른 반사적 불이익으로서의 인접가옥소유자의 수인한도를 훨씬 넘는 것이어서 그에 대하여 불법행위가 된다.』 (서울고법 1983.11.17, 83나1174)

🕮 『도시공원법은 도시공원 안에서 공원시설 이외의 시설 · 건축물 또는 공작물을 설치하고자 하는 자는 공원관리청의 허가를 받아야 하며, 이에 따라 도시공원을 점용할 수 있는 대상 및 점용의 기준은 대통령령으로 정한다고 규정하고 있고, 같은 법 시행령은 도시공원의 점용허가대상의 하나로 "기존건축물 및 기존공작물의 증축 · 개축 · 재축 또는 대수선, 다만 증축은 종교용 시설의 경우에 한한다."라고 규정하고 있다. 여기서 말하는 '종교용 시설'이라 함은 건축법시행령 상 건축물의 용도분류에 관한 [별표 1] 제4호의 제2종 근린생활시설인 종교집회장인지 또는 [별표 1] 제6호의 종교시설인 종교집회장인지 여부를 가릴 것 없이 그 실질적 용도를 보아 종교활동에 직접 제공되는 시설을 의미한다고 할 것이다.』 (대판 1996.4.12, 95누17175)

건물의 신축뿐만 아니라 이미 사용하고 있던 건물을 매입하여 교회 용도에 맞게 보수하는 경우도 신축하는 경우와 마찬가지로 진행된다. 사무실이나 창고 등 다른 용도로 사용하던 건물을 교회로 사용하기 위해서는 건축법에 따라 시장·군수·구청장 등에게 용도변경 신고(허가)를 하여야 한다. 이러한 절차를 무시하고 임의로 교회로 사용하다가 법적 제재를 받는 경우도 많으니 주의해야 한다. 특히 다른 법령에 의한 제한도 많다. 예컨대 과거 공동주택관리령(2003.11.30 폐지) § 6에 의하면 공동주택의 시설을 종교시설로 용도변경하지 못하게 규정하고 있었다.

📖 『당국의 허가를 받지 아니하고 그 용도가 목욕탕, 헬스클럽으로 된 상가건물을 교회로 용도 변경하였다면 그 후 공포 시행된 주택건설기준 등에 관한 규정(1991.1.15. 대통령령 제13252호) 제5조 제7호, 제6조 제1항 제7호에 의하여 종교생활에 사용할 수 있는 시설이 공동주택의 복리시설에 해당하게 되어 주택단지에 설치할 수 있게 되었다 하더라도 건축물의 용도를 변경함에 있어 당국의 허가를 받도록 한 관계법령이 개정되지 아니한 이상 이는 건축법 제54조 제1항, 제5조 제1항 본문, 제48조 위반의 범죄행위를 구성한다.』 (대판 1991.4.23, 91도77)[94]

건축법 이외에도 도시계획법과 국토의 계획 및 이용에 관한 법률, 소방법 등 고려해야 할 법령이 매우 많다. 물론 교회 건축과 관련하여 도급계약을 맺는 경우 건축사 또는 건설사 등이 관련법령에 대하여 적절한 절차를 거치도록 대행해 준다. 이러한 관계법령을 위반한 경우 형사처벌을 면할 수 없다. 예컨대 허가를 받지 않고 교회를 건축하거나 용도변경 없이 교회로 사용한 경우 형사처벌 또는 행정처분(과태료)을 받게 된다. 법적 제재를 받는 대상은 교회지만 그 대표자가 함께 처벌되는 경우도 있다. 예전에는 교회에 대하여 면책을 해 주는 경우가 많았지만 최근의 경향은 예외를 인정하지 않는 방향으로 가고 있다.

94) 공동주택에 설치된 근린생활시설을 교회로 용도변경하는 것은 가능하다.

📖 『교회의 담임목사가 건축허가 없이 기존 교회건물에 붙여서 건축물을 증축한 이상 건축법위반죄가 성립되는 것이고 교회내부에 그 증축에 관한 실무책임자가 있다거나 목사는 건축관계로 인한 민·형사책임을 지지 않기로 되어 있는 교회내부의 규약이 있다해서 그 죄책을 면할 수는 없다.』(대판 1986.9.23, 85도575)

📖 『교회신축을 위해서 교회의 담임목사가 건설업자와 공모하여 실제 교회 건축도급계약서와 다른 내용으로 허위의 건축공사표준계약서를 작성하여 제출하는 방법으로 건설공제조합 담당자를 기망하여 선급금보증서를 발급받아 발주자에게 제출하였다면 건설공제조합이 부담한 선급금반환 보증채무를 건설업자(주식회사)의 건설공사계약을 위한 담보로 사용할 수 있으므로 그 한도액 상당의 재산상 이익에 대한 사기죄가 성립한다.』(대판 2006.11.24, 2005도5567)

(3) 부동산등기와 임차

교회가 부동산을 매입 또는 건축을 했다면, 부동산등기법에 따라 등기하여야 한다. 등기에 관하여는 대개 법무사가 이를 대행한다. 교회가 법인인 경우 법인 명의로 등기하는 것이 당연하다. 법인이 아닌 경우에도 부동산등기법 § 30에 따라 교회명의로 등기할 수 있다. 이 경우 개별교회(지교회) 명의로 대표자인 담임목사가 등기를 신청할 수 있다. 물론 이 때에도 담임목사가 임의로 등기를 할 수 있다는 의미는 아니며 교회의 규약에 의하거나 교인들의 총의에 의하여 이루어진다. 등기가 되었다는 사실만으로 그 적법성이 당연히 인정되는 것은 아니다. 아래 판례를 보자.

📖 『교회신도들의 총유재산인 건물을 재단이 기부받았다 하여 그 재단 앞으로 소유권이전등기가 경료되었다 한들 그 등기가 되었다는 사실 자체만으로서 위 교인들의 증여를 위한 공동의회의 결의가 반드시 있은 다음에 소유권이전등기가 된 것이라고 추정할 수 있는 것은 아니다.』(대판 1964.9.30, 63다758)

따라서 거래의 상대방은 단순히 등기만을 확인할 것이 아니라 등기의 원인행위를 확인하여야 한다. 즉 교회의 규약(정관)에 따랐는지, 교인총회의 결의가 있었는지 등을 확인하여야 한다.

한편 일반적으로 법인이 아닌 교회의 경우 교회의 대지와 건물에 대하여 담임목사나 장로들의 명의로 등기하는 경우가 있는데 이는 부동산 실권리자명의 등기에 관한 법률의 취지에 어긋난다.[95] 다만 이러한 경우가 많다는 현실을 고려하여 이에 대한 법적 제재가 가해지는 경우는 많지 않은 것으로 보인다. 즉 종중(宗中)은 『조세포탈, 강제집행의 면탈 또는 법령상 제한의 회피를 목적으로 하지 아니하는 경우』에는 과징금이나 이행강제금을 부과하지 않는데(같은 법률 § 8), 교회의 경우에도 이에 준하여 취급되기 때문이다.

📖 『교회 목사가 주로 교회 신도 등의 헌금으로 매수한 부동산에 관하여 자신 명의로 소유권이전등기를 경료한 후 임의로 자신의 채무담보를 위하여 근저당권설정등기를 경료해 준 사안에서 계약명의신탁의 법리가 적용될 여지가 있다.』(대판 2006.9.8, 2005도9733)

교회가 건물을 임차하여 쓰는 경우 임차권등기를 하여 외부에 대항하거나 보증금을 우선변제받을 수 있다. 건물이 상가건물이고 교회가 사업자등록이 되어 있다면 상가건물임대차보호법에 의하여 같은 보호를 받을 수도 있다.

3. 세금과 보험

(1) 조세와 조세감면

조세란 국가나 지방자치단체가 직접적인 반대급부 없이 재정에 충당할 목적으로 법률에 정한 바에 따라 국민(주민)들로부터 강제적으로 징수하는 재정적 부담이라고 할 수 있다. 여기서의 국민에는 자연인과 법인을 포함하므로 교회와 목회자도 일단 여기에 포함된다.

---

95) 『누구든지 부동산에 관한 물권을 명의신탁약정에 의하여 명의수탁자의 명의로 등기하여서는 아니된다.』(부동산 실권리자명의 등기에 관한 법률 § 3①)

🕮 『법인격 없는 사단은 법인격 없는 재단과는 달리 주무관청의 허가를 받아 설립된 것이 아니라면 세법의 적용에 있어서 법인으로 볼 수 없고, 법인격 없는 사단인 종교단체에 대하여도 달리 해석되지 않는다.』 (대판 2002.2.8, 2000두1652)
(☞ 교회도 일정한 요건을 갖춘 경우에만 세법상 법인으로 취급한다는 의미)

조세는 여러 가지로 분류할 수 있으나, 징수주체에 따라 국세와 지방세로 구분할 수 있다. 국세는 소득세 · 법인세 · 상속세 · 증여세 · 부당이득세 · 부가가치세 · 특별소비세 · 종합부동산세 · 교육세 등이다. 지방세에는 주민세 · 취득세 · 재산세 · 등록세 · 자동차세 등이 속한다.

조세법에 적용되는 몇 가지 원칙이 있다. 첫째, 조세법률주의는 『조세의 종목과 세율은 법률로 정한다.』 (헌법 § 59)는 규정에 따라 과세의 요건과 절차 등을 국회가 정한 법률에 명확히 하여야 한다는 원칙이다. 그러나 세법은 매우 기술적이고 전문적인 분야이므로 법률로 모두 정할 수는 없는 것이므로 세부적이고 기술적인 것은 하위법령에 위임할 수 있으나 중요한 것은 모두 법률로 정하라는 의미이다. 이에 따라 시행령(대통령령)이나 시행규칙(부령)으로 자세한 규정을 하고 있다. 그밖에도 국세청이나 재정경제부에서 세법해석이나 세무행정의 기준을 마련한 조세통칙(조세통첩)을 마련하여 운용하고 있으며 상위법에 위배되지 않는 한 구속력이 있다는 것이 대법원의 입장이다(대판 1987.9.29, 86누484).

둘째, 공평과세의 원칙이 있다. 이는 조세관계에서 모든 국민은 평등하게 취급되어야 하며, 세금부담능력에 따라 공평하게 세금이 부과되어야 한다는 원칙이다.

셋째, 신뢰보호의 원칙은 행정법에서 일반적으로 인정되는 원칙인데, 『세법의 해석 또는 국세행정의 관행이 일반적으로 납세자에게 받아들여진 후에는 그 해석 또는 관행에 의한 행위 또는 계산은 정당한 것으로 보며, 새로운 해석 또는 관행에 의하여 소급하여 과세되지 아니한다.』(국세기본법 § 18③)라고 규정하고 있다.

종교의 자유를 보장하는 측면에서 교회에 여러 가지 혜택을 주고 있다. 특히 세금에 대해서는 세법상 공익단체로서 비영리사업자로 분류하여 감면혜택을 주고 있다. 역사적으로 보면, 콘스탄티누스 황제는 밀라노 칙령을 통하여 기독교를 공인하고 탄압시대에 몰수한 교회재산을 반환하도록 하고, 그에 대한 보상은 국가가 하도록 하였다. 나아가 황제의 전 재산을 교회에 헌납하는 한편 성직자의 모든 공무를 면제해 주었다. 이때부터 교회에 대한 세금면제의 전통이 확립된 것이다.[96)]

교회를 비롯한 종교단체들이 의료 · 자선 · 교육 등의 분야에서 자신의 재정으로 이를 담당하고 있는데, 이는 원래 국가의 책무이므로 이에 대한 반대급부 내지는 지원의 수단으로 조세감면 또는 재정지원이 정당한 것으로 인식되고 있는 것이다.

교회(활동)에 대한 과세문제, 특히 목회자의 급여에 대한 소득세부과에 대하여 현재 찬반양론이 제기되고 있다.[97)] 교회에 대한 과세문제의 찬반논의와 상관없이 현행법령과 판례에 따른 조세와 감면제도는 별도의 항목에서 설명하기로 한다.

어쨌든 교회가 비법인 사단으로서 인정받고 세금관계를 교회의 이름으로 처리하기 위해서는 세무서에 사업자등록이 되어 있어야 한다. 이 때 법인으로 등록하느냐 개인으로 등록하느냐에 차이가 있다. 예컨대 교회명의로 취득한 부동산을 3년 이상 사용하면 법인으로 등록된 경우 면세대상이나 개인명의로 등록된 경우 면세해택을 받기 어렵다.

---

96) 김용옥, 기독교성서의 이해, 통나무, 2007, 573-575면 참조.

97) 이에 대한 구체적 논의와 외국의 사례는 양인평 외, 주(20)의 책, 135-138면 참조.

📖 『조세평등주의의 이념에 비추어 볼 때, 구 조세감면규제법 제67조의14는 종교법인 등의 업무용 토지 등에 대한 특별부가세 면제제도에 관하여 규정하면서 제1항 제2호에서 면제대상 등 기본적 요건을 명백하게 규정하고 있는데, 비록 이 면제제도가 선교활동의 촉진을 통한 국민의 정신생활의 성숙이라는 정책적 목적을 실현함에 있어서 필요하다고 하더라도, 특히 정책목표달성이 필요한 경우에 그 면제혜택을 받는 자의 요건을 엄격히 하여 극히 한정된 범위 내에서 예외적으로 허용되어야 하는 것이다.』 (헌재 2000.1.27, 98헌바6)

한편 근로소득이 있는 교인들이 교회 헌금 등으로 지출한 금전은 근로소득에서 일정한 한도 내에서 특별공제를 받는다. 교회헌금 등 지정기부금은 현재 근로소득 금액의 10% 내에서 공제대상이 된다. 개별교회가 주무관청에 등록되어 있거나 그렇지는 않아도 소속 교단의 총회(중앙회)가 등록되어 있는 경우 소득세법 § 34②, § 52⑥ 규정에 의하여 기부금 특별공제 대상이 된다. 소득공제의 대상이 되는 교회(종교단체)는 법인세법 시행령 § 36① 제1호 마목에 규정하고 있다. 고유번호가 없는 교회의 경우 기부금영수증에 대표자의 주민등록번호를 기재하고 총회 등이 주무관청에 등록되어 있다는 것을 증명하는 서류도 제출하여야 한다. 소득공제를 받을 때 본인 명의로 지출한 헌금(기부금)만 공제대상이며 가족의 이름으로 헌금(기부금)한 경우 공제되지 않는다.

(2) 국세

① 법인세

법인에 대하여는 모든 소득에 대하여 포괄하여 과세하고 있다. 그러나 교회는 세법상 비영리사단법인으로 보므로 수익사업소득에 대하여만 과세한다(법인세법 § 3). 즉 제조업·도매업·부동산임대업 등으로 소득이 발생한 경우 법인세를 신고·납부하여야 한다. 반면에 수익이 있어도 비수익사업으로 보아 과세하지 않는 것으로는 교회의 납골당 이용료로 실비를 받는 경우, 은행이자를 수령하여 고유사업에 사용하는 경우 등이다. 담임목사 등에게 지급하는 사례비나 원고료 등에 대한 원천징수 여부는 교회의 재량에 맡겨져 있다.

② 소득세

소득세란 개인이 자신의 근로나 이자·사업·양도 등으로 발생한 소득에 부과되는 세금이다(소득세법 § 1).

목회자에게 지급되는 사례비가 소득세의 과세대상인지 논의되고 있다. 법문상으로는 근로소득으로 보이지만(소득세법 § 20), 목회활동이 일반 근로인지가 논점이다. 국세당국은 이에 대하여 명확하게 비과세 대상이라고 하고 있지는 않지만 납세여부는 교회의 해석에 맡겨두고 있는 실정이다. 하지만 목회자의 개인재산에 대한 양도소득에 대하여는 양도소득세를 납부하여야 한다.

③ 부가가치세

부가가치세는 재화 또는 용역의 공급이나 재화의 수입을 하는 경우에 부과되는 세금이다(부가가치세법 § 1). 교회도 고유목적을 위한 사업을 하는 경우에는 과세의무가 없으나 영리를 목적으로 사업을 하는 경우 관할 세무서에 등록해야 하며 부가가치세의 납부의무가 있다(같은 법 § 5).

④ 상속세와 증여세

교회가 상속이나 증여를 받은 경우 과세대상에서 제외된다(상속세 및 증여세법 § 16, § 48) 그러나 교회가 상속 또는 증여받은 재산을 3년 이내에 고유목적에 사용하면 면세가 되지만, 고유목적에 사용하지 않거나 3년 이내에 고유목적에 사용하지 않으면 나중에라도 과세된다(같은 법 시행령 § 38).

(3) 지방세

① 취득세

취득세는 부동산 · 차량 · 입목 · 골프회원권 등을 취득하는 경우 해당 도(道)가 과세하는 세금이다(지방세법 § 104, § 105). 교회의 자산일 경우 고유목적에 사용하면 비과세이나 고유목적에 사용하지 않거나 3년 이내에 고유목적에 사용하지 않는 경우, 또 중간에 2년 이상 다른 용도로 사용하는 경우 과세된다(같은 법 § 107).

② 등록세

등록세는 재산권 또는 기타의 권리를 공적 장부에 등기하거나 등록하는 경우 해당 도(道)에서 과세하는 세금이다(지방세법 § 124). 부동산이나 자동차가 여기에 해당된다. 등록세에서도 취득세에서와 마찬가지로 교회는 비과세 혜택을 누린다(같은 법 § 127).

③ 재산세

재산세는 토지 · 건축물 · 주택 · 선박 및 항공기를 과세대상으로 한다(지방세법 § 181). 재산세의 경우에도 교회는 고유목적에 사용하는 경우 비과세 혜택이 주어진다(같은 법 § 186). 직접 사용하는 것이어야 하며, 건축 중인 건물도 포함된다. 주차장의 경우도 당연히 비과세이나 구체적인 기준이 자치단체별로 다르다. 대개 교회 건축물에서 100m 이내의 주차장이 면세의 대상이다.

④ 기타

종합부동산세의 경우도 지방세법을 준용하여 교회에 대하여 비과세한다(종합부동산세법 § 6).

자동차세의 경우에는 비과세로 규정되어 있지 않아서 교회의 차량에 대해서는 과세가 된다(지방세법 § 196-4 참조). 자동차의 취득이나 등록의 경우에도 비과세 대상이 아니어서 과세가 된다(같은 법 § 107, § 127 참조).

📖 『지방세법 제186조에서 규정한 제사 · 종교 · 자선 · 학술 · 기예 등 비영리사업자가 그 공익사업에 직접 사용하는 부동산 등 재산에 대하여는 재산세 등이 부과되지 않는 반면, 그 재산이 수익사업에 사용되는 경우와 유료로 사용되는 경우 및 그 재산의 일부가 그 목적에 직접 사용되지 아니하는 경우의 그 일부 재산에 대하여는 그러하지 아니하고, 이때 그 비영리사업자가 그 재산을 공익사업에 직접 사용하는 것인지 여부는 당해 비영리사업자의 사업목적과 취득목적을 고려하여 그 실제의 사용관계를 기준으로 객관적으로 판단하여야 한다. 이러한 점에 비추어 볼 때 교회가 주차장으로 사용하기 위해 취득한 대지는 지방세법 제186조의 비과세대상이다.』 (대판 2008.6.12, 2008두1368).

교회 경내에 있지 않아도 목사의 사택은 면세 대상이다.

📖 『교회의 담임목사는 교회가 종교 · 자선 등의 목적사업을 수행함에 있어 필요불가결한 중추적 존재라고 할 것이므로 그 주택이 비록 교회의 경내에 있지 아니하고 떨어져 있다 하더라도 교회의 대표자인 담임목사의 유일한 주택으로 사용함은 교회의 목적사업에 직접 사용하는 것과 다름이 없어 그 주택은 지방세법에 의한 취득세, 재산세, 및 도시계획세의 비과세 대상에 해당한다.』 (서울고법 1984.4.27, 83구981)

이에 비하여 판례에 따르면 부목사나 전도사의 사택은 과세대상이다. 이 경우 교회의 목적을 이루는 데 필수적인 것은 아니라고 본 것이다. 그러나 부목사나 전도사도 필수적이라고 인식되고 있는 현실을 감안하면 면세 대상으로 해야 할 것으로 생각된다.

📖 『교회의 부목사, 강도사, 전도사 등은 모두 교회의 목적사업을 수행함에 있어 필요불가결한 중추적 존재라 할 수 없으므로, 그들의 주거용으로 사용한 아파트는 교회의 목적사업에 직접 사용하는 것이라고 단정할 수 없고 따라서 이는 지방세법 제184조 제1항 제3호 소정의 재산세비과세대상에서 제외된다.』 (대판 1986.2.25, 85누824)

📖 『선교사업을 목적으로 하는 민법상 비영리법인이 운영하는 병원의 의료사업에 지방세법상의 수익성이 있다면 일부 극빈 환자들에 대하여 진료비 감면의 혜택을 준다하여 사업소세의 비과세대상이라 할 수 없다.』 (대판 1991.5.10, 90누4327)

4. 예배

교회(공동체)의 핵심활동은 예배라고 할 수 있다. 이 예배를 방해하는 것은 형사처벌의 대상이다. 형법 § 158는 『장례식 · 제사 · 예배 또는 설교를 방해한 자는 3년 이하의 징역 또는 500만 원 이하의 벌금에 처한다.』고 하여 예배방해죄를 규정하고 있다. 이것은 공중의 종교생활의 평온과 종교감정을 그 보호법익으로 하는 것이므로, 예배중이거나 예배와 시간적으로 밀접불가분의 관계에 있는 준비단계에서 이를 방해하는 경우에만 성립한다(대판 2008.2.1, 2007도5296).

📖 『교회의 교인이었던 사람이 교인들의 총유인 교회 현판, 나무십자가 등을 떼어내고 예배당 건물에 들어가 출입문 자물쇠를 교체하여 7개월 동안 교인들의 출입을 막은 사안에서, 장기간 예배당 건물의 출입을 통제한 위 행위는 교인들의 예배 내지 그와 밀접불가분의 관계에 있는 준비단계를 계속하여 방해한 것으로 볼 수 없어 예배방해죄가 성립하지 않는다.』(대판 2008.2.1, 2007도5296)

📖 『정식절차를 밟은 위임목사가 아닌 자가 당회의 결의에 반하여 설교와 예배인도를 한 경우라 할지라도 그가 그 교파의 목사로서 그 교의를 신봉하는 신도 약 350여명 앞에서 그 교지에 따라 설교와 예배인도를 한 것이라면 다른 특별한 사정이 없는 한 그 설교와 예배인도는 형법상 보호를 받을 가치가 있고 이러한 설교와 예배인도의 평온한 수행에 지장을 주는 행위를 하면 형법상의 설교 또는 예배방해죄가 성립한다.』(대판 1971.9.28, 71도1465)

📖 『소속 교단으로부터 목사면직의 판결을 받은 목사가 일부 신도들과 함께 소속 교단을 탈퇴한 후 아무런 통보나 예고도 없이, 부활절 예배를 준비 중이던 종전 교회 예배당으로 들어와 찬송가를 부르고 종전 교회의 교인들로부터 예배당을 비워달라는 요구를 받았으나 이를 계속 거부한 사안에서, 위 목사와 신도들의 행위는 종전 교회의 교인들의 예배를 방해하는 것으로서 형법 제158조 예배방해죄에서 보호하는 '예배'에 해당한다고 보기는 어렵다.』(대판 2008.2.28, 2006도4773)

🕮 『소속 교단으로부터 교회법에 의한 정당한 절차에 따른 목사면직 판결을 받아 소속 교단의 목사로서의 자격을 상실한 목사와 종전 교회를 집단적으로 탈퇴함으로써 교인으로서의 지위 및 종전 교회재산에 대한 모든 권리를 상실한 교인들이 종전 교회에 무단으로 진입하여 예배를 행하자 이에 대응하여 종전 교회의 교인들이 마이크를 빼앗고 위 목사를 강단에서 끌어내리는 등의 행위를 한 사안에서, 위 예배는 종전 교회의 교인들의 예배를 방해하는 것으로서 형법상 예배방해죄의 보호대상이 된다고 보기 어렵고, 설령 보호대상이 된다고 하더라도 종전 교회 교인들의 예배방해행위는 정당행위에 해당한다.』 (서울북부지법 2006.6.22, 2005노1148)

교회는 예배를 방해할 목적으로 교회에 들어오는 사람에게 출입을 금지할 수 있으며, 이에 응하지 않으면 퇴거불응죄(형법 § 319)로 처벌된다.

🕮 『A가 예배의 목적이 아니라 교회의 예배를 방해하여 교회의 평온을 해할 목적으로 교회에 출입하는 것이 판명되어 교회 건물의 관리주체라고 할 수 있는 교회 당회에서 그에 대한 교회출입금지의결을 하고, 이에 따라 교회의 관리인이 A에게 퇴거를 요구한 경우 A의 교회출입을 막으려는 교회의 의사는 명백히 나타난 것이기 때문에 이에 기하여 퇴거요구를 한 것은 정당하고 이에 불응하여 퇴거를 하지 아니한 행위는 퇴거불응죄에 해당한다. 사회통념상 현관도 건물의 일부임이 분명한 것이므로 A가 교회 건물의 현관에 들어간 이상 그 곳에서 교회 관리인의 퇴거요구를 받고 이에 응하지 않았다면 퇴거불응죄가 성립한다. 교회는 교인들의 총유에 속하는 것으로서 교인들 모두가 사용수익권을 갖고 있고, 출입이 묵시적으로 승낙되어 있는 장소인바, 이같이 일반적으로 개방되어 있는 장소라도 필요한 때는 관리자가 그 출입을 금지 내지 제한할 수 있다.』 (대판 1992.4.28, 91도2309)

한편 예배의 핵심은 설교라고 할 수 있는데, 설교내용과 관련하여서도 법원의 제재를 받을 수 있다. 문제가 되는 경우 대개 형법상의 명예훼손죄(형법 § 307)로 처벌된다. 물론 민사상의 손해배상도 가능하다. 다만 그 내용이 허위가 아니라 진실이고 공공의 이익을 위한 것이라고 인정되면 처벌되지 않는다(형법 § 310).

🕮 『교회에서 신도들에게 설교한 내용이 통상의 종교활동의 정당한 범위를 일탈하여 대통령긴급조치 제9호가 정한 금지행위에 해당한다면 그 죄책을 면할 수 없으며 이를 교직자의 종교활동인 업무에 의한 행위로서 위법성조각사유가 된다고 볼 수 없다.』 (서울고법 1976.9.14, 76노1395)

🕮 『목사가 예배를 인도하면서 설교도중 "○○교회 목사는 이단 중에 이단입니다. 그는 피가름을 실천에 옮겨야 된다고 가르치는 사람, 그것도 비밀리에 가르치고 있습니다."라고 설교한 부분은, 어느 교리가 정통 교리이고 어느 교리가 여기에 배치되는 교리인지 여부는 교단을 구성하는 대다수의 목회자나 신도들이 평가하는 관념에 따라 달라지는 것이며 그 부분이 사실을 적시한 것으로 보기 어려우며, 또한 그것이 허위라는 사실이 입증된 것도 아니라면 명예훼손죄에 해당하지 않는다.』 (대판 2008.10.9, 2007도1220)

예배의 소음 때문에 인접한 주민들과 갈등이 빚어지는 경우도 있다. 관련 법령에 따라 예배의 소음도 규제된다(소음 · 진동규제법 § 21). 교회가 주거지역에 있는 경우 밖으로 흘러나오는 소리는 저녁(18:00-22:00)의 경우 50dB 이하여야 하며, 야간(22:00-05:00)에는 45dB 이하여야 한다(같은 법 시행규칙 별표 8). 야외 행사인 경우 집회 및 시위에 관한 법률에 따라 규제가 이루어진다. 아래에서 보자.

5. 야외 집회 및 행사

집회 및 시위에 관한 법률에 따르면 옥외집회나 시위는 720시간 내지 48시간 이전에 신고하여야 하지만(같은 법 § 6), 종교행사는 학문과 예술, 관혼상제와 국경행사 등과 더불어 신고할 필요가 없다(같은 법 § 15). 다만 관할 경찰서장은 집회에 참여하지 않은 일반인을 위하여 질서유지선을 설정할 수 있다(같은 법 § 13). 또한 집회시의 소음은 주간의 경우 주거지역이나 학교주변은 65dB 이하, 기타

지역은 80dB 이하여야 하며, 야간집회의 경우 각각 60dB, 70dB로 강화된다(같은 법 시행령 별표 2).

법률에 따르면 교회행사와 관련하여 특별히 신고를 할 필요는 없다. 그러나 대규모 집회의 경우 집회장소를 관할하는 곳에 미리 허가를 받는 것이 필요하고, 집회신고도 미리 해 두는 것이 경찰들로부터 질서유지에 협력을 받는 데 도움이 된다. 또한 소음을 방지하거나 교통소통을 방해하지 않아야 하는 것은 다른 집회와 다를 바 없다.

🕮 『불가불 타인의 주목을 끌고 자신의 주장을 전파하기 위하여 목소리나 각종 음향기구를 사용하여 이루어지는 선교행위가 경범죄처벌법 제1조 제26호 소정의 인근소란행위의 구성요건에 해당되어 형사처벌의 대상이 된다고 판단하기 위해서는 당해 선교행위가 이루어진 구체적인 시기와 장소, 선교의 대상자, 선교행위의 개별적인 내용과 방법 등 제반 정황을 종합하여 그러한 행위가 통상 선교의 범위를 일탈하여 다른 법익의 침해에 이를 정도가 된 것인지 여부 등 법익간의 비교교량을 통하여 사안별로 엄격하게 판단해야 한다.』 (대판 2003.10.9, 2003도4148)

한편 교회신도들을 운송하기 위하여 버스를 운용하거나 이를 위하여 회사를 설립하였더라도 그 한도 내에서는 유상운송행위에 해당하지는 않는다(여객자동차운수사업법 § 3 및 시행령 § 3 참조).

🕮 『교회 산하 각 교구가 그 소속 버스들을 개별적으로 관리하는 데서 오는 차량의 노후화, 자동차종합보험 등의 문제점을 개선하여 효율적, 조직적으로 관리하기 위하여 회사를 설립하게 되었고, 그 회사는 교회 근처에 사무실을 마련하여 여직원 1명을 두고 버스들을 일괄적으로 관리하면서 버스들의 연락 배차, 교통사고, 보험, 세무처리 등의 행정적인 관리업무만을 처리하여 왔을 뿐이고, 회사가 설립된 이후에도 버스들의 관리는 여전히 종전과 같이 각 교구별로 담당책임자인 조장이 있어 각 교구 소속 신도들로부터 차량관리헌금을 받아 교구 소속 버스의 운전기사 급료, 유류대, 차량수리비 등을 지급하는 등의 방법으로 교구별로 직접 맡아 오면서, 다만 위 회사의 사무실 등을 운영하기 위한 경비조로 매달 10만 원씩 공동비용을 내어왔다

면, 위 회사가 자기 계산 하에 영리적 목적으로 운송의 대가를 받고 신도들을 수송한 것은 아니라고 할 것이어서 위 회사의 신도운송행위는 자동차운수사업법 소정의 유상운송행위에 해당하지 않는다.』(대판 1992.7.10, 92도500)

6. 선교와 봉사활동

(1) 교리문제

교단 사이의 교리문제나 특히 이단이라고 정의하는 문제, 또는 타종교와의 교리적 갈등에 대하여 국가는 중립을 지키고 있으며, 그 한도 내에서는 국가법이 간여하지 않는 것이 원칙이다. 다만 형법상 명예훼손죄나 모욕죄에 해당하면 형사 고발이나 고소를 할 수 있을 것이다. 또한 개인적으로 이단에 의하여 피해를 입은 경우 강요죄나 감금죄에 해당되는 경우도 있을 수 있다. 그리고 이러한 경우에 해당된다면 민사적으로 손해배상의 대상이 될 수 있다. 교회활동과 관련하여 이러한 문제는 상대방에 의하여 제기될 수도 있는 것이므로 그러한 경우에는 상대방의 민형사상의 공격에 대하여 방어하는 차원에서 접근하여야 할 것이다.

🕮 『구체적인 교리에 대한 나름대로의 분석에 근거하여 특정 종교인을 사이비로 기술한 출판물을 출판한 사안에서, 그와 같은 분석 및 그 분석의 결과가 사실과 다르다거나 사실을 왜곡하였는가 여부를 과학적으로 입증하기는 불가능하고 오히려 이러한 종교·교리적 분석은 하나의 '의견'에 불과하여 명예훼손이 성립하기 위한 '사실의 적시'라고 보기 어려우므로, 그 출판물에서 그 종교인을 단정적·반복적으로 그리스도교의 사이비라고 표현하고 있다거나 이와 유사한 내용으로 표현한 것만으로는 그 종교인의 인격권·명예권이 침해되었다고 볼 수 없고, 또한 우리 헌법은 제20조 제2항에서 국가의 종교적 중립성을 요구하고 있는바, 특정 종교의 이단이나 사이비 여부로 인하여 발생하는 분쟁에 법원이 개입하여 어떠한 특정 종교나 교리가 옳고 이에 대한 비난이 위법하다고 선언할 수는 없다.』 (서울지법 서부지원 1996.4.19, 95카합4745)

따라서 객관적이고 공공의 이익을 위해서 공표한다는 것이 입증되면 다른 교단이나 특정인의 교리에 관한 비판은 명예훼손에 해당되지 않는다.

🕮 『어느 교단이 그 산하 단체로 하여금 다른 교단 소속 목사의 주장의 이단성 여부에 관해 연구하게 한 후 그 결과를 책자에 게재하여 배포한 경우, 비록 그 공표 내용 중에 그 목사의 교리와 주장을 비판하고 그 명예를 침해하는 내용이 포함되어 있다고 할지라도, 이는 신앙의 본질적 내용으로서 최대한 보장받아야 할 종교적 비판의 표현 행위로서 그 안에 다소 과장되거나 부적절한 표현이 있다 하더라도 중요한 부분에 있어서 진실에 합치할 뿐만 아니라 자기 교단의 교리 보호와 그 산하 지도자들 및 신자들의 신앙 보호를 위하여 주로 그들을 상대로 주의를 촉구하는 취지에서 공표한 것이므로 위법성이 없다.』 (대판 1997.8.29, 97다19755)

🕮 『신학대학의 교수가 강연, 대담이나 기고를 하게 된 경위는 교회 또는 기독교단체나 텔레비전 방송국, 잡지사 등의 요청에 의한 것이고, 그 강연의 청취자 또한 대부분 기독교 신자들이나 목회자들이며, 그 잡지나 텔레비전 방송도 주로 기독교 신자들이 읽거나 시청하는 것이며, 그 내용은 주로 구원파의 교리가 기존 기독교의 그것과 어떻게 다르고 그로 인한 폐해는 무엇인가에 관한 것으로서, 구원파의 성서관, 하나님관, 구원관, 기도관, 예배관, 교회관, 종말관 등 구원파의 교리 전반에 대한 비판과 피고인이 왜 구원파에 몸담고 있다가 기존 기독교로 복귀하였는가 하는 자신의 신앙적 역정에 대한 회고로 이루어져 있으며, 강연이나 기고의 무렵에 구원파의 실질적 지도자로 알려진 자가 신도들에게 구원의 계기와 방법으로 헌금을 하거나 돈을 빌려줄 것을 유도하여 조성한 자금으로 사업 자금을 조달함으로써 많은 돈을 헌금하거나 대여하게 된 일부 신도들의 가정이 파탄지경에 이르는 등 구원파로 인한 사회적 물의가 적지 않았으므로 적시한 사실이 허위라고 단정할 수 없다. 그렇다면 구원파의 실질적 지도자의 사회적 활동에 대한 비판 내지 평가의 한 자료가 될 수 있다는 의미에서 공공의 이익에 관한 것이라고 봄이 상당하고, 그 개인을 비방할 목적에서라기보다는 기독교 신자 등에게 구원파를 경계케 할 목적으로 공공의 이익을 위하여 한 행위라고 보아야 한다.』 (대판 1996.4.12, 94도3309)

또 같은 교단 내에서도 교단내의 목회자나 신자들에게 알리는 경우 공공의 이익이 인정되는 경우가 많다.

📖 『기독교한국침례회 교단의 목사들이 교단 내 목회자들에게 보낸 유인물에서, 지방회시취위원회 또는 그 시취위원들이 지방회 규약의 규정을 무시하고 '목회자로서 입에 담지도 못할 언행'과 '안하무인격의 불손한 태도로서 비인격적이고 비윤리적인 행동'을 하여 인격적으로 목사안수를 받을 자격이 없는 자로 하여금 목사안수를 받도록 하였다는 것을 지적하고 있는 것은 적시된 사실이 객관적으로 볼 때 한국침례회 또는 지방회교인들이라는 특정한 사회 집단이나 그 구성원 전체의 관심과 이익에 관한 것으로서 형법 제310조의 공공의 이익에 관한 것이라고 할 수 있어서 위법성이 조각되어 명예훼손죄로 처벌할 수 없다.』 (대판 1999.6.8, 99도1543)

(2) 종교교육

교회에서 종교교육이나 선교를 위하여 학교를 설립하여 운영하는 경우 일반적인 사립학교의 설립과 운영에 따르는 법적 규제가 따른다.

📖 『헌법상의 종교의 자유에는 특정 종교단체가 그 종교의 성직자와 교리자를 자체적으로 교육시킬 수 있는 종교교육의 자유도 포함되지만, 그 종교교육이 종교단체 내부의 순수한 성직자 또는 교리자 교육과정으로 행하여지는 것이 아니라 학교나 학원의 형태를 취하는 경우에는 국민의 교육을 받을 권리를 적극적으로 보호하기 위하여 교육기관의 설립에 일정한 설비·편제 기타 설립기준 등을 갖출 것을 요구하고 있는 구 교육법과 학원의 설립·운영에 관한 법률의 규제를 받게 되고, 이러한 법률상의 규제를 들어 헌법상의 종교의 자유를 침해하거나 평등의 원칙 등에 위배된 것이라고 할 수가 없다.』 (대판 2001.2.23, 99두6002)

교회에서 설립한 학교(미션스쿨)의 경우 국공립학교와는 달리 종교교육과 특정종교의 선교를 할 수 있으나 학생들의 종교의 자유를 제한할 수는 없다. 종교교육도 본인이 원하지 않는 경우 교양의 범주를 벗어나지 않는 한도 내에서만 허용된다.

📖 『사립학교는 국·공립학교와는 달리 종교의 자유의 내용으로서 종교교육 내지는 종교선전을 할 수 있고, 특히 대학은 헌법상 자치권이 부여되어 있으므로 사립대학

은 교육시설의 질서를 유지하고 재학관계를 명확히 하기 위하여 법률상 금지된 것이 아니면 학사관리, 입학 및 졸업에 관한 사항이나 학교시설의 이용에 관한 사항 등을 학칙 등으로 제정할 수 있으므로, 사립대학은 종교교육 내지 종교선전을 위하여 학생들의 신앙을 가지지 않을 자유를 침해하지 않는 범위 내에서 학생들로 하여금 일정한 내용의 종교교육을 받을 것을 졸업요건으로 하는 학칙을 제정할 수 있다. 기독교 재단이 설립한 어떤 사립대학이 학칙으로 대학예배의 6학기 참석을 졸업요건으로 정한 경우, 그 대학예배가 목사에 의한 예배뿐만 아니라 강연이나 드라마 등 다양한 형식을 취하고 있고 학생들에 대하여도 예배시간의 참석만을 졸업의 요건으로 할 뿐 그 태도나 성과 등을 평가하지는 않는 사실 등에 비추어 볼 때, 그 대학교의 예배는 복음 전도나 종교인 양성에 직접적인 목표가 있는 것이 아니고 신앙을 가지지 않을 자유를 침해하지 않는 범위 내에서 학생들에게 종교교육을 함으로써 진리 · 사랑에 기초한 보편적 교양인을 양성하는 데 목표를 두고 있다고 할 것이므로, 그 학칙은 헌법상 종교의 자유에 반하는 위헌무효의 학칙이 아니다.』(대판 1998.11.10, 96다37268)

교회를 비롯한 종교단체들이 운영하는 방송이나 신문 등도 일반적인 방송이나 신문 등의 규제를 받는다. 특별히 법적으로 혜택이나 제한이 있는 것은 아니다.

(3) 사회봉사

『예수께서 베다니에 있는 문둥병자 시몬의 집에 계실 때에, 한 여인이 매우 값진 향유가 든 옥합을 가지고 와서 앉아 식사하시는 주의 머리위에 붓더라. 주의 제자들이 그것을 보고 화를 내며 말하기를 "이 무슨 낭비냐? 이 향유를 많은 돈을 받고 팔아서 가난한 사람들에게 줄 수 있었겠노라." 고 하니』 (마태복음 26:6-9, KJV)

앞서 세금문제에서 설명했듯이 교회에 비과세혜택을 비롯한 법적 · 재정적 지원은 교회가 국가가 해야 할 사회봉사를 대신하는 경우가 많기 때문이다. 그러나 그렇다고 해서 이러한 영역에 있어서 교회의 활동이 전혀 제한되지 않는 것은 아니다. 종교와 상관없이도 이러한 봉사를 하는 사람도 많기 때문이다. 따라서 각 사회봉사의 영역에서 관련 법령의 규제를 살펴보고 그 한도 내에서 활동해야 할 것이다.

예컨대 교회 신도나 기타 불특정 다수인을 대상으로 기부금이나 구호품을 모집하는 경우 기부금품의 모집 및 사용에 관한 법률의 규율을 받는다. 즉 1,000만원 이상의 기부금품을 모집하려면 사전에 계획서를 작성하여 광역단체장에게 등록하여야 한다(같은 법 § 4). 이 경우 모집비용의 지출은 15% 이내에서만 허용된다(같은 법 § 13).

🕮 『기부금품모집규제법(☞ 현행 기부금품의 모집 및 사용에 관한 법률) 제4조 제2항 제1호 소정의 '국제적으로 행하여지는 구제사업'에서 유독 북한주민을 위한 구제사업만을 제외할 이유는 없다 할 것이므로, 북한 어린이를 위한 의약품 지원에 필요한 성금 및 의약품 등을 모금하는 행위도 이에 해당한다. 준조세 폐해 근절 및 경제난 극복을 이유로 북한 어린이를 위한 의약품 지원을 위하여 성금 및 의약품 등을 모금하는 행위 자체를 불허한 것은 재량권의 일탈·남용 및 비례의 원칙에 위반된다.』 (대판 1999.7.23, 99두3690)

유치원이나 고아원, 양로원 또는 여성의 집 등도 관련법령의 규제를 받는다. 예컨대 고아원은 아동복지시설에 해당하여 아동복지법 § 14에 따라 관할 시장·군수·구청장 등에게 신고하고 설립할 수 있으며, 자세한 시설기준 등은 아동복지법시행규칙(보건복지부령 제147호)에서 정하고 있다.

7. 교리와 국가법과의 충돌

(1) 병역의 의무

양심상 집총병역거부의 문제가 있다. 즉 신앙(양심)의 이유 때문에 병역을 거부할 수 있는가 하는 것이다. 국민개병제(의무병제) 국가에서도 인정되는 국가가 있고 인정되지 않는 국가도 있다. 병역거부가 인정되는 국가의 경우에도 병역 전체의 거부가 인정되는 것은 아니고 '집총' 병역, 즉 무기를 가지고 인간을 살상하는 것이나 이것을 훈련하는 것을 거부할 수 있을 뿐이다.

우리 대법원과 헌법재판소는 양심상 집총병역거부를 인정하지 않고 있다.

🕮 『병역법 제88조 제1항[98]은 가장 기본적인 국민의 국방의 의무를 구체화하기 위하여 마련된 것이고, 이와 같은 병역의무가 제대로 이행되지 않아 국가의 안전보장이 이루어지지 않는다면 국민의 인간으로서의 존엄과 가치도 보장될 수 없음은 불을 보듯 명확한 일이므로, 병역의무는 궁극적으로는 국민 전체의 인간으로서의 존엄과 가치를 보장하기 위한 것이라 할 것이고, 양심적 병역거부자의 양심의 자유가 위와 같은 헌법적 법익보다 우월한 가치라고는 할 수 없으니, 위와 같은 헌법적 법익을 위하여 헌법 제37조 제2항에 따라 피고인의 양심의 자유를 제한한다 하더라도 이는 헌법상 허용된 정당한 제한이다.』 (대판 2004.7.15, 2004도2965)

🕮 『'시민적 및 정치적 권리에 관한 국제규약(International Covenant on Civil and Political Rights)'으로부터 양심적 병역거부권이 당연히 도출되는 것은 아니지만, 위 규약 제18조 제1항에는 종교나 신념에 기한 결정을 외부로 표현하고 실현할 수 있는 자유도 함께 포함되어 있음이 문면 상 명백하다. 한편, 자신이 믿는 종교적

---

98) 『현역입영 또는 소집 통지서(모집에 의한 입영 통지서를 포함한다)를 받은 사람이 정당한 사유 없이 입영일이나 소집기일부터 다음 각 호의 기간이 지나도 입영하지 아니하거나 소집에 응하지 아니한 경우에는 3년 이하의 징역에 처한다.…』 (병역법 § 88①)

교리에 좇아 형성된 인격적 정체성을 지키기 위한 양심의 명령에 따라 현역병 입영을 거부하는 것은 적어도 소극적 부작위에 의한 양심의 표명행위에는 해당하고, 따라서 현역입영 통지서를 받고 정당한 사유 없이 입영하지 아니하는 행위를 처벌하고 있을 뿐, 양심에 반한다는 이유로 입영을 거부하는 자에 대하여 병역의무를 면제하거나 혹은 순수한 민간 성격의 복무로 병역의무의 이행에 갈음할 수 있도록 하는 어떠한 예외조항도 두고 있지 아니한 병역법 제88조 제1항 제1호는 위 규약 제18조 제3항에서 말하는 양심표명의 자유에 대한 제한 법률에 해당한다. 그러나 대체복무제도를 두지 아니한 것 그 자체를 규약 위반으로 평가할 수는 없고, 대체복무제도의 도입 여부 등에 관하여는 가입국의 입법자에게 광범위한 재량이 부여되어야 하는바, 현재로서는 대체복무제를 도입하기는 어렵다고 본 입법자의 판단이 현저히 불합리하다거나 명백히 잘못되었다고 볼 수 없다. 또한, 양심적 병역거부자에게 병역의무 면제나 대체복무의 기회를 부여하지 아니한 채 병역법 제88조 제1항 위반죄로 처벌한다 하여 규약에 반한다고 해석되지는 아니한다.』 (대판 2007.12.27, 2007도7941)

양심상 집총병역거부를 인정하는 국가에서는 대체복무제도를 가지고 있다. 즉 집총병역에 준하는 정도의 기간 동안 병원에서 환자를 돌보거나 노인들을 돌보는 등 일종의 사회봉사로 병역에 갈음하도록 하고 있다. 우리나라는 물론 아직 도입되어 있지 않다. 그것은 남북대치상황에서 대체복무제의 도입이 자칫 병역기피현상으로 이어지고 국가안보가 위태로운 상황이 될 우려 때문이다. 그러나 일반적인 병역기간의 단축과 더불어 신앙에 기인한 병역거부와 대체복무제의 도입이 고려되어야 할 것으로 생각한다. 현재는 양심상 이유로 병역을 거부하면 대략 2-3년 정도의 유기징역에 처한다.

📖 『양심의 자유는 단지 국가에 대하여 가능하면 개인의 양심을 고려하고 보호할 것을 요구하는 권리일 뿐, 양심상의 이유로 법적 의무의 이행을 거부하거나 법적 의무를 대신하는 대체의무의 제공을 요구할 수 있는 권리가 아니다. 따라서 양심의 자유로부터 대체복무를 요구할 권리도 도출되지 않는다. 우리 헌법은 병역의무와 관련하여 양심의 자유의 일방적인 우위를 인정하는 어떠한 규범적 표현도 하고 있지 않다. 양심상의 이유로 병역의무의 이행을 거부할 권리는 단지 헌법 스스로 이에 관하여 명문으로 규정하는 경우에 한하여 인정될 수 있다.

대체복무제를 도입하기 위해서는 남북한 사이에 평화공존관계가 정착되어야 하고, 군복무여건의 개선 등을 통하여 병역기피의 요인이 제거되어야 하며, 나아가 우리 사회에 양심적 병역거부자에 대한 이해와 관용이 자리잡음으로써 그들에게 대체복무를 허용하더라도 병역의무의 이행에 있어서 부담의 평등이 실현되며 사회통합이 저해되지 않는다는 사회공동체 구성원의 공감대가 형성되어야 하는데, 이러한 선행조건들이 충족되지 않은 현 단계에서 대체복무제를 도입하기는 어렵다고 본 입법자의 판단이 현저히 불합리하다거나 명백히 잘못되었다고 볼 수 없다.』(헌재 2004.8.26, 2002헌가1)

군대처럼 종교간 갈등이 적은 곳도 적다는 생각이 든다. 그러나 군대생활이 단순하고 또 순수한 만큼 선교의 기회도 크다고 판단된다. 군대에서 같은 종교를 가지고 있는 사람들의 종교생활을 도와주는 군종장교가 있다. 일반적으로 기독교 · 천주교 · 불교 · 원불교 등의 군종장교가 있다. 각 종교별로 군종장교가 있으므로 각자 자신의 종교를 선전하고 다른 종교를 비판할 수 있다.

『군대 내에서 군종장교는 국가공무원인 참모장교로서의 신분뿐 아니라 성직자로서의 신분을 함께 가지고 소속 종단으로부터 부여된 권한에 따라 설교 · 강론 또는 설법을 행하거나 종교의식 및 성례를 할 수 있는 종교의 자유를 가지는 것이므로, 군종장교가 최소한 성직자의 신분에서 주재하는 종교활동을 수행함에 있어 소속종단의 종교를 선전하거나 다른 종교를 비판하였다고 할지라도 그것만으로 종교적 중립을 준수할 의무를 위반한 직무상의 위법이 있다고 할 수 없다.』(대판 2007.4.26, 2006다87903)

(2) 국기에 대한 경례와 충성의무

역사적으로 과거 종교의 자유가 인정되지 않았을 때에는 국가와 신앙을 양자택일해야 하는 경우가 있었다. 그러나 종교의 자유가 확립된 현대에 와서는, 특히 우리나라에서는 국가와 종교가 충돌하는 경우는 거의 없어졌다고 생각된다. 그러나 개인적인 신앙과 국가법질서가 구체적인 문제에서 부딪히는 경우가 있는데 이 경우 우리 국가법은 신앙을 이유로 예외를 인정하지 않고 있다. 이론적으로 이는 신앙을 가지지 않은 사람과의 형평성 문제이기도 하며, 국가법질서의 확립을 위해서 불가피한 측면도 있다고 생각된다.

일반적으로 양심의 자유 또는 신앙의 자유에서 논의되는 것 중의 하나가 국가에 대한 충성의 의무이다. 우리나라 현실에서는 많은 논의가 있지는 못하다. 이론적으로는 국가에 대한 충성을 양심이나 신앙에 반하여 강요할 수 없는 것으로 설명되고 있다. 이러한 문제로는 공무원의 충성선서나 재소자의 준법서약제도, 아래 판례에서 보는 국기에 대한 경례 등의 문제가 있다.

🕮 『김해여자고등학교는 1950.5.16자 총제430호 국무총리의 국기에 대한 경례통첩과 이에 의한 문교부의 국기에 대한 예절에 관한 지시 및 1973년도 고등학교 학생 교련교육 지침서에 따라 국기에 대한 예절은 "국기에 대한 경례"의 구령으로 시작되어 경례방법은 제복 제모를 착용한 학생들은 거수경례를 하도록 되어 있는데 위 학교의 학생인 원고들이 나라의 상징인 국기의 존엄성에 대한 경례를 우상숭배로 단정하고 그 경례를 거부한 것은 국기예절에 관한 위 학교의 교육방침에 위배되는 행위라고 보아 퇴학처분한 징계처분은 적법하다.』 (대판 1976.4.27, 75누249)

🕮 『내용상 단순히 국법질서나 헌법체제를 준수하겠다는 취지의 서약을 할 것을 요구하는 이 사건 준법서약은 국민이 부담하는 일반적 의무를 장래를 향하여 확인하는 것에 불과하며, 어떠한 가정적 혹은 실제적 상황 하에서 특정의 사유(思惟)를 하거나 특별한 행동을 할 것을 새로이 요구하는 것이 아니다. 따라서 이 사건 준법서약은 어떤 구체적이거나 적극적인 내용을 담지 않은 채 단순한 헌법적 의무의 확인·서약에 불과하다 할 것이어서 양심의 영역을 건드리는 것이 아니다.』 (헌재 2002.4.25, 98헌마425)

(3) 기타

성경의 안식일은 현대의 토요일이며, 교회에서는 일요일을 주일이라 하여 안식일로 삼고 있다. 그러나 국가법에서는 이와는 상관없이 일요일이 휴일이다. 문제는 신앙적 이유로 일요일에 부과되는 공적인 행사나 의무를 거부할 수 있는가가 문제이다. 판례에서는 신앙적인 이유로 특별 취급되는 것이 인정되지 않고 있다.

📖 『A는 자신의 신앙적 의무를 지키기 위하여 사법시험 응시를 포기하고 예배행사에 참여하였다는 것인데, 사법시험 시행일을 일요일로 정한 행정자치부장관의 처분이 직접적으로 A의 종교의 자유를 침해하였다고 보기는 어렵다. 다만 매년 반복하여 시행되는 사법시험의 시행일을 일요일로 정하는 것이 A의 일요일에 예배행사에 참석할 종교적 행위의 자유를 제한하는 것으로 볼 수 있는지가 문제이나, 종교적 행위의 자유는 신앙의 자유와는 달리 절대적 자유가 아니라 질서유지, 공공복리 등을 위하여 제한할 수 있는 것으로서 사법시험 제1차시험과 같은 대규모 응시생들이 응시하는 시험의 경우 그 시험장소는 중·고등학교 건물을 임차하는 것 이외에 특별한 방법이 없고 또한 시험관리를 위한 2,000여 명의 공무원이 동원되어야 하며 일요일 아닌 평일에 시험이 있을 경우 직장인 또는 학생 신분인 사람들은 결근·결석을 하여야 하고 그밖에 시험당일의 원활한 시험관리에도 상당한 지장이 있는 사정이 있는바, 이러한 사정을 참작한다면 행자부장관이 사법시험 제1차 시험 시행일을 일요일로 정하여 공고한 것은 다수 국민의 편의를 위한 것이므로 이로 인하여 A의 종교의 자유가 어느 정도 제한된다 하더라도 이는 공공복리를 위한 부득이한 제한으로 보아야 할 것이고 그 정도를 보더라도 비례의 원칙에 벗어난 것으로 볼 수 없고 청구인의 종교의 자유의 본질적 내용을 침해한 것으로 볼 수도 없다.』 (헌재 2001.9.27, 2000헌마159)

한편 교회에서 안수기도가 일반적으로 행해지고 있는데, 이것도 국가법의 일반적인 규정을 피해갈 수 있는 것은 아니며 어떤 예외도 인정되지 않는다. 특히 그 과정에서 사람을 다치게 하거나 죽게 하면 예외 없이 민·형사상의 책임을 져야 한다.

📖 『피해자의 정신질환을 치료하기 위해 안수기도를 하면서 피해자의 가슴과 머리를 눌러 전흉부 및 두정부피하출혈상을 가하고, 충분한 급식을 하지 않는 등으로 인하여 이상체질의 피해자가 사망에 이르게 되었다면, 그 목적의 정당성에도 불구하고 수단방법의 상당성, 법익의 교량, 긴급성, 보충성의 요건을 결한 것으로서 정당행위라 할 수 없고, 또 피해자의 승낙이 있는 경우에 해당한다고도 볼 수 없다.』(서울고법 1988.11.10, 88노2534)

📖 『종교적 기도행위의 일환으로서 기도자의 기도에 의한 염원 내지 의사가 상대방에게 심리적 또는 영적으로 전달되는 데 도움이 된다고 인정할 수 있는 한도 내에서 상대방의 신체의 일부에 가볍게 손을 얹거나 약간 누르면서 병의 치유를 간절히 기도하는 행위는 그 목적과 수단 면에서 정당성이 인정된다고 볼 수 있지만, 그러한 종교적 기도행위를 마치 의료적으로 효과가 있는 치료행위인 양 내세워 환자를 끌어들인 다음, 통상의 일반적인 안수기도의 방식과 정도를 벗어나 환자의 신체에 비정상적이거나 과도한 유형력을 행사하고 신체의 자유를 과도하게 제압하여 환자의 신체에 상해까지 입힌 경우라면, 그러한 유형력의 행사가 비록 안수기도의 명목과 방법으로 이루어졌다 해도 사회상규 상 용인되는 정당행위라고 볼 수 없다.』(대판 2008.8.21, 2008도2695)

같은 이유로 신앙을 이유로 수혈을 거부하는 등 정상적인 치료를 거부하는 것이 실정법상 인정되지 않는다.

📖 『생모가 사망의 위험이 예견되는 그 딸에 대하여는 수혈이 최선의 치료방법이라는 의사의 권유를 자신의 종교적 신념(☞ 여호와의 증인)이나 후유증 발생의 염려만을 이유로 완강하게 거부하고 방해하였다면 이는 결과적으로 요부조자를 위험한 장소에 두고 떠난 경우나 다름이 없다고 할 것이고 그때 사리를 변식할 지능이 없다고 보아야 마땅한 11세 남짓의 환자 본인 역시 수혈을 거부하였다고 하더라도 생모의 수혈거부 행위가 위법한 점에 영향을 미치는 것이 아니다.』(대판 1980.9.24, 79도1387)

신앙생활과 가정생활도 서로 조화를 이루어야 한다. 신앙을 이유로 하는 가정생활의 파탄의 경우 특별한 취급이 없고 개인적인 사유 중의 하나로 본다.

📖 『신앙생활과 가정생활이 양립할 수 없는 객관적 상황이 아님에도 상대방 배우자가 부당하게 양자택일을 강요하기 때문에 부득이 신앙생활을 택하여 혼인관계가 파탄에 이르렀다면 그 파탄의 주된 책임은 양자택일을 강요한 상대방에게 있다고 할 것이므로 이 배우자의 이혼청구는 허용할 수 없다.』 (대판 1981.7.14, 81므26)

📖 『신앙의 자유는 부부라고 하더라도 이를 침해할 수 없는 것이지만, 부부 사이에는 서로 협력하여 원만한 부부생활을 유지하여야 할 의무가 있으므로 그 신앙의 자유에는 일정한 한계가 있다 할 것인바, 처가 신앙생활에만 전념하면서 가사와 육아를 소홀히 한 탓에 혼인이 파탄에 이르게 되었다면 그 파탄의 주된 책임은 처에게 있는 것으로 보아야 할 것이다.』 (☞ 남편의 이혼청구 인정, 대판 1996.11.15, 96므851)

8. 내부 자율권

교회의 내부 자율권은 결국 국가법이 강행하지 않는 영역을 말한다. 즉 국가법이 임의법으로만 규율하고 교회 내부의 합의에 따라 이루어지는 규율을 인정해주는 영역을 말한다. 국가법으로 말하면 주로 사법(私法)이 적용되는 영역을 의미한다. 여기에는 교단과 개별교회의 관계, 교회의 내부조직, 목회자와 신도의 정의(定義)와 배제, 교회내부의 헌금과 재산관계 등이 있다.

물론 임의법이 적용된다는 의미는 교회 구성원이 스스로 정한 규정에 따라 합의가 되고 갈등이 내부적인 절차에 의하여 해결되는 한도에서만 의미를 가진다. 즉 임의법이 적용된다고 하더라도 교회 내부의 규율과 절차에 따라 문제가 해결되지 않거나 결과에 불복하는 사람이 있는 경우 결국 국가법이 정한 외부적 규율의 단계로 넘어가게 되는 것이다.

📖 『교인으로서 비위가 있는 자에게 종교적인 방법으로 징계·제재하는 종교단체 내부의 규제(권징재판)가 아닌 한, 종교단체 내에서 개인이 누리는 지위에 영향을 미

치는 단체법상의 행위라 하여 반드시 사법심사의 대상에서 제외하거나 소의 이익을 부정할 것은 아니다.
우리 헌법이 종교의 자유를 보장하고 종교와 국가기능을 엄격히 분리하고 있는 점에 비추어 종교단체의 조직과 운영은 그 자율성이 최대한 보장되어야 할 것이므로, 교회 안에서 개인이 누리는 지위에 영향을 미칠 각종 결의나 처분이 당연 무효라고 판단하려면, 그저 일반적인 종교단체 아닌 일반단체의 결의나 처분을 무효로 돌릴 정도의 절차상 하자가 있는 것으로는 부족하고, 그러한 하자가 매우 중대하여 이를 그대로 둘 경우 현저히 정의관념에 반하는 경우라야 한다.』 (대판 2006.2.10, 2003다63104)

이러한 교회 내부의 법적 문제들에 대하여 다음 장에서 자세히 살펴보기로 한다.

제4장 교회 내부의 법적 문제

1. 개관

교회법이라고 하면 우선 국가법의 영역에 직접 놓여있지 않은 교회 내부의 법질서를 의미한다. 그러나 가톨릭과 개신교가 전혀 다르고, 개신교 내에서도 교파별로 상당히 다른 법규정과 용어를 쓰고 있어서 통일적인 설명이 불가능한 것이 현실이다.[99] 따라서 이 책에서는 개신교의 내부 법질서에 대하여 그 대강과 법체계 전반을 살펴보는 것으로 만족할 수밖에 없다. 구체적인 내용은 교단별 헌법이나 규정들을 확인해 보기 바란다.

그리고 마지막 부분에서 다룰 『7. 성경의 현대적 적용』은 평신도로써 교회내의 권리와 의무 등에 대하여 평상시에 갖게 되는 의문들을 정리해 보았다. 특히 초신자라면 교회차원에서 이런 문제에 대한 기준이 제시되지 않아서 고민할 수 있다고 생각된다. 교회와 교단 차원에서 논의와 합의를 거쳐 일정한 기준이 제공되어야 신앙생활에 도움이 될 것이다. 가톨릭의 경우 교회법도 자세히 규정되어 있거니와 이런 문제들에 대해서는 교황청에서 논의를 거쳐 결론을 내려 준다. 이에 비해서 개신교 쪽에서는 이런 논의가 별로 없거나 개인적인 차원에서만 논의되고 있는 것으로 보인다. 따라서 대안을 제시한 것도 대부분 필자의 개인적 체험과 생각을 정리한 것에 불과하다. 앞으로 개신교계에서도 좀 더 본격적이고 심도 있는 논의가 진행되기를 기대해 본다.

교회내부의 법적 문제를 설명하기 위해서 전제가 되는 점은 성경에 나타나는 법의 어떤 부분을 지금도 지켜야 하는지의 문제이다.

---

99) 한국기독교총연합회에서 이러한 기독교 교파별 차이를 극복하기 위하여 교단별 헌법을 연구하여 표준안을 제시하기로 하였다. 다만 이 경우에도 교리와 예배에 관한 내용은 제외하고 행정과 징계 등에 관한 것만 그 대상으로 하기로 하였다. 2009.4.4 CBS 뉴스보도 내용.

즉 적어도 보수교단이라면 교회의 운영과 교리가 '성경적이어야' 한다는 점에 이의를 제기하지는 않을 것이다. 그러나 구체적으로 들어가 보면 성경의 어떤 내용은 지금도 그대로 지키고, 어떤 부분은 그 영적 의미만 인정한 채 외형적으로는 지키지 않는지가, 교단별 또는 개별 교회나 개인에 따라서 달라질 수 있다. 구체적 문제는 뒤에서 다시 살펴보겠지만, 구약의 제사는 따라하지 않으면서 십일조는 해야 한다고 하는 것, 또는 식용이 금지된 돼지고기나 낙지는 먹으면서 일 년에 세 번 나오라는 말씀(출애굽기 34:23)에도 불구하고 주기적으로 교회(성전)에 나와서 예배를 드려야 한다고 하는 것 등이다.

참고로 모세의 율법의 경우 다음 표와 같은 분류가 이해에 도움이 될 것이다.[100)]

[모세 율법의 분류]

분류	내용
도덕법(Moral Law)	십계명을 의미하며, 시대에 상관없이 지켜져야 한다.
시민법(Civil Law)	당시 이스라엘 백성들의 올바른 사회생활을 위한 법으로 시대와 지리적 제한 때문에 현대에 적용되기 위해서는 재해석이 필요하다.
의식법 (Ceremonial Law)	제사와 성결, 절기에 관한 법으로 예수님의 대속사역으로 문자적 구속력은 폐기되었으나, 그 정신은 계승되어야 한다.

100) 톰슨Ⅱ주석성경, 1988, 구약 311면의 표를 정리한 것임.; 연대기성경, 두란노, 2009, 216면 이하에는 모세의 율법을 ① 종교적이고 의식적인 율법 ② 정치에 관한 법 ③ 특별한 범죄에 관한 법 ④ 개인권리와 법적 구제 ⑤ 결혼, 이혼, 성관계 ⑥ 건강과 식생활 ⑦ 일반적인 복지에 관한 율법 ⑧ 전쟁에 관한 규례 ⑨ 율법 아래에서의 책임 등으로 분류하고 있는데 여러 곳에 흩어져 있는 모세의 율법이 일목요연하게 정리되어 있다.

지금도 그대로 적용되고, 재해석 또는 변형되어 적용되고, 형식적으로는 전혀 지키지 않는, 이와 같은 3가지 분류법을 따르는 것에 기본적으로 동의한다. 물론 구체적인 문제들은 폭넓은 논의를 거쳐 신자들에게 도움이 되도록 기준을 재정립해 나가야 할 것이다.

한편 개신교, 특히 보수교단의 경우 대부분의 교파가 자체 '헌법'을 가지고 있다. 그러나 그 내용은 대체로 비슷하며 세부적으로 약간씩 차이가 있을 뿐이다. 구체적인 내용을 살펴보기 전에 교파별 '헌법'의 명칭과 목차를 살펴보자.

[교파별 헌법]

교 파 명	명칭(소개서)	내 용
장로회예수교(합동)	총회헌법	(1)서문 (2)정치 (3)헌법적 규칙 (4)권징조례 (5)예배모범
예수교장로회(통합)	총회헌법	(1)교리 (2)정치 (3)권징 (4)예배와 의식 부록(헌법조례예식서)
기독교장로회	헌법	(1)신조 (2)신앙고백서 (3)신앙요리문답 (4)정치 (5)권징조례 (6)예배모범
감리회	교리와 장정	(1)역사와 교리 (2)헌법 (3)조직과 행정법 (4)의회법 (5)교회경제법 (6)교역자은급법 (7)재판법 (8)감독및감독회장선거법… (13)문서서식
기독교 하나님의 성회	헌법	서문 연혁 (1)총칙 (2)신조 (3)교회 (4)지방회 (5)총회 (6)재정 (7)포상 및 징계 (8)부칙시행세칙 부록1)권징조례법(일반소송규례 부록2)개교회 선교회(부서) 정관
성결교	(성결교소개)	(1)역사 (2)사중복음 (3)국내선교사역 (4)해외선교사역 (5)교단로고 (6)성결의 노래
침례회	(침례교소개)	(1)침례교회의 시작 (2)침례교회의 부흥운동 (3)한국의 침례교회 (4)침례회의 특성 ☞ 침례교총회규약 별도

용어문제를 살펴보면 각 교단이 대체로 '헌법'이라는 용어를 쓰고 있는데, 이는 국가법에서 쓰는 헌법이라는 용어와는 구별된다. 국

가법에서는 헌법이 한 국가를 구성하는 기본적인(중요한) 사항을 정해놓은 법을 의미한다면, 교회법에서의 헌법에는 비법적인 요소와 하위법의 요소가 뒤섞여 있다. 즉 신조 또는 신앙고백과 예배의 모범 등은 법적인 요소가 약하다. 물론 이에 위반되는 경우 교단으로부터 배제되는 것을 고려하면 전혀 법규범이 아니라고 할 수는 없다. 그러나 국가법에서 법이란 다른 어떤 이익(법익)을 강제로 보장해주는 것이며, 따라서 다른 이익과의 충돌이 예상되는 영역을 규율하는 것이 법이라고 할 때, 신앙고백 등은 내심의 작용에 그치며 다른 사람(의 이익)을 해칠 가능성이 적으므로 법이라고 하기는 어렵다.

대체로 정치와 권징 부분, 그리고 이를 운용하기 위한 교회와 교단의 조직은 국가법과 마찬가지로 법적 성격이 있다. 다만 이 부분도 하나의 기준과 지침을 제공해 줄 뿐 이에 위반될 때의 강제집행이 약한 편이다. 그런 면에서는 정치와 권징 부분도 법적 성격이 약하다고 할 수 있다.

어쨌든 교인이나 일반인들은 헌법이라는 용어를 국가법의 헌법과 혼동할 우려가 많으므로 '헌법' 이라는 용어 대신 민법에 따른 '정관(定款)' 이나 그냥 '규약' 정도로 쓰면 좋겠다.

다음으로 검토해 볼 점은 법의 단계구조이다. 국가법의 경우 상위법과 하위법의 구분이 있어서 헌법-법률-명령-자치법규 등의 단계별로 법의 효력에 차이가 있다. 그러나 각 교단의 헌법을 보면 가장 중요한 규정과 이를 구체화한 내용들이 뒤섞여 나온다. 또한 '조례' 라는 용어도 쓰고 있는데 국가법에서의 조례는 지방의회가 제정한 법의 형식에 국한해서 쓰는 말이다. 따라서 교회법에서는 국가법과의 구분을 위해서 ○○교 정관(또는 규약, 회칙)-규정(또는 세칙)-내규 등으로 구분해서 쓰는 것이 바람직하다. 기본적인 사항을 규율하고 교단 내의 최상위의 효력을 가지는 내용을 교단 총회에서 정하여 '○○교 정관(또는 규약, 회칙)' 으로 사용하고, 전체 교단을 규율하기 위한 세부적인 사항은 총회와 그 위임을 받은 대의기관에서 '규정(또는 세칙)' 으로, 그 하위에 기관별로 자체적으로 더 세부적인 사항을 규정하는 것을 '○○기관 내규' 로 구분하는 것이 좋겠다.[101)]

2. 교회의 정치

(1) 교회 정치의 유형

일반적으로 개신교에서는 교회법이라는 용어 대신 교회정치라는 말이 많이 사용된다. 교회정치(Church Polity)라는 말은 교회의 정체성을 유지해 나가기 위한 정치규례를 의미한다.[102)] 외국에서는 그 밖에 규례(Order)와 형태(Form)라는 말도 많이 쓰이고 있으며, 우리나라는 최근에 헌법(Constitution)이라는 용어가 많이 쓰이고 있다.[103)] 그러나 우리나라의 교회 '헌법' 은 순수한 교회 '법' 이 아니라 성경에 기초한 윤리강령, 신앙생활의 지침서로서의 역할도 포함되어 있다는 점은 앞에서 설명한 바와 같다.

교회 정치의 유형을 개략적으로 살펴보면 다음과 같이 분류할 수 있다.[104)]

첫째, 무교회주의는 영국 국교의 형식주의에 대한 반동으로 생겨난 퀘이커파(Quakers)와 달비파(Darbyites)의 견해이다. 즉 교회의

101) 일반적으로 '규정'은 별도의 대의기관의 의결을 거쳐, '세칙'은 회칙의 위임에 따라 장(長)이 정하는 것을 의미한다. 사회단체나 학교 등에서 사용하는 용어례지만 이것도 통일되어 있는 것은 아니다.

102) 황규학, 주(15)의 책, 37-38면.

103) 황규학, 같은 곳.

104) 이하 톰슨Ⅱ주석성경, 1988, 교리개요 81면 이하 참조.

모든 외적 형식은 마침내 퇴화하여 인간적 요소를 신적 요소보다 높이는 결과를 가져오므로 거부되어야 한다고 한다.

둘째, 에라스티안파는 교회를 국가 내에 있는 하나의 기관으로 보고 국가의 직접적인 통치의 필요성을 강조하여 교회내의 정치를 부인하였다. 영국 · 스코틀랜드 · 독일 등에 적용되어 왔다.

셋째, 감독정치는 감독이 예수로부터 교회정치를 위임받은 것으로 보고 교회 정치를 독점하는 것을 말한다. 초기와 중세의 가톨릭과 성공회가 이러한 감독정치에 속한다. 한편 감리교 · 성결교 등의 감독정치는 이와는 다르다. 즉 감리교 등의 감독정치는 행정적 · 조직적 체계일 뿐 계급적 · 명령적 계통이 아니며 감독의 사도전승을 부인하고 있으며, 고대 감독체제의 비성경적 개념은 배척하고 사무적 효율성만을 취하여 이루어진 것이다.

넷째, 교황정치는 교황을 예수의 수제자 베드로의 계승자이며, 지상에 있는 무오한 그리스도의 대리자로 보고 교리 · 예배 · 정치를 결정하는 존재로 격상시킨 것이다. 가톨릭의 정치형태이다.

다섯째, 회중정치는 각 교회가 상호 독립한 완전한 교회이며, 교회의 정치권은 모든 교인들이 평등하게 가진다고 한다. 따라서 예전이나 규칙을 정할 때, 또는 교회의 직원을 선임할 때도 외부의 간섭을 받지 않는다. 침례교회의 정치형태로 감독정치와 반대되는 개념이다.

여섯째, 장로회정치는 교회의 기본적 권리는 일반 회중에게 있으되, 주요 정치권은 그들에 의해 선출된 장로에 의해서 이루어지는 것으로 본다. 감독정치와 회중정치의 단점을 보완하기 위한 대의정치체제라고 할 수 있다.

이 중 일반적으로 개신교의 교회정치는 감독정치, 회중정치, 장로회정치 등의 세 가지라고 할 수 있겠다.[105]

---

105) 황규학, 주(15)의 책, 38면.

(2) 국가에 대한 교회의 태도

한편 교회는 국가를 어떻게 보는지에 대하여 다음과 같은 입장이 있다.[106]

첫째, 교회지상주의는 국가를 교회의 일부분으로 보고 교회가 국가 위에 군림할 수 있다고 본다. 가톨릭의 견해이다.

둘째, 국가지상주의는 반대로 교회를 국가의 일부분으로 보고 국가가 교회를 지배할 수 있다고 본다.

셋째, 국가에 대한 배타주의가 있다. 이는 국가정치에 대한 교회의 무관심을 주장하고 정치적 무질서와 혼란에 관여하지 않아야 한다고 한다. 재침례파의 주장이다.

넷째, 정교분리 및 보완주의가 있다. 이는 교회와 국가는 다 같이 신적 기원을 갖지만 서로 다른 목적을 가지고 독립되어 있으므로 어느 한 편이 다른 편에 대해 우월한 어떤 권한도 갖지 못한다고 한다. 개혁파 교회의 주장이다.

개인적으로 넷째 견해에 찬동한다. 다만 서로 충돌되는 부분에서는 국가법질서를 우선할 수밖에 없다는 점은 앞서 살펴본 대로 국가법이 교회법에 우선하여 적용되는 것이 현실이기 때문이다. 그러나 이상적으로는 교회의 정신이 국가를 지배하여 국가법이 교회법의 이념에서 어긋나지 않도록 하는 것이 바람직하다고 하겠다.

---

106) 톰슨Ⅱ주석성경, 1988, 교리개요 82면 이하 참조.

3. 교회의 조직

(1) 교회 조직의 역사

초기의 교회제도는 집단 감독제로서 유대인 공동체의 장로들(elders)의 그것과 비슷한 집단감독제(the college of presbyter-bishops)였다. 사도 바울은 빌립보 교인들에게 그 곳 교회의 감독들과 집사들에게 문안인사를 하고 있다(빌립보서 1:1). 또한 에베소 교회 장로들을 성령이 감독자들로 세운 자들이라 칭찬한다(사도행전 20:28).

그러다가 단일 감독제도는 A.D. 115년 이그나티우스의 서신들에 처음 나오며, 2세기의 후반에 1명의 감독(Bishop)과 2명의 장로(elders or presbyters), 그리고 여러 명의 집사들(deacons)로 구성된 3분법 질서의 군주적 교회제도(monarchical episcopate)가 나타난다. 이는 이단들의 도전에 대응하는 방법으로 교회조직을 강화하고 통일하는 일로 나타난 것이다.[107)]

그 후 16세기 가톨릭과 개신교로 분리되었고, 개신교 내에서도 많은 분파가 이루어지면서 그 조직들도 다양한 형태로 전개되었다. 우리나라에서는 기독교가 전래되면서 서구 기독교 분파의 조직이 그대로 유입되었다. 앞서 본 대로 대체로 장로교의 장로제도, 감리교의 감독제도, 침례교의 회중정치 등으로 구분될 수 있다.

---

107) 김용규, 데칼로그, 바다출판사, 2002, 379-380면.

(2) 지교회의 조직

(가) 교인총회

교회를 민법상의 비법인 사단으로 볼 때 모든 구성원의 총의를 표현하는 교인총회가 궁극적인 의사결정기관이다. 교인총회는 안수집사 또는 장로 등의 종신직(항존직)의 선거, 예산 및 결산의 심의·확정권, 기타 교회의 분열이나 재산의 처분 등의 권한을 가진다. 그러나 실제에 있어서는 상징적 의미가 강할 뿐 구체적인 문제에 대한 논의는 당회나 제직회 등에서 이루어지며, 궁극적으로는 담임목사의 주도로 결정된다고 보인다.

공동의회(대한예수교장로회 총회 헌법 Ⅱ§ 90; 한국기독교장로회 헌법 Ⅳ§ 65; 기독교하나님의성회 헌법 § 62), 사무처리회(기독교한국침례회), 당회(감리회 교리와 장정 § 301) 등으로 불린다. 이하 각 교단별로 용어가 통일되어 있지 않아서 혼란스러운데 이 점을 감안하고 읽어주기 바란다.

그러면 이러한 교인총회의 자격, 즉 교회 구성원인 신도로서의 자격은 언제 어떻게 주어지는가? '입교인(감리회 장정 § 301)' 또는 '무흠 입교인(예장 헌법 Ⅱ§ 90①; 기장 헌법 Ⅳ§ 65 제1호)'으로 정의되어 있는데, 입교인은 세례교인이므로(기장 헌법 Ⅳ§ 13) 결국 세례(침례)교인이 교인총회의 자격으로 볼 수 있다.

세례(침례)를 받을 자격은 『신앙이 독실하고 학습인으로 6개월간 근실히 교회에 출석하면 세례 문답할 자격이 있다.』(예장 헌법적규칙 § 6)로 되어 있다. 물론 성경에는 어디에도 침례(세례)를 줄 때 기간의 제한을 두고 있지 않다. 내용적으로도 "세례는 불신자들이 그리스도를 믿고 고백하며 그에게 복종하는 데까지 이르러야 베풀 것이요, 또 입교한 자의 자녀에게 베푸는 것이다."고 되어 있는데 성경에는 단순히 '예수 그리스도가 하나님의 아들이신 것'을 마음을 다하여 믿으면 침례(세례)를 받을 수 있다고 했다(사도행전 8:37). 마찬가지로 유아세례나 견신례 등은 성경에 나타나지 않는다.

(나) 제직회(임원회)

제직회는 다음에 설명하는 (장로교의) 당회원과 집사 · 권사가 구성원이 된다(예장 헌법 Ⅱ§ 91) 감리회의 경우 임원회(감리회 장정 § 316)라고 한다. 의결기관이면서 집행기관이라는 점에서 의결기관의 역할만 하는 교인총회(공동의회)와는 구분된다. 회장은 당회장(담임목사)이 된다. 교인총회에서 결정해야 하는 중요 안건 이외에 재정의 집행과 관련된 주요 문제를 결정한다(예장 헌법 Ⅱ§ 91⑤).

(다) 당회

당회는 지교회 최고의 정책결정기관이며 치리회이다. 감리회의 당회는 교인총회를 말하며 여기서의 당회와는 다르다. 감리회의 경우 기획위원회가 여기의 당회와 유사하다(감리회 장정 § 319, § 320). 당회가 없는 침례교회의 경우 제직회가 이 역할을 하는 것으로 볼 수 있다.

당회는 담임목사 1인과 장로 2인이 최소 구성 단위이다(예장 헌법 Ⅱ§ 64①) 기독교 장로회의 경우 목사 1인, 장로 1인이 기준이다(기장 헌법Ⅳ§ 44). 당회장을 포함한 과반수 출석으로 개회한다. 당회는 교인의 신앙과 행위를 통찰하고, 교인의 입회와 탈퇴, 예배와 세례식·성찬식의 주관, 장로와 집사의 임직, 재정감독, 소속 기관 감독, 노회에 총대 파견, 권징 등의 업무를 한다.

치리는 공동체 구성과 운영에 있어서의 기준을 세우고 다스리는 역할을 말한다. 이를 위한 조직이 치리회인데, 장로교의 경우 당회, 노회, 교단총회의 3단계로 이루어진다. 모든 치리회는 목사와 장로로 구성된다.

(3) 교단의 조직

(가) 지교회

지교회(개별교회, 개체교회)를 설립하려는 경우, 일정한 구역 안에 예배장소를 마련하고 장년 신자 15인 이상이 있으면 노회(지방회)에 청구하여 인가를 받아 설립한다(예장 헌법 Ⅱ§ 10). 기독교장로회의 경우 10인 이상의 교인과 전담교역자가 있어야 한다(기장 헌법 Ⅳ § 11).

(나) 지방회(노회)

예장통합측 노회는 일정한 구역 안에 시무목사 30인과 당회 30처 이상, 입교인 3,000명 이상 있어야 조직된다(예장 헌법 Ⅱ§ 73). 노회는 구역 안에 있는 소속 교회와 기관 및 단체를 총찰하고, 각 당회에서 제출한 헌의, 문의, 청원, 진정 등을 접수 · 처리하며, 각 당회에서 제출한 소송과 위탁재판에 관한 사항을 처리한다(예장 헌법 Ⅱ§ 77).

(다) 교단총회

(교단)총회는 교단의 최고 치리회(의회)이며(예장 헌법 Ⅱ§ 83; 기장 헌법 Ⅳ§ 59; 감리회 장정 § 406), 각 노회에서 파송한 목사 총대와 총대장로로 조직된다. 총회는 각 치리회와 지교회를 총찰하며, 하급치리회에서 제출한 문의, 헌의, 행정쟁송, 상고, 총회특별재심 등을 접수 · 처리한다. 교단 헌법에 대한 해석권과 개정권을 가지며, 기타 규정의 제 · 개정권을 가진다(예장 헌법 Ⅱ§ 87, 기장 헌법 Ⅳ § 61).

개별교회와 교단의 관계는 아래에서 다시 살펴보기로 한다.

4. 개별 교회와 교단

(1) 교단의 선택권

개별교회(지교회)는 그가 소속할 교단이나 지방회(노회)를 선택하거나 변경할 수 있으며, 교인들은 그 교파를 선택할 수 있다(대판 2006.4.20, 2004다37775).

물론 개인은 개별교회를 선택함으로서 궁극적으로 교단과 지방회를 선택하는 것이 된다.

📖 『교회가 독립성 있는 비법인 사단인 이상 그가 소속하는 교단과의 내부적 관계에 있어서는 그 교단의 규약에 따라 교회의 운영 기타의 종교활동을 하여야 할 것이라 할지라도 그 교단 이외의 대외적 관계에 있어서는 소속교인들의 총의에 의하여 자율적으로 그의 대표자, 기타의 임원을 선임하고 그들을 통한 종교적인 행사를 하며 교인들의 총유에 속하는 교회당을 처리할 수 있을 것은 물론 종교자유의 원칙에 따라 소속교인의 총의에 의하여 그가 소속할 교단도 선택할 수 있는 것이라고 할 것이다.』(대판 1967.12.18, 67다2202)

개별교회의 교단선택권은 일단 선택한 교단을 이탈하거나 다른 교단에 가입하는 것도 가능하다는 의미이다. 이 경우 물론 교회의 정관(규약)에 따라 교인들의 총회에서 결정되어야 한다. 개인(신도)은 개별교회를 탈퇴하거나 소수가 잔류하여 별도의 개별교회를 설립하는 등 개별교회의 교단선택과 다른 결정을 할 수 있다. 일반적으로 교단은 개별교회의 상급단체이기는 하지만 개별교회는 이와는 별개의 사단이며 별개의 의사결정권을 가지는 것이다.

📖 『어떤 기독교인이 여러 갈래로 나뉘어져 있는 어떤 교파 내지 지교회를 택하여 가입하거나 종전에 속하고 있던 교파 내지 지교회로부터 이탈하거나 다른 교파 내지 지교회에 가입하는 것이나 한 지교회를 구성하는 교인 전원의 총의에 의하여 그 지교회를 다른 교파의 지교회로 이속하는 것도 자유이며, 어떤 지교회의 다수 교인이

다른 교파 내지 지교회로 이속하기로 결의하였다 할지라도 소수 교인이 이에 반대 내지 찬동하지 아니하여 종전 교파 내지 지교회에 그대로 남아있는 것도 자유라 할 것이다.』(대판 1978.10.10, 78다716)

🕮 『법인 아닌 사단으로서의 실체를 갖춘 개신교 교회가 특정 교단 소속 지교회로 편입되어 교단의 헌법에 따라 의사결정기구를 구성하고 교단이 파송하는 목사를 지교회의 대표자로 받아들이는 경우 교단의 정체에 따라 차이는 존재하지만 원칙적으로 지교회는 소속 교단과 독립된 법인 아닌 사단이고 교단은 종교적 내부관계에 있어서 지교회의 상급단체에 지나지 않는다. 다만, 지교회가 자체적으로 규약을 갖추지 아니한 경우나 규약을 갖춘 경우에도 교단이 정한 헌법을 교회 자신의 규약에 준하는 자치규범으로 받아들일 수 있지만, 지교회의 독립성이나 종교적 자유의 본질을 침해하지 않는 범위 내에서 교단 헌법에 구속된다.』(대판 2006.4.20, 2004다37775)

(2) 교단의 개별교회에 대한 강제력

앞서 설명한 대로 개별교회는 독립된 법적 주체이고 소속 교단이나 지방회(노회) 등과의 관계는 내부관계에 불과하다. 특히 재산관계에 있어서 교단의 헌법규정은 개별교회와 교단 사이의 재산관계에 구속력이 없다(대판 1993. 1.19, 91다1226).

그러나 개별교회가 교단을 선택할 수 있고, 한 개의 교회로서 독자적으로 활동하고 있다고 하더라도, 그 관리 · 운영에 관한 종헌인 교단의 헌법을 무시하고 그 교회를 멋대로 관리 · 운영할 수는 없다(대판 1979.12.9, 73다1944; 대판 1989.10.10, 89다카2902).

🕮 『대한예수교장로회 헌법에 의하면 당회는 예배모범에 의지하여 예배의식을 전관하되 모든 집회시간과 처소를 작성하고 교회에 속한 토지 가옥에 관한 일도 장리하도록 되어 있으므로, A교회가 속하는 대한예수교장로회 수도노회에 의하여 A교회의 당회장으로 임명 파송된 A교회의 대표자는 교회소속 전체 교인들의 총회결의에 의한 특별수권 없이도 위 헌법 등의 규정에 따라 A교회의 당회장으로서 A교회를 대표하여 A 교회의 소유 부동산에 관한 소송을 제기 · 수행할 수 있다.』(대판 1985.11.26, 85다카659)

재산관계 이외의 권징이나 대표자 선출 등에 있어서는 교단의 헌법이 개별교회를 구속한다. 이러한 문제는 교단과 개별교회의 자율에 맡기며 국가법이 간여할 문제는 아니라고 보는 것이다. 그런 의미에서 교단(지방회, 노회 포함)에서 면직된 목사·장로는 교회대표의 자격이 없다.

🕮 『대한예수교 장로회에 소속된 교회는 그 관리 운영에 관한 종헌인 대한예수교 장로회의 헌법에 따라야 하고 그 헌법에 따라 장로를 면직 판결하였다면 그는 대표 자격이 없어진다.』 (대판 1972.11.14, 72다1330)

그러나 교단과 개별교회의 관계 이외의 대외적 관계에 대해서는 개별교회 구성원들에 의하여 자율적으로 처리할 수 있는 것이다.

🕮 『A교회를 독립된 비법인 사단으로서의 당사자 능력을 갖춘 단체로 인정하는 이상 그 교회와 그 소속 노회와의 관계에 있어서는 교회의 당회장 취임에는 노회의 승인을 요하는 것이어서, 교회에서 교인들의 총의에 의하여 선임한 당회장도 그 승인이 없는 한 노회에 대하여는 당회장으로서의 권리 의무를 주장할 수는 없다 할지라도, 비법인 사단의 성질상 교회가 소속 교인들의 총의에 의하여 그를 대표할 당회장으로 선임한 자는 노회 이외의 제3자에 대한 관계에 있어서는 그 교회를 대표할 자격이 있는 것이다.』 (대판 1967.12.18, 67다2202)

5. 목사와 평신도의 역할

(1) 목사와 평신도의 권한과 의무

목사와 장로·집사 또는 평신도의 구분은 직제와 교회를 구성하는 기능의 구분일 뿐, 신분의 차별을 의미하는 것은 아니며, 하나님 앞에서는 동일한 존재이다.[108] 성경은 우리가 모두 '왕 같은 제사장' 이라고 하였다(베드로전서 2:9). 개신교의 중요한 전통은 마틴

108) 같은 취지 임종태, 악마들의 거처 바티칸, 다른우리, 2009, 53면

루터에 의해 주장된 만인사제설이다. 사제(신부)가 행하던 하나님과 평신도 사이의 중개적 역할을 부인하고 모든 신자들이 하나님 앞에 나가 다른 사람을 위해 기도할 수 있고, 서로 서로 다른 사람에게 권면하고 충고할 수 있다는 것이다. 다만 목사의 특권이라면 하나님의 사랑을 전하고 가르칠 권리를 가지고 있다는 점이다.[109]

법률관계에 있어서 담임목사(당회장)는 교회를 대표하여 법률행위를 할 수 있다. 교회를 대표하는 지위에서 행하는 담임목사의 대내외적 행위의 효력은 교회에 미친다. 물론 구체적인 권한의 범위에 대해서는 개별교회(지교회)의 정관(규약)이나 교단의 규약(헌법)에 따른다. 그러한 규약에 따라 담임목사가 단독으로 행할 수 있는 일이 있고, 교인들의 총의에 따라 행할 수 있는 일이 있을 수 있다. 대개 중요한 사무는 공동의회(사무처리회) 또는 제직회(임원회)의 의결을 요하도록 하고 있다.

목사나 전도사 등이 정당한 직무범위 내에서 행한 행위가 교회에 미치는 것이므로, 이에 해당되지 않는 행위는 목사 개인이 책임을 져야 한다.

🕮 『피고인이 A교회의 성장 및 발전에 기여한 바가 크고 A교회의 담임목사로서 A교회에서 차지하는 비중이 크다고 하더라도, A교회는 피고인이 대표자로 있는 단체로서 피고인과는 별개이고, 피고인의 횡령행위, 재산문제, 감독회장 부정선거, 여자문제 등에 관한 것들은 피고인 개인의 비리나 부정에 불과하므로 이를 A교회의 업무에 관한 것이라고 볼 수 없으며, 피고인의 위와 같은 개인비리나 부정이 TV에 방영되어 세상에 알려지거나 그로 인하여 피고인이 형사처벌을 받는다고 하여 A교회나 그 소속 교인들의 명예가 훼손된다고 볼 수는 없으므로, 피고인의 위와 같은 개인비리나 부정을 무마하거나 처리하기 위하여 A교회의 공금을 사용하는 것은 임무위배행위에 해당한다.』 (대판 2006.4.28, 2005도756)

109) 류상태, 한국교회는 예수를 배반했다, 삼인, 2005, 150-151면.

목사의 경우 가동연한, 즉 정년은 70세까지로 한다는 것이 판례다(대판 1997.6.27, 96다426). 이것은 손해배상 등 어떤 법률적 문제에 부딪혔을 때의 기준이므로 교단별로 자율적으로 정해서 실시하는 것이 법에 위배된다는 의미는 아니다.

한편 평신도의 경우 위에서 설명한 것처럼 비법인 사단으로서의 교회의 구성원이므로 법률적으로 교회의 재산관계나 분열 또는 교단의 변경 등 중요한 문제에 대한 결정에 참여할 권리를 가진다. 이는 교회 사무처리회나 공동의회의 구성원으로서 행사할 수 있는 권한이다. 공동의회의 회원권은 세례교인이어야 하고 18세 이상이어야 한다(예장 헌법 Ⅱ§ 16). 평신도의 의무는 공동예배에의 출석, 헌금, 그리고 교회 치리에의 복종이다(예장 헌법 Ⅱ§ 15).

평신도의 기본권(권리)으로 양심의 자유를 규정하는 것이 보통이다(예장 헌법 Ⅱ§ 1; 기장 헌법 Ⅳ§ 1). 신앙과 예배에 대하여 양심에 따른다는 것이 그 내용인데, 법적으로는 별 의미가 없는 규정이다. 왜냐하면 개별교회나 교단의 선택에 있어서 아무 강제력을 행사할 수 없는 것이 현실이므로, 신앙과 예배에 대한 양심의 자유가 침해될 가능성이 별로 없기 때문이다. 오히려 굳이 규정한다면 신도들의 총의를 모아 교회가 운영된다는 내용을 규정하는 것이 바람직하다고 생각한다.

(2) 목회자 청빙권과 불신임

목사의 자격에 대해서는 디모데전서 3:1-7의 기준 이외에 교단별로 목회경험 등의 기준을 제시하고 있다. 그런데 이 기준에 교회내부의 징계 받은 사실이 없는 것 이외에 국가법에 의하여 금고 이상의 처벌을 받은 사실이 없어야 한다고 규정하고 있다(예장 헌법 Ⅱ§ 26②). 물론 양심범은 제외한다고 되어 있지만 양심범이라는 말

자체도 실정법에 없는 것으로 구체적 기준이 없는 상태에서 실제 적용하는 데는 무리가 있어 보인다.

위임목사는 지교회의 청빙으로 노회의 위임을 받은 경우이다(예장 헌법 Ⅱ§ 27). 이 때 지교회는 목사를 청빙할 수 있는데, 당회의 결의와 공동의회 2/3 이상의 찬성을 통하여 이루어진다(예장 헌법 Ⅱ § 28). 노회가 청빙을 승인한 경우 정식 위임목사가 되는 것이다(예장 헌법Ⅱ § 29). 이러한 개념은 국가법의 인가(認可)에 해당하는 것이다. 즉 지교회의 의사와 승인권이 있는 노회(지방회)의 승인이 합쳐져서 위임목사가 임명되는 것이다.

다른 노회나 타 교파 소속 목사도 일정한 절차를 거쳐 청빙할 수 있다. 그러나 타 교파 목사의 경우 치리권을 가지지 못한다고 하는 것(예장 헌법Ⅱ § 31② 단서)은 지나친 폐쇄성을 나타내는 것이라고 생각된다.

이러한 맥락에서 총회나 노회에서 목사를 제명할 수도 있다. 그러면 그 권한이 상실된다. 또한 지교회 차원에서 목사나 장로에 대한 불신임 결의를 할 수도 있다.

🕮『교회의 목사와 장로에 대한 신임투표를 위한 공동의회의 소집절차에 당회의 사전 결의를 거치지 아니한 하자가 있으나 공동의회에서는 전체 세례교인의 약 3분의 2에 해당하는 958명의 교인이 투표에 참가하였는데, 개표 결과 가장 많은 표를 얻은 사람조차도 297표만을 얻는 데 지나지 않는 등 압도적인 표차로 불신임된 점 등에 비추어 보면 그 하자가 정의관념에 비추어 도저히 수긍할 수 없을 정도의 중대한 하자가 아니어서 위 공동의회에서의 시무장로에 대한 불신임결의가 당연 무효라고 볼 수 없다.』(대판 2006.2.10, 2003다63104)

다만 목사에 대한 불신임(탄핵)도 지교회와 노회의 의사가 합치될 때 최종적으로 발생하는 것으로, 지교회와 노회 어느 한 쪽에서만 이루어진 경우 다른 편의 법률관계는 그대로 존속할 수 있다.

또한 면직되었더라도 후임 목사가 임명되기까지는 그 직무가 끝났다고 하기 어렵다. 목사의 공백을 막기 위한 해석이다.

📖 『이미 당회장으로서 임기가 지났으나 소속 교단의 분열로 임시 당회장을 파송할 노회를 특정조차 할 수 없었음은 물론 당회원들 간의 분열과 반목으로 대리 당회장을 선정하는 것도 사실상 불가능한 형편이었다면, 민법 제691조에 따라 후임 당회장이 정해질 때까지 당회장으로서의 사무를 계속 처리할 수 있다 할 것이다. 은퇴목사가 자신의 후임자를 청빙하기 위한 당회 및 공동의회를 소집하고 주재하는 일은 특히 은퇴목사로 하여금 수행케 함이 부적당한 임무라고 볼 수 없고, 오히려 대한예수교 장로회 헌법에 노회가 파송한 임시당회장은 그 교회에 시무할 목사를 청빙하는 일에 최선을 다해야 한다고 규정되어 있는 점에 비추어 보면, 당회장의 직무를 계속 수행하는 은퇴목사의 경우에도 후임 목사의 청빙은 그 직무의 범위에 속한다.』 (대판 2006.2.10, 2003다63104)

📖 『교회가 소유한 교회 건물은 교인들의 총유에 속하고, 교인은 교회활동의 목적 범위 내에서 총유권의 대상인 교회 건물을 사용 · 수익할 수 있으며, 교회 재산을 사용 · 수익하는 가장 중요한 방법은 예배행위이므로, 비록 교회의 담임목사로 재직하던 목사와 교인들 사이에 법적 분쟁이 있다 하더라도, 교인이 교회 건물에서의 예배 등 신앙생활을 위하여 교회 건물에 출입하는 것은 허용되어야 하고, 따라서 위 목사가 교회의 담임목사이었음을 주장하면서 교회 건물의 명도를 거부하고 교인들의 예배행위를 방해하고 있다면, 교인으로서는 위 목사에 대하여 교회 건물에의 출입, 예배 등 신앙생활의 방해 금지를 구할 이익이 있다.』 (춘천지법 원주지원 2006.11.15, 2004가단4835)

(3) 직분자와 직원

교회의 직분자는 목사 · 전도사 · 장로 · 집사 · 권사 등을 들어볼 수 있는데, 교회 헌법에서는 이를 직원이라 부른다. 항존직으로 장로 · 집사 · 권사를, 임시직으로 전도사와 서리집사가 있다(예장 헌법 Ⅱ § 22, § 23).

목사는 설교와 치리를 겸하고, 장로는 치리만 한다(예장 헌법

§ 22). 침례교의 경우 목사 · 장로 · 감독은 한가지로 보며 치리를 위해서 집사(안수집사와 서리집사)가 임명된다.

집사는 남자가, 권사는 여자가 임명된다(예장 헌법 Ⅱ§ 51, § 53).

그밖에 부목사나 전도사, 강도사 등이 임명된다. 이러한 직분자는 교단에 따라 구체적 기준이 조금씩 다르나 공동의회의 투표로 임명되는 것은 공통된다.

한편 국가법적으로 직원은 교회에 고용된 근로자를 의미한다. 논란은 있지만 일응 목사는 근로자로 볼 수 있다. 부목사의 경우 근로기준법상의 근로자가 아니라는 판례가 있다. 반면 전도사나 관리집사의 경우 근로기준법상의 근로자에 해당한다(서울행정법원 2006.3.29, 2006구합7249). 그러나 일률적으로 판단할 문제는 아니며 교단이나 교회별로 다양한 형태의 근로관계가 있을 수 있으므로 사안별로 검토해 보아야 할 것이다.

📖『교회에 소속된 부목사는 임면과 지위에 있어 담임목사와 직접적인 종속관계에 있다고 보기 어렵고, 그에게 지급되는 금원도 목회활동의 대가로 지급되는 것으로서 생활보조금의 성격이 강하다고 보아야 하는 점 등에 비추어, 교육전도사는 신학대학교 신학대학원 학생의 신분을 가지고 있으므로 교회에서 수행한 교리학습지도가 신학대학교 수업의 일환으로 볼 수 있고, 그에게 지급된 금원도 소액으로서 근로소득세 원천징수도 하지 아니하였으며, 임금·임면 등에 대한 별도의 규범이 마련되어 있지 아니한 점 등에 비추어, 근로기준법상 근로자에 해당하지 아니한다.』(서울행정법원 2005.12.27, 2005구합13605)

이들 직분자와 직원에 대해서는 교회의 대표인 담임목사(당회장)가 관리·감독권이 있다.

(4) 징계권

징계는 교회에서는 권징이라는 용어를 사용하고 있는데, 교인과 직원, 치리회 등이 범죄하였을 때 권고하고 징계하기 위한 것이라고 한다(예장 헌법Ⅲ § 1).

그 범죄의 유형은 성경의 계명위반, 총회헌법과 규정위반, 예배방해, 이단적 행위, 허위사실 유포로 직원의 명예훼손, 국가법에 의한 금고 이상의 형 확정, 타인을 범죄케 한 경우 등이다(예장 헌법 Ⅲ § 3; 기장 헌법 v§ 3).

범죄의 유형을 보면 신앙과 관련된 내용과 더불어 국가법상의 범죄가 섞여 있다. 실제로 권징이 이루어진 경우 이에 대한 다툼은 교회 내부질서로 보아 국가가 간여하지 않는 것이 원칙이다. 다만 그 내용이 국가법질서와 관련된 경우 국가법에 의하여 최종 결정된다.

🕮 『총회 재판국의 권징결의는 일반적으로 종교단체가 그 교리를 확립하고 단체 및 신앙상의 질서를 유지하기 위하여 교인으로서 비위가 있는 자에게 종교적인 방법으로 징계 제재하는 종교단체 내부의 규제에 지나지 아니하고 그것이 교인 개인의 특정한 권리의무에 관계되는 법률관계를 규율하는 것이 아님이 명백하여 이러한 결의의 무효확인을 구하는 것은 법률상의 쟁송사항이 될 수 없다.』(대판 1981.9.22, 81다276)

🕮 『교회의 권징재판은 종교단체가 교리를 확립하고 단체 및 신앙상의 질서를 유지하기 위하여 목사 등 교역자나 교인에게 종교상의 방법에 따라 징계제재하는 종교단체의 내부적인 제재에 지나지 아니하므로 원칙적으로 사법심사의 대상이 되지 아니하고 그 효력과 집행은 교회 내부의 자율에 맡겨져 있는 것이므로 그 권징재판으로 말미암은 목사, 장로의 자격에 관한 시비는 직접적으로 법원의 심판의 대상이 된다고 할 수 없다.』(대판 1995.3.24, 94다47193)

다시 말해서 그 권징재판이 교회헌법이 정하고 있는 적법한 재판기관에서 내려진 것이 아니라는 등의 특별한 사정이 있으면 교회의 자율권을 벗어나는 것으로 재판에 의하여 무효가 될 수도 있다(대판 1984.7.24, 83다카2065).

🕮 『어떤 종교단체의 권징재판이 그 단체 내부의 규범에 위배하여 이루어져 내부적 규범으로 정한 이의, 상소 등의 절차에 따라 무효라고 판단되었더라도, 다른 특별한 사정이 없는 한 그 내부규범의 위배가 부당한 행위라고 평가할 수 있을지언정 바로 국가 법질서를 위반한 것으로 위법하다고 할 수는 없다(교회 내부에서만 적용되는 교회법을 위반하였다고 하여 이를 국가의 사법질서를 위반한 것으로 볼 수는 없다).』 (대구지법 2007.11.14, 2007가합2569)

권징재판의 효력과 관련하여 권리나 법률관계가 존재하여 법원이 권징재판의 부당성 여부를 판단하는 경우에도 그 판단 내용이 교리의 해석에 미치지는 않는다.

🕮 『교회의 권징재판은 종교단체가 교리를 확립하고 단체 및 신앙상의 질서를 유지하기 위하여 목사 등 교역자나 교인에게 종교상의 방법에 따라 징계제재하는 종교단체의 내부적인 제재에 지나지 아니하므로 원칙적으로 사법심사의 대상이 되지 아니하고, 그 효력과 집행은 교회 내부의 자율에 맡겨져 있는 것이므로 그 권징재판으로 말미암은 목사, 장로의 자격에 관한 시비는 직접적으로 법원의 심판의 대상이 된다고 할 수 없고, 다만 그 효력의 유무와 관련하여 구체적인 권리 또는 법률관계를 둘러싼 분쟁이 존재하고 또한 그 청구의 당부를 판단하기에 앞서 그 징계의 당부를 판단할 필요가 있는 경우에는 그 판단의 내용이 종교 교리의 해석에 미치지 아니하는 한 법원으로서는 위 징계의 당부를 판단하여야 한다.』 (대판 2007.6.29, 2007마224)

권징재판을 위하여 각 교단별로 재판절차가 마련되어 있다. 일반적으로 당회(지교회)-노회(지방회)-총회의 순서로 심급제가 마련되어 있다.[110] 재판을 통하여 가해지는 제재에는 꾸짖고 회개케 하는

110) 대한예수교 장로회 헌법의 경우 제2편 정치편이 104개조인 데 비해서 제3편 권징편이 171개조에 달한다. 앞에서도 지적한 바와 같이 국가법에서와 용어가 달라 혼선을 빚을 가능성이 있다. 특별한 이유 없이 국가법과 용어

가장 가벼운 견책에서부터 정직, 면직, 출교까지 규정되어 있다. 교인과 직원에게 가해지는 책벌이 다르고, 개별교회나 지방회에 과하는 책벌이 다르다(예장 헌법 Ⅲ§ 5; 기장 헌법 v§ 8 참조).

6. 재정의 관리와 헌금

헌금이나 사업이익 등 교회의 수입으로 이루어진 재산도 교인들의 총유에 속한다. 따라서 그 사용이나 처분도 교인총회(공동의회, 사무처리회)의 결의에 의한다.

📖『교회에서 교인들의 연보, 헌금 기타 교회의 수입으로 이루어진 재산은 특별한 사정이 없는 한 그 교회소속 교인들의 총유에 속하는 것이므로 그 재산의 처분은 그 교회의 정관 기타 규약에 의하거나 그것이 없는 경우에는 그 교회소속 교인들에 의한 총회의 결의에 따라야 한다.』(대판 1980.12.9, 80다2045등)

한번 교회에 헌금(헌물)하기로 한 경우 소유권을 이전하는 것으로 보아야 한다. 아래의 판례를 보자.

📖『기독교의 신도가 그가 적을 두고 있는 교회에 대하여 특정된 재산을 "연보" 하였다거나 그 신앙의 대상이 되는 신(神)인 "하나님"께 바쳤다고 한다면 특히 그 재산권의 사용권만을 교회에 제공하는 것이라는 명확한 표시가 없는 이상 그 재산 자체를 증여한 것이라고 보는 것이 상당하다.』(대판 1975.7.30, 74다1844)

교회에 헌금이나 헌물을 약속하는 것은 국가법적으로는 자연채무에 불과하여 실제로 헌금이나 헌물을 하지 않았다고 하더라도 강제로 내게 할 수는 없다(서울민사지법항소부 1993.12.9, 93다8923). 자연채무란 법적으로 강제할 수 없는 채무이다. 예컨대 시효가 지난 채무나 도박 빚 등은 법적으로 강제할 수 없는 것으로, 채무를 이행

를 달리하는 것은 문제라고 아니할 수 없다.

하면 채권자가 수령할 수는 있으나 채무를 이행하라고 강제할 수는 없는 것이다.

사기나 강박에 의하여 헌금한 것이라고 인정되면 정상적인 헌금으로 인정되지 않는다. 다음 판례들을 보자.

📖 『(☞ 사이비 교주로 행세한 자가 피해자에게) "당신 동생이 정신분열증을 앓고 있는 것은 신이 붙어서 그러한 것이니 나에게 데려오면 신을 제거하여 병을 낫게 해 주겠다. 그리고 당신 사업도 번창하게 해 주고 몸도 건강하게 해 주겠다. 또한 ○○단체의 발전을 위해서 회관을 건립해야 하니 헌금하고 나를 물심양면으로 도와라. 그러면 모든 것이 잘 될 것이다."라고 거짓말하여 이에 속은 피해자로부터 수차례에 걸쳐 총 439,800,000원을 교부받는 등 합계 556,800,000원을 편취하였다면, 피해자로 하여금 자신이 병자를 치유하고 운명을 바꾸거나 나아가 영혼은 물론 육신까지 영원히 죽지 않게 해 줄 능력을 가진 절대자라고 믿게 하고, 자신의 말대로 하지 않으면 큰 재앙을 당할 것이라고 피해자를 기망하여, 이에 현혹된 피해자가 이와 같은 돈을 지출한 사실이 인정된다.』 (서울고법 2007.3.2, 2006나50620)

📖 『(☞ 세칭 '승리제단' 교주가 신도들로부터 헌금명목으로 금원을 받은 것을 사기죄로 처벌한 사례) 신도들을 상대로 하여 자신을 스스로 "하나님""구세주""이긴 자""생미륵불""정도령""완성자" 등으로 지칭하면서 자신은 성경의 완성이고 모든 경전의 완성이자 하나님의 완성으로서 자기를 믿으면 모든 병을 고칠 수 있을 뿐만 아니라 피 속의 마귀를 박멸소탕하여 영원히 죽지 않고 영생할 수 있으며, 자신이 인간들의 길흉화복과 우주의 풍운조화를 좌우하므로 1981년부터 10년 동안 한국 땅에 태풍이나 장마가 오지 못하도록 태풍의 진로를 바꿔 놓고 풍년들게 하였으며, 재물을 자신에게 맡기고 충성하며 자기들이 시행하는 건축공사에 참여하면 피 속의 마귀를 빨리 박멸소탕해 주겠다고 하고, 자신이 하나님인 사실이 알려져 세계 각국에서 금은보화가 모이면 마지막 날에 1인당 1,000억 원씩을 나누어 주겠으며, 헌금하지 않는 신도는 하나님이 깍쟁이 하나님이므로 영생할 수 없다는 취지의 설교를 사실인 것처럼 계속하여 신도들을 기망하였음이 분명한 이상 이는 종교의 자유의 한계를 일탈한 것으로서, 이에 기망당한 신도들로부터 헌금명목으로 고액의 금원을 교부받은 것을 형법상 사기죄에 해당한다.』 (대판 1995.4.28, 95도250)

이러한 경우, 즉 교인들이 담임목사나 다른 교역자 등에 의하여 사기 또는 강박을 당하여 재산을 헌납했거나 헌금을 했다면 이를 다시 반환 받을 수 있다.

📖 『교회재산이 교인들의 총유라고 할지라도 교회에 재산을 증여한 자가 사기에 인한 증여의 의사표시를 취소함으로써 그 원상회복을 구하는 경우에는 수증자인 교회나 그 교인의 처분행위를 별도로 필요로 하는 것이 아니라 할 것이므로 교인들의 결의여부는 아무런 영향이 없다.』 (대판 1980.4.8, 79다1814)

교회 내에서 재정의 관리는 보통 재정부가 맡아서 하는데, 그 구체적인 집행과 감독 또는 감사에 관해서는 각 교단과 지교회의 규약(정관)에 따른다. 다만 법적 분쟁이 생겼을 경우 국가법에 따른다. 예컨대 개별교회의 부동산은 당회가, 동산은 제직회가 관리케 한다고 규정하고 있더라도(예장 헌법 Ⅱ§ 96②), 처분은 원칙적으로 공동의회의 의결사항이다.

7. 성경의 현대적 적용

여기에서는 성경에서 유래되는 몇 가지 교회 내의 규례에 대하여 생각해 보기로 한다. 이런 문제들에 대하여 대부분 교회에서 구체적 기준을 제시해 주기 않기 때문에 그저 '은혜로' 또는 '믿음으로' 알아서 하도록 하거나, 목회자의 주관적 판단에 의하여 교회마다 다른 분위기가 형성되어 있는 경우가 많다. 그래서 특히 초신자의 경우 많은 고민을 하게 되는 것이다. 다만 평신도로서 고민했던 부분들에 대한 문제제기에 그칠 것이며, 신학적으로 어떤 오류가 있거나 특정 교단의 기준과 어긋나는 경우도 있을 수 있으므로 독자들의 양해를 바란다. 다만 사도행전에 나오는 초대교회의 입장을 존중한다는 원칙만 밝혀두기로 한다.

『내 판단으로는 하나님께로 돌아오는 이방 사람들을 괴롭히지 말고, 다만 그들에게 편지를 보내서, 우상에게 바친 더러운 음식과 음행과 목매어 죽인 것과 피를 멀리하라고 하는 것이 좋겠습니다.』(사도행전15:19-20, 새번역)

이는 당시 교회의 지도자였던 야고보의 견해로, 바울 등을 보내서 그 내용을 이방인들에게 그대로 전하였다(사도행전 15:22-30). 그러므로 현대 교회에서도 구약시대의 여러 가지 형식적인 규례에서 벗어나 그 의미를 되새겨 신앙생활에 적용하고, 예수님의 사랑을 현실에서 실천하는 쪽으로 논의가 모아지기를 기대한다.

(1) 안식일과 예배

안식일은 성경의 『일곱째 날에 하나님께서 자신이 하시던 자신의 일을 끝내시고, 자신이 하시던 자신의 모든 일로부터 일곱째 날에 쉬시니라.』(창세기 2:2, KJV)라는 기사에서 유래한다. 출애굽기에서는 천지창조 후 안식의 의미를 확인하고 있지만(출애굽기 20:11) 신명기에서는 출애굽 사건을 안식일의 의미로 설명하고 있다(신명기 5:15).

어쨌든 안식일은 유대교와 기독교의 특징이 되었는데, 유대교에서는 토요일을, 기독교에서는 일요일을 안식일로 지키고 있다. 일주일을 7일로 구분하여 이름 지은 것은 고대 바빌로니아에서 유래되었다.[111] B.C. 13세기 중반 히브리 족속이 이집트에서 나와 가나안에 들어갔을 때 이미 7일 구분법이 있었다. 이 중 7일째 날을 안식일로 삼은 것이다. 한편 기독교에서 일요일을 안식일로 지키게 된 것은 성경에는 설명이 없으며, 로마시대인 321년 콘스탄틴(Constantine, 274-337) 대제에 의해 태양의 날(Sun-day)인 한 주간의 첫날(일요일)이 공휴일로 지정됨으로써 확립된 것으로 보인다.[112]

111) 일곱 행성의 일곱 신들의 이름을 붙인 것이었으며, 그 후 로마의 신과 북구의 신들의 이름도 사용되었다. 김용규, 주(107)의 책, 127면.

『그 날, 곧 주간의 첫 날 저녁에 제자들은 유대 사람들이 무서워서 문을 모두 닫아걸고 있었다.』 (요한복음 20:19, 새번역)

의문이 드는 것은, 당시는 로마 식민지라는 상황 때문에 어쩔 수 없다고 할지라도 그러한 제약이 없는 현대는 원래의 안식일인 토요일을 지켜야 하는 것은 아닌가 하는 점이다. 그러나 성경을 꼭 문자 그대로 이해할 필요는 없으므로 관례를 인정하는 것도 별 문제는 없다고 생각된다. 좀 더 정확히 말하자면 수천 년 간[113] 내려온 달력과 요일에서 하루 정도의 오차가 있을 수도 있으므로 문자적인 토요일, 일요일은 엄격히 따질 필요가 없다고 생각한다.[114]

『그러므로 음식으로나 마시는 것으로나 거룩한 날이나 새 달이나 안식일들에 관해서는 아무도 너희를 판단하지 못하게 하라』 (골로새서 2:16, KJV)

『그런데 어찌하여 그 무력하고 천하고 유치한 교훈으로 되돌아가서 또 다시 그것들에게 종노릇하려고 합니까? 여러분이 날과 달과 계절과 해를 지키고 있으니, 내가 여러분을 위하여 수고한 것이 헛될까 염려됩니다.』 (갈라디아서 4:9-11, 새번역)

『또 어떤 사람은 이 날이 저 날보다 더 중요하다고 생각하고, 또 어떤 사

---

112) 톰슨Ⅱ 주석성경, 기독지혜사, 1988, 신약 184면 참조.

113) 유태력으로 원년은 B.C. 3,761년으로 2010년은 5,771년이 된다. 현대력의 기초가 되는 그레고리력(Gregorian calendar)은 1582년 로마황제 그레고리 13세에 의하여 실시되었다.; 우리가 쓰는 서기(서력기원)는 라틴어로 '주의 해'라는 뜻의 Anno Domini이며 약자로 A.D.로 표기한다. 6세기의 수도사 디오니시우스 익시거스(Dionysius Exiguus)가 최초로 예수님 탄생한 해를 기준으로 계산했는데 계산에 착오가 생겨서 A.D. 1년에 예수님이 4살이 되었다. 티모시 존스(배응준 옮김), 주(1)의 책, 19면.

114) 제랄드 슈뢰더(이정배 옮김), 신의 과학, 범양사, 2000, 77-120면에서는 현대 물리학에 기초하여 시간의 상대성을 가지고 성경, 특히 창세기의 내용이 과학과 완전히 일치함을 논증하고 있다.

람은 모든 날이 다 같다고 생각합니다. 각각 자기 마음에 확신을 가져야 합니다.』 (로마서 14:5, 새번역)

위 성경구절들도 이러한 점을 강조한 것으로 보인다.[115]

그러나 더 어려운 문제는 구체적으로 할 수 있는 일과 없는 일은 어떻게 구분되는가이다. 성경에는 안식일에는 아무 일도 하지 말라고 했으며(출애굽기 20:10), 불도 피우지 말고(출애굽기 35:3), 즐거움(오락, 쾌락)을 행하지 말라고 했으며(이사야 58:13), 매매행위가 금지되었고(느헤미야 13:15-17), 심지어 일을 하는 자는 반드시 죽이라고 까지 말했다(출애굽기 31:15). 실제로 안식일에 나무를 하다 들킨 사람을 사형시킨 기사도 있다(민수기 15:32-36). 실제로 유대인들은 안식일에 하지 못할 일을 39가지나 정해서 지키고 있다.[116]

그러나 예수님은 안식일에 밀(옥수수) 이삭을 먹거나 병자를 고침으로서 야기된 바리새인들과의 안식일 논쟁을 통하여 『인자는 또한 안식일의 주니라.』 (누가복음 6:5, KJV)고 하시며 형식주의를 배격하였다. 최초의 기독교인들은 '유대인들' 이었으므로 안식일을 지켰으나, 그 후 2세기 초 기독교에서 안식일 대신 주일을 지켜야 한다고 강조하였다. 즉 주일은 안식일과 날짜도 다르고 의미도 다르다는 것이 강조되었다. 여덟 번째 날인 주일은 예수 그리스도의 부활을 기

---

115) '주일성수'에 대한 비판으로는 권영문, 성경적 기독교와 엉터리 기독교, 신지서원, 2009, 71면 이하 참조. 다만 이 책에서는 다른 문제들을 포함하여 지나치게 성경을 문자적으로만 이해하고 성경과 조화될 수 있는 관습도 잘못된 것이라고 하는 문제가 있다.

116) 남병식, 주(34)의 책, 66-70면. 유대인들이 지켜야 할 계명은 613가지에 달한다고 한다. 같은 책, 74면.; 유대인의 계명이 613가지라는 것은 S.W.Baron, A Social and Religious History of Jews, Ⅱ, 1952, 80면, 김용규, 주(107)의 책, 18면도 참조.; 꾸란의 경우 총 6,666절과 77,934 어휘 중에서 500여 항목이 실정법이라고 한다. 권오문, 예수와 무하마드의 통곡, 백성, 2001, 130면.

념하는 날이었으므로 더없이 기쁜 날이었다. 따라서 그 의미는 무노동보다는 오히려 축제의 의미를 가지고 있었다.[117]

그렇다면 주일에 새벽예배 · 대예배 · 저녁예배 등 보통 3번의 예배를 드리는데 꼭 그래야 하는가? 그밖에 새벽기도 · 수요기도회 · 금요철야기도회 등 수많은 집회에 모두 참석해야 하는가? 출애굽기 23:17에는 일 년에 세 번씩 여호와 앞에 나오라고 했는데 말이다. 또 주일에 물건을 사는 것은 어떤가? 카드로 결제하는 것은 주일에 돈이 지불되지 않으니 괜찮은 것인가? 차를 운행하는 것은 어떤가? 교회에서 주일 예배 후에 모여서 체육대회나 어떤 오락성 집회를 갖는 것은 어떤가? 특히 우리나라처럼 대학입시를 인생의 가장 중요한 관문으로 생각하는 분위기에서 고3 수험생은 주일에 혼자 기도만 하고 학교나 학원에 가서 공부하는 것은 허용되는가? 교회에서 어떤 문제로 교인들과 사이가 불편해진 사람은 예배에 참석하는 대신 혼자 기도하는 것이 허용되는가?

주일에 한 번 이상의 예배는 필수적이라고 생각된다. 혼자 있으면 하나님을 잊고 지내기가 쉽기 때문이다. 그러나 주일은 천지창조의 의미, 즉 우리를 존재하게 한 하나님의 은혜를 생각하고 감사하는데 중점을 두어야 하며, 나머지 형식적인 것들에 얽매일 필요는 없다고 생각된다. 세상의 걱정 근심에서 벗어나 육체적으로 쉬면서 하나님을 생각하면서 마음을 바치는 것이 원래의 안식일의 의미를 살리는 것일 것이다.[118] 시간이 허용되고 마음이 내켜서 하는 예배와

117) 김용규, 주(107)의 책, 130면 이하.

118) 같은 취지로 오강남, 또 다른 예수, 예담, 2009, 153-154면 참조.; 칼빈은 날짜를 구분하여 지키는 것은 미신이라고 하면서 다만 정해진 날마다 예배를 드리고, 노동을 쉬는 것이 안식일의 의미이며, 매일 모이면 좋지만 그렇지 못하기 때문에 하루를 정해서 지키는 것이라고 강조한다. 존 칼빈(원광연 옮김), 기독교강요(상), 크리스찬다이제스트, 2003, 488면 이하.

집회, 그리고 관례적으로 지켜오던 금기사항은 모두 인정하되, 이런 것들을 신자의 의무라고 초신자들에게 강요하는 것은 바람직하지 않다고 생각한다.119)

(2) 십일조와 부(富)

술과 담배, 유교식 제사, 새벽기도(각종예배)와 더불어 십일조(헌금)는 초신자에게 걸림돌이 된다. 십일조는 교회를 오래 다닌 사람에게도 걸림돌이 될 수 있다. 그렇다면 십일조는 교회생활에서 필수적인가? 십일조가 신자의 의무라면 구체적으로 어떤 기준으로 해야 하는가? 교회에서는 구체적 기준을 제시하지 않고 있는 것으로 보인다. 교회에 따라서 십일조를 강조하기도 하고 전혀 자율에 맡기는 경우도 많다.

십일조와 관련하여 다음과 같은 의문이 제기될 수 있다. 즉 십일조를 강조하는 것은 구원과 어떤 관계인가? 특히 구약에서 강조된 십일조를 신약시대를 거쳐 현대에서도 강조할 수 있는가? 만약 십일조를 해야 한다면 소득의 구체적 기준은 무엇인가? 예를 들어 세금의 원천징수 전인가 후인가? 또 십일조를 한 후 남은 90%를 모아서 집을 샀다고 치자. 그 집을 팔아서 대금을 받은 경우 십일조를 또 해야 하는가? 또 그 돈으로 다른 집을 살 것이라면, 오히려 돈을 더 하여 사야 한다면 십일조를 하지 않아야 하는 것 아닌가? 사업을 해서 수입이 생긴 경우 어떤 액수를 기준으로 십일조를 해야 하는가? 예컨대 재투자 비용은 제외하는가? 순수익만 기준이 되는지 아니면 매출액 전체를 기준으로 해야 하는가? 끊임없이 의문이 제기된다.

---

119) 박길서, 신학이 잘못되면 신앙이 무너진다, 나됨, 2004, 213-238면 참조. 다만 이 책에서는 다른 신학적 문제에 대해서는 성경문구에 지나치게 얽매이는 듯한 인상을 준다.; 류상태, 주(109)의 책, 157-158면도 참조.

우리나라 개신교에서 십일조를 강조하기 시작한 것은 선교초기로 거슬러 올라간다. 즉 한국 선교 초기의 선교사들은 재정자립 교회로 만드는 것에 선교의 성패를 두었다고 한다.[120] 즉 자립재정(self-support), 자립전도(self-propaganda), 자립행정(self-government)의 선교전략을 세웠고, 이에 따라 십일조와 정기적인 헌금운동을 통하여 한국교회가 성장하는 데 큰 역할을 하였다고 한다.[121]

고대로 거슬러 올라가면 모세오경의 십일조 이전에 이미 고대 근동지역에서 일종의 세금으로 십일조제도가 있었으며, 심지어 중국 주나라와 우리나라 고려시대에도 있었다.[122] 물론 창세기에 보면 아브라함의 십일조(창세기 14:17-24), 야곱의 십일조(창세기 28:10-22)가 있었지만 이는 자발적인 것이었으며, 의무로써 규정된 것은 모세의 율법에 와서다. 즉 레위기 27:30-33, 민수기 18:20-32, 신명기 12:1-19, 14:22-29, 26:12-15 등에 따르면 십일조가 하나님과의 언약에서 나오는 의무로써 규정되었으며, 수입 중 농산물에 한하였으며, 그 용도는 레위인들의 생활과 가난한 사람들을 도우는 것이었다. 물론 레위인들은 자신들이 받은 것들의 십일조를 다시 제사장들에게 주어 성전 봉사를 하도록 하였다.

『레위인들에게 이같이 일러 그들에게 말하라. '내가 너희의 유업을 위하여 그들로부터 너희에게 주었던 십일조를 너희가 이스라엘 자손에게서 받으면 너희는 십분의 일의 십일조를 주를 위하여 들어 올리는 제물로 바칠지니라.』 (민수기 18:26, KJV).[123]

---

120) 김인환, 십일조생활을 해야만 하는가, 총신대학교출판부, 2001, 5-14면.

121) 김인환, 같은 곳 참조.

122) 김인환, 주(120)의 책, 41-45면 참조.

123) 구약의 십일조에 대하여는 톰슨II 주석성경, 기독지혜사, 1988, 민수기 18:21-32과 신명기 14:22-29의 주석 참조.

신약시대에 와서 예수님도 『그러나 바리새인들아, 너희에게 화 있으리라! 이는 너희가 박하와 운향과 각종 식물로는 십일조는 바치면서 공의와 하나님의 사랑은 소홀히 함이라. 이것들도 마땅히 행하고 저것들도 버려두지 말아야 할지니라.』 (누가복음 11:42, KJV)고 하여 십일조를 긍정하되 이보다 공의와 사랑을 더욱 강조하였다. 사도바울은 『성도들을 도우려고 모으는 헌금에 대하여 말합니다. 내가 갈라디아 교회에 지시한 것과 같이 여러분도 그대로 하십시오. 매주 첫날에 여러분은 저마다 수입에 따라 얼마씩을 따로 저축해 두십시오. 그래서 내가 갈 때에, 그제야 헌금하는 일이 없어야 할 것입니다.』 (고린도전서 16:1-2, 새번역)고 하였다. 따라서 십일조가 헌금(연보)으로 바뀌었고, 그 용도도 성도들(특히 다른 약한 교회)을 도우려는 것으로 바뀌었다는 것을 알 수 있다.

그러나 로마제국 교회와 중세 교회시대를 거치면서 외형적으로 팽창한 교회가 십일조를 강조하기 시작했다.[124] 그리고 토지소산의 십일조에서 화폐경제가 발달하자 '모든 소득'의 십일조로 확대되기에 이르렀다.[125] 그러나 이미 예수님 시대에도 화폐가 통용되었고 성전세를 화폐로 내는 기사가 나오며(마태복음 17:24-27), 예수님도 가난한 과부가 연보궤에 헌금 넣는 것에 대하여 말씀하신 바 있다(누가복음 21:1-4). 그러므로 화폐경제가 활성화되었으므로 '모든 소득의 십일조'를 내야 한다고 할 수는 없다. 예수님 당시의 성전세 뿐 아니라 구약시대에도 '연보한 돈'으로 성전을 수리하는 데 썼다는 기사가 있다(역대하 24:8-14, 34:9-14). 그렇다면 십일조는 레위인의 생활비와 성전예물(거제물; 민수기 18:26)로 쓰였고 연보(헌금)는 성전수리에 쓰였다는 것인데, 요즘 우리나라 교회가 십일조

124) 십일조의 역사에 대해서는 조누가, 십일조를 넘어서, 베틀북, 1999, 91-101면 참조.

125) 모든 소득, 특히 화폐를 매개로 하여 모든 소득에 대한 십일조를 계산하는 것의 불합리성에 대해서는 조누가, 주(124)의 책, 103-117면 참조.

로 교회건축과 교회운영에 많이 사용하는 것과는 다르다.

십일조를 강조할 때 많이 인용되는 말라기 3:10을 보자. 개역성경은 『만군의 여호와가 이르노라. 너희의 온전한 십일조를 창고에 들여 나의 집에 양식이 있게 하고 그것으로 나를 시험하여 내가 하늘 문을 열고 너희에게 복을 쌓을 곳이 없도록 붓지 아니하나 보라.』고 하였다. 여기서 문제가 되는 것은 '너희'가 누구이며, '온전한 십일조'가 무엇이고, 뭘 '시험하라'는 것인지 등이다. 그런데 이 문제는 다분히 번역상의 문제이다. 즉 개역성경의 경우 십일조를 강조하는 의도에서 그렇게 번역한 것으로 보인다.

첫째, '너희'는 누구인가? 흠정역에는 소유격이 아니라 주격(ye)으로 번역하였다. 그런데 문맥을 보면 말라기 2장은 『오 너의 제사장들아, 이제 이 계명은 너희를 위한 것이니라.』(말라기 2:1, KJV)로 시작하고 있어서 분명히 제사장들에게 주는 경고였다. 3장에 와서 갑자기 일반 백성들에게 십일조를 하라고 강조하는 것으로 해석하기 어렵다. 물론 3장에 와서는 명확하게 제사장들에게 하는 말이라고 특정하지는 않았다. 그러나 '내 집에 식량이 있게 하고'라는 구절은, 레위인들이 일반 백성의 십일조를 받았고, 다시 그에 대한 십일조를 성전에 넣어 성전에 직접 쓰였다는 점을 고려하면 '너희'는 제사장(레위인)이라고 해석하는 것이 보다 자연스럽다.

둘째, '온전한 십일조'가 무엇인가? 일반적으로 완전한 십일조, 특히 앞 절(말라기 3:8)과 관련하여 도적질하지[126] 않은 완전한 십일조로 해석하는데, 흠정역에는 단순히 '모든(all)' 십일조라 하였다. 말라기의 배경과 전체적 내용, 특히 이 문구의 앞(말라기 3:1-7)과 관련지어 해석해 볼 때 '온전한'의 의미는 단순히 '꼭 10%'를 의미하는 것이 아니라 '십일조를 하는 마음' 즉 '하나님을 온전히 섬기는 마음'으로 해석하는 것이 타당하다.[127]

---

126) '도적질하다'(개역)이라는 용어도 NLT에는 'cheat', LTB에는 'deceive'라고 하여 '속이다'라는 의미로 번역하고 있다. 반면에 KJV는 'rob'이라고 하여 개역성경과 비슷한 의미로 번역하고 있다.

셋째, 시험하라는 내용이 무엇인가? 일반적으로 십일조를 하고 하나님이 복을 주나 안주나 시험하라는 의미로 새기면서 십일조를 강조한다. 그러나 흠정역(KJV)에 '이제 그것으로 나를 시험하여(and prove me now herewith)' 라 한 것은 제사장들이 자신들이 받은 것의 십일조를 개인적으로 소비하지 않고 성전에 들여서 성전관리와 가난한 사람들에게 쓰이도록 하는 것으로, 즉 '정직하게 주의 일을 하는 것' 으로 시험하라는 의미로 해석하는 것이 문맥에 맞는다. 또 어떤 의미로든 '하나님을 시험하여 보라.' 는 것은 백성들 또는 제사장들의 한심한 영적 수준을 반증하는 것이며, 그 근본 취지는 하나님에 대한 신뢰와 믿음을 촉구하는 의미라고 생각된다.[128]

덧붙이자면 개역성경의 '쌓을 곳이 없도록' 이라는 말도 부적절하다. '쌓을' 이라는 말이 원문에 없어서 번역시 임의로 첨가하였음을 나타내기 위하여 작은 글씨로 쓰여 있다. 흠정역(KJV)에는 '받을 만한 충분한 장소가 없으리라.' 로 번역해 놓았는데 마찬가지로 원문에 없는 말을 보충한 의미로 이태릭체로 쓰여 있다. 그러면 히브리어직역성경[129]에서 말라기 3:10을 보자. 『모든 십일조를 보물창고(treasure-house)에 들여라, 그리고 내 집에 양식이 있게 하라. 이제 이것으로 너희가 나를 시험할 때(have tried Me), 만군의 여호와가 말하노니, 하늘의 창문을 내가 너희에게 열지 않는지! 그래, 공간이 없을 때까지 복을 비워 너에게 주었다(have emptied on you).』

---

127) 이중수, 헌금이야기, 목회자료사, 2009, 107면 이하 참조.

128) 이중수, 주(127)의 책, 112면 참조.; 아이들이 부모님의 약속을 못 믿을 때 "한번 아빠 엄마가 약속을 안 지키나 시험해 봐라." 정도의 의미로 이해된다.

129) R.Young, Literal Translation of the Holy Bible, Baker Books, 1995에서 필자가 번역.

그렇다면 십일조를 금지할 필요는 없지만 강요할 필요도 없다고 생각된다. 물론 신자라면 나름대로 물질을 모아서 교회의 운영과 가난한 사람들을 돕는 데 재정적으로 기여해야 한다. 그렇다면 십분의 일이 기준이 아니라 그보다 더해도 되고 덜해도 된다. 나름대로 최선을 다해 물질로 하나님 사업에 기여하는 것이 중요하다. 개역성경에는 고린도전서 16:2에서 '이(利)를 얻은 대로 저축하여 두어서'라고 했지만 흠정역(KJV)에는 '따로 저축하여 두어서(lay by him in store)'라 하여 사적으로 모아 두었다가 연보를 하라는 의미로 되어 있다. 즉 준비하는 마음으로 스스로 물질을 마련하여 헌금을 함으로써 교회의 재정에 충당하고 가난한 사람을 돕는 일이 신자의 의무인 것이다.

그러면 얼마나 헌금(연보)을 해야 할 것인가? 구약은 10분의 1을, 꾸란은 40분의 1을 제시하고 있다.[130] 결국 각자의 신앙에 따라, 경제적 여유에 따라 달려 있는 것이다.[131]

구약시대의 십일조 즉 소득의 10분의 1에는 현대 국가의 소득세도 포함한 개념으로 이해할 수 있다. 시대에 따라 다르지만 당시에는 국가와 교회가 현대와 같이 명확히 구분되지 않았다. 그런데 현대는 국가와 교회가 엄격히 구분되어 있으며, 세금으로 이미 소득의

---

130) 자카트(zakat), 또는 자카(zakā)라 한다. 희사(喜捨)·자선(慈善) 또는 구빈세(救貧稅)라 번역할 수 있다. 정확히는 수입이 기준이 아니라 재산을 기준으로 한다. 공일주, 이싸냐? 예수냐?, 죠이선교회출판부, 1997, 344면 참조.

131) 김인환은 적어도 소득의 10분의1 이상을 해야 한다고 결론내리고 있다. 김인환, 주(120)의 책, 301면 이하. 반면에 조누가는 십일조 대신 기쁘고 즐거운 마음으로 연보를 하되 나눠줌으로써 '평등하게 되는 것'을 추구해야 한다고 한다(고린도후서 8:14 참조). 조누가, 주(124)의 책, 158면 이하. 이중수는 십일조는 사랑과 성령의 원리에 의해야 하고, 반드시 교회를 통하지 않고 실천할 수도 있다고 한다. 이중수, 주(127)의 책, 167면 이하.; 또 류상태, 주(109)의 책, 159-162면도 참조.

10분의 1 정도를 내고 있다.[132] 따라서 세금 외에 10분의 1을 교회에 더 내라고 하는 것은 신자에게 부담이 되는 것이다. 그러므로 자신의 신앙에 따라서 자율적으로 헌금하는 것이 이상적이다.

『각자 마음에 정한 대로 해야 하고, 아까워하면서 내거나 마지못해서 하는 일은 없어야 합니다. 하나님께서는 기쁜 마음으로 내는 사람을 사랑하십니다. 하나님께서는 여러분에게 온갖 은혜가 넘치게 하실 수 있습니다. 그러하므로 여러분은 모든 일에 언제나, 쓸 것을 넉넉하게 가지게 되어서, 온갖 선한 일을 얼마든지 할 수 있습니다.』 (고린도후서 9:7-8, 새번역)

위에서 "십일조를 하면 그 열 배를 받는다."는 식의 헌금강요는 바람직하지 않다는 점을 설명했는데,[133] 그러면 부(富)를 추구하는 것은 어떤가? 교회 내에서 부에 대하여 이른바 번영신학(prosperity theology)을 추종하는 것은 위험하다.[134] "예수 믿고 부자 되세요."가 당연한 구호로 인정되고, 물질적 복을 받아야 '잘 믿는 것'이 되고, 그 전제로 헌금을 많이 함으로써 그 믿음을 확인한 하나님이 물질적 복을 준다는 결론에 이르게 될 위험성이 크다. 그렇게 되면 부를 축적하는 과정이 무시되고 결과만 보고 판단하게 되는 우(愚)를 범하게 될 것이다. 즉 가난하면 믿음이 없는 것으로 치부될 가능성이 있는 것이다. 이는 『너희 가난한 자들은 복이 있나니, 하나님의 나라가 너희의 것임이요』 (누가복음 6:20, KJV)[135]라고 한 예수님의 말

---

132) 2010년 기준으로 년 소득이 5,000만원이라고 한다면 582만원+400만원×(24/100)로 678만원을 내야 하므로, 이미 13.6%의 소득세를 내야 한다(소득세법 §55 참조). 누진세이므로 소득이 높아짐에 따라 세율이 올라간다. 다른 세금도 있으므로(우리나라의 담세율은 23% 가량) 이미 국가가 십일조 이상을 걷어가고 있는 것이 현실이다.

133) 이중수, 주(127)의 책, 특히 16면 이하 참조.; 한국교회의 십일조 헌금의 문제에 대한 비판은 권영문, 주(115)의 책, 64면 이하 참조.

134) 오강남, 주(118)의 책, 261-264면 참조.

씀에 맞지 않는 것이다.

부(富)의 문제는 교회와 사회의 관계를 어떻게 보느냐에 따라 달라질 것이다. 즉 중세교회와 비잔틴 교회처럼 교회와 사회를 일치하는 것으로 볼 때, 사회 전체가 교회의 계명을 따라야 하며 마귀노릇을 하는 세상의 돈을 윤리화, 기독교화해야 한다고 생각하게 된다. 반면에 루터교의 경우는 세상과 손을 떼어야 한다고 생각했다.[136] 그러나 돈은 하나님의 축복이고 우리는 그 부를 관리하는 관리인이라고 하는 것이 현대 교회에서의 생각이다. 다만 자신이 아니라 하나님을 위해서 잘 관리해야 한다는 점이 강조되어야 할 것이다.[137] 신자라면 경제활동에서도 정직하고 열심히 일하며 살되, 결과적으로 부하든 가난하든 물질에 연연해하지 말아야 할 것이다.

『나는 비천하게 살 줄도 알고, 풍족하게 살 줄도 압니다.…그 어떤 경우에도 적응할 수 있는 비결을 배웠습니다.』 (빌립보서 4:12, 새번역)

결론적으로 기독교인은 하나님이 모든 부의 주인이심을 인정해야 한다. 또한 부의 많고 적음이 하나님의 축복과 비례한다고 생각해서는 안 된다. 부 자체는 아무 것도 아니고 이를 통하여 하나님의 선한 사업을 할 수 있게 하는 것이 목적이기 때문이다. 따라서 부자이건 가난한 자이건 자신의 부에 만족해야 하며 주어진 조건에서 열심히 일해서 축적한 부를 하나님의 영광을 위해서 사용하려고 노력해야 할 것이다.

---

135) 마태복음에는 단순히 '가난한 자'가 아니라 '영이 가난한 자'라고 하여 다른 의미를 나타내고 있다. 마태복음 5:3 참조.

136) 쟈크 엘룰(양명수 옮김), 하나님이냐 돈이냐, 도서출판대장간, 1994, 37면 이하.

137) 쟈크 엘룰(양명수 옮김), 위의 책, 38면 이하 참조.

(3) 술과 담배 그리고 음식

술과 담배는 초신자에게 매우 큰 걸림돌이다. 대부분 교회를 다니려면 술과 담배는 끊어야 한다고 생각한다. 그래서 술과 담배를 끊을 자신이 없어서 교회를 다닐 수 없다고 생각하는 사람도 많다. 이 점에 대해서 생각해 보기로 하자. 성경에는 술을 마시지 말라고 명확하게 선언한 곳은 없고 대부분의 언급은 "술 취하지 말라." 또는 "술을 즐기지 말라."로 되어 있다.

『술 취하지 말라. 그것은 방탕한 것이니 오직 성령으로 충만하라.』(에베소서 5:18, KJV)

『(☞ 감독의 자격) 술을 즐기지 아니하며…』(디모데전서 3:3, KJV)

『감독은…술을 즐기지 아니하며…』(디도서 1:7, KJV)

『흥청거리거나 술 취하지 말며…』(로마서 13:13, KJV)

『만일 형제라고 하는 어떤 자가…술 취하는 자거나…그런 자와는 함께 먹지도 말라.』(고린도전서 5:11, KJV)

『주정뱅이들은…하나님의 나라를 상속받지 못하리라.』(고린도전서 6:10, KJV)

『술은 거만하게 하는 것이요, 독주는 떠들게 하는 것이라. 이에 속는 자마다 지혜롭지 못하니라.』(잠언 20:1, KJV)

『…술과 기름을 좋아하는 자도 부하게 되지 못하리라.』(잠언 21:17, KJV)

『술을 많이 마시는 자와…함께 하지 말라. 술 취하는 자와 탐식하는 자는 가난하여질 것이요.』(잠언 23:20–21, KJV)

『갓[138]에게 상을 차려 놓으며, 므니[139]에게 섞은 술을 가득히 부어 바치는 자들아! 내가 너희를 칼에 죽는 신세가 되게 하겠다.』(이사야서 65:11-12, 새번역)

『음란과 포도주와 새 포도주가 마음을 빼앗느니라.』(호세아 4:11, KJV)

『술을 마시는 것은 왕이 할 것이 아니며, 독주를 마시는 것은 통치자들이 해야 할 것이 아니니, 이는 그들이 술을 마시고 법을 잊어버려 고난 받는 어떤 사람들의 심판을 왜곡할까 함이니라.』(잠언 31:4-5, KJV)

반면에 술을 먹어도 되는 것처럼 묘사되어 있는 곳도 많다. 예수님은 첫 기적으로 가나의 혼인잔치에서 물을 포도주로 바꾸셨고(요한복음 2:1-11), 성만찬에서 빵과 더불어 포도주를 마셨다(마태복음 26:26-29). 바울도 디모데에게 위장과 자주 앓는 질병을 위하여 포도주를 조금씩 쓰라고 하였다(디모데전서 5:23). 또 사무엘상 25:18처럼 일상음료로 기술된 곳도 많다.

『너는 가서 기쁨으로 네 빵을 먹고 즐거운 마음으로 네 포도주를 마시라. 이는 하나님께서 지금 너의 일을 받으심이라.』(전도서 9:7, KJV)

『너는 주 너의 하나님 앞에서 네 곡식과 네 포도주와 네 기름의 십일조와 네 소떼와 네 양떼의 첫 태생들을…먹을지니라. 만일…너무 멀거나 그 길이 너무 멀어서 가지고 갈 수 없게 되면 너는 그것을 돈으로 바꿔 그 돈을 싸서 네 손에 들고…가서 네가 네 마음에 원하는 것은 무엇이나 돈으로 살지니, 소나 양이나 포도주나 독주나 네 마음에 드는 것을 구하여 거기서 주 너의 하나님 앞에서 먹고 너와 네 가족과 더불어 즐거워할지니라.』(신명기 14:23-26, KJV)

---

138) Gad(행운). 행운의 신. 베스트성경사전, 성서원, 30면.

139) Meni(가르친다). 운명의 신. 베스트성경사전, 성서원, 218면.

『아, 너희 목마른 자들은 누구든지 물들로 나아오라.…와서 돈 없이 값 없이 포도주와 젖을 사라.』(이사야 55:1, KJV)

『이는 내가 그녀에게 곡식과 포도주와 기름을 주었으며』(호세아 2:8, KJV)

『(☞ 제사장들에게) 너나, 너와 함께 한 너의 아들들은 회중의 성막으로 들어갈 때에 포도주나 독주를 마시지 말라. 그래야 죽지 않으리라.』(레위기 10:9, KJV)

위에 인용된 구절들을 살펴보면 술을 마시는 것을 절대적으로 금지한 것은 아니지만, 절제하지 않으면 바람직하지 않고 또 다른 범죄로 이어질 수 있다는 점을 강조하고 있다. 잠언 23:29-35에 그러한 점이 문학적으로 잘 묘사되어 있다. 그런데 우리나라 교회에서는 그 중 31절을 술을 마시면 안 된다는 근거 구절로 많이 인용한다. 이에 대해서 살펴보자.

『포도주는 붉고 잔에서 번쩍이며 순하게 내려가나니 너는 그것을 보지도 말지어다.』(잠언 23:31, 개역)

즉 "보지도 말라고 했으니 어떻게 마시겠는가?"라는 논리다. 그러나 이런 번역은 술을 마시지 않았으면 하는 초창기 선교사들의 희망이 반영된 것이 아닌가 짐작된다. 히브리직역성경을 보면 다음과 같다.

『포도주가 붉게 보일 때, 포도주가 잔에서 자기 색깔을 낼 때 보지 말아라. 포도주가 위에서 아래로 똑바로 내려간다.』(잠언 23:31)[140]

---

140) R.Young, Literal Translation of the Holy Bible, Baker Books, 1995에서 필자 번역.

흠정역(KJV)에서는 뒷 문장에도 '때'(when)를 넣어서 번역하였다. 그렇게 하면 『포도주가 붉게 보일 때, 포도주가 잔에서 자기 색깔을 낼 때, 포도주가 똑바로 내려갈 때 보지 말아라.』 (잠언 23:31)[141]가 된다.

즉 개역성경은 '때'라는 말을 의도적으로 생략함으로써 "포도주(술)를 보지 말라."는 말을 일반적으로 언제나 적용되는 것으로 이해하게 만든다.[142] 그러나 원문의 뜻을 추정해 보면 "포도주가 잘 익었을 때 눈길을 뺏기지 말라." 즉 "포도주(술)에 유혹당하지 말라."는 뜻으로 이해된다. 그러므로 성경에 따르면 술을 절대적으로 마시지 말라는 것은 아니다. 그렇다고 술을 마셔도 된다는, 권장의 의미로 받아들이면 안 된다. 포도주는 냉장고 같은 저장 시설이 없던 옛날에 자연스럽게 만들어진 음료라고 한다. 그런 의미라면 마셔도 안 될 것은 없으나 취하면 노아처럼 품위를 잃거나(창세기 9:20-27), 다른 범죄로 이어질 수 있으니(이사야서 65:11-12; 호세아 4:11) 절제해야 한다고 할 수 있다.[143]

이렇게 결론 내리는 것은 다른 것에도 적용된다. 예컨대 담배는 어떤가? 성경이 기록될 당시에는 담배란 것이 알려지지 않았으므로 당연히 언급이 없다. 언급이 없으니 얼마든지 담배를 피워도 되는가? 그렇지는 않다. 성경에 명시적으로 금지되지 않는 음식이라고

---

141) KJV 영어판에서 필자 번역.

142) 표준새번역 개정판에서는 개역성경보다는 원문에 가깝게 번역하였으나 『잔에 따른 포도주가 아무리 붉고 고와도, 마실 때에 순하게 넘어가더라도, 너는 그것을 쳐다보지도 말아라.』고 하여 '쳐다보지도'에 '도'를 첨가함으써 개역성경과 같은 의도를 짐작케 한다.

143) NLT study Bible, 2008, 잠언 20:1 각주에는 "구약성경은 적당한 음주는 반대하지 않으나, 과도한 음주는 엄격히 금지했다."고 한다.; '절대금주'가 아니라 '절제'라는 설명으로는 권영문, 주(115)의 책, 43면 이하 참조.

해도 건강이나 기타 다른 이유로 바람직하지 않은 것은 먹지 말거나 적어도 절제해야 한다. 담배도 당연히 피우지 않는 것이 바람직하다. 담배는 청소년의 성장을 저해하고, 각종 성인병의 원인이 되고, 옆 사람에게 피해를 주므로 가급적 피해야 하는 것이다. 왜냐하면 성경은 모든 것을 하나님의 영광을 위해서 하라고 했으니 말이다. 담배보다 더 중독성이 크고 결국 많은 사람을 자살에 이르도록 건강을 해치는 마약류는 더 더욱 당연히 금지되어야 하는 것이다.

교회에서는 술과 담배가 절대적으로 금지되므로 금연과 금주에 자신이 없어서 교회를 못 나간다고 할 필요는 없다. 교회를 다니면서 모든 생활에 절제를 배우고, 술과 담배를 절제하게 되고 나아가 완전히 끊을 만큼 영적·심리적 안정이 될 때에 그렇게 하면 될 것이다.[144)]

『그러므로 너희가 먹든지 마시든지 무엇을 하든지 다 하나님의 영광을 위하여 하라.』 (고린도전서 10:31, KJV)

나아가 금지되는 음식도 마찬가지다. 레위기 11장과 신명기 14장에 보면 먹어도 되는 음식과 안 되는 음식이 구분되어 있다. 굽이 갈라져 쪽발이고 되새김질 하는 짐승은 먹어도 되고(레위기 11:3), 물속에 사는 것들 중에서는 지느러미와 비늘이 있는 것을 먹을 수 있다고 했다(레위기 11:9). 기타 조류와 곤충 등에도 먹을 수 있는 것과 없는 것을 구분해서 열거해 놓았다. 이런 것들을 문자 그대로 지키기는 어렵다고 생각한다. 이미 교회에서도 돼지고기와 오징어 등 '못 먹을 음식' 을 자연스럽게 먹고 있는 현실에서 이러한 것을 강조해서 교회를 다니는 데 걸림돌이 되는 것은 바람직하지 않다. 다만 이러한 정결의식의 영적인 의미는 잊지 말아야 할 것이다. 예

---

144) 류상태, 주(109)의 책, 163-165면 참조.

컨대 지느러미와 비늘이 없는 물고기들은 대부분 어두운 물속 바닥에 사는 것이므로, 이것들을 먹지 말라는 것은 영적으로 밝게 살아야 한다는 것을 의미한다고 생각한다. 또 돼지고기의 경우 인간의 음식과 같은 것을 먹는 잡식성이므로, 행여 돼지를 키우기 위하여 가난한 사람들에게 식량이 보급되지 못하는 상황을 염려해서라는 의견이 가장 설득력이 있다.[145)]

예수님도 이러한 금기를 형식적으로 지킬 것이 아니며 유대인들의 결벽주의적 정결제도(purity system)에서 벗어나라고 한 것으로 해석된다.[146)] 제자들이 손을 씻지 않고 음식을 먹는 것을 바리새인들이 비난할 때에 예수님은 『무엇이나 밖에서 사람 안으로 들어가는 것은 그 사람을 더럽힐 수 없다는 것을 알지 못하겠느냐? 이는 그것이 사람의 마음 속으로 들어가는 것이 아니라, 배로 들어가서 뒤로 나가기 때문이니 모든 음식은 깨끗하니라.』 (마가복음 7:18-19, KJV)고 하여 이러한 점을 설명하였다.

> 『이 음식은 하나님께서 진리를 믿고 아는 사람들이 감사함으로 받도록 지으신 것이라. 하나님께서 지으신 것은 모두 좋으신 것이요, 감사함으로 받으면 아무 것도 버릴 것이 없으니 이는 하나님의 말씀과 기도로써 거룩하게 됨이라.』 (디모데전서 4:3-5, KJV)

> 『만일 네 음식 때문에 네 형제가 슬퍼하게 되면 네가 이제 사랑을 따라 행한 것이 아니니, 네 음식으로 그를 망치지 말라.…고기도 먹지 아니하고, 포도주도 마시지 아니하며, 무엇이든지 네 형제를 실족하게도 아니하고…그러나 의심하는 자는 그가 먹을지라도 정죄되었나니, 이는 믿음으로 먹지 아니하였기 때문이니라. 믿음으로 아니하는 모든 것이 죄니라.』 (로마서 14:15-23, KJV)

145) 유재덕, 주(79)의 책, 183면.

146) 오강남, 주(118)의 책, 91면 이하.

위 성경구절을 보면 모든 음식은 먹어도 되는 것이지만, 형제의 믿음을 위하여 절제하자는 바울의 권고가 잘 나타나 있다. 또한 그것이 하나님의 뜻일 것이다.

『너희가 하나님의 성전인 것과 하나님의 영께서 너희 안에 거하시는 것을 알지 못하느냐? 만일 누구든지 하나님의 성전을 더럽히면 하나님께서도 그 사람을 멸하시리라. 이는 하나님의 성전은 거룩하며, 너희는 그 성전이기 때문이라.』 (고린도전서 3:16-17, KJV)

(4) 안락사와 인간복제

『마리아가 그 천사에게 말하기를 "내가 남자를 모르는데 어찌 이런 일이 있을 수 있겠나이까?" 라고 하니 그 천사가 대답하여 그녀에게 말하기를 "성령께서 너에게 임하실 것이며 가장 높으신 분의 능력이 너를 덮으리니, 그러므로 너에게서 탄생하실 거룩한 이는 하나님의 아들이라 불리우리라 .…" 』 (누가복음 1:34-35, KJV)

최근 세계적으로 생명공학의 발전은 눈부시다. 아직 동물을 통한 연구가 진행 중이지만 줄기세포를 이용하여 이른바 처녀생식이 가능해진 것으로 보인다. 나아가 인간복제나 인간과 동물의 중간영역에 해당하는 동물(?)이 탄생할 날도 머지않아 보인다. 위 성경 기사에 나타난 예수님의 탄생 과정이 기독교의 신비라고 인식되어 왔는데, 이렇게 생명공학이 발전해 나가다가는 그것이 성경 속의 기적이 아니라 일반적인 현상이 될 가능성도 배제할 수 없게 되었다. 헌법학에서는 복제인간이나 포괄적 장기이식 등에 있어서 활발한 찬반논쟁이 벌어지고 있다. 성경적으로 보면 이러한 생명공학은 대부분 금지되어야 할 것이다. 특히 생명의 탄생과 관련된 인간복제나 인간의 처녀생식 등은 하나님의 영역을 침범한다고 생각한다. 연구자들이 주장하는 불치병의 치료를 위한다는 것은 그러한 핵심 영역을 침해하지 않는 범위 내에서 연구되어야 하며, 생명의 본질과 관련된 부분은 하나님의 영역에 맡겨야 한다. 예컨대 생식세포가 아닌 줄기세포를 이용한 연구로 대체하거나, 인공장기를 개발하여 난치병을 치료하는 것 등은 연구가 허용되어도 무방하다. 그러나 이러한 문제에 대해서 반론도 많이 있을 수 있으므로 여기서는 장황한 논의는 피하기로 한다.

마찬가지로 안락사(존엄사)도 삶과 죽음의 문제는 인간이 결정할 수 없다는 점에서 반대한다. 그러나 이에 대해서도 치열한 논쟁이 벌어지고 있는바, 특정한 경우에 치료를 중단하는 소극적 안락사는 엄격한 기준에 따라 가능할 수도 있다고 생각된다. 다만 무분별하게 안락사가 시행되는 것은 막아야 하며, 그 기준도 충분한 논의를 거쳐 사회적 합의에 의하여 마련되어야 한다는 점을 강조하는 선에서 자세한 논의는 생략하기로 한다.

(5) 결혼과 남녀관계

『다윗이 온 백성 즉 이스라엘의 온 무리 가운데서 남자들뿐 아니라 여자들 각자에게도 빵 한 덩이와 좋은 고기 한 조각과 포도주 한 병씩을 나눠 주니, 온 백성이 각자 집으로 떠나더라.』 (사무엘하 6:9, KJV)

『여자들은 교회에서 잠자코 있어야 합니다. 여자에게는 말하는 것이 허락되어 있지 않습니다. 율법에서도 말한 대로 여자들은 복종해야 합니다. 배우고 싶은 것이 있으면 집에서 자기 남편에게 물으십시오. 여자가 교회에서 말하는 것은 자기에게 부끄러운 일입니다.』 (고린도전서 14:34-35, 새번역)

평등의 원칙을 설명할 때 가장 쉽게 떠오르는 것은 남녀평등의 문제일 것이다. 위 성경구절을 보면 남녀를 동등하게 대우했다는 기사와 그렇지 않은 기사가 동시에 나와 있다. 우리나라의 경우 교회 내에서 남녀관계의 설정이 매우 어렵고 또 왜곡되는 현상을 찾아볼 수 있다. 어떤 교회에서는 여성의 역할을 축소하거나 남자에 예속되는 것으로 설명하는 분위기가 있는 곳도 있지만, 대부분의 교회는 현대의 세계적 유행에 따라 여성존중 심지어 여성상위의 분위기를 띠고 있는 곳이 많아 보인다. 그런데 이러한 두 가지 현상은 모두 정확한 이해가 아니라고 생각한다. 즉 기본적으로 성경은 남자와 여자에 대하여 '서로 돕는 배필(창세기 2:18)'이라고 하였으므로 지배와 복종의 관계가 아니라 서로 돕는 보완적인 관계로 보아야 한다. 그리고 성경의 기사들은 시대적 상황을 고려해서 이해해야 한다. 바울시대에는 여자가 밖에서 자유로이 활동하던 시대가 아니었고, 남녀가 함께 교회에서 예배드리는 것 자체가 시대를 앞서가는 혁명적인 상황이었으므로 너무 지나치게 드러내지 말라고 경고한 것으로 이해해야 할 것이다. 마찬가지로 지나치게 남성성을 위축시키고 순종적인 면을 강조하는 현대 교회도 성경적이지 못하다.[147] 하나님은 남녀의 역할을 구분해서 창조한 것이 분명하기 때문이다. 남녀의 특성을 서로 인정하고 각자의 특성에 맞게 사는 것이 필요하다.

결혼과 관련해서도 구약에서 일부다처제가 인정되고 있다고 해서 현대에도 그렇게 해석할 수는 없다. 창세기의 아담과 하와의 기사를 보더라도 일부다처가 하나님의 뜻이라고 할 수는 없다. 다만 구약시대에는 험한 환경에서 잦은 전투를 치루면서 살았기 때문에 일부다처가 인정되지 않으면 남녀의 성비가 맞지 않았을 것으로 추정된다. 이슬람국가의 전통도 마찬가지다. 따라서 그런 환경이 해소된 현대에 사는 우리는 일부다처를 인정할 이유가 없다.

147) 이에 관해서는 폴 콜린(전현주 옮김), 착하게 살라고 성경은 말하지 않았다, 21세기북스, 2009, 참조.

『만일 내 마음이 여자에 의하여 미혹되었다면, 만일 내가 내 이웃의 문전에서 엿보아 기다렸다면, 내 아내가 다른 사람을 위하여 맷돌을 갈며 다른 사람들이 그녀에게 들어갈지니라. 이는 이것이 극악한 범죄임이니, 정녕 이것은 재판관들에게 벌 받을 죄악이라. 이는 그것이 멸망에 이르도록 사르는 불이요, 나의 모든 후손을 뿌리째 뽑을 것임이라.』(욥기 31:9-12, KJV)[148)]

외부로 나타나는 성적 취향의 경우는 유대교의 전통과 기독교에서의 관행으로 여러 가지 관습적인 제한이 나타났다. 유대교에서는 일부다처와 이혼이 허용되었다. 아브라함에게 약속한 많은 자손(창세기 22:17)을 위해서였다.[149)] 심지어 '남자는 아내보다 젊은 여자가 더 예쁘게 느껴지기만 해도' 이혼할 수 있다고 가르쳤다.[150)] 그러나 예수님은 원칙적으로 이혼을 반대하였다(마태복음 19:3-9).

성경에서 강간이나 근친혼, 또는 간통을 금지하고 있는 것은 사회질서를 지키기 위한 필수조치로 보인다. 특히 사회보장제도가 없던 당시에는 가족의 해체를 불러오는 간통을 엄격히 금지함으로서 가족, 특히 노약자를 보호한다는 의미로 해석된다. 위 성경구절에서 뒷부분이 그런 의미로 이해된다.

한편 초기 기독교에서는 독신을 찬양하기도 하였다. 최고의 자유란 최고의 절제(금욕)에 의해서 가능하다고 생각하였다.[151)] 특히 수도자들은 독신을 고집하였다. 예수님도 천국을 위하여 스스로 결혼하지 않거나, 천국에 가면 천사와 같이 결혼하지 않는다고 말하였다(마태복음 19:12, 누가복음 20:36). 또한 바울도 독신을 찬양하는 듯

148) 12절의 '멸망'은 원어로 '아바돈(Abaddon)'이며 지옥으로 번역할 수 있으며, '후손'은 'mine increase'로 재산이나 소유로 번역할 수도 있다.

149) 유대교의 결혼과 성에 대해서는 일레인 페이겔스(장혜경 옮김), 아담 이브 뱀, 아우라출판사, 2009, 44면 이하 참조.

150) 일레인 페이겔스, 주(149)의 책, 49면.

151) 일레인 페이겔스, 주(149)의 책, 157면.

이 보인다(고린도전서 7장, 특히 7:8, 7:40). 그러나 한편으로는 혼인하고 자식을 낳고 집안일을 돌보라고 권하기도 했다(디모데전서 5:14). 결국 독신은 논리적으로 생육하고 번성하라는 하나님의 명령(창세기 1:28)에 부합하지 않는다. 다만 경건하고 절제하는 생활을 강조한 것으로 보인다.

반면에 외부로 드러나지 않은 부부 사이의 성적 취향에 대해서 성경에 자세한 언급은 없다. 지나치게 상식을 벗어나거나 한 쪽 당사자의 의사를 억압하지 않는 한 자율에 맡겨진 것으로 생각된다. 물론 이 문제도 성경 속의 한계 내에서의 자유다.[152] 다만 성경이 『자기 아내와 결합하리니 둘이 한 몸이 될 것임이니라.』(창세기 2:24, KJV)라고 한 것을 근거로 임신을 피하는 변태적 결합을 금하는 견해가 있다.[153]

같은 이유로 동성애의 경우도 성경에서는 금지된다. 그러나 동성애가 단순히 개인의 성적 취향이 아니라 유전적 인자에 의한 불가피한 경우가 있다는 의사들의 의견을 고려하면, 어쨌든 동성애자들도 교회에서 배척할 것이 아니라 포용해야 할 것이다.[154]

그밖에 교회 안의 연애는 청소년기에 일반적으로 요구되는 절제의 정도 내라면 오히려 바람직하다고 생각된다. 자신에게 맞는 이성을 찾는 것이 인간의 본성이라고 할 때, 거기에 덧붙여 신앙을 가진 사람을 찾게 될 가능성이 높기 때문이다.

---

152) 리 스트로벨(윤관희 옮김), 하나님의 파격적인 주장, 사랑플러스, 2005, 214-239면(섹스에 대한 하나님의 법칙은 우리를 자유케 한다.) 참조. 또한 폴 콜린, 주(147)의 책, 150-162면 참조.

153) 일레인 페이걸스, 주(149)의 책, 47, 74면 등.

154) 김남일, 구약문화이야기, 살림, 2007, 61-68면 참조.; 류상태, 주(109)의 책, 166-169면. 리처드 마우(홍병룡 옮김), 무례한 기독교, IVP, 2005, 특히 91-108면 참조.

(6) 오락과 도박

『또 이 산에서 만군의 주께서 모든 백성에게 영양 많은 기름진 음식과 오래 저장되고 잘 정제된 포도주로 기름진 음식의 축제와 오래 저장한 포도주의 축제를 마련하시며』 (이사야 25:6, KJV)

위 성경구절은 하나님이 직접 기름진 음식과 포도주로 축제를 열어주신다는 내용이다. 그렇다면 모든 축제와 오락이 허용된 것인가? 성경에 특별히 오락을 금지하는 내용은 보이지 않는다. 그러나 모든 것이 주님의 영광을 위해서 하는 것이라면 오락도 주님의 계명을 깨뜨리지 않는 범위에서 허용된 것으로 보아야 한다. 아래 성경구절을 보자.

『 "유다야 네가 안식일에 발길을 삼가 여행을 하지 않으며, 나의 거룩한 날에 너의 쾌락을 일삼지 않으며, 안식일을 '즐거운 날' 이라고 부르며, 주의 거룩한 날을 '존귀한 날' 이라고 한다면, 그리고 이 날을 귀하게 여겨서 네 멋대로 하지 않으며, 너 자신의 쾌락을 찾지 않으며, 함부로 말하지 않으면, 그 때에 너는 주 안에서 즐거움을 얻을 것이다. 내가 너를 땅에서 영화롭게 하고, 너의 조상 야곱의 유산을 먹고 살도록 하겠다." 이것은 주님께서 친히 하신 말씀이다.』 (이사야 58:13-14, 새번역)

이렇듯 안식일의 뜻을 잊지 않는 범위 내에서, 그리고 주 안에서 즐거움과 쾌락을 얻는 것은 허용된다. 안식일이 아닌 다른 날에도 마찬가지로 교인들은 성경의 의미를 훼손시키지 않는 한도 내에서 오락을 즐겨도 좋다고 생각한다. 그것은 교회 밖에서 뿐만 아니라 교회 안에서도 허용된다고 보아야 한다. 세상의 오락을 전면 금지한다는 것은 가능하지도 않고 바람직하지도 않다.

『내 편지에서, 음행하는 사람들과 사귀지 말라고 여러분에게 썼습니다. 그 말은, 이 세상에 음행하는 사람들이나 탐욕을 부리는 사람들이나 약탈하는 사람들이나 우상을 숭배하는 사람들과 전혀 사귀지 말라는 뜻이 아닙니다. 그러려면 여러분은 이 세상 밖으로 나가야 할 것입니다.』 (고린도전서 5:9-10, 새번역)[155]

위 성경구절이 기독교인들의 고민을 잘 표현하고 있다. 성경적 입장에서 '범죄한' 사람들과도 세상에서 어울려 살아야 하는 것이 현실이다. 다만 스스로 절제하고, 적어도 교인들 중에 그런 사람이 있으면 함께 범죄하지 말고 그런 사람을 출교하라는 것으로 이해해야 한다. 결국 성경이 명시적으로 금지하지 않은 오락이나 즐거움은 교인들에게 허용된다고 해야 한다. 그러나 그렇더라도 구체적으로 어디까지 허용되고 또는 권장할 지 폭넓은 토론을 통하여 교회문화의 테두리를 만들어 나가야 할 것이다.

예컨대 오락 수준을 넘어 도박에 이른 경우에 대하여 성경은 명시적으로 언급한 곳은 찾기 어려우나 다음 구절들을 읽어보면 힌트가 될 수 있다.

『허망하게 얻은 재물은 줄어들 것이나, 수고하여 모은 자는 늘려갈 것이라』 (잠언 13:11, 새번역)

『속여서 모은 재산은, 너를 죽음으로 몰아넣고, 안개처럼 사라진다.』 (잠언 21:6, 새번역)

즉 도박을 통하여 재물을 얻고자 하는 일은 헛된 것이다. 스스로 힘써 일하지 않고 재물을 얻으려 하는 것으로 결국 스스로를 죽음으로 몰아넣게 되는 것이다. 도박의 속성상 중독성이 있어서 자꾸 하게 되고 결국 도를 넘게 되므로 아예 안 하는 것이 바람직하다. 도

155) 성경본문은 교인 중에 그런 일을 하는 사람들과 함께 하지 말라는 것을 강조하는 내용이다. 뒷 부분(고전 5:11-13) 참조.

박에 이르지 않는 정도의 내기 등은 과도한 정도가 아니라면 허용해야 할 것이다. 그러나 화투 · 카드 또는 내기골프 등도 도박이라고 생각되는 것은 삼가야 할 것이다. 그러나 이런 경우에도 오락의 정도를 벗어나지 않은 작은 내기는 개인의 판단에 맡기는 것이 좋겠다.

또 노래방의 경우 비 성경적이거나 반 성경적인 노래를 부르는 것이 아니라면 노래방 자체는 나쁜 것이 아니라고 생각한다. 오히려 교회에서 찬송가를 부르는 노래방을 신설하면 어떨까 하는 생각이 든다. 또 교회행사에서의 경품은 세상적인 방법으로 참여를 유도하는 것이거나 요행을 바라게 되는 것이므로 바람직하지 않다고 생각한다. 등산이나 야유회도 허용될 것이다. 그러나 이것이 지나쳐 이른바 '야외예배'라는 이름으로 예배를 소홀히 하고 오락에 치우치면 안 될 것이다. 결국 모든 것은 정도를 지나치면 안 된다고 생각되며, 오락을 하더라도 비 기독교인들이 교회를 비난하는 정도에 이르면 안 된다고 생각한다. 세상의 영화나 스포츠 등도 절제할 수만 있다면 굳이 금지할 필요는 없을 것이다.

『그러므로 너희가 먹든지 마시든지 무엇을 하든지 다 하나님의 영광을 위하여 하라.』 (고린도전서 10:31, KJV)

위 성경구절은 교회의 어떤 문제에나 결론으로 잘 어울린다.

(7) 세상의 음악과 미술

『주님께 속량 받은 사람들이 예루살렘으로 돌아올 것이다. 그들이 기뻐 노래하며 시온에 이를 것이다. 기쁨이 그들에게 영원히 머물고, 즐거움과 기쁨이 넘칠 것이니, 슬픔과 탄식이 사라질 것이다.』 (이사야 35:10, 새번역)

위에서 이미 설명한 바와 같이 세상의 문화, 세상의 예술도 성경에 직접 위반되는 내용이 아니라면 부인하지 않는 것이 좋겠다. 특히 예술이라는 것은 순수성이 그 핵심 개념이므로 기독교를 표현한 것이 아니라도 존중해 주는 것이 필요하다. 로잔언약(Lausanne Covenant)[156]에서는 "복음이 우리를 하나로 부른다." 고 고백하는 한편 선교사들에게 원주민들의 문화를 존중하라고 촉구했다. 특히 음악과 미술 같이 비교적 순수성이 인정되는 분야는 교회의 영역이 아니더라도 존중해 주는 것이 오히려 선교에 도움이 될 것이다. 클래식 음악을 들으면 교회 음악이 아니어도 마음을 차분하게 해주는 경험을 할 수 있다. 굳이 세상음악이라고 배제할 필요가 있는가? 더 나아가 세상의 문화에 압도되거나 이를 배제하는 데 그치는 것이 아니라 교회의 문화를 세상에 전파하고 세상을 교회가 지배할 수 있도록 적극성을 띠는 것이 교인들의 책임이라고 생각한다. 바하(Johann Sebastian Bach, 1685-1750)의 음악 중 상당 부분은 교회음악이었고 나머지는 순수 음악이었으니, 굳이 바하의 음악 중 교회음악이 아닌 것을 구분해서 거부운동을 할 필요는 없다. 오히려 당시에는 바하의 음악을 통하여 세상 사람들이 교회문화에 젖어들었는데, 현대는 반대가 된 것이 문제라고 할 수 있겠다. 미국의 흑인가수들은 앨범에 찬송가나 복음성가를 하나씩 집어넣는 것이 관행이다. 참 좋아 보인다.

『또 주가 말하노라. 시온의 딸들이 교만하며 내민 목과 음탕한 눈으로 걸으며, 그들이 다닐 때는 종종걸음을 치며 발에서는 짤랑짤랑 소리를 내는도다.…그 날에 주가 그들의 발목에 소리 나는 장식물의 치장과 머리 망사들과

---

156) 1974년 스위스 로잔에서 열린 '세계 복음화 국제대회'(The International Congress on World Evangelization)에서 채택된 결의문. 티모시 존스, 주(1)의 책, 257면.

달같이 둥근 장식들과 목걸이들과 팔찌들과 목도리들과 모자들과 발목 장식들과 머리띠들과 허리띠들과 귀고리들과 반지들과 코고리들과 예복들과 겉옷들과 머리 수건들과 머리털을 곱슬거리게 하는 핀들과 손거울과 가는 베옷과 두건과 너울을 제하리라.』 (이사야 3:16-23, KJV)

그런데 위 성경구절을 보면 현대 여성들이 하는 대부분의 장식들이 다 열거되어 있다. 이런 것들을 모두 금지한다면 히잡을 쓴 아랍의 여성 같은 차림새가 되고 말 것이다. 자세히 조사해 보면 이런 장식들은 이방여인들이 하던 것이고 우상숭배에 쓰이던 물건들이 다수 포함되어 있다. 그러므로 세상문화를 무조건 배척할 수 없다고 해도 그 이면의 성경적인 의미를 먼저 생각해 보아야 할 것이다. 나아가 앞에서 말한 것처럼 교회의 문화가 세상문화를 지배하면 좋겠다. 물론 현대에는 교회문화라는 것도 크리스마스 트리장식이나 부활절의 계란처럼 순수한 교회문화가 아니라 이방의 풍습이 들어온 것도 많이 있다. 또한 산타클로스처럼 왜곡된 현상도 있으니 조심해야 한다. 결국 모든 문화라는 것은 교류하고 변해가게 마련이다. 그 속에서 무엇이 성경적인가 성경의 입장에서 바람직한 의미를 주는지 고민해 보아야 할 것이다. 예컨대 산타클로스가 예수님을 대신하는 지경에 이른 것은 분명 잘못된 문화이지만, 산타클로스를 흉내 내어 크리스마스 때 가난한 이웃을 돕는다면 그 또한 성경에 어긋나는 것은 아닐 것이다.

(8) 교회의 직분과 세속의 직위

교회의 직분은 의무만 있고 권리가 거의 없는 '무보수 명예직'이라고 할 수 있다. 직분은 신앙을 기초로 하는 봉사직이므로 이 직위에 따라 어떤 권력이나 경제적 이익이 있을 수는 없는 것이다. 물론 세속의 봉사직도 최소한도의 월급과 권한이 주어지는 경우도 있다. 마찬가지로 교회의 직분에도 생활비나 사례비 조로 약간의 금전이 지급될 수는 있으나 이것을 월급으로 생각하고 이에 상응한 근로만 제공한다고 생각해서는 안 된다. 신앙에 따라 최선을 다해서 봉사하고, 그와는 별도로 생활에 필요한 약간의 사례를 받는 것으로 이해해야 마땅하다.

세상의 부와 지위가 교회의 직분에 영향을 주는 것은 바람직하지 않다. 부자와 나사로의 비유(누가복음 16:19-31)처럼 세상의 부와 지위는 천국에서는 통하지 않는 것이므로, 천국의 모형에 해당하는 교회에서 세상의 지위가 영향을 준다는 것은 성경적이지 않다. 사도 바울의 예외가 있긴 하지만 베드로를 비롯한 대부분의 사도들은 학문적으로 무지하고 사회적 지위가 낮았다. 그럼에도 불구하고 그들은 교회의 지도자 역할을 잘 해낸 것을 볼 수 있다. 그것은 스스로 자랑하지 않게 하기 위한 하나님의 배려이다. 이러한 것이 성공하기 위해서는 그러한 직분을 맡은 사람들보다도 그들을 바라보는 일반 신도의 시선이 중요한 문제이다. 이것이야말로 교회문제를 포함한 세상의 일들을, 세상의 관점이 아닌 하나님의 관점에서 볼 수 있는지를 시험하는 시금석이라고 생각한다.

그러나 현실적으로 교회도 결국 사람들의 모임이다 보니 어느 정도 영향을 준다는 점을 부인하기는 어렵다. 또 세상의 지식과 물질과 지위를 가지고 교회에서 보다 큰 역할을 하는 것을 굳이 부정할 필요는 없다. 그렇지만 그러한 외형에 매몰되어서는 안 된다는 점을 잊지 말아야 할 것이다. 그러므로 교회에서는 모든 일에 있어서 늘 성경의 의미를 되새기고 점검하는 풍토를 만들어 가야 한다고 생각한다.

8. 맺음말

이 장(章)뿐만 아니라 이 책 전체를 맺으면서 몇 마디 덧붙이고 싶다. 이 책은 교회를 다니면서 교회생활과 관련된 법을 알고 싶은 사람에게 교회법의 대강을 설명하는 것을 목표로 하였다. 서론 외에 '제2장 성경에 비추어 본 국가법'은 나름대로 성경구절과 성경기사를 통하여 국가법을 소개하였다. 아주 기본적인 내용으로 법학입문의 수준이다. 또 '제3장 교회 외부의 법적문제'는 교회생활에서 부딪히는 국가법의 문제를 법률과 판례를 소개하는 것으로 풀어보았다. '제4장 교회 내부의 법적 문제'는 국가법에 의하여 자율적 영역으로 주어진 교회 내부의 질서를 설명하였고, 교회법의 핵심이라고 할 만한 부분이다. 제2장과 제3장은 이미 어느 정도 확립되어 있는 (국가)법학을 소개하는 정도인 데 비하여 제4장의 교회내부의 질서는 아직도 개신교 내에서 통일되어 있지 못하며, 법학의 수준에서 보면 법치국가가 덜 확립된 전근대적인 수준에 머무는 영역이라고 할 수 있다. 그렇기 때문에 더욱 설명하기가 조심스러운 부분이다. 개인적 신앙의 수준이나 형태에 따라 다른 결론이 나올 수 있기 때문이다. 즉 학문적으로 객관성을 담보하기 어려운 부분이다. 다시 한번 이 책을 읽는 모든 사람의 양해를 구한다.

개인적으로 교회의 내부질서 부분에 더욱 심혈을 기울이게 되는 것은 최근 우리나라의 개신교가 처한 문제점이 바로 여기에 있다는 생각 때문이다. 즉 (교회)법에 의한 통치가 아니라 목회자나 영향력 있는 일부 직분자에 의하여 관행적으로 모든 문제가 해결되다 보니까 많은 교인들이 실망하고 교회를 떠나는 것으로 생각된다. 한편 아직 기독교에 입문하지 않은 비기독교인의 입장에서 보면, 교회가 지나치게 많은 짐을 지움으로써 교회에 나가는 것은 '스스로 멍에를 지는 것' 으로 느끼게 한다. 앞서 설명한 것처럼 초신자의 입장에서 부담스럽게 생각하는 것은 두 가지 금기와 두 가지 의무이다. 즉 술 · 담배(세상의 오락)와 제사(세상의 儀式)의 금지, 그리고 과다한 예배참석과 헌금의 의무이다. 각 부분에서도 언급했지만 교회는 예수님의 사랑을 실천하는 한도 내에서 최소한도의 것만 의무지우고 나머지는 자유롭게 풀어주어야 한다고 생각한다. 국가법의 경우, 법은 국가와 사회를 유지하기 위하여 최소한의 것만 규율하고 나머지는 자율에 맡기는 것이다. 그러나 규율해야만 하는 사항은 국가권력을 통하여 강제로 실현한다. 이러한 법의 특징이 교회법에도 어느 정도 상통하는 것으로 생각된다. 교회와 신앙을 유지하기 위한 최소한의 것만 (교회)법으로 규율하되 나머지는 자유를 주는 것이 좋겠다. 그리고 그 (교회)법은 구성원들 사이에 합의되어야 하고 또 꼭 지켜져야 한다. 교회의 구속 때문이 아니라 모든 신자가 스스로 예수님의 사랑을 생활에 실천할 때, 자신의 마음에 평화를 얻을 뿐 아니라 많은 사람들이 감복하여 교회의 품으로 나올 것이다. 예수님도 율법의 구속을 벗어나서 우리에게 자유를 준다고 하지 않았던가!

『수고하고 무거운 짐진 자들아 다 내게로 오라. 내가 너희를 쉬게 하리라.』 (마태복음 11:28, 개역)

『진리를 알지니 진리가 너희를 자유롭게 하리라.』 (요한복음 8:32, 개역)

[참고문헌]

Ⅰ. 성경 및 성경관련서적

· 한글 킹 제임스 성경, 한영대역판, 말씀보존학회, 1996

· 성경전서, 표준 새번역 개정판, 대한성서공회, 2004

· 톰슨Ⅱ 주석성경(개역판), 기독지혜사, 1988

· 연대기성경, 두란노, 2009

(☞ 개역개정판 성경을 연대에 따라 재배열하여 흩어져 있는 같은 주제의 내용을 일목요연하게 파악할 수 있게 해 줌)

· 나채운, 여러 말 성경비교, 기독교문사, 2009

(☞ 성서번역의 역사와 각 판본에 대한 소개와 판본별 주요 부분 용어의 비교, 특히 개역성경의 오류부분 설명)

· 하마지마 빈(안증환 옮김), 성서번역 둘러보기, 한남대출판부, 2009

(☞ 성서번역의 역사와 각 판본에 대한 간략한 소개)

· 베스트성경사전, 성서원, 2006

· 김용선 역주, 코란(꾸란), 명문당, 2002

· 최영길 편저, 꾸란해설, 송산출판사, 1988

· NLT(New Living Translation) Study Bible, Tyndale House Publishers, 2008

· R.Young, Literal Translation of the Holy Bible, Baker Books, 1995

II. 성경의 이해

· 공일주, 이싸냐? 예수냐?, 죠이선교회출판부, 1997

(☞ 기독교의 입장에서 이슬람문화에 대한 이해와 이슬람권에 대한 선교를 할 수 있도록 기초 지식을 제공)

· 권영문, 성경적 기독교와 엉터리 기독교, 신지서원, 2009
(☞ 기성 기독교의 비성경적 측면에 대한 비판. 다만 지나치게 성경을 문자적으로만 이해하고 성경과 조화될 수 있는 관습도 잘못된 것이라고 비판하는 것은 문제)
· 권오문, 예수와 무하마드의 통곡, 백성, 2001
· 김남일, 구약문화이야기, 살림, 2007
(☞ 성경, 특히 구약성경의 배경과 문화를 설명함)
· ______, 야웨와 바알, 살림, 2003
(☞ 야웨 신앙과 바알 신앙의 유사점과 차이점을 설명)
· 김용규, 데칼로그, 바다출판사, 2002
(☞ 십계명을 주제로 한 영화[Dekalog]를 중심으로 하여 성경과 철학에 관한 다양한 설명)
· 김용옥, 기독교성서의 이해, 통나무, 2007
(☞ 성경, 특히 신약성경과 신약교회의 성립과정을 설명하고 새로운 연구성과를 교회와 평신도들이 공유해야 한다는 점을 강조)
· ______, 요한복음강해, 통나무, 2007
(☞ 공관복음과 달리 가장 늦게 성립하여 기독교를 세계종교로 만드는 역할을 한 요한복음에 대한 설명, 특히 신학 이외의 풍부한 시각에서 접근)
· 김인환, 십일조생활을 해야만 하는가, 총신대학교출판부, 2001
· 남병식, 바이블문화코드, 생명의 말씀사, 2006
(☞ 성경의 문화적 배경을 다양하게 설명하여 성경을 제대로 이해하는데 많은 도움을 줌)
· 노세영 · 박종수, 고대근동의 역사와 종교, 대한기독교서회, 2003
(☞ 성경의 문화적 배경, 특히 고대근동의 역사와 종교와의 관련성 등을 비교설명하고 있음)

· 류상태, 한국교회는 예수를 배반했다, 삼인, 2005

(☞ 현대 우리나라 교회에 대한 일부 타당한 지적이 있지만 신앙을 윤리의 차원으로 내린 느낌)

· 리스트로벨(윤관희 옮김), 하나님의 파격적인 주장, 사랑플러스, 2005

· 리처드 마우(홍병룡 옮김), 무례한 기독교, IVP, 2005

(☞ '다원주의를 사는 그리스도인의 시민교양' 이란 부제가 붙어있고, 현대 기독교인으로서의 포용력에 대하여 다룸)

· 박길서, 신학이 잘못되면 신앙이 무너진다, 나됨, 2004

· 박준영, 한국가톨릭대사전, 한국교회사연구소, 1989, 152-153면.

· 베니야마(서상원 옮김), 유럽에 빠지는 즐거운 유혹 2, 스타북스, 2006

(☞ '기독교와 축제일' 부분은 성경과 기독교문화에 대하여 비교적 쉽게 잘 설명이 되어있다.)

· 알랭 코르뱅 외(주명철 옮김), 역사속의 기독교, 도서출판 길, 2008

(☞ 50여 명의 논문을 모아놓은 것이며, '태초부터 21세 기까지 기독교가 걸어온 길' 이라는 부제가 붙어 있다.)

· 오강남, 또 다른 예수, 예담, 2009

(☞ 도마복음에 대한 해설서. 저자는 비교종교학자이므로 시각이 정통 기독교라고 보기에는 무리이나 도마복음에 대하여 개괄적으로 보는 데는 적절한 책)

· 윌리엄 슈니더윈드(박정연 옮김), 성경은 어떻게 책이 되었을까?, 에코리브르, 2006

(☞ 성경의 내용, 특히 모세오경이 구전되다가 신명기 이후에 문자화 되는 과정을 설명함)

· 유재덕, 성경 밖에서 만나는 재미있는 성경이야기, 하늘기획, 1999, 150-151면.

(☞ 성경의 배경이 되는 이스라엘의 문화와 역사에 대하여 소개함으로써 성경에서 우리가 놓쳤던 측면을 이해할 수 있게 해 줌. 그러나 부정확한 설명도 몇 군데 있음)

· ______, 성경밖 성경이야기, 도서출판브니엘, 2008

(☞ 위 책의 개정판 성격)

· 이중수, 헌금이야기, 목회자료사, 2009

(☞ 십일조를 비롯한 헌금의 의미와 용도 등 현대 교회와 신자의 입장에서 헌금을 설명하고 있음)

· 일레인 페이걸스(장혜경 옮김), 아담 이브 뱀, 아우라출판사, 2009

(☞ '기독교탄생의 비밀' 이란 부제가 붙어 있으며, 초기 기독교 형성과정의 다양한 견해와 배경을 설명하고 있음)

· 자크 엘룰(양명수 옮김), 하나님이냐 돈이냐, 도서출판대장간, 1994

(☞ 성경에 나타난 부에 대한 태도를 여러 가지 관점에서 설명하고 기독교인이 가져야 하는 태도를 설명함)

· 제랄드 슈뢰더(이정배 옮김), 신의 과학, 범양사, 2000

(☞ 현대과학의 이론으로 성경, 특히 창세기의 내용이 완전히 부합한다는 점을 논증하고 있다. 진화설에 대한 완벽한 비판이 논증되어 있음)

· 조누가, 십일조를 넘어서, 베틀북, 1999

· 티모시 존스(배응준 옮김), 하루만에 꿰뚫는 기독교 역사, 규장, 2007

· 폴 콜린(전현주 옮김), 착하게 살라고 성경은 말하지 않았다, 21

세기북스, 2009

(☞ 남성성의 위축은 결국 성경적이지 않으며 남녀의 특성을 살려야 한다는 점을 상담사례를 들어 설명함)

III. 교회법 및 교회관련법

· 김영훈, 교회법과 국가법, 다사랑, 2006

· 남성현, 5세기 로마제국의 테오도시우스법전 종교법 연구, 엠-애드, 2007

(☞ 로마시대의 교회법에 대한 설명으로, 교양서적이 아니라 전문적인 내용임)

· 양인평 외, 가이사의 법과 한국교회, 새물결플러스, 2009

· 이종일, 꼭 알아야할 100가지 교회법률, 기독신보사, 1996

· 전용득, 교회생활과 법, 형지사, 2008

· 정진석, 교회법원사, 가톨릭출판사, 2007

· 존 칼빈(원광연 옮김), 기독교강요(상)(중)(하), 크리스찬다이제스트, 2003

· 최준오, 목회자를 위한 교회건축, 지문당, 2007

(☞ 법적인 측면 뿐 아니라 건물의 양식과 쓰임새 등 건축과 관련된 여러 가지 문제에 대하여 소개)

· 황규학, 교회법이란 무엇인가, 에클레시안, 2007

· Philip B. Kurland, Religion and the Law, AldineTran-saction, 2009

(☞ 종교관련 대표적 미국판례의 소개. 1961년 초판)

IV. 국가와 교회

· K.Hesse, Freie Kirche im demokratischen Gemeinwesen, ZevKR 11, 1965

· K.Hesse, Das Selbstbestimungsreht der Kirchen und Religions geenafen, in hrsg. E. Friesenhahn und U.Scheuner, Handbuch des Staatskirchenrecht der Bundesrepublik Deutc-hand, Ⅰ, 1974, S.431ff.

· ______(계희열 옮김), 통일독일헌법원론, 박영사, 2001, 295면 등

· Kirche und Staat, Ev.Staatslexikon, 2Aufl. 1975, 1139, 1157면 등

Ⅴ. 국가법

· 오호택, 법학입문, 제8판, 동방문화사, 2009

· ______, 헌법강의, 제8판, 동방문화사, 2009

· ______, 헌법소송법, 제6판, 동방문화사, 2010

· ______, 판례로 구성한 헌법, 제4판, 동방문화사, 2009

· ______, 헌법재판이야기, 살림출판사, 2006

찾아보기

창세기

민수기

신명기

마태복음

■ 마가복음 ■

■ 누가복음 ■

■ 요한복음 ■

■ 사도행전 ■

저자소개

고려대 법학과를 졸업하고
같은 대학원에서 법학박사학위를 취득하였다.
대법원과 헌법재판소에서 근무한 후
현재 국립한경대학교 법학부 교수로 재직 중이다.

교회관련 책을 펴내는 것은 처음이지만
다수의 법학(헌법) 책과 논문, 그리고 칼럼집을 집필하였다.

천주교에서 설립한 중학교에 들어가면서
성당에 나가기 시작하였지만 고해성사가 싫어서
졸업 무렵에 개신교 교회로 옮겼다.
장로교와 감리교 교단의 교회도 다닌 적이 있지만
처음에 침례교인이었고, 지금도 그렇다.
oht@hknu.ac.kr

교회법의 이해

저 자 / 오 호 택 2010. 3. 15. 발행
발행인 / 조 형 근
발행처 / 도서출판 동방문화사

서울시 서초구 방배동 980-32 방배오피스텔 107호
전화 : 02)3473-7294 . 팩스 : (02)587-7294
메일 : 34737294@hanmail.net 등록 : 서울 제22-1433호
표지디자인 / 서진아이디피 02)2264-8288

저자와의 합의에 의해 인지 생략

파본은 바꿔 드립니다.
정 가 : 22,000원
ISBN 978-89-91902-65-7 93230